我對眞理的實驗

－甘地自傳－

The Story of My Experiments With Truth: An Autobiography

序言

早在四、五年前，幾位同事便督促我寫自傳。我同意了，也開始動筆，豈料寫不滿一頁，便發生了孟買的暴亂，這事便暫告停頓。然後又發生一連串事件，結果便是我被關入監牢。我的獄友傑拉達斯，當時便勸我把雜事放在一旁，專心寫自傳。但我回答他，我已為自己擬定了一套讀書計畫，除非通通讀完，否則我不考慮做別的事。假如我服滿全部刑期，自傳應該早已完成，因為我在獲釋之後，只又花了一年就完成這本自傳①。如今阿納德②重提自傳的事，而《南非非暴力抵抗運動史》這本書也已寫完，於是我開始準備替《新生活報》寫自傳。因為阿納德本來希望我單獨寫一本書出版，但我時間不夠，每星期只能寫一章，加上我每星期也得交稿給《新生活報》，於是我想為什麼不乾脆就拿自傳來交稿呢？阿納德同意這提議，我就開始撰寫自傳。

不過某位敬畏神明的朋友有疑慮，他在我沉潛工作的期間，向我提出他的看法：「你怎麼會想做這件事呢？寫自傳是西方傳統，就我所知，在東方，除了少數受過西方影響的人，沒人寫過自傳。何況你要寫什麼？假如你明天拋棄了今天奉為圭臬的事物，又或者想修正今天的計畫，那麼把你的話奉為權威、拿你的話當作立身準則的人，難道不會無所適從？你不覺得現在還是別寫什麼自傳比較好嗎？」

①甘地在一九二二年被捕，判刑六年，但是在一九二四年時因急性盲腸炎需動手術，因而獲釋出獄。

②SwamiAnand，支持甘地理念的運動分子，也是經手甘地數本著作的負責人。在他的鼓勵下，甘地著手開始撰寫本書。

我仔細思考過這番話，但我要寫的並不是真的自傳。我只是想把自己體驗真理的小故事寫出來，因為我的生命無他，唯真理體驗而已，要陳述這些事情，勢必就會以自傳的形式呈現。而我只要能如實敘述這些人生體驗就夠了，並不介意形式。我深信（也以此信念自豪）這些人生體驗對讀者絕非毫無裨益。我從政的經驗不單印度人知道，就連「文明」世界也有耳聞。但對我而言，這種名聲毫不足惜，甚至贏得聖雄稱號，在我看來也是沒有價值、不值得高興的事。這稱謂只讓我深感苦痛而已。但我非常想將只有自己知道的精神層面的實驗公諸於世，讓大家知道我在政治界的力量均源於此。假如這些實驗真的都屬於精神層面，其中便容不下對自己的吹捧，這些實驗帶來的只有謙卑。我越是反省過去，就越深刻察覺到一己的不足。

我想做到的——或者說過去三十年來我孜矻以求的——是自我實現，親身與神會面，達到救贖（Moksha）③。我的一切作為均是為了追尋此一目標，不論是演說、寫作、在政治界的努力，都指向同一目標。但正如我向來相信的：一個人做得到的事，其他人也能做到；我的人生實驗並非閉門造車，而是公開透明，但公開並不會減損其精神價值。的確，有些事只有自己與造物主知道，那是無從傳達的，我在這本書中寫到的實驗並不屬於這一類，它們是精神上的，甚或可以說是道德層面的，因為宗教本質便是道德。

本書中只描述具有宗教意涵、各個年齡層都能理解的內容。倘我能以平靜、謙遜的精神敘述這些事，其他也想進行人生實驗的人，便能從中找到所需的精神食糧。此外，我絕不敢說這些人生實驗已臻完美；我唯一能保證的是，自己是以科學家的態度，盡可能做到準確、周延、細膩，但卻不會為自己的實驗結果下定論，而是盡可能保持開放態度。我對自己的內心進行深刻的省視、反覆探求、細究每一種心理狀態。但即便如此，要說我已經達成一個無懈可擊的結論仍言之過早，我唯一能夠斷言的就只有這一點：對我來說，這些實驗是絕對正確的，就目前來看也是定案；倘若不是如此，我就不會以此做為依據採取任何作為。我在實驗過程中所走的每一步，均是依據這原則決定該接受或拒絕。只要我的行為是出於理性與自我的認可，我就會堅持最初的結論。

又假如我只想討論學院派原則，我也不必寫這本自傳。正因我想寫的是應用的方法，所以我給這本書另外取了一個書名叫「我對真理的實驗」。書中當然包括了非暴力、禁慾，還有一般人以為與真理無關的行為守則。但對我而言，真理是最高原則，囊括了無以數計的其他原則。真理不僅僅是說真話，也包括思想上的真；不僅僅是觀念上相對的真，而是絕對真理、永恆原則、也就是神。世間對神的定義不下千萬種，因為祂有無窮無盡的展現方式。種種定義皆讓我備感神奇、崇敬，但也不免驚異。但我敬拜神，只將其看為真理。我尚未找到神，但我持續在尋找，而且準備在尋覓神的過程中，隨時犧牲一切於我而言最寶貴的物事；即便需要獻上我的生命，我也希望自己能坦然給予。但我一天未找到絕對真理，我就必須堅守自己思考出來的相對真理，而相對真理就是我的火把、盾牌與防護。不管這條尋覓的路途有多窄迫、崎嶇，於我來說都是最快捷、易行的路。正因我選擇了這條路，即便在路途上曾犯下喜馬拉雅山般的瀰天大錯，也變得微不足道，因為這條路讓我免於悲傷，我憑藉手上的亮光一路前行。前行過程中我經常瞥見微弱的亮光，指引著絕對真理，也就是神，日復一日我的信念持續增長，唯有神是真實，其他一切均非真實。我想做的是也讓其他人理解這份信念，與他們分享我的人生體驗，使其盡可能探得我的信念。我的信念越增長，就越相信這一切也能為孩童所瞭解，而我這麼說是其來有自。尋求真理的工具有時簡單、有時甚難，或許對一名自大的成人來說難如登天，但對孩童卻是易如反掌。追求真理的人應將自己看得比塵埃更不如；世界將塵埃踩在腳下，而追尋真

③不受生死的羈絆，在英文中最接近字彙應是 salvation（救贖）。

理的人，應當謙卑到為塵土所踐踏。唯有如此，也只有做到這一點後，人才得以瞥見真理。印度史詩中的極裕仙人與眾友仙人的對話充分說明了這一點；基督教與伊斯蘭教更是有力的佐證。

若有讀者在閱讀本書時察覺到一絲驕傲，那他有充分理由說我的追求出了什麼差錯，我所瞥見的真理不過是海市蜃樓。若真如此，就讓像我這樣的人消滅，讓真理盛行吧。請勿因看到像我這般犯錯的凡人，就降低真理的標準，那怕只是一分一毫。

我誠摯盼願沒人會把以下各章中的勸誡之言當作權威，當中提到的人生體驗應當視為解說，提供給不同秉性、能力的個人當作參考。我相信將其視為解說非常有用，因為即便是難堪的事，我不會輕描淡寫帶過，也毫無隱瞞。我希望讓讀者看到我的偏差與錯誤。本書的目的在於寫出針對非暴力抵抗（Satyagraha）進行的實驗，而不是誇耀我為人多厲害。我在批判自己時，只以真理的原則嚴格審視，並且希望其他人也能這麼做。依據這樣的標準衡量自己，我必須與十五世紀時的盲詩人桑特一齊高喊：

哪裡有像我這樣
壞心又令人作嘔的人？
我已背棄造物主，
是個沒有信仰的人。

正因我還離祂那麼遠，我感到煎熬痛苦，而我毫無懷疑，祂主宰我每一次呼吸，我是神的後代。我也知道神明之所以難以追攀，是因為我內心還有不正當的情感，無法捨棄。

但我得停筆了。下一章我的故事才真正開始。

甘地寫於薩柏默諦學院
一九二五年十一月二十六日

第一部

這是一部自傳，
也是我體驗真理的故事

第一章　家庭背景

甘地家族屬於班尼亞階級①，聽說祖上是雜貨商人。但從我祖父那代起，家中便開始有人在卡提瓦德各邦擔任首相。我祖父烏壇姆昌德・甘地，別名奧塔・甘地，想必是個有原則的人。他原本擔任首相，但為了避開政治上的鬥爭，離開了博爾本德爾，到居那迦得尋求庇護。但他到了當地，見到長官只以左手行禮，有人發現他無禮的舉動，問他原因，他說：「我的右手已效忠於博爾本德爾。」

我的祖父在第一任妻子過世後續弦，因此有過兩次婚姻。第一任妻子生了四個兒子，第二任有兩個兒子，但我小時候一直以為叔伯是同一個母親所生。六兄弟中，卡朗昌德・甘地排行老五，別名卡巴・甘地，老六叫杜希達斯・甘地，兩人先後在博爾本德爾擔任首相。卡巴・甘地是我的父親，他過去是拉傑森尼克法庭的一員，如今這法庭已不存在，但在當時是仲裁當地首領與族人極有力的機關。他先後在拉傑果德和樊康那當兩地擔任首相，過世時領的是拉傑果德的撫卹金。

卡巴・甘地一共結了四次婚，每次再娶都是因為喪偶。第一任及第二任妻子留下兩個女兒，最後一任妻子帕特麗白生了一個女兒、三個兒子，我是最小的一個。

我父親熱愛族人、真誠、果敢、慷慨，但脾氣急躁；還有，他多少有些耽於肉慾，因為他第四次結婚時已經年過四十了。他的優點是廉潔正直，有公正不阿的美名，無論是對家人或外人都一樣。他對邦的忠誠也是眾所周知，有次一名政治助理官說話侮辱到拉傑果德的王侯，他馬上挺身而出，維護長官。這助理官很生氣，要他道歉，他執意不肯，還因此被拘留了好幾個小時。不過後來這名官員見他剛強不屈，就下令放了他。

我父親從未想過累積財富，因此留給我們的財產相當有限。

他教育程度不高，有的只是經驗而已。他的閱讀程度頂多到古吉拉特語②第五級的水準，也沒讀過歷史、地理，但他具備豐富的實務經驗，足以解決最複雜的問題，還可以指揮上百人。至於宗教方面，他也沒受過正式教育，但和許多印度教徒一樣，他經常到廟裡去聽講經，因而對信仰並不陌生。他晚年時，向一名有學識的婆羅門教朋友看齊，開始讀梵歌，每天祈禱時總要朗誦幾首詩歌。

母親給我最深的印象是她宛如聖賢一般的德行，她信教十分虔誠，每餐餐前，若是沒做每日禱告就絕不肯吃飯。她每日必到毗濕奴教的神廟去參拜。就我記憶所及，她從沒錯過雨季齋戒月③。她有時會許下難以遵守的誓言，但絕對貫徹到底，即使生病也不敢違背誓言。我記得她有次在月節食④誓言期間生病了，但仍舊遵守節食的誓約；連續禁食兩三餐對她來說根本不算什麼。雨季齋戒月期間，她往往一天只吃一頓，但這對她來說還不夠，記得有年她竟每隔一日禁食一天；另一次她許願不見日頭不吃飯。那些日子我們幾個孩子常站在外面，盯著天空，等著向媽媽報告太陽出來了。但大家都知道雨季最高峰時，太陽是不會輕易露臉的。我還記得有幾次，我們一見到太陽出來，馬上跑進屋內告訴她，等她出來想親眼瞧瞧時，往往日頭已經隱沒，

---

① Bania，班尼亞階級多為商人、銀行家、穀物或香料零售商等，與商業有關業種的工作者。

② Gujarati，古吉拉特語屬於印歐語系印度—伊朗語族的印度—雅利安語支，為印度二十二種官方語言與十四種地區性語言之一，是印度聖雄甘地的母語。

③ 指的是在印度雨季為期四個月的禁食或半禁食，類似基督教復活節前的四旬齋。

④ 是一種節食，每日可進食量視月亮盈虧而增減。

結果她還是不能吃飯。但她還是會高興地說：「不要緊，神要我今天別吃飯。」然後就進屋去忙了。

我母親常識豐富，對各邦的事務都很熟稔，王侯貴族的夫人對她的才智都讚譽有加。我年幼時常跟著她出門，到現在都還記得她與其他王侯寡母之間有趣的對話。

這就是我的父母。我在一八六九年十月二日出生於博爾本德爾，在當地度過了童年。我也記得在那裡上過學，當時背九九乘法表時著實吃了些苦頭。關於那段日子，我只記得跟其他一起求學的男孩幫老師取了很多綽號，其他都忘得一乾二淨了，可見我頭腦愚鈍，記憶力也不好。

第二章　童年時代的事

大概在我七歲左右，我父親離開博爾本德爾前往拉傑果德，要到拉傑森尼克法庭任新職。我進入那裡的小學就讀，至今還能清楚記得教過我的老師姓名及種種行事風格。但就像在博爾本德爾一樣，在這裡我也沒有特別值得記述的地方，只是一個功課普通的學生而已。之後我又轉學到郊區一所學校，接著上高中，那時我已經十二歲了。在成長過程中，印象中我對老師或同學都不曾撒過謊；我總是害羞，拒絕與人為伍，書本和學校課業是我唯一的朋友。我總是要到了上課時間才進學校，最後一堂課結束就匆匆跑回家，沒有一天例外。我真的是一路跑回家，因為不想跟任何人講話，我甚至很擔心會有人戲弄我。

有件值得一提的事發生在我高一那年的某次考試，那時一位教育督察吉爾斯先生來本校視察，當場說了五個字，要考驗我們的拼字能力。其中一個字是「茶壺」，但我卻拼錯了，老師一直用鞋尖點地暗示我，但我就是不明白。我一直以為老師在場是要防範我們作弊，根本沒想到他是要我偷看隔壁同學的答案。除了我以外，那場考試全班同學每個字都拼對了，只有我一個人沒會過意來。老師後來還特別開導我，但是卻沒有用，因為我就是學不會「抄襲模仿」這件事。

不過我對老師的敬意完全不受此事影響，面對長輩犯下的過錯，我向來是視而不見。之後我逐漸得知這位老師的一些其他過錯，但我對他仍然一本初衷，十分敬愛。因為從小到大我接受的教育是要服從長輩的命令，而非審視他們的行為。

這段時期還發生了兩件讓我難以忘懷的事。我平常不愛讀學校課本以外的東西。我每天都會把功課做完，因為我不願意欺騙老師，也不願意被老師責備。因此儘管我經常敷衍了事，但每天都會做功課。如果說連功課都不能好好完成，那當然更談不上課外閱讀了。但不知為何那時我注意到父親買的一本書《斯羅凡納孝親的故事》。這本書是有關斯羅凡納孝順父母的一部劇本，我讀得津津有味。那時剛好有巡迴表演團到我們那裡表演，其中一齣戲是斯羅凡納揹著眼盲的雙親一路跋涉朝聖的故事。這本書和這部戲在我心裡留下極深的印象。我告訴自己：「這才是你應當模仿學習的對象。」到現在，我仍然無法忘記斯羅凡納死時雙親的悲泣。劇中動人的曲調深深打動我，我還用父親買給我的手風琴彈奏。

另外一部戲也讓我感動至深。也是差不多同一時期，我得到父親的允許，去看一部戲劇社演出的戲，劇名叫做《哈里什昌德拉》，這部戲我感動萬分，百看不厭，但也沒辦法一想到就跑去看。這戲讓我著了魔，自己不知道私下偷偷演過哈里什昌德拉多少次，而且反覆自問：「為什麼不是每個人都像哈里什昌德拉一樣誠實呢？」哈里什昌德拉為了追求真理，甘願忍受種種痛苦的試煉，教會我什麼是理想；我相信這個故事是真的。只要一想到這故事我就想哭。現在我的常識告訴我，哈里什昌德拉是虛構的人物，但對我來說，斯羅凡納與哈里什昌德拉就像是活生生的人，而且我相信，就算現在重讀這兩部劇本，我還是會一樣感動。

第三章　兩個小孩的婚禮

可以的話，我其實不願意寫這一章，我也知道要完成這一章對我來說很痛苦，但假若我不想違背自己身為「真理捍衛者」的立場，我就非得完成這一章。不管有多痛苦，我有責任在此記錄自己十三歲那年進入的婚姻。現在當我看到身邊和當年的我年紀差不多大的年輕人，再回想自己的婚姻，不免感到自憐，也為這些得以逃脫類似命運的年輕人感到欣喜。強迫年輕人過早踏入婚姻，根本是不符道德的荒唐安排。

希望讀者明白，我不是訂親，而是真的結婚。卡提瓦德當地有兩種完全不同的儀式，一是訂親，一是結婚。

訂親指的是雙方家長先行約定好，讓兩個孩子在未來結婚，此外，訂親並非完全沒有轉圜餘地，假若男孩後來過世了，女孩可以不必守寡。訂親完全是雙方家長之間的協定，而非孩子之間的約定，而且其實當事人往往並不知情。後來我才知道自己訂了三回親，但當時沒人告訴我。後來才聽說其中兩名女孩相繼過世，因此我推斷自己訂了三次婚。我似乎模糊記得第三次訂婚是在我七歲那年，但我不記得當時有人告訴我這件事。這章我要談的是自己的婚姻，對此我有非常深刻的感受。

我們家有三兄弟，當時大哥已經結婚。長輩想讓大我兩、三歲的二哥，和另一個大我一歲的堂哥跟我同時結婚。這種做法完全沒考慮到我們的立場，更遑論尊重我們的意願。他們只圖方便、省錢而已。

對信奉印度教的印度人來說，結婚不是等閒視之的小事。新郎、新娘父母會親手籌辦，投入大量資源及心力，總共得足足花上數個月大肆籌備，做新衣、裝飾、辦喜宴等等。以喜宴來說，男女雙方家長都希望在餐點數量上及菜色變化上勝過另一方；在這期間，女人們則是不論歌喉好壞，都會唱到喉嚨嘶啞，甚至不能說話才罷休，鄰居在這段時間內別想過平靜的日子。不過大家對這一切嘈雜煩亂、盛宴過後的殘渣、髒污都能默默容忍，因為他們知道，將來有一天也會輪到他們這麼做的。

長輩們認為婚禮繁瑣，如果能一次辦妥是最好不過，花費既較少，又能辦得更風光。若只需花一次錢籌辦三對新人的婚禮，花費自然比較不會那麼多。我父親與叔叔都已年邁，辦完我們兄弟三人的婚事他們就沒有牽掛了。可能他們也想在晚年好好熱鬧一場吧。總之考量以上原因後，三對新人的婚禮就這樣決定了，如我前面所說，家裡花上好幾個月籌備婚禮。

直到開始籌辦了，我們才曉得一場隆重的婚禮即將來臨。不過我不大關心這事，只知道馬上就會有新衣服可以穿、有鼓樂演奏、婚禮儀式、豐盛的晚宴，還可以跟陌生的女孩子一起玩。之後我才開始感受到對性的渴望。這件事我想不宜多談，這裡我只記下最值得記述的幾件事，稍後會提到。不過這些事跟我動筆寫這本書的初衷也不大相干。

於是他們把我跟兄弟們從拉傑果德帶到博爾本德爾去，從一開始籌備到最後的婚禮高潮，讓人發噱的事還不少，像是我們全身上下都塗上薑黃，不過這部分我就不多說了。

我父親是個首相，但仍然得聽命於上級，特別是因為他深受本邦王侯的喜愛，他要回家參加婚禮時，王侯不斷留他，直到最後一刻才肯讓他走。我父親打算啟程時，他還雇了驛馬車隊，讓他的路程可以省下兩天時間，但命運卻另有安排。博爾本德爾距拉傑果德一百二十哩，普通馬車得走上五天，我父親只花三天就抵達，但第三輛馬車卻在途中翻覆，結果他受了重傷，我們見到他時全身上下都綁了繃帶。這事掃了大家的興，但典禮還是得舉行，婚禮總不能臨時改期。不過我很快就不再擔憂父親的傷勢；畢竟我年紀還小，對這場婚禮還是興致勃勃。

我孝順雙親，但我對肉體與生俱來的渴望同樣充滿熱情。那時我還不明白這一切快樂、歡愉會跟對父母的孝心抵觸。但此時發生了一件事，彷彿像是上天想懲罰我追求身體歡愉，在我心中留下極為不愉快的記憶，關於這件事我稍後會提到。尼許古拉納德⑤曾吟唱：「內心的渴念一日不熄，世間枷鎖的羈絆就一日不能掙脫。」每當我哼這首歌或聽到別人唱，便不由自主想起這個令人傷心的事件，感到一陣羞恥。

我父親雖然負傷，但在婚禮上還是神色自若，盡責地扮演他在這場婚禮的角色。直到今日，我都還清楚記得他坐在哪個地方應對婚禮的繁文縟節。那時我壓根沒想到有朝一日，我會毫不留情地批評父親讓我太早娶妻。我那天只覺得每一件事都是理所當然、合宜、令人喜悅的，而且也迫不及待想結婚。那時我只覺得父親所做的事都是無可非議，婚禮的一切我都記得非常清楚。時至今日，當年剛剛成婚的小夫妻如何坐在位子上、如何並肩走七步⑥、如何互相餵對方吃小麥製的甜點，一幕幕情景都歷歷在目；還有小夫妻的新婚夜，兩個天真的小孩就這樣懵懵懂懂，躍入生命的波濤。我嫂嫂之前教過我新婚之夜該注意的事，但我不知道是否有人教過我妻子。我從沒問過她，到現在也還是不想問。讀者們想必料想得到我們都很緊張，不大敢直視對方。的確，我們兩人都很害羞。我該怎麼向她開口說第一句話？又該說什麼？事前的指導似乎沒什麼用，而這種事確實也無須事前指導。前世的印象就已足夠，所有的指導也顯得多餘。後來我們慢慢熟起來，可以自在交談。我們兩人同歲，不過我很快就建立起丈夫的威信。

第四章　為人丈夫

在我結婚那段時間，有種用一個銅幣或一個餅（我現在有點記不清楚）便可買到的小手冊開始在市面流通，手冊內討論的主題包括夫妻之愛、節儉持家、過早結婚等等。我只要有機會翻閱，都會從頭讀到尾。不

⑤ Nishkulanand Swami，印度聖者。
⑥ Saptapadi，指的是印度新郎新娘並肩走七步，同時互許忠誠、奉獻，廝守一生；在這之後婚姻便算成立。

過我對不喜歡的部分過目即忘，只挑喜歡的事付諸實行。小冊子上反覆重申：丈夫的責任是一生忠於妻子。對於這一點我始終銘記在心。此外，我與生俱來有一股追求真理的熱情，因此絕不可能對她不忠，更何況我那時還很小，也沒機會不忠。

不過勸人忠實的教誨也帶來了不必要的麻煩。我告訴自己：「假如我必須宣誓忠於妻子，那她也必須宣誓對我忠實。」這個想法讓我變成善妒的丈夫。對我忠實是她的責任，而我也有權利要求她做到；因此我得隨時隨地關注她是否有任何逾矩舉動，以確保我的權利。其實我完全沒理由懷疑我太太的忠心，只是嫉妒不需要理由。那時我不斷監視我太太卡絲特貝的一舉一動，沒有我的批准，她哪裡也不能去，這也埋下了我倆爭吵不斷的種子。我對她的限制形同拘禁，而卡絲特貝不是能忍受這種事的女孩。她打定了主意，不管什麼時候，她想去哪就去哪。我越是要求，她越是我行我素，我的不滿情緒也日益高漲。於是我們這兩個踏入婚姻的孩子平常幾乎不跟對方說話。其實卡絲特貝不肯理會我的規定，錯不在她；一個天真率直的女孩怎麼能忍受連去廟裡或拜訪朋友的自由都沒有？如果我有限制她行動的權利，難道她就不能這樣要求我嗎？這道理現在看來很簡單，但那時我就是要維持做丈夫的尊嚴！

不過希望讀者不要以為我們的婚姻生活充滿痛苦。畢竟我的嚴苛來自對她的愛，我希望讓她成為完美的妻子，我只是企圖帶領她過純潔無瑕的生活，瞭解我體會的道理，在生活及思想上與我達成共識而已。

我不知道卡絲特貝是否也有自己的理想。她不識字，個性單純、獨立、有毅力，平常不大說話（至少跟我在一起是如此）。她對世事所知甚少，但並不為此感到困擾，也不會因為我在做研究就決意奮發。因此我想我的企圖心大概是一廂情願。我的熱情只放在她一個人身上，也希望得到回饋；但即使沒有回饋，這段感情也不全是難以忍受的痛苦，至少我們其中一方是主動去愛對方。

我必須說我真的非常愛她，即使人在學校也會想起她，總是一直想到夜晚降臨時兩人可以相聚。和她分開實在是讓人難以忍受，每到晚上我總是天南地北和她閒聊，直到深夜才入睡。要不是我面對責任也充滿熱情與堅持，那麼這股讓人無法招架的熱情不是會讓我得病早死，就是會讓我變成一無是處的廢人。每天早上都有必須完成的例行工作，而且我絕對不說謊，這個特質讓我不受誘惑，躲掉許多陷阱。

我提過卡絲特貝不識字，我很想教她認字，但對她的愛意消磨掉我大半時間。另外就是她對識字沒有興趣，也會占用掉晚上時間。若有長輩在場時，我不敢跟她碰面，更別提講話了；那時卡提瓦德有「婦人不宜見人」的陋俗（直到今天情況仍未明顯改善），這點可謂奇特、不合時宜，也不文明。大環境對我們相當不利，我也必須承認在這段年輕時期，我對卡絲特貝的教導都徒勞無功。當我好不容易從情慾中覺醒時，那時我已開始為公眾服務，忙碌不已，更沒有多餘時間撥給家人。後來我請了私人家教教她，同樣成效不彰。卡絲特貝現在可以寫簡單的信，聽得懂古吉拉特語，雖然這些對她來說有些吃力。我只能說，假如當時我對她的愛能夠完全不沾染男歡女愛的色彩，那麼我就能扭轉她對讀書一事的反感，今天她就會是個知書識字的淑女了。因為我知道，只要從純粹的愛出發，沒有什麼事是不可能的。

前面我提到的責任感多少幫助我免於耽溺情慾帶來的後果，另外還有一件事也有同樣的效果，值得一提。太多的例子告訴我，神願意拯救動機純潔的人。儘管印度社會有讓小孩成親的陋習，但還有另一項習俗相當程度減輕了過早成親帶來的不良後果，那就是父母不會讓年輕夫妻單獨在一起太久，小妻子有超過一半的時間都待在她父親那兒，我們的情況便是如此。也就是說，我們結婚前五年（從十三歲到十八歲），在一起的時間加起來應該不到三年。常常我們在一起的時間還不到半年，她父母就打電話來找了。那時我很討厭這些催人的電話，但其實這麼做反而救了我們。十八歲時我前往英國，表示我們有一段較長時間的別離，這對我們的關係是好的。即使在我從英國回來後，我們住在一起的時間也甚少超過六個月，因為我總在拉傑果德與孟買兩邊跑。之後南非召喚我，那時我已差不多清醒，不再因男女之愛而昏頭轉向了。

第五章　高中生活

前面提到我讀高中時已經結婚，我們兄弟三人讀同一所高中。大哥比我們高許多屆，與我同時結婚的二哥則只比我高一屆。結婚讓我們兩人都浪費了一年，尤其是對我二哥影響更嚴重，他完全荒廢了課業。像他這樣陷入困境的年輕人多不勝數，也只有在目前的印度社會，課業與婚姻會並行。

婚後我繼續唸書，我在高中的表現還不差，總是能得到老師的關愛。每年學校都會寄成績單及操行報告單給家長，我的成績向來表現不俗，事實上我在讀完二年級時，還得了獎。五、六年級時，我非常幸運地分別獲得四盧比及十盧比的獎學金；獎學金並非人人都能獲得，只頒給來自卡提瓦德的蘇拉特區最優秀的男生。那時一個班級約四十至五十人，來自蘇拉特的男生並不多。

我記得我並不是多優秀，所以每次拿到獎學金或其他獎項時，總是驚訝不已。但我對於自己的品格要求極高，一點微小的過錯都能讓我流淚。每次遭到斥責，或是老師打算責備我時，都讓我覺得難以忍受。我還記得有回遭到體罰，哭得很慘，與其說我在意被罰，不如說我更在意自己品格上有缺失。這事發生在我一、二年級時；在我七年級時也發生了類似事件，那時候的校長很善於管教學生，是個很有方法的好老師，廣受學生喜愛。他規定高年級男生必須上體操及板球課，但兩者我都不喜歡。在這項規定確定前，我從不參加任何運動，不管是板球或美式足球都一樣。之所以對運動敬而遠之，我想害羞是其中一項原因，現在看來逃避運動是錯的；不過那時我還有個誤解，認為體操不能算是教育的一部分。現在我明白體能訓練與智能鍛鍊同樣重要。

但我必須說，不做運動並未對我造成實質傷害，因為我曾在書上讀到在戶外長時間散步的好處，認為非常有道理，所以養成散步的習慣，直到現在依舊如此，散步讓我的體魄更強健。

我不喜歡體操是因為我想照顧父親，只要一放學，我就趕著回家。但強制運動占用了我照顧父親的時間，我曾請求校長豁免我的體操課，這樣我就能照顧父親了，但他無動於衷。於是在某個星期六，那天上午學校有課，回家後下午四點我又得趕回學校上體操課。我沒有手錶，靠的是天色來判斷時間，但雲層讓我誤判時間，直到男生們都做完體操各自回家後，我才趕到。第二天吉米先生檢查簽到單，發現我沒去，於是問我缺課的原因，我告訴了他，但他不相信，要我付一個或兩個安那（十六安那等於一盧比）當作罰款（我已記不清實際數字了）。

他斷定我說謊！這事讓我十分難受，我又該如何證明自己的誠實？我想不出辦法。我因此哭了，感到非常痛苦。但我也因此瞭解到，一個誠實的人必須注意自己的言行，這是我第一次也是最後一次在學校犯下輕忽的錯誤。我依稀記得自己後來不必繳罰款，學校也同意我不必加入強制運動，因我父親後來寫信給校長，表示希望我放學後回家陪他。

雖然我的體力並沒有因為忽視運動而下降，但卻因為忽視了另一件事付出代價。當時我不知道從哪聽來，能否寫一手好字與教育程度好壞無關，所以在我去英國前不重視寫字。之後，特別是在南非，我看到許多在南非出生受教育的律師及年輕一輩都能寫出漂亮的字，讓我覺得很羞愧，懊悔自己以前不把字寫得美醜與否當做一回事。我發現字寫得醜往往會被人認為未接受完善教育，後來我努力改進，但為時已晚，年輕時輕忽寫字的影響已無可挽回。希望今天的年輕人能以我為戒，領悟到字寫得好確實可以反映一個人受過良好的教育。而且我認為孩童在學寫字前，應該先學畫畫，這樣一來孩子可以在畫小花、小鳥時，觀察到物體的不同、形態各異，學會畫畫之後再讓他學寫字，這樣他便可寫一手好字了。

高中時代還有另外兩件事值得一提。我因為結婚而使學業晚了一年，老師希望我能跳過一學期，以彌補落後的時間，這是勤勉的孩子才有的特權。所以我三年級只上了半年課，接著考過暑假前那場考試之後，就升上四年級。從四年級開始，大部分課程是以英語授課，我發現自己如墮五里霧中。幾何學本來就不是我擅長的科目，使用英語教課更讓我摸不著頭緒。老師教得很好，但我就是聽不懂。我常覺得沮喪，心想不如回三年級讀好了，覺得想在一年內學完兩年課程根本是野心太大。但如果重回三年級，不只我丟臉，還會影響到老師，因為這位老師是看我勤勉認真，才推薦我的。正因我考慮到師生都會丟臉，才沒有提出轉回三年級的事。於是我更加努力，上到歐幾里得《幾何原本》的命題十三時，我才驀然發現這門課真是容易至極，因為純粹要求一個人運用論證能力的科目，是不可能太難的。從那時起，幾何就變成簡單又有趣的科目了。

相較之下，梵語就真的令人頭痛了。幾何學無須記誦，反觀梵語，每一字每一句都必須背下來。梵語同樣從四年級開始上，但六年級的課從一開始就讓我覺得灰心，因為教課的老師十分嚴厲，急於鞭策我們。教梵語及波斯語的老師們常想一較高下，不過波斯語老師比較寬容。同學常私底下說波斯語老師人好、隨和、體貼學生。這分寬容吸引我，於是有一天我跑去上波斯語的課。梵語老師知道後很難過，把我叫到他身邊問道：「你忘記你父親是毗濕奴教的信徒嗎？難道你不想學自己宗教信仰的語文？如果你遇到困難，應該來告訴我。我只是想把自己懂得的一切通通教給你們。你只要再多讀一些，就會發現梵語的趣味。你不應該氣餒，繼續上梵語課吧。」

老師的慈愛讓我羞愧，我不能辜負老師對我的關愛。今天我不能不感謝教梵語的老師；假如當初沒有學到基本的梵語，日後我讀宗教經典就會倍感吃力。其實我很懊悔當初沒能深入掌握這項語言，因為我之後才瞭解到每個印度孩童，不分男女，都應該學好梵語。

我現在認為，印度中高等教育課程除了教本地話以外，還應該教北印度語、梵語、波斯語、阿拉伯語及英語。雖然該學的語文很多，其實也不必因此膽怯。如果我們的教育能夠更有系統，學生不必透過第二語言上其他科目的課，我相信學會上述幾種語言不但不討人厭，還能是非常快樂的事。如果學會用科學方法習得一種語言，學會其他語言就相對是容易的。

事實上北印度語、古吉拉特語及梵語系出同源，應視為同一種語言，波斯文及阿拉伯文也是一樣。雖說波斯語屬於亞利安語，阿拉伯語則屬閃族語系，但這兩種語言關係十分密切，都是在伊斯蘭教興起後才發展完全的。至於烏爾都語，我不認為是獨立的語言，因為它是採用北印度語的文法，字彙則來自波斯語及阿拉伯語；想學好烏爾都語，必須先學波斯語及阿拉伯語，就像想學好古吉拉特語、北印度語、孟加拉語或馬拉提語，都必須先學梵文。

第六章　友誼的悲劇

我高中時所交的寥寥幾個朋友中，有兩個朋友在不同時期與我結成密友。其中一段友誼並未維持太久，但並不是我不理他，而是他不理我，只因我跟另一個人來往。另外一段友誼是我生命裡的悲劇，持續很長的時間。一開始，我是本著感化他的精神跟他交朋友的。

這個人原先是我二哥的朋友，他們讀同一班。我很清楚他的弱點，但我把他看做忠實的好朋友。我母親、大哥跟妻子都警告我少與他來往。我自尊心很強，不願理會妻子的警告；但我不敢不聽母親與大哥的話。儘管如此，我還是好言求道：「我承認他有你們提到的缺點，但他有些你們不知道的優點。他不可能帶壞我，因為我跟他在一起就是要感化他，而且我相信他只要改變一些行為，就會變成非常好的人，你們真的沒必要這麼擔心。」

媽媽和大哥不見得被我說服，但他們接受了我的說法，不再干涉我。

但我發現自己判斷錯誤。一個企圖感化別人的人，不能跟那個接受改造的人太要好；真正的友誼是在世上找到另一個少有、相近的靈魂，兩個天性相近的人才能建立起充滿意義又持久的友情。朋友間互動建立在平等基礎上，因此友誼容不下感化或改造。我認為友誼關係應避免過於狹隘，因為人容易學壞，卻不容易學好；信仰神的人應該保持孑然一身，或以整個世界為友。我也許不見得對，但總之我這種培養親密友誼的努力終告失敗。

我剛與這名朋友相識時，「改革」的風氣正席捲拉傑果德。我朋友告訴我，很多老師偷偷喝酒、吃肉，還指出拉傑果德的某些名人也同樣喝酒、吃肉，包括一些高中男生在內。

我很驚訝，也很難過。我問我朋友原因，他這樣回答：「我們因為不吃肉，變成了一個虛弱的民族，英國人吃肉，所以能夠輕易統治我們。你知道我既強壯又跑得快，那是因為我吃肉的關係。吃肉的人不會長癤子或腫瘤，即使有時候長了腫瘤，也很快就會好起來。我們老師跟那些傑出人士會選擇吃肉是有道理的，他們知道肉的好處。你也應該學他們。試一試，看看肉是否幫助你變得更有力。」

吃肉對身體好的說法一而再再而三被提出，我這個朋友準備了一套縝密的長篇大論，時不時試圖打動我。我二哥已經淪陷了，開始支持我朋友這套理論。和哥哥、朋友站在一起，我的確看起來較瘦弱，不像他們倆一樣強壯、結實、果敢。我這朋友擅長跑步，讓我十分羨慕；他能跑長距離，速度還是一樣快，跳遠也很厲害，也很耐得住體罰。他常在我面前展現這方面能力，而人總會羨慕他人身上自己沒有的能力，因此我對他的能力也十分欣羨，欣羨之餘內心就昇起一股想變得和他一樣的渴望，因我既跑不快又跳不遠，為什麼我就不能像他一樣強壯？

此外我還是個膽小鬼。很多事都能引起我的害怕，像是小偷、鬼魂或蛇；我也怕黑，晚間從不敢出門。我幾乎不敢在黑暗中睡覺，因為我老是想像鬼會從某個地方冒出來、小偷從某處出現、蛇從另外一邊竄出，因此睡覺時我一定會點燈。這些我怎麼能告訴睡在一旁的年輕妻子？我知道她比我更勇敢，對此我覺得十分羞愧。她不怕蛇也不怕鬼，敢摸黑出門。這位朋友知道我所有的弱點，還告訴我他敢把活生生的蛇握在手上、敢對抗小偷，也不信世上有鬼存在。當然這一切都是因為他吃肉的緣故。

那時學校裡流行古吉拉特詩人納瑪德的一首打油詩：

注意孔武有力的英國人哪，
他們能統治小小的印度人；
因為他們愛吃肉啊，
所以有兩百公分高。

這些訊息對我造成不小的影響，我覺得無比沮喪，開始相信吃肉是好的，能讓我更加強壯勇敢，如果全國人民都吃肉的話，就不愁無法打敗英國人了。

於是某一天我開始嘗試吃肉，當然這得暗中進行。甘地家一直是毗濕奴教信徒，我父母尤其虔誠，會定期造訪神廟，我們家還有自建的廟宇。耆那教在古吉拉特邦十分盛行，在任何場合都能感受到它的影響力。可以說，全印度最反對、厭惡吃肉的人，就是古吉拉特邦的毗濕奴教與耆那教信徒，這在印度其他地方是看不到的。我便是在這樣的傳統中成長，而且我對父母十分尊敬。我知道他們一旦知道我吃肉，肯定會嚇死，而我對真理的執著讓我加倍謹慎。我那時當然知道如果開始吃肉，就得瞞著父母，但我一心只想「改革」，我不是為了滿足口腹之慾才吃肉，我也不覺得肉特別好吃，我只是想變得強壯、勇敢，也希望我的同胞跟我一樣，這樣我們就能打敗英國人，印度也能重獲自由。那時我沒聽過「自治」一詞，但我知道何謂自由。改革的熱情蒙蔽了我的雙眼，我打算偷偷吃肉，還說服自己，隱瞞父母吃肉不能算是違背真理。

第七章　友誼的悲劇（續）

那一天終於到了。很難完整描述我的感覺，一方面是改革的熱情以及面對人生重大變化的新奇感受，另一方面則是對自己偷偷摸摸躲起來做這件事感到羞恥。我也不確定到底是哪種情緒占上風。我們在河邊找到一個隱蔽的地方，那是我生平頭一次看到肉，還有麵包。這兩樣我都不喜歡吃，山羊肉跟皮革一樣硬，難以入口。我覺得噁心，只得作罷。

之後幾晚我都無法成眠。夢魘時時來襲，每回我模模糊糊想入睡，就彷彿聽見一頭活羊在我體內咩咩叫著，我又重新坐起，內心充滿懊悔。但我會提醒自己吃肉是責任，以此讓自己好過些。

我朋友不是會輕易讓步的人，他開始在炒菜時加入肉一起煮，看起來很好吃的樣子。我們也不再挑河邊人跡罕至的地方吃，而是在州政府大樓內堂皇的宴會廳裡用餐，我朋友與那裡的主廚費心安排好桌椅，讓我們吃得舒適。

這一招果然讓我上鉤，對麵包的反感漸漸淡了，也不再那麼同情被宰的羊，儘管還不是那麼愛吃肉，我已經開始喜歡加了肉的菜色。這樣約莫持續了一年，但在那裡用餐頂多只有六次而已，因為州政府大樓並非天天開放，準備豐盛昂貴的肉類大餐實際上也有困難。我沒有錢支付這項「改革」，但我朋友總能籌到錢，我不知道他錢是哪來的，不過他總能弄到錢，因為他一心一意想把我變成肉食者。不過他的錢也有用盡的時候，因此我們並不經常吃大餐。

每當我偷偷吃這些好菜，就吃不下家裡的晚餐。我媽媽當然會叫我去吃飯，想知道我為什麼不想吃，我便回答：「我今天沒胃口，覺得有點消化不良。」編這些藉口往往讓我覺得良心不安，我知道自己是在撒謊，對我的母親撒謊。我還知道一旦讓父母知道我吃肉，他們一定會震驚不已。因此我經常感到良心受折磨。

因此我告訴自己：「雖然吃肉有其必要，在我們國家推行食物改革也有必要，但欺瞞自己的父母、甚至撒謊，比不吃肉還糟糕。他們這一生絕對不可能吃肉，等他們不在了，而我有了自由，我要公開吃肉。但在那之前，我不再吃一口肉。」

我把這想法跟朋友說了，從此之後我再也沒吃過肉。我父母完全不曉得兩個兒子曾經變成肉食者。為了不向父母撒謊，我不再吃肉，但我並未斷絕跟這位朋友往來。我一心想改造他，但完全失敗，但那時我對這情況毫無所覺。

他還打算引誘我背叛妻子，我差一點就聽了他的話。有次他帶我去妓院，事前告訴我該注意些什麼，他把一切都先安排妥當，連錢都付清了。那時我差點就栽進罪惡的淵藪，但無比慈愛的神在緊要關頭將我喚醒。我身處污穢罪惡的所在，嚇得不知如何是好；我和那女人坐在床上，兩人靠得很近，但不知該說什麼，於是她開始不耐煩，叫我離開，一邊說難聽話羞辱我。那時我覺得男性自尊受到傷害，只盼能挖個地洞鑽進去。但我對神充滿感激，感謝祂救了我。我還記得另外四次類似的事件，大多數情況我的運氣都很好，神在最後關頭拉了我一把。從嚴格的道德觀點看來，這種情況應視為道德墮落，因為就算最後什麼都沒發生，肉慾還是存在，嫖不嫖妓結果都一樣。但從世俗觀點來看，一個男人沒有真正犯下肉體罪惡，可以看做是沒犯錯。能過逃過罪惡的行為，對差點犯錯的人及身邊的人來說，都是來自上天的恩惠；當一個人重新意識到正確的事，會感謝神聖的慈愛幫助他逃過一劫。不管意志多堅強，我們都知道男人容易屈服於誘惑，但同時我們也知道上天經常介入，拯救男人免於沉淪。而這一切是如何發生——男人有時自主、有時卻受情勢所迫，自主意志的力量究竟有多大，命運如何影響最終結局——目前沒人知道，未來恐怕也是個謎。

還是繼續說故事吧。即使我朋友做出這樣的事，我還是沒看清他會引我邁向墮落。之後一段時間我又歷經種種難堪痛苦的事，直到我看到他犯下我從未預料到的過錯，我的雙眼才突然睜開，認清事實。不過這事稍晚再提，還是先按事情發展的順序來說。

同時有件事發生在這個時候，我得提一下。我與妻子之所以不和，其中一個原因是因為這個朋友。我是用情專一但善妒的丈夫，這個朋友雖然一再煽動我對妻子的猜忌，但我從未懷疑他居心不良。我經常因這朋友打小報告就跟妻子爭吵，讓她很痛苦，對此我也從未原諒過我自己。或許只有印度妻子才能容忍這些折磨，也因為這樣我將女人看做忍耐的化身。遭受冤屈的僕人可能辭職不幹，兒子受到誤解也可能離家出走，朋友間如果有誤會可能就此絕交；唯有妻子，即使懷疑自己的丈夫，也會保持沉默，但若丈夫懷疑她不貞，她就完了。她能去哪？印度妻子不能上法庭訴請離婚；對女人來說，法律不是求助的途徑。我永遠不能忘記、無法原諒我自己讓妻子求助無門，異常痛苦。

在我通曉「不害」⑦這個字的種種涵意後，我的疑心病就此根除。我明白了「無慾」⑧帶領人迎向神性光

---

⑦ Ahimsa，代表不殺害和不傷害。不害理念同時尊重生命，尊重思想、言語和行為的正直，為人類自然和萬物服務。這個概念通行於印度次大陸的各宗教，包括：印度教、耆那教及佛教。其對象亦不只限於人類，並包對所有非人類的動物及其他眾生仁慈與非暴力。這個的理念同時包括了避免在語言上或行為上的暴力，除非是基於自衛的需要，是日後甘地「非暴力抗爭」的原點。

⑧ Brahmacharya，原意是指帶領人親近神的行為，引申為自制，特別指節慾。

輝，也瞭解到妻子不是先生的奴隸，而是地位平等的朋友和良伴，與丈夫共享喜悅、分擔憂愁，可以自由選擇自己的道路。每當我想起這段充滿懷疑、猜忌的黑暗時期，我就對自己的愚昧以及因肉慾而起的殘酷行為感到厭惡，對自己竟然如此盲從朋友而悔不當初。

第八章　偷竊及贖罪

在我吃肉的這段時間裡，我還犯下其他幾個過錯，確切的時間可上溯到我結婚前以及新婚不久那時候。那時我跟一名親戚愛上抽菸，並不是因為我們覺得抽菸有什麼好處，或是喜歡菸味；我們只是覺得從口中吐出煙霧很好玩。有個叔叔常抽菸，看到他抽菸，我們就想模仿他。問題是我們沒錢，所以我們就開始偷撿叔叔扔掉的菸蒂頭。

偷撿菸蒂其實沒那麼容易，吸的時候也吐不出煙。因此我們開始偷僕人口袋裡的銅幣，拿去買印度本地製的香菸。但問題是：要把菸藏在哪裡？我們當然不可能在長輩面前抽菸。好幾個星期，我們就靠偷來的銅板去買菸；後來聽說有種植物的稈有孔，可以當做香菸來抽，於是我們又四處去找這種植物，試著抽抽看。

不過這種替代品當然是讓我們很不滿意。無法獨立自主的痛苦開始發酵，想到我們做任何事都得先經過長輩同意，就覺得無法忍受。出於厭惡，我們決定一起自殺！

但我們該怎麼自殺？哪裡可以弄來毒藥？聽說曼陀羅花的種子毒性夠強，於是我們跑到叢林裡去找，也真的找到了。又聽說傍晚是好時辰，於是我們前往喀達齊廟，在廟裡的油燈內添油，點上線香，然後找了個僻靜的角落。但我們無法鼓起勇氣自殺，因為我們想到萬一沒有馬上死呢？自殺又有什麼好處？依賴長輩總也比自殺好。我們吃了兩、三顆種子後就不敢再吃了。我們兩個都不願死，決定去拉姆吉廟讓心情平靜，忘掉自殺的念頭。

我因此瞭解真要自殺沒那麼容易。從那時起，每回聽到有人以自殺要脅，我都不為所動。

自殺這件事讓我們兩個戒掉抽菸蒂頭的習慣，也不再偷僕人的銅板去買菸了。

成年之後，我再也不想抽菸，認為吸菸野蠻、骯髒，帶給人許多危害。我不懂為何世上有這麼多人喜歡抽菸，旅行時若車廂內有好幾個人同時抽菸，也讓我覺得窒息、難以忍受。

之後我又犯下了另一項偷竊行為，比偷銅板還嚴重得多。偷銅板大概發生在我十二、三歲時（或更小），而這件事發生在我十五歲，我偷了那個吃肉的哥哥臂釧上的一點金子。哥哥欠下約二十五盧比的債務，他手臂上戴著的金釧，是貨真價實的金子，從上面刮一點金子下來不會太難。

總之我偷了金子，替他還了債。不過事後回想我覺得犯了大錯，我決定再也不偷了，也決意向父親坦承，但我不敢說。我不是擔心挨父親打，不是這樣，因為印象中爸爸從沒打過我們。我怕的是父親因此失望、痛心。但我想還是應該冒險一試；如果不坦白悔罪，又怎麼能洗滌罪過？

最後我決定寫悔過書，交給父親，求他原諒。我寫在一張紙上，親自交給他。這張紙條上我不僅招認自己犯下的錯，也要求父親給我適當的責罰，最後求他別因我犯的錯自責，我也保證以後永不再犯。

我把字條交給父親時，整個人都在發抖；他那時因瘻管問題臥病在床。那是張普通的厚木板床，我把字條遞給他，坐在床的另一頭。

他把字條看完，淚水如斷線珍珠般滑落，把紙浸濕了。他閉上眼靜靜想了一會兒，把紙條撕碎。剛才為了讀信他坐起身來，現在他又重新躺了下去。我也哭了，因我看得出父親非常痛苦。如果我是畫家，現在我依舊能把這景象如實畫出，直到現在我還能清晰回想這幕情景。

父親流下的淚水代表對我的愛，洗滌了我的心靈、也洗淨了我的罪，這只有感受過類似的愛的人才能瞭解。就像聖歌中所說的：

只有那個
讓愛神的箭射中的人
才能明白愛的力量。

這次的經驗切切實實給我上了一課，讓我瞭解什麼是「不害」。那時的我還不明白，我只感受到父親的愛，但今天我知道這就是「不害」的真諦。當周遭充滿這樣的「不害」，就能改變所觸及的每樣事物，「不害」的力量無窮無盡。

但其實我父親平日從未表現出如此崇高的寬恕，我原本以為他會生氣、怒聲斥責我，然後拍打自己額頭表示難以置信，但他卻是超乎尋常的平靜；我相信這是由於我坦誠認錯。在應當懺悔的對象面前坦白認錯，並承諾永不再犯，是最真誠、最高形式的悔過。我瞭解到，這次認錯讓父親對我更有信心，而他對我的關愛也因此大大增長了。

第九章　父親過世和雙重恥辱

現在我要說的是十六歲那年發生的事。我父親因罹患瘻管疾病長期臥病，無法下床走動。身為家中最資深傭人的母親跟我是主要照顧父親的人。我像護士一樣照護父親，該做的事包括替傷口敷藥、餵父親吃藥，若有必要時在家調配藥物。我每晚為父親按摩雙腿，除非是他睡著了，或他叫我去休息，才會離開。我很樂意為父親服務，印象中我從未疏忽、懈怠過。我完成每天的例行公事後，剩下的時間就是上學跟照顧爸爸。有時我傍晚會外出散步，但也會先得到父親許可，或看他情況不錯才出去。

這時我妻子已經懷孕，這種情況在今日看來，對我是雙重羞辱——這表示我該克制衝動卻沒做到，尤其那時我還是個學生；其次，本來應該用來讀書的時間，我卻花在與妻子同房上面，更別提我對父母應盡的責任，那是比讀書還更重要的，再說我從小就很崇拜事親至孝的斯羅凡納。每晚當我替父親按摩雙腿時，我的心就已經飛到臥室去；同時在那個年代，不論是宗教、醫學或常識都要求禁慾。但每回服侍完父親，我都是滿懷喜悅直接回房。

但父親的病情還是日益嚴重，雖然印度傳統大夫試了各種配方的軟膏，穆斯林醫生開了各式膏藥，也有庸醫提供所謂的靈丹妙藥，都無濟於事。最後還請了英國外科醫生來看病，他表示唯一（也是最後的）手段是外科手術，但我們的家庭醫師反對，認為父親年事已高不宜動手術。這位家庭醫師醫術精湛，遠近馳名，於是我們接受他的勸告，放棄動手術，但買了不同的藥來試，都宣告無效。我總想如果那時醫生同意施行這項手術，傷口會更快癒合。那時如果動手術的話，會由孟買一位知名醫師主刀，不過神另有旨意。當死亡就在眼前，誰能確定什麼才是最好的治療方式？我父親從孟買看病回來，還帶回一堆手術器具，但最終還是沒派上用場。他的求生意志日漸消沉，身體越來越不行，最後那段時間，醫生告訴他盡量待在床上，連大小便也不例外。但直到最後他始終不肯這麼做，不管多吃力也要下床上廁所。毗濕奴教嚴格要求信者保持自身清潔，沒有妥協餘地。

當然保持乾淨是生活的基本要求，但西方醫學教導我們，所有生活功能——包括洗澡——皆可在床上進行，能確保乾淨無虞，病人也不會不舒服，只要床鋪本身維持乾淨即可；這樣的乾淨應不違背毗濕奴教教義才是。但當時我對父親執意下床如廁一事只是感到驚奇和讚嘆。

那個可怕的夜晚終於來臨，那時我叔叔已來到拉傑果德，我依稀記得他來這裡就是因為聽說父親狀況越來越差了，他們兄弟感情十分深厚。我叔叔整天坐在爸爸床邊，把大家趕回去睡覺後就睡在他旁邊。沒有人料到這竟是最後一晚，死神其實早已到來。

大概是晚間十點半或十一點，我在給父親按摩。叔叔表示他可以接手，於是我很高興地回臥室去。我妻子，可憐的人兒，已經睡熟了。不過我就在她面前，她怎麼能自顧自睡覺？我把她叫醒。約莫五分鐘後，僕人來敲門，我突然有所警覺，他說：「起來，老爺看起來很不好。」我當然知道他病得很重，所以我猜得到所謂「很不好」指的是什麼。我從床上一躍而起。

「發生什麼事？告訴我！」

「老爺過去了。」

父親死了！我不知怎麼辦才好，只是一個勁扭著手。我覺得既羞愧又難過，跑到父親房裡去。我想到，如果不是受到動物般的本能支配，我就能待在他身邊，看他嚥下最後一口氣。我那時應該繼續替他按摩，這樣他就會在我懷裡斷氣。但現在獲得這個特權的人是我叔叔，他對哥哥的愛是如此深厚，所以才有幸為哥哥做最後的服務吧！父親臨走前已有預感，他以手勢表示要紙、筆，然後寫下：「準備替我做最後祈禱吧。」然後他把臂釧及串著聖羅勒種子的金項鍊都扯下來，丟到一旁，不久後就斷氣了。

先前已提過，這份恥辱是我竟然在父親臨終前一刻，需要人謹慎照料時，還想著魚水之歡，這個污點我永遠忘不了，永遠無法消除。後來我總想，雖然我願意對父母毫無保留地奉獻，就算要我放棄一切也無妨，但我的心竟然在最重要的一刻被肉慾攫住。因此我總認為自己儘管是個忠實的丈夫，也是重色的丈夫。我花了很長的時間才擺脫慾望的枷鎖，這過程充滿痛苦的考驗。

在我結束這一章中雙重恥辱的敘述前，還要提另一件事：我們的孩子來到這人世才三、四天便夭折了，這似乎是可以料到的後果。希望所有夫妻都能以我為戒。

第十章 一瞥宗教的靈光

我從六、七歲開始到十六歲持續求學，學校裡教授許多科目，惟獨宗教不在授課範圍內。我得說我從老師身上完全沒有學到他們應該傳授的知識，因為老師們並不是那麼善盡職責，但我從生活當中學會種種道理。「宗教」這個詞——這裡我指的是最廣義的意思——意味著自我覺察或是對自身的瞭解。

由於我們家信仰毗濕奴教，我常常得去神廟，但我不喜歡去，我不喜歡那裡華麗的金光跟排場。我還聽過一些謠言說，有人在神廟做不道德的事，所以更加沒有興趣。因此從神廟那我也沒學到任何東西。

但在老師身上學不到的東西，我卻在褓母身上學到了。她是在我們家工作很久的老傭人倫芭，直到今天我還能回想起她對我的關愛。前面曾提過我怕鬼，因此倫芭建議我默唸「羅摩納摩」⑨讓自己安心。儘管我不大相信這法子有效，但我相信倫芭說的話，所以我從小就常默唸「羅摩納摩」，希望能消除對鬼怪的恐懼。當然這習慣沒有持續很久，但是孩提時代播下的善種沒有白費，我相信是因為善良的倫芭播下這個種子，所以直到今天默唸「羅摩納摩」，對我來說一直是最有效的定心丸。

同樣在這時期，我有個熱愛《羅摩衍那》⑩的表哥要二哥跟我背誦羅摩衍那中的文章。我們背得滾瓜爛熟，規定自己每天晨浴後都得背誦一遍，持續不輟，直到我們離開博爾本德爾為止。只是我們一回到拉傑果德，就把這些忘得一乾二淨了，因為我的信仰不夠深。先前我願意背誦，只是因為自尊心作祟，想要向人證明我能夠以標準發音讀出《羅摩衍那》的內文而已。

不過真正讓我留下深刻印象的是在我父親面前背誦《羅摩衍那》，父親有段時期在博爾本德爾養病，每天傍晚都要聽某個人唸裡面的詩句。此人十分崇奉羅摩，名叫拉德哈，是比爾斯瓦人。據說他曾得過麻瘋，後來治癒了。他治好這病並不是用什麼藥物，而是把比爾斯瓦神廟中供過濕婆神的比羅葉敷在患處後，反覆誦念「羅摩那摩」。大家都說信仰使他痊癒，這說法是否正確不得而知，但無論如何，我們相信這故事。而且拉德哈在唸《羅摩衍那》時，他看來確實是完全擺脫了麻瘋病。他的聲音極悠揚，唱二行、四行詩句時還會加以解釋，他自己完全沉浸其中，聽眾也跟著他進入那世界。我那時大概是十三歲，可是我清楚記得聽他的朗誦令我心醉神馳，這也建立了我喜愛《羅摩衍那》的基礎。直到今日，我仍認為《羅摩衍那》是最偉大的信仰文學作品。

幾個月後我們來到拉傑果德，就不再聽人唸經文了。但每逢艾卡達西⑪日，總有人唸《薄伽梵歌》，有時我也會參加，但那名朗誦者缺乏打動人心的力量。現在我知道《薄伽梵歌》是能夠激發人宗教熱情的書，因為我讀過古吉拉特語版本，讀得津津有味。後來我在二十一天齋戒期，聽到馬拉維亞的朗誦感動不已，真希望自己在幼年時就能聽到虔誠如他的人朗讀，這樣我就能更早親炙這本經文了。幼年時期的印象根深柢固，我運氣不夠好，沒能在童年時多聽這樣的好書，至今仍覺得相當遺憾。

---

⑨ Ramanama，意指「羅摩之名」。羅摩是印度史詩《羅摩衍那》的主角、拘薩羅國的王子，也是印度古代傳說中的一個偉大英雄，是印度教所信奉的重要神祇之一。

⑩《羅摩衍那》是印度兩大史詩之一，內容主要講述拘薩羅國王子羅摩和他妻子悉多的故事。《羅摩衍那》和另一部更長的史詩《摩訶婆羅多》是印度文化的基礎，對印度文學、宗教的發展有相當大的作用。

⑪ 指的是滿月後的第十一天和新月後的第十一天。

不過我很早就在拉傑果德培養了對印度教所有支派的包容心，因我父母會帶我們小孩去印度教神廟或濕婆廟、羅摩廟參拜，也常有耆那教僧侶來看望我父親，甚至會接受不信奉耆那教的我們給的食物。他們會跟我父親談天，有時談宗教，有時聊一般話題。

來找我父親的還有穆斯林與帕西人⑫，他們談到自己的信仰時，我父親總是懷抱敬意，常常很有興趣地傾聽。我常隨伺在旁照料父親，因此也有機會聆聽這些談話，培養了我對一切宗教的容忍態度。

但唯有基督教，那時我還是無法欣賞。我不喜歡基督教，原因之一是那時基督教士常站在靠近我們高中學校附近的一個角落，滔滔不絕數落印度教派的信徒及神明，這點讓我無法忍受。我只有一次在他們旁邊站了一會兒，但一次就夠了。就在那段時期，我聽說有位眾所周知的印度教徒改信基督教，鎮上為此還鬧得沸沸揚揚好一段時間，聽說他受洗之後，開始吃牛肉、飲酒、改變穿著，不但穿上歐洲人的衣服，還得像他們一樣戴帽。凡此種種都讓我不舒服，我認為一個強迫人吃牛肉、喝酒、改變衣著的宗教，根本不配稱為宗教。我還聽說那個改信基督教的人已經開始辱罵祖先的宗教、習俗及國家，這些事讓我對基督教產生反感。

不過我學會容忍種種宗教，並不表示我信奉神。恰巧在這段時間，我翻閱父親的藏書，讀到《摩奴法典》⑬，當中提到關於宇宙起始和其他內容無法令我信服，反而讓我更傾向無神論。

那時我有個表哥，我十分景仰他的智識，於是向他表達我的疑惑，但他也無法解答，只是用下面這些話打發我：「等你長大了就能夠自己想通這些問題，你還太小，不適合問這些問題。」我不再說話，但心中並不服氣。我覺得《摩奴法典》中提到的節食法及相關概念，都與我們日常習慣相悖，但表哥給我的答案也是一樣。於是我告訴自己：「等我變得更聰明、讀更多書以後，我就會更瞭解了。」

《摩奴法典》並未教我不殺生的道理。先前已提過我吃肉的經驗，《摩奴法典》似乎也支持吃肉的行為，我也覺得殺死蛇、蟲子之類的動物是合乎道德的，我還記得那時把殺死小蟲子及其他昆蟲的行為看做是理所當然的。

不過有個概念在我心裡生了根——我相信道德是一切的基礎，而真理是一切道德作為的本質。真理成為我唯一追求的目標，我一天比一天更看重真理，心中對真理所下的定義也日漸擴大。

還有一首古吉拉特語寫成的諭世詩篇讓我難以忘懷，其中傳達的教誨「以良善報答邪惡」，成為我待人處世的準則，我懷抱熱情，在日常生活中不斷實踐此一道理。對我來說最引人入勝的句子如下：

人家給我一杯水，我要回報以豐盛的一餐；
人家親切一點頭，我要回報以懇切的鞠躬；
人家給我一分錢，我要回報以黃金；
假如你得到救贖，不要吝惜給予。
注意賢哲的言語與行為啊，
每一份小小的恩澤都報以十倍之賜，

⑫ 拜火教徒。
⑬ 是婆羅門教（印度教）倫理規範的一部法典，內容涉及禮儀、習俗、教育、道德、法律、宗教、哲學、政治、經濟、軍事、外交等等，構建出以四大種姓為基礎的社會模式。

真正高貴的人對待眾人平等無二致，
即使受到冤屈，也懷著喜悅報以良善之行。

第十一章 準備前往英國

我在一八八七年通過大學入學考試，這場考試通常集中在艾哈邁達巴德及孟買兩地舉行。因為印度普遍貧窮，卡提瓦德地區的學生多半選擇到較近、花費較少的地區參加考試。我們家並不富裕，因此我也得做出相同選擇。這是我第一次從拉傑果德前往艾哈邁達巴德，而且是獨自一人啟程，沒人陪伴。

家中長輩希望我通過考試後，進大學受教育。孟買跟包納加爾都有大學，但後者較便宜，因此最後我決定去包納加爾都的撒滿達司學院讀書。進去後，但我發現自己完全不能融入。每件事都很難，教授上的課我完全跟不上，更別提聽出興趣來了。這不是他們的錯，那裡的教授是公認一流的，只是我對一切都太生疏罷了。第一學期結束後，我就打包回家。

我們家有個老朋友馬夫吉・戴夫，屬於婆羅門階級⑭，經常給予我們忠告，他始終與我們家保持來往，即使我父親過世後也未曾中斷。我放假時他剛巧來訪，在跟我母親、哥哥閒談時，問到了我的學業。他知道我就讀撒滿達司學院後，便說：「時代已經變了，今天你們如果沒有接受適切的教育，就別想繼承你們父親的官職。既然這孩子還在念書，你們家就全指望他了。他想拿到文學士學位大概要讀四、五年，但畢業後頂多能找到每個月賺六十盧比的工作，還沒辦法像他父親一樣在州政府內當首相。像我兒子是讀法律，雖然要花更長時間才能拿到學位，但到時候就能像許多其他律師一樣爭取首相的位置。我建議你們送他去英國念書，我兒子凱福羅說要當律師並不難，三年內他就可以回國了，全部的花費不會超過四、五千盧比。你們想想那個剛從英國回來的律師，看他日子過得多愜意！他只要開口表示興趣就能當官。我勸你們今年就把莫罕達斯送到英國去，凱福羅那裡認識的人很多，他可以介紹朋友給莫罕達斯，這樣他就可以很快適應了。」

喬胥先生——我們都是這樣稱呼老戴夫的——很有把握似地轉頭看我，問我：「難道你不想去英國讀書，情願留在這裡嗎？」我聽到這項提議當然十分開心。大學裡的功課我怎樣都跟不上，一聽到這解套的辦法即躍躍慾試，便回答說：「越快去越好，不過要很快通過考試並不容易，還是我應該去英國讀醫科？」

我哥哥打斷我的話，說道：「爸爸不會高興的。他之前說過我們毗濕奴教信徒不該解剖屍體，就是針對你說的。父親希望你當律師。」

喬胥先生附和道：「這點我跟甘地先生意見不同，我倒是不反對醫科，我們的經義並不反對這一點。不過讀醫沒辦法讓你當官，我希望你能當官，如有更高的發展當然更好，唯有這樣你才能夠保護你的大家族。

⑭ 印度種姓制度中最高階級；依序為婆羅門（意指和尚）、剎帝利（貴族及武士）、吠舍（農人、工匠與商人；甘地一家便屬於此一階層）、首陀羅（奴僕或非亞利安人）。

時代變得很快，日子越來越艱難，所以說當律師是最明智的決定。」他又轉向我母親說：「我該走了。請務必好好考慮我剛說的話。下次我再來拜訪時，希望可以聽到你們說已經在準備前往英國了。如果有我幫得上忙的地方，一定要告訴我。」

喬胥先生離開了，我開始大做前往英國的美夢。

我二哥為此事大傷腦筋，如要送我出國，該怎麼籌到這筆錢？讓我這樣一個年輕人單獨出國，妥當嗎？

母親試著打消我的念頭，說道：「叔叔現在是我們家輩份最高的人，這事應該要先問過他的意見。等他同意了，再來考慮這件事。」

但哥哥不這麼想。他跟我說：「我們跟州政府關係不錯，行政首長萊立先生很看重我們家，叔叔又跟他向來交情不錯，我想他應該可以替你爭取到政府的資源，讓你去英國念書。」

哥哥的意見讓我滿心歡喜，我準備動身去博爾本德爾。那時還沒有鐵路，坐牛車去要花五天的時間。我說過自己很怯懦，但那時我一心想去英國，膽怯猶豫都拋在腦後了。我雇了輛牛車到多拉吉，然後在多拉吉找了頭駱駝，這樣可以早一天到達博爾本德爾，這也是我第一次騎駱駝。

總算是到達了。我向叔叔行過禮後，把整件事源源本本告訴了他。他仔細考慮過後說：「我不知道一個人有沒有辦法在英國待上一段時間後，還能保持對原本宗教的信仰。但從我聽過的一些例子，我沒多大信心。我看那些大律師，過的生活跟歐洲人簡直沒兩樣。他們什麼都吃，不再守印度教的戒律，整日雪茄不離嘴，穿著跟英國人一樣大膽，不知道什麼叫丟臉。這些都跟我們家的傳統相違背。我不久後就要去朝聖，剩下的日子也不多了。我怎麼能在離開人世前，同意讓你遠渡重洋到英國去？不過我也不會攔阻，重要的是你母親是否同意。假如她肯答應，那我祝你一帆風順！轉告她我絕不阻擋，我會祝福你一路平安。」

「我知道您只能幫到這裡，」我回答，「我會試著說服媽媽的。但您不能向萊立先生推薦我嗎？」

叔叔回答道：「我怎麼能這麼做？不過他是個好人，你可以告訴他我是你叔叔，跟他預訂時間會面，他一定會同意跟你見面，甚至幫你一把。」

我不確定叔叔為何不肯給我一封推薦函，但我隱約感到他有顧慮，不願意為我去英國一事打包票，因他認為這是有違宗教的行為。

於是我寫信給萊立先生，他要我去他宅邸見他。他正準備上樓時看到我，只簡單地說：「先拿到你的文學士學位再來見我，現在我沒什麼可幫你的。」就匆匆上樓了。我做了周全的準備才去見他，事前背了幾句話，對他彎腰鞠躬、熱情致意，但全都白費了！

我想到妻子的首飾，想到我二哥，我完全信賴他。他大方慷慨到不像話，愛我如同自己的兒子。

我又趕回拉傑果德，把經過一五一十跟家裡說。我請教喬胥先生，他當然建議舉債也必須出國。我提出變賣妻子的首飾，大約值兩、三千盧比。我哥答應想辦法籌錢。

不過我母親還是不甚願意。她開始問我一些細瑣的問題，因有人告訴她年輕男人在英國容易把持不住，也有人說他們會開始吃肉，還有人說，到了那裡人人都喝酒。母親問我說：「這些事是真的嗎？」我回答道：「妳不相信我嗎？我從不對妳撒謊，我發誓絕對不碰這些東西。如果真有這些危險的事，喬胥先生會讓我去嗎？」

她說：「我是信任你，但你隔得那麼遠，叫我怎麼能放心？我昏頭轉向，不知道該怎麼辦了，我要問問宗教導師的意見。」

宗教導師原本從商，但現在是耆那教僧侶，我們家遇到事情都會請教他和喬胥先生。他站在我這邊，說道：「我要這孩子在我面前立下三個誓，然後他就可以去英國了。」他要我宣誓，我立誓不沾酒、不碰女人、不吃肉。發過誓後，我母親就同意讓我去英國。

我就讀的高中為我舉辦了歡送會。拉傑果德的年輕人中，遠赴英國的並不多。我事先寫下幾句感謝的話，但結結巴巴幾乎無法唸完。我記得當我起立唸這幾句話時，感到一陣天旋地轉、緊張到全身發抖。

於是我帶著家中長輩的祝福，動身前往孟買。這是我第一次從拉傑果德出發到孟買去。我哥哥陪我一同前往，但沿路發生不少難以啟齒的糗事。到了孟買，難關才剛開始。

第十二章　賤民

得到了母親的允許與祝福後，我歡欣鼓舞地啟程前往孟買，那時我太太剛生產完，孩子還只有幾個月大。誰知到了那裡，幾個朋友跟我哥說，印度洋六、七月間風浪大，這是我第一次出航，還是等到十一月再出發。還有人說一艘汽船因巨風狂吹而沉沒。這些傳聞讓我哥不安，他不肯讓我馬上登船，冒這樣的危險。於是他把我託給當地一名朋友，獨自返回家鄉，盡他應盡的責任。他把我的旅費交給一個連襟保管，又囑咐幾位朋友多多幫忙就走了。

我在孟買無事可做，閒得發慌，只是一直夢想去英國的事。與我同階層的朋友對我出國一事鼓譟不已，那時還沒有吠舍階層的人去英國，假如我敢這麼做，應該要為此接受公議、甚至懲罰，於是召開了種姓會議，叫我去參加。結果我去了。我也不曉得為何我突然充滿勇氣，一點也不畏怯，毫不猶豫去了會議現場。社區帶頭的人——希斯⑮是我們家的遠親，與我父親交情深厚，走過來跟我說話：「從種姓社會的角度來看，你打算去英國的念頭是很不妥的。我們的宗教禁止遠行到另一個國家，而且我們還聽說一旦在那邊住下，個人的宗教信仰一定會改變。你得和那些歐洲人一起吃飯喝酒！」

我回答：「我認為去英國跟違背我們的教義一點關係也沒有，我去那裡是為了追求更高的學問，我也在母親跟前立誓，絕對不碰你最害怕我沾染的三樣事物。我相信立過的誓言會保護我的。」

但這名希斯回答我：「我們是想提醒你，到了那裡，你很難守住自己的信仰。你知道我跟你父親是多年好友，你應該聽我的勸告。」

我回答道：「我知道您是我父親的好友，所以您也是我的長輩。不過這件事我沒辦法改變。我去英國的心意已決，無可動搖。我父親有個好友，是博學多聞的婆羅門，常為我們家提供建言，並不反對我去英國，況且我母親、哥哥也都同意了。」

「但你完全不顧種姓社會的階級？」

「我真的辦不到，我覺得種姓制度跟這件事無關，也不應阻撓。」

---

⑮ Sheth，指有錢的生意人或有勢力的人。

我這番話激怒了希斯，他開始咒罵，但我動也不動地坐著。最後希斯下達了命令：「從今天起，這個男孩不再是種姓社會的一部分，他是賤民。誰敢幫助他、或去碼頭送行，要繳一盧比四安那的罰金！」

我無動於衷，我向希斯告退，先離開了。不過我在想，不知道哥哥知道了會怎麼樣，他恐怕難以接受吧。幸運的是，我哥哥態度堅定，還寫信表示他依舊支持我去英國，不管希斯下達了什麼命令。

不過這個事件讓我更急著啟程。萬一他們真的對我哥施加壓力，事態會演變成如何？萬一有預料外的事發生怎麼辦？我正因進退兩難倍感苦惱時，聽說家鄉附近的居那迦得地區，有個律師要去英國執業，準備搭九月四日啟航的船。我跟二哥為我引介的朋友見面，他們都同意我應該把握這次結伴同行的機會，認為機不可失。於是我打電報給二哥，他也同意了。我要求保管錢的連襟把錢給我，但他說希斯下了這樣的命令，他不能給我錢，以免也被逐出種姓社會。於是我尋求一個家中朋友的協助，請他替我安排行程及雜項，順便把錢還給我哥哥。這位朋友人很好，不但答應幫助我，還不斷鼓勵我。我內心充滿感謝。我一拿到部分款項，就先訂了船票，然後添購路上該用的物品。一位朋友有這方面經驗，他替我準備了衣服及其他東西；其中有些衣服我很喜歡，有些則不敢恭維。有條領帶第一眼我覺得很難看，不過之後很喜歡，還常常繫著這條領帶；還有件短夾克我覺得太搶眼。不過在我心中，去英國才是頭等大事，這些都是微不足道的瑣事。其他東西也都準備齊全了，路上不愁缺乏。我朋友還替我安排了跟那位律師馬茲穆德同一間艙房的床位，把我介紹給他，請他多照顧。他是個中年人，經驗老到、處世圓熟；我才剛滿十八歲，涉世未深。馬茲穆德答應照應我，叫我朋友別擔心。

九月四日，我終於如願從孟買出發了。

第十三章　總算抵達倫敦

我完全不會暈船，但日子一天天過去，我開始不安、煩躁，也不敢跟船上的服務生說話。我不習慣說英語，但二等艙裡除了馬茲穆德先生，全都是英國人。我沒辦法跟他們交談，因為他們來跟我說話時，我往往沒聽懂，就算聽懂了，也不知道怎麼回答，我都要先想好該講什麼才敢開口。此外，我不知道如何使用刀叉，也不敢問菜單上有哪道菜是不加肉的。因為這個緣故，我從不在餐桌上跟大家一起用餐，總在臥艙裡獨自用餐，吃的主要是我帶來的甜食、水果。馬茲穆德先生完全沒有適應的問題，跟每個人都很熟。他會在甲板上走來走去，四處攀談，而我往往在臥艙內待上一整天，只有在甲板上剩寥寥幾個人時才敢上去。馬茲穆德先生不斷勸我，多跟同船乘客來往，盡量隨意交談；他告訴我律師要有舌粲蓮花的本領，還跟我分享他訴訟的經驗。他勸我把握每一次說英語的機會，叫我別太在意說錯，因為那是講外語一定會碰到的情況，不過我怎樣都克服不了自己的膽怯。

有位比我年長的英國籍乘客對我很親切，主動找我聊天。他問我吃些什麼、做什麼工作、打算去哪裡、為何不跟大家說話等等。他也勸我跟大家一塊在餐桌上用餐。我告訴他我不吃肉，他見我如此堅持不禁笑了，當船行經紅海時，他和藹地告訴我：「到目前為止不吃肉是沒問題的，不過你到了比斯開灣⑯時，恐怕就得

⑯ Bay of Biscay，北大西洋的一處海灣，海岸線從法國西岸的布列塔尼到西班牙北岸的加利西亞。

修正這個決定了。英國很冷，不吃肉是受不了的。」

「但我聽說有人可以不吃肉。」我說。

他說：「我跟你保證那不是真的。就我所知，住在那裡的人，沒人能夠不吃肉。你沒發現雖然我自己喝酒，卻沒有要求你也喝？但我真的認為你該吃肉，因為不吃是活不下去的。」

「我很感謝你親切的建議，不過我已經跟母親鄭重起誓不吃肉，我絕不能食言。如果發現在那裡不吃肉就活不下去，我寧可回印度，也不會為了待在那裡而吃肉。」

船隻航行到比斯開灣，但我並不覺得需要吃肉或喝酒。出發前有人建議我要請人幫我開沒吃肉的證明，因此我請這位英國朋友幫我開一張證明，他於是高興地給了我一張，這張證明我還珍藏了一段時間。但當我稍後發現，有人照樣吃肉也能拿到這類證明，就不再為此感到欣喜了。假使有人認為我的話不可信，那麼有一張證明又有什麼用處？

印象中我們是在一個星期六到達南開普敦。我在船上一直穿著一件黑色西裝，特別保留朋友給我的一件白色法蘭絨西裝，準備上岸時再穿。我之前就想過，抵達英國後穿白色的衣服會比較適合，所以上岸後就穿這件法蘭絨西裝。那時是九月下旬，而我發現自己是唯一穿這種衣服的人。那時我我看大家都把行李託給格蘭特立託管公司，所以我也從善如流，把隨身攜帶的行李，包括鑰匙，都交給他們管理。

我有四張介紹信，分別是給梅賀塔博士、蘇克拉律師、倫吉勤吉王子與瑙羅吉⑰。船上有乘客跟我們說維多利亞飯店不錯，於是我跟馬茲穆德先生就選了這家。這一路上發現自己是唯一穿白衣服的人，已讓我覺得夠丟臉了；結果到了飯店，我被告知因為隔天是星期日，所以我無法在明天把東西從格蘭特立託管公司取回，我簡直是氣急敗壞。

先前我在南開普敦打過電報給梅賀塔博士，他在當天傍晚八點左右來看我。他見到我十分高興，看我穿一身法蘭絨露出了微笑。我們一邊說著話，我順手拿起他的禮帽把玩，想試試觸感有多舒服，卻因摸錯方向，把上頭的毛弄亂了。梅賀塔博士有些生氣，趕緊阻止我，不過毛已經被弄亂了。這件事是一個教訓，讓我往後不再犯同樣的錯，我也因此上了一堂歐洲禮節的課。梅賀塔博士以幽默口吻告訴我：「不要碰別人的東西，也別像在印度時，第一次見面時就問人家問題。講話不要太大聲，也不要像在印度一樣，當面稱人『先生』（sir）。在這裡只有僕人或下屬才會這樣稱呼主人或上司。」說了很多諸如此類的事。他又說住飯店很貴，要我去找一戶寄宿家庭。我們決定等到下週一再討論此事。

馬茲穆德先生跟我都覺得住飯店很麻煩，又貴。剛好同船有個來自信德⑱的旅伴，和馬茲穆德先生成了朋友，他對倫敦比較熟，表示願意替我們找住處，我們欣然同意。星期一那天我們一拿到行李，就去櫃臺結清費用，前往那位朋友為我們租的住處。我記得飯店費用是三英鎊，嚇了我一大跳。而且儘管帳單金額這麼高，我還是一整天飢腸轆轆，因為沒一樣東西好吃。我點了某樣東西後覺得不好吃，後來改叫另一樣東西，結果兩樣都得付錢。事實上，這段時間我都以自己從孟買帶來的食物果腹。

即使待在新住處，我也覺得全身不自在。我老是想起我的家人、想起印度，母親對我的愛常在我心頭縈繞。每到夜裡就止不住眼淚，躺在床上想家，一幕幕記憶湧至眼前，讓我徹夜難眠。這樣的痛苦很難向旁人傾訴，就算真的向人說了，又有什麼用呢？我知道沒有什麼能安慰得了我。眼前每樣事物都十分陌生，這裡

⑰ Dadabhai Naoroji，印度政治家、教育家、民族解放運動家。

⑱ Sindhi，巴基斯坦的一省。

的人、他們的日常生活、甚至住的房子都讓我不適應。我才剛開始接觸英國禮儀，時刻都得注意，無法放鬆；另外，我立誓吃素又帶來另一層不便。即使有可以吃的菜，也是無味又難吃。我發現自己左右為難、難以取捨。英國讓我覺得無法忍受，但現在就回印度根本不可能。既然來了，我必得熬過這三年——心裡有股聲音是這麼說的。

第十四章　我的選擇

梅賀塔博士星期一跑到維多利亞飯店去找我，以為能看到我，結果發現我們已經離開，於是要了我們的新地址，到我們住處來看我。由於自己的愚蠢，我在船上長了癬。在船上那段時間，我們洗澡或洗衣服都使用海水，而肥皂不能在海水中溶解，而我卻依然用肥皂洗澡，以為這樣才文明，結果不但沒能清潔皮膚，反而讓皮膚出油更旺盛，因為這樣就長了癬。我給梅賀塔博士看，他要我塗醋酸。我記得塗上去時，皮膚像火燒一樣，我還痛得哭了。梅賀塔博士環顧我的住處、仔細審視房內的陳設，搖頭表示不妥。「這地方不行，」他說：「我們來英國最大的目的，不是為了唸書，而是為了體驗英國人的生活方式跟習慣；你必須跟英國家庭同住才行。不過在這之前，我想你最好先到一個寄宿家庭住一段時間再說。我會帶你去。」

我接受了這項提議，心中十分感激，於是搬到船上認識的那位朋友的住處。他對我十分和善，事事周到，把我當成自己的兄弟一樣，教我認識英國人的禮節及應對方式，讓我習慣說英語。不過我的飲食變成一大問題。水煮青菜既不加鹽又不加其他調味，讓我難以入口，房東太太也不知道該替我準備什麼食物。我們早上吃燕麥粥，那是吃得飽的，但我午餐跟晚餐多半要挨餓。朋友一再想說服我吃肉，但我每次都以已立過誓為由，之後就不再多說什麼。午、晚餐我們常吃菠菜、麵包、果醬。我很能吃，食量很大，不過麵包只有兩、三片，我又不敢多要，覺得這樣做不好。雪上加霜的是，午餐或晚餐都沒有供應牛奶。這朋友有次受不了這種情況，跟我說：「如果你是我兄弟，我早就叫你打包回家了。你在根本不識字、又對這裡狀況一無所知的母親面前立下的誓言，到底有什麼價值？那根本算不上誓言，在法律上是不具立誓的效力的。你苦苦堅守這種承諾，根本就是迷信。而且我告訴你，這種堅持對你在這裡的生活一點幫助也沒有。你也承認曾經吃過肉，也覺得好吃。你在不需要吃肉的時候吃肉，現在該吃肉卻又堅決不吃，實在是教人看不下去！」

不過我不為所動。

這朋友每天都要跟我論述這番道理，而我給他的答案永遠都是一個「不」。他越想說服我，我的態度越是堅決。我日日向神祈禱，希望獲得祂的保護；並不是說我對神明有何概念，在我心中這只是一份信念，這份信念的種子是由善良的倫芭種下的。

有天這位朋友開始唸邊沁的效益理論給我聽，我真覺得窮途末路了，這語文對我來說太難懂；接著他開始詳加解釋，但我說：「別再往下唸了，這些深奧的東西我無法理解。我承認該吃肉，但我不能違背誓言。這點我也沒法跟你辯，我知道辯是辯不過你的。當我愚蠢也好，固執也罷，請你別再提這事了吧。我很感激你對我的關懷，我也知道你都是為了我好，我不會不懂你一再勸我，是因為真心替我著想。不過這事不是我能決定的，承諾的誓言必須牢牢守住，不能背棄。」

朋友驚訝地看著我，他闔上書，說道：「好，我以後不會再勸你了。」對此我感到很高興，其後他絕口不提這事，但他還是一直擔心我。他抽菸、也喝酒，但從未要求我一起抽菸喝酒。事實上，他叫我絕對不要碰這兩樣東西。他只憂心我不吃肉會變得非常虛弱，會無法完全適應英國的生活。

這也是為何我會到一個寄宿家庭去生活一個月。我這位朋友住在倫敦的郊區里奇蒙，所以一星期頂多只能去倫敦一、兩次，於是梅賀塔博士和蘇克拉律師都認為我應該要住在寄宿家庭裡。蘇克拉律師在西肯辛頓找到一戶印度人家，安排我去住。女主人是個寡婦，我告訴她我立過的誓言，而這位老太太也答應會好好照顧我，我就在她家中住了下來。不過在這裡我還是常挨餓，所以我寫信請家裡寄些甜食或其他食品過來，不過還沒收到。這裡的食物樣樣淡而無味；女主人每天都會問我食物是否合我的胃口，但就算問了又能如何？我還是跟以前一樣害羞，只敢動面前的食物，不敢要求她們再多準備一些。她有兩個女兒，她們堅持多給我一、兩片麵包，但她們不知道，至少得再多給我一整條麵包，我才能夠吃飽。

不過我現在已經開始會到處走走了。我還沒正式開始讀書，只有先依蘇克拉律師的建議，開始讀報。我在印度從不讀報紙，但到了這裡，我固定讀報，逐漸培養出讀報的興趣。常讀的有《每日新聞》（Daily News）、《每日電訊報》（The Daily Telegraph）及《波莫晚報》（The Pall Mall Gazette），但往往不到一小時就讀完，所以我開始四處閒逛，看看是否有素食餐廳；我記得女主人跟我提過，城裡有一些素食餐廳。我每天會走上十到十二哩的路，找一家便宜餐廳吃麵包，但從來沒有真正吃飽過。就這樣，一次散步時我偶然在法靈頓街發現了一家素食餐廳。

第一眼看到這家餐廳時，我滿心喜悅，好像一個孩子找到最想獲得的寶物一樣。走進餐廳前，我發現門邊的玻璃窗下方陳列了一些待售的書籍，其中一本是亨利・梭特的《為素食主義辯護》（Plea for Vegetarianism）。我花了一先令買下這本書，直接走進餐廳，享用到英國後第一頓心滿意足的餐點。我終於得到神的眷顧了。

我把梭特的書從頭到尾讀完，讚嘆不已。讀過這本書後，我可以說自己是出於一己的自由選擇吃素。對於在母親跟前立誓一事，我充滿感激；一直以來，我為了保持誠實、堅守自己立下的誓言，不肯吃一口肉，但其實內心盼望印度人都吃肉，也期待自己將來有一天能夠毫無顧忌地吃肉，讓越多人加入肉食行列越好。現在，我遵守這個誓言，是因為我贊成素食主義的理念，此後，推廣素食也成為我的志業。

第十五章　學習做一名英國紳士

吃素的信念在我心裡一天比一天壯大，梭特的書激發我研究飲食的熱情，我試著找素食主義相關書籍來看。其中一本是哈沃德・威廉斯（Howard Williams）寫的《飲食的倫理》（The Ethics of Diet），這本書是

「從有跡可查的古代到今天，有關人道飲食演變歷程的歷史文獻」，試圖證明從畢達哥拉斯、耶穌到這個時代所有的哲學家、先知，全都是素食者。安娜．金思佛（Anna Kingsford）的《飲食之道》（The Perfect Way in Diet）也非常引人入勝。艾林森博士（Allinson）有關健康及衛生的著作同樣很有裨益，他推廣一套治療疾病的方式，基本原理是要求病患節制飲食。他本身是素食者，也要求他的病人嚴格遵守素食規定。讀完這些，我決定開始在日常生活中進行飲食實驗，做這些實驗的首要考量就是健康，不過之後宗教變成我吃素最重要的動機。

這段期間內我的朋友還是很擔心我的情況；他對我充滿朋友的關愛，認為假如我一直不肯吃肉，不但身體會變虛弱，還會因此無法融入英國社會，變得格格不入。當他知道我開始閱讀素食相關的書後，擔心我看這些書會讓腦子更糊塗，會浪費太多時間做這些飲食實驗，忘了自己的本分，變成一個古怪的人。因此他使出最後一記殺手鐧，想將我導回正軌。有天他邀我去戲院看戲，看戲前我們先去霍爾本餐廳用餐，那裡十分富麗堂皇，自從離開維多利亞飯店後，這是我第一次到這麼大的餐廳用餐。住過維多利亞飯店對我幫助不大，那段期間我也過得糊里糊塗。顯然朋友帶我去這家餐廳，是知道我會不好意思問問題。進去餐廳後，一大群人與我和朋友共用一張大桌。第一道上來的是湯，我想知道裡面的料是什麼，但又不敢問我朋友，於是我招手叫侍者來。坐在我對面的朋友看到這舉動，厲聲問我怎麼了。我猶豫了一會，終於還是坦白說，我想問這湯是不是蔬菜湯。他激動地大聲說：「你的舉止在有禮貌的社會中是很不得體的。如果你不能拿出合宜的表現，最好還是先走。自己再找一間餐廳吃飯，然後在外面等我。」聽他這樣說我很高興，就走到外頭，附近有一家素食餐廳，但已經打烊，因此我那晚沒吃晚餐。我陪朋友去看了戲，但關於在餐廳發生的事，他一句話也沒說，我當然更不會提。

這是我們最後一次善意的爭執。我們的感情並未因此受到影響，我明白朋友這一切作為都是出於愛，而我們在思想與行為方面的歧異，也讓我更尊敬他。

但我下定決心要讓他安心，讓他知道我不會再這樣不懂禮貌，我要讓自己表現得更有涵養；而且為了彌補我吃素的習慣，我要培養其他人文素養，讓自己更融入這個有禮的社會。為了達到這個目標，我努力讓自己成為一名英國紳士。

那時我身上穿的衣服，是孟買常見的剪裁，但我認為在英國穿不太恰當，於是到百貨公司去買新衣服，另外還花十九先令買了一頂高頂禮帽，這價錢在當時來說極為昂貴。買了這些後，我還是覺得不夠，又在倫敦的流行中心龐德街，花十英磅買了一套晚宴西服，之後也收到我那高貴善良的哥哥寄來的金製錶鍊。在英國直接繫上打好的領帶是不合禮儀的，於是我也開始學打領帶。在印度時，鏡子是奢侈品，只有在家庭理髮師來替我理髮修面時才可以用。如今來到英國，我每天都得花上十分鐘，對著一面大鏡子打領帶、以正確方式側分頭髮。我的頭髮粗硬，所以每天都得握著梳子奮戰一番，才能把頭髮梳齊。到了社交場合，帽子得不停地戴上、脫下，一隻手還得配合整理頭髮；更別提參加社交聚會時，得不時與人握手，表示禮貌。

上面所說的這一切似乎還不足夠，我轉而注意起其他細節，好讓自己看起來更像英國紳士。有人說我應該去上課學跳舞、法文及演說。法文不只是鄰國法國的語言，還可讓我在這片歐洲大陸旅行時通行無阻。我也決定報名學舞蹈，付了三英鎊打算先學一期。三星期內我大概上了六堂課，不過要我學會掌握節拍，根本是辦不到。我無法跟上鋼琴的節奏，也抓不穩拍子。有個寓言故事是這樣的：有位隱士為了捉老鼠養貓，然後為了餵貓喝牛奶得養牛，之後還須再雇一個人來看牛，就一直這樣下去，沒完沒了。我的野心就像隱士不斷增加的家庭成員一樣，越變越大。我想小提琴也該學，才有能力鑑賞西方音樂，於是我又花三英鎊買了一把小提琴，然後為了學小提琴，再付更貴的學費。之後又找到一名老師教我演說，先預付一枚金幣（等於二十一先令）的費用。他推薦用發明電話的貝爾所寫的《標準演說家》（Standard Elocutionist）當教科書，我聽從他的建議買了，然後從書中威廉・皮特的演說開始讀。

但這位貝爾先生給了我一記響鐘，讓我清醒過來。

我告訴自己，我又不是要一輩子待在英國，為什麼要學演說？學跳舞真能把我變成一名紳士嗎？要學小提琴，在印度就可以學了。我是個學生，應該要好好讀書才對，應該要讓自己成為律師學院的一員。如果我的性格能夠讓我成為紳士，當然很好；如果不行，那就放棄這個理想吧。

類似的想法在我腦中縈繞，因此我寫了一封信給演說老師，表示我不會再去上課了，請他諒解。我大概只上兩、三次而已。我也寫信給舞蹈老師，然後親自去找小提琴老師，請她代為轉賣那把小提琴。這位老師對我十分親切，於是我告訴她，我發現自己先前追求的目標錯了，她相當鼓勵我追求徹底改變的決心。

我對上述能力的追求約莫持續了三個月，但我在服裝方面的慎重堅持了好幾年。不過此後我就專心做一位學生了。

第十六章 改變

希望大家不要因為我在跳舞等等方面做了些實驗，就以為我過的是放縱的生活。讀者們應該看得出來，即便在那個時期，我還是保持頭腦的清醒。由於我本身就有內省的習慣，那段時期並非昏了頭、毫無節制。每筆花費我都記錄下來，花的每一筆錢都經過計算；就連搭公車、買郵票或報紙等等零碎花費，我在每晚上床睡覺前都會記下來，確保錢沒有花過頭，直到現在我依舊保持這習慣。我現在必須處理大筆公共基金，但都能嚴格控制開銷；此外我所領導的各項社會運動，不但從無負債，還都能產生盈餘，我認為都是拜此一習慣所賜。希望每位年輕人都能學習我的榜樣，無論金額大小，每一筆收入或支出都要一一記下，這樣必定能像我一樣，最後都能有所收穫。

正因我嚴格審視自己的生活方式，才瞭解到節省的必要性，於是我決定砍掉五成的生活開銷。我的帳簿顯示交通費花太多，寄人籬下每個禮拜都要付一筆帳，還不包括有時候出於禮儀得邀這家人上街用餐，或與她們一道參加宴會。參加這類活動就會產生交通費用，往往也不便宜，特別是當這朋友是位女士時，禮貌上男士須負擔所有費用。而且外出用餐算是額外的開銷，寄宿家庭不會因此扣掉你一餐的錢。對我來說這些開支都可以省下，畢竟這類花費都是為了顧及表面上的禮貌產生的。

因此我決定不再寄宿，改成自己租房子，根據自己手頭上要忙的事，每隔一段時間就搬遷一次，如此一來也能增加經驗。我挑選房子時，特別選離常去的地方近，步行不超過半小時的地區，如此一來也可節省車資。在此之前，每當我出門都必須搭車，之後再找別的時間散步。這個新方式結合了步行與省錢，既可節省車資，每天又能走上八到十哩路。正因維持長距離步行的習慣，我待在英國的這段期間沒有生過病，身體也算相當強健。

於是我租了層公寓，公寓裡有客廳及一間臥室。這是我在英國的第二個階段，之後還有第三個階段。

上述這些改變讓我省下一半的開支，但我該如何運用時間？我知道準備律師考試不需要花太多時間準備，所以我也不急，但英文太差始終是我的一大煩惱。出發英國前，萊立先生說的「先畢業後再來找我」這句話不斷在我耳邊迴繞。我想我不但應該讀法律，也應拿到文學士學位。

我去牛津、劍橋問過相關課程，請教了幾位朋友，發現若真要在這兩所學校攻讀學位，不單會增加花費，必須待在英國的時間也會遠超出預期。一位朋友建議我，若我真的想通過難度較高的考試，藉以滿足自己，可以去考倫敦大學的入學考試，不但得花費極大的心力，能補充更多通識知識，還不必多花一分錢。我覺得這建議很好，但當我看到課程表時，著實嚇了一大跳，因為拉丁文跟一種現代語言是必修課！我要怎麼搞定拉丁文？但這朋友強力遊說，他說：「拉丁文對律師來說非常有用，對閱讀法律書籍很有幫助，有一份關於羅馬法的論文完全是以拉丁文寫成的，而且學會拉丁文也可以讓你更能掌握英文。」他的話說服了我，我決定學拉丁文，不管多難都要學。那時我已開始學法文，我想現代語言就選法文吧。我參加了一個私下授課的入學班。入學考試每六個月舉辦一次，而我只剩下五個月的時間準備，對我來說簡直是不可能的任務。我原本野心勃勃想成為英國紳士，如今一心向學，決定要成為認真努力的學生，我詳細規劃了準備考試的日程表，但我對自己的理解力和記憶力沒有太大把握，怕自己無法在期限內讀完包括拉丁文及法文的所有科目。結果我敗在拉丁文上面，雖然覺得難過，但並不灰心，因為我已經讀出拉丁文的趣味來；此外，我覺得再考一次我的法文也會再進步，科學方面則可以再選一門新科目。之前我選的是化學，而化學理應是非常有趣的一門科目，但是因為沒有實驗，這一點不夠吸引我。化學在印度的學校是必修科目，所以我才在報考倫敦大學入學考時選了這門科目，但這次我改選熱能與光能，聽說這科很簡單，事實上也的確如此。

在我準備第二次考試的這段期間，我努力讓自己的生活更簡單。我覺得目前的生活支出超過家裡能夠負擔的程度，必須加倍節省才行。我的哥哥苦撐家計，每次我撥電話回家要錢，他都從不讓我失望，想到這我就十分心痛。我注意到每個月花費達八到十五英鎊的同學，都有領獎學金，我也發現有人日子過得比我還簡單，我碰過好幾個窮學生生活過得比我更拮据。有位同學租的是每週租金兩先令的房間，每餐吃的是只需兩便士的可可跟麵包。我沒想過要仿效他，不過我想至少可以只租只有一間房的公寓，有時可以在家煮飯，這樣每個月應可省下四、五英鎊。我也讀了些討論儉樸生活的書。我退了原本兩間房的公寓，改租一間房的公寓，買了個爐子在家煮早餐吃。準備早餐頂多花二十分鐘，因為也只有燕麥粥可以煮，再燒個水煮可可喝。午餐我到外面吃，晚餐則在家喝可可吃麵包。這樣一來，我一天伙食費只需一先令三便士。這段時間我用功讀書，簡單的生活也讓我省下不少時間，最後我通過了考試。

讀者千萬別以為這種生活方式讓生活變得慘澹，其實剛好相反。生活方式的改變讓我的內在與外在更趨和諧，也不致讓家人的負擔過重。我的生命因此更接近真實，內心感到無比的喜悅。

第十七章　飲食新實驗

當我進一步觀照自己內心時，我感受到不論內在或外在都需要改變。在我改變每日花費及生活方式時（或者可以說更早），我也開始改變飲食方式了。我發現鼓吹素食的作者都詳加審視過素食的各個面向，從宗教、科學、日常及醫學方面加以探討。在倫理方面，他們達成的結論是：人之所以優於低等動物，意味的不是前者能隨意殺害後者，以後者為食，而在於高等生物應當保護低等生物，並且應當相互幫助，如同人與人之間一樣。他們還提到另一個事實，那就是人飲食不是為了享受，而是為了活下去。因此有些作者建議（並且身體力行）禁絕吃肉、蛋及喝牛奶。有些作者根據科學證據提出，從人類的生理結構來看，人不應烹煮食物，而應該以果實維生，在嬰幼兒時喝母奶，待長牙後開始吃固體食物。這些作者還提到，從醫學角度來看，人不應食用香料或調味料；他們還從日常實用或經濟層面證明素食是最不花錢的飲食方式。以上種種見解對我造成了影響，我自己也在素食餐廳裡碰到形形色色的素食者，還知道有一個「素食者協會」，每週固定發行刊物。我訂閱了這份週刊，加入協會，很快就被選為幹事。在這裡我認識了素食界舉足輕重的人物，也開始我在飲食方面的實驗。

我不再吃家裡寄來的甜食或調味品。由於心態改變，我不再喜歡調味料，過去在里奇蒙覺得難吃的水煮菠菜，現在吃起來覺得美味。類似的做法教會我，品嚐食物用的不是用舌頭，而是心。

當然金錢上的考量始終是個原因，那時有一派認為茶和咖啡對健康有害，喝可可較佳。我也認為人只需吃基本食物維繫生命即可，於是戒掉了茶跟咖啡，改喝可可。

我常去的餐廳有兩種，一種是生活較富裕的客人會去的餐廳，顧客可從菜單點菜，吃一餐要花一到兩先令；另一種餐廳提供的餐點包括三道菜及一片麵包，僅需六便士。厲行節約那段時間，我多半在第二類餐廳用餐。

同一時期我還做了許多其他的實驗，比方說某段時間完全不吃澱粉類食物，某段時間只吃麵包及水果，某段時間又只吃起司、牛奶和蛋。最後一個實驗特別值得一提，因為進行這個實驗時，我撐不到兩週。提倡不吃澱粉類食物的改革人士對雞蛋的評價很高，他們強調蛋不是肉類，吃蛋不會對任何動物造成傷害。這套說法說服了我，因此違背誓言開始吃蛋，不過只持續短短十幾天而已，因為我想到我沒立場為發過的誓重新下定義，我想到要求我發誓的母親對於素食的定義，我知道母親認為蛋是肉類的一種。在我瞭解誓言的真正意涵後，我便不再吃蛋，也放棄這一個實驗。

上述說法中有一點很有道理，值得特別一提。我發現英國對肉類的定義有三種，第一種指的是鳥類及獸類的肉，接受這類定義的素食者不吃鳥、獸類的肉，但可以吃魚，當然也能吃蛋。第二種定義的肉類指的是所有生物的肉，所以不能吃魚，但還是可以吃蛋。第三種定義包括一切生物的血、肉及其生產的物質，因此包括蛋、奶都不能吃。如果我接受第一種定義，我不但能吃蛋，也能吃魚。但我知道我應該接受母親定義的規範，體認到這一點，我就不應該吃蛋，因此我也照做了。不吃蛋是一大難題，只要你去素食餐廳問過，就知道很多餐廳的菜當中會加了蛋一起煮，也就是說除非我很清楚每一道菜，不然每次我都得尷尬地詢問該道菜是否含蛋，很多布丁和蛋糕中也都有蛋的成分。雖說我體認到這是自己的責任後，讓吃飯變得更麻煩，我的飲食卻因此簡單不少，只是這種簡化逼得我不得不放棄某些我開始喜愛吃的菜，讓我有點難受。但這種辛苦忍耐只是一種過渡，因為嚴格奉行誓言帶來的快樂更健康、細緻並且長久。

真正的痛苦其實是在後頭，那是另一個誓言所帶來的。但誰敢傷害神保護的子民？

在此討論誓言的詮釋或許不算離題，由於詮釋的不同造成無法遵守誓言，這種情況在世界各地都很常見。無論一個誓言有多清楚明白，總有人會為了一己的目的扭曲原意，這情形在各階層都很普遍，從有錢人到窮人，從王子到農民，都可見到這種現象。自私的想法令人盲目，這些人都用模稜兩可的灰色地帶欺騙自己，也騙了神明及全世界。一個顛撲不破的黃金準則是：如實接受你立誓對象的詮釋；另一項準則是，當同時有兩項解釋存在時，接受論點較弱的那一方詮釋。如果不採取以上兩種準則來解讀，一定會引起爭端或不公，而這一切都是由於不誠實所致。凡追求真實的人必定能輕易遵循這樣的黃金準則，毋須詢問他人的見解。根據黃金準則，我應該採納的是我母親對肉類的定義，而非我後來較有經驗或知識較廣時，所瞭解的定義。

我在英國採行的飲食實驗是從節省及衛生的考量出發；至於宗教方面的考量，則是要等我到南非後才開始，我在那裡也積極地進行了幾項實驗，之後會提到，但這一切的種子早在英國時便已播下。

以教徒來說，日後才改信某宗教的人，其熱情往往大過從小就在該宗教信仰下成長的人。素食主義在當時的英國算得上是新教派，對我來說也是新皈依的宗教；前面已經提過我在赴英前相信吃肉的確有好處，是到英國後才扭轉這種認知，在理智上相信素食的優點。由於那時充滿初生之犢的熱情，我決定在住處附近，也就是貝斯沃特一帶，建立一個素食俱樂部。我邀請到愛德溫・阿諾爵士擔任副會長，《素食者雜誌》的編輯歐菲爾德博士擔任會長，我自己則出任祕書一職。俱樂部一開始經營得不錯，但只持續了幾個月便告結束，因為我習慣每隔一段時間就換住處，不久後我就離開了那一帶。但這次短暫、有限的經驗給了我一些訓練，讓我知道如何組織、經營協會。

第十八章　羞怯是最佳防衛

我在「素食者協會」裡當選為幹事，於是打定主意每一場會議都要參加，但在會議上我總是很難開口發表意見。歐菲爾德博士有次跟我說：「你跟我說話時都沒問題，但為什麼你在委員會議上從不開口？你真是一隻雄蜂（意指懶惰、沒用）。」我聽得懂這譏諷的言外之意，蜜蜂總是忙碌不已，但當中的雄蜂則是徹頭徹尾的懶蟲。當眾人在會議上暢所欲言時，只有我沉默地坐著，看起來的確很怪。並不是我不想說話，我只是不知道該如何措辭，而且其他幹事看起來都比我見多識廣。每當我終於鼓足勇氣準備開口時，大家已經要進入下一輪的討論了。這種情況持續了很長一段時間。

有一次會議要針對某項重大問題進行討論，我心想這場會議不可缺席，也覺得總是默默投票是怯懦的行為，就這樣討論開始了。協會的主席是奚爾斯先生，他是泰晤士鐵廠的老闆，也是一名清教徒。這個協會可以說是完全仰賴他經濟上的支援，委員會的幹事大部分是他的下屬，以推廣素食聞名的艾林森博士也是幹事之一。除了推廣素食，艾林森博士還大力鼓吹節育，在勞工階級間宣導節育方法，但奚爾斯先生認為這樣有虧道德，而「素食者協會」的目的不單是改變飲食習慣，也包括道德改革，所以有人提出，有反清教徒想法的人，如艾林森博士，不該留在協會，因此提出了一項動議，要逐艾林森博士出會。我對這問題大感興趣，艾林森博士提倡的人工節育法在我看來確實危險，本身是清教徒的奚爾斯先生也有資格反對；我對奚爾斯先生的為人及他的慷慨大度一向很景仰，但我認為，僅因為某人不認同清教徒的道德觀是本協會的目標之一，就要逐他出會，是非常不恰當的做法。奚爾斯先生想要驅逐非清教徒者出會，是他個人的慾望，而這跟協會宣揚的目標沒有關係，畢竟這個協會是為了推廣素食，而非為任何教派進行道德宣導。因此，我認為只要是素食者都可以是協會的一員，他的道德看法如何跟協會無關。

委員會還有其他幹事與我持相近看法，但我覺得自己有表達意見的必要，問題就是我到底該怎麼做。我沒有勇氣公開說話，因此決定用寫的方式表達。開會前，我將寫好的紙條放進口袋裡。就我記憶所及，當時我甚至連唸出來都不敢，主席只好叫別人代唸。艾林森博士最後還是被逐出協會了。就這樣，我發現自己在這第一場爭戰中，是站在輸的這一方，不過至少我擁護的目標是對的，這點讓我深感安慰。我記得好像在這次事件後，我就辭去幹事一職。

在英國期間我都是這麼怕羞、膽怯。社交場合只要有六、七個人在場，就會讓我發窘到說不出話來。有次我跟馬茲穆德先生一起去文特諾，和一個吃素的家庭同住。《飲食的倫理》的作者哈沃德先生也來到這個海岸勝地，他見到我們，邀請我們在一個推廣素食的集會上演說。我已經先確認過可以用朗誦方式來唸演講稿，我也知道有很多人會這樣做，目的是為了讓演講更流暢簡潔。要我即席演說是絕對辦不到的，因此我事先寫好演說稿，站起來準備朗誦，但我發現自己辦不到。儘管演講稿還不到一頁長，在唸的途中我的視線開始模糊、雙腿顫抖，馬茲穆德先生只得替我唸，他的發音標準、言辭動人，贏得滿場掌聲。而我只覺得羞愧，同時又為自己的無能感到十分難過。

我最後一次嘗試在英國公開演說，是在準備回家的前夕。不過這次情況還是沒變，我的表現同樣可笑，我邀請一些吃素的朋友到前面提到過的霍爾本餐廳聚餐。我跟自己說：「素食餐當然可以在素食餐廳舉辦，但在一般餐廳舉辦又有何不可？」於是我與霍爾本餐廳的經理商議，精心安排了全素的餐點。素食朋友對這次的安排都表示欣喜。其實晚宴只是為了享受一頓美食，但西方人已經發展出一套藝術，在晚宴上必得有音樂、演說等等精彩表演；我辦的這場小小晚宴自然不能例外，也要有演說。輪到我上台發表時，我站了起來。事前我已絞盡腦汁想好一篇短短的演講稿，只有幾句話而已，但真正開口時，我只說了第一句就說不下去了。我曾經讀過英國散文家約瑟夫・愛迪遜第一次在下議院演說時的故事，那時，他連說了三次「我認為」，後頭卻無以為繼，一名同僚站起身說：「這位先生想了三次，卻想不到任何東西。」我很想用這個故事當材料，講出一段趣味橫生的話來，但才說了一句就頓住了。我腦中一片空白，什麼都想不起來，結果為了表現幽默卻讓自己看起來更可笑。我匆匆說了一句：「在此我要感謝各位先生出席，讓我倍感光彩。」就坐下了。

我是去了南非之後，才克服這個害羞的毛病，不過我始終未能完全克服。我依舊沒辦法即席演說，尤其是面對陌生觀眾時我總會遲疑，演說對我來說是能免則免。直到今天，我依然不是很喜歡邀集一群朋友言不及義地暢談。

我必須說，我的害羞膽怯除了偶爾讓眾人發笑以外，並未為我帶來任何不便。情況恰恰相反，害羞對我是有利的。我說話遲疑的毛病，原本讓我覺得十分惱人，但現在卻不失為一種樂趣。最大的好處是，這毛病教會我惜字如金，我也自然而然養成節制思想的習慣。我可以自豪地說，我很少說出或寫下未經思索的廢話。我從未因說出的話、寫出的文字懊惱悔恨，因而避開許多不必要的麻煩，也從未因此浪費時間。經驗教導我：如慾追求真理，人必須歷經靈性的鍛鍊，學會沉默。人天生有誇大、壓抑或隱瞞部分真相的傾向，唯有沉默能戰勝此一缺點。話少的人鮮少說出不當的言語，他的話在說出口前是經過仔細思考的。我們身邊總有許多人說話急躁，每當開會時，主席都會接到一堆要求發言的紙條，一旦主席同意發言，大多數發言者都會超出時間限制，要求再多一些時間，然後不等主席同意便逕自往下講。這些閒話很難說對世界有什麼好處，不過是徒然浪費時間。因此生性害羞其實是我的最佳防衛，讓我不說廢話，讓我得以成長，使我得以辨明真相。

第十九章　說謊的痛苦

四十年前到英國留學的印度學生還很少，即使結婚了也多半偽裝是單身。因為英國大學生都尚未結婚，一般人認為讀書期間就結婚是不恰當的。根據英國美好往昔的傳統，學生應該要「自制節慾」。但我們都是年幼便結婚，英國人對此毫無所知。來到英國的印度青年都羞於承認自己早已結婚，更何況若是承認了，就不能跟寄宿家庭的女兒眉目傳情或談戀愛了。調情多半是無傷大雅，父母甚至還會從旁敲邊鼓，畢竟這一類年輕男女的聯誼是必需，每個年輕男子總得選擇自己的伴侶。儘管這類社交對英國青年來說再平常不過，但一旦印度青年沉湎其間，就會引起大麻煩，因為已婚身分是紙包不住火的。我在英國看到不少印度青年受不了誘惑，選擇隱瞞、說謊，只為了能與女性交往出遊，這對英國年輕人來說很尋常，對印度青年來說卻不應該。我也隨波逐流，對外宣稱自己是單身，隱瞞自己早已娶妻、育有一子的事實。但欺瞞這個事實並不讓我更快樂，幸好我拘謹保守、沉默寡言，才能免於深陷泥淖。只要我不主動攀談，女生就不會覺得該投資時間主動跟我聊天，甚至出去約會。

我既拘謹又膽怯。我在文特諾寄宿的那個家庭有個固定的習慣，女主人的女兒會帶房客外出散步。有天家中的女兒帶我到文特諾附近風景宜人的山丘散步。我走路不算慢，但我同伴走得更快，拖著我走，沿路不停說著話。我有時低聲回應：「是」或「不是」，頂多說：「的確，真是漂亮啊！」她快活得像隻小鳥，我卻一直在盤算什麼時候要回去。之後我們到達山頂，我開始想什麼時候該下山。這個活潑的女孩年方二十五，儘管穿著高跟馬靴，依舊步履如飛，如箭矢一般疾衝下山，我非常慚愧，努力想跟上她的腳步。她站在山腳下微笑，為我打氣，還問我需不需要幫忙，但我怎能如此膽小？就算步履維艱，有時還雙手著地爬行，我還是靠自己的力量走到終點。最後她大聲說道：「太棒了！」讓我更覺羞慚。

但我不見得每次都能全身而退地逃過誘惑，那是因為神想要革除我隱瞞真相的惡習。早在我去文特諾之前，有次我來到一樣是海岸勝地的布萊頓，認識一名看來是中產階級的年老寡婦，那時我剛到英國不滿一年。菜單上的菜名都是法文，而我那時還不懂法文。我和這名老婦人坐在同一桌，她看我似乎是剛到，一臉困惑，立刻來替我解圍。她說：「你看起來對這裡不熟，好像是碰到問題了，為什麼你不點東西吃？」我正在一一確認上頭的說明，逐一跟侍者確認每道菜的食材，就碰到了這名好心婦人的幫忙。我向她道謝，解釋說我是想確認哪道菜是素食，但因不懂法文，正不知該如何是好。

她說：「我來告訴你，我跟你解釋菜單上的文字，這樣你就知道什麼菜可以點。」我衷心感謝，欣然接受她的幫助。於是我們就這樣認識了，並成為朋友，一直到我離開英國、甚至更久以後，都還維持很好的交情。她給我她在倫敦的地址，邀請我每星期日跟她一起吃飯。遇到特殊節日，她也會請我過去，幫助我克服害羞的困擾，介紹年輕女孩給我認識，讓我跟她們聊天，其中有一位與她同住的年輕女子，往往會留到最後跟我單獨相處。

一開始我覺得很吃力，我既不會找話題，也不會說笑話。但她帶領我，我也開始學習說話，慢慢地我開始期待每個星期日的到來，也喜歡和這位年輕朋友聊天。

這老婦人一點一點撒開網子，她對我們的會面也感興趣，也許她心中對我們倆是有計畫的。

我進退維谷，不知該怎麼做，跟自己說：「早知道一開始就跟這位好心的老婦人說我已婚了！這樣她就不會想要撮合我們兩個，不過彌補過錯永不嫌晚。如果我說出真相，就可以免去往後的麻煩了。」打定主意後，我寫了一封措詞大致如下的信給她：

「自從我們在布萊頓認識之後，您一直對我很好，就像母親對兒子一樣細心照顧。您認為我該結婚，因此常介紹年輕女孩子給我。但我不能讓這情況繼續下去，我必須向您坦白，告訴您我不配獲得這樣的關愛。從我開始經常拜訪您時，就該告訴您我已經結婚的事實。我知道印度學生來英國求學，常隱瞞已婚的事實，我也跟他們一樣撒了謊。現在我知道自己不該這麼做。我必須說，我年紀很小時就結了婚，現在已經是一個兒子的父親。對您隱瞞這件事這麼久，我非常痛苦，但我感謝神賜給我勇氣說出真相。您願意原諒我嗎？我跟您保證，您好心介紹給我的年輕女子，我不敢對她有任何逾矩的行為，我知道什麼事不該做。您並不知道我已婚，自然會想撮合我們，但為免事態變得難以收拾，我必須告訴您實情。」

「假如您知道真相後，覺得我不配當您的座上客，我也能諒解。您待我的仁慈愛護，我永遠心存感激。但假如您依然願意讓我繼續拜訪（我實在不想失去您的友誼與熱情招待），我會相當感謝，並看作是您仁慈的另一種表現。」

希望讀者們瞭解的是，這樣一封信我不是一揮而就，而是改了又改，不知改了多少遍才完成。不過寫完後，我覺得壓在心上的大石頭變輕了。她的回信很快就到了，內容大致如下：

「你措詞坦白的信我已收到，我們看了信之後都很開心，笑了一陣子。你信裡提到的謊言是可以原諒的，我覺得你能說出真相，的確很好。我還是歡迎你來我家作客，我們都很期待你下星期來，聽你聊聊很小就結婚的事，一定會很有趣，只怕你不好意思。我還需要保證我們之間的友誼不受影響嗎？」

就這樣我滌清了說謊的罪，從此以後只要我認為有必要，我一定馬上告訴對方我已婚。

第二十章　宗教啟蒙

我在英國的第二年認識了兩個神智論（Theosophy）者的朋友，這兩人是兄弟，都未婚，他們會跟我談論梵歌。當時他們正在讀愛德溫・阿諾翻譯的《天國之歌》⑲，邀請我與他們一起讀原典。我覺得很不好意思，因為不論是梵文或是古吉拉特語的版本，我都未曾讀過。我只好告訴他們自己未曾讀過梵歌，但我很高興能

⑲ The Song of Celestial，印度教經典，即《薄伽梵歌》。薄伽是神明之意。

夠與他們一起讀，儘管我對梵文所知不多，還是希望能幫助他們找出譯文未能準確傳達的地方。我開始跟他們一起讀。第二章有首詩是這樣的：

一旦
一個人思考感官注意到的物體，那就叫做
吸引；有了吸引便產生慾望，
慾望之火很快燃燒，成為熱情，而熱情讓人
不顧一切；而有關這一切的記憶，一旦揭露
人類高貴目標因而喪亡，靈性消失殆盡
人生的目的、心智與人類只得草草了結。

第二章的詩歌給我留下極深的印象，直到現在似乎還在我耳邊迴盪。我認為本書是無價的瑰寶，這樣的想法在我心中持續增強，今天我依舊將這本書看作追求真理的無上寶藏，在我憂悶煩惱時給予極大的幫助，我幾乎讀遍所有英文譯本，覺得愛德溫・阿諾爵士譯得最好，他的譯文貼近原文，讀起來卻完全沒有翻譯腔。當時我跟這幾位朋友一起念梵歌，但無法假裝自己先前已經讀過。幾年後這本書才成為我每日必讀的案頭書。

兩兄弟還介紹我讀《亞洲之光》[20]，同樣是愛德溫・阿諾爵士譯的，在那之前我只知道他翻譯了《天國之歌》而已。本書比《薄伽梵歌》更引人入勝，我讀得興味盎然，開始讀了之後就不忍釋卷。這對兄弟還帶我去布拉瓦茨基小屋[21]，把我介紹給布拉瓦茨基夫人及貝贊特女士[22]認識，本來不是神智學者的貝贊特女士在當時轉而投入神智學會，眾人議論紛紛，令我非常好奇。朋友們也勸我加入學會，但我婉拒了。我說：「我對自己的宗教所知還不多，現在還不想加入任何宗教團體。」我還記得兩兄弟推薦我讀布拉瓦茨基夫人著的《神智之鑰》（Key to Theosophy），這本書激發我對印度教的興趣，讓我想找更多相關書籍來讀，原本我對印度教諸多迷信的誤解也就此打破。

同一時期，我在一棟素食者聚居的分租公寓裡，遇見一名來自曼徹斯特的基督徒，他人很好，告訴我有關基督教的種種。我跟他說我在拉傑果德碰到的事，他聽了很難過，說道：「我吃素，也不喝酒，當然不少基督徒吃肉、喝酒，但聖經上沒有一句話是教人這麼做的，請你讀讀《聖經》吧。」我同意讀《聖經》，於是他給了我一本。我印象中他的工作就是四處兜售《聖經》，於是我跟他買了一本有地圖、索引跟其他輔助理解的聖經，然後開始讀。但我真的沒辦法讀完舊約聖經，看完〈創世記〉後，之後的章節都讓我昏昏欲睡。但為了能夠說出我讀過聖經，我費力地讀完了其他章，但既感覺不到趣味，也談不上瞭解。我尤其不喜歡讀〈民數記〉。

不過新約聖經給我的印象截然不同，尤其是〈登山寶訓〉一字一句我都讀到了心裡。我將〈登山寶訓〉與梵歌對照來看，其中這段：「但我告訴你們，不要與惡人作對；有人打你的右臉，連左臉也轉過去由他打。若有人想拿你的裡衣，連外衣也讓給他。」特別打動我，也讓我聯想到中世紀時一位古吉拉特語作家說的：

---

⑳ The Light of Asia，詩集，介紹佛陀的生平及教導。

㉑ Blavatsky Lodge，英國神智學的官方組織。

㉒ Annie Besant，英國知名神智學者、婦女權利運動人士。

「如有人乞求杯水之賜，就給他豐盛的一餐。」那時我還年輕的心只想將梵歌、《亞洲之光》及〈登山寶訓〉的教誨融會貫通，找出共通之處。棄絕一己之私是宗教最高境界，這個概念令我不勝嚮往。

讀過這些典籍後，我開始找其他介紹宗教導師的書來讀。一名朋友介紹我看卡萊爾的《英雄與英雄崇拜》（Heroes and Hero-Worship），其中一章提到的英雄是指預言家，我也因此瞭解到預言家的偉大、勇敢以及自律甚嚴的生活方式。

除了讀一些宗教書籍，當時我哪裡也不能去，因我正在準備考試，連讀課外書的時間都少得可憐。但我提醒自己，未來我要讀更多宗教書籍，盡力瞭解世上主要的宗教。

此外，我怎麼能漏掉無神論？在英國的印度人都聽過宣揚無神論的布萊德魯的大名。我讀了一本談無神論的書，書名我忘了。這本書並未對我造成實質影響，因為當時我已經越過了無神論的荒漠。那時認識的貝贊特女士名氣十分響亮，她由無神論改信有神論，我也因此對無神論產生反感；那時我已經讀過她的著作《我如何成為一名神智論者》（How I Became a Theosophist）。

不久之後布萊德魯過世，葬在沃肯公墓，我前去參加葬禮，我想所有住在倫敦的印度人都去了。還有幾名牧師到場，為他做最後的禱告。後來我們在火車站等火車時，人群中一個無神論者詰問其中一名牧師：「那麼先生，你是相信上帝的存在囉？」

這個好人低沉地回答：「我相信。」

「你也同意地球周長是兩萬八千哩，對嗎？」無神論者問時臉上泛起自信的微笑。

「沒錯。」

「那麼請回答我，你所說的上帝有多高，祂可能在哪裡？」

「要是我們知道就好了，祂就住在你我的心裡。」
「喂喂！別以為我是小孩那麼好騙。」說這句話時，這個人帶著勝利的神情望向我們。
這名牧師不再多說，謙卑地沉默。
這番對話加深了我對無神論的偏見。

第二十一章　祂給無助者希望，賜予弱者力量㉓

雖說我開始對印度教及世上其他宗教有了初步的認識，但我當時要瞭解到這些還不足以幫助我通過試驗才對。是什麼支持人通過種種考驗？關於這點，人既無預知能力、更談不上瞭解。無神論者會把通過考驗歸功於機率，相信神的信徒則會說是神救了他。信徒當然有充分的理由說，他充滿恩賜的人生是由於孜孜不倦研讀教義、進行靈性鍛鍊所致。但人在解脫之際，真能確定是因靈性鍛鍊或其他原因獲得拯救嗎？認為自己

㉓原文是梵文。這句話是出自十五世紀盲詩人桑特著名的詩句：「祂給無助者希望，賜予弱者力量」。

充滿精神力量的人，哪一個不是最後都將歸於塵土？僅有宗教知識，卻缺乏實際體驗，在考驗到來時一點用處也沒有。

在英國時我第一次發現僅有宗教知識毫無用處，之前幾次僥倖通過考驗，真正原因我也不清楚，畢竟那時還很年輕。但現在我已二十歲，是個丈夫和父親了。

就我記憶所及，我待在英國最後一年是一八九〇年，那年有個素食者會議在樸茲茅斯召開，我跟一名印度朋友都受邀參加。樸茲茅斯是個海港，當地有許多海軍士兵，還住了不少聲譽不佳的女人，她們雖非真正的妓女，但行為不檢，道德上頗有問題。我們便借住在其中一戶這樣的人家裡。當然負責安排接待的委員會並不知情，畢竟想在樸茲茅斯這種城鎮分辨哪戶是好人家，適合我們短期旅行者居住，確實是難事。

傍晚時會議結束，我們便回到住處，吃過晚飯後，我們開始玩四人橋牌，女主人也加入一起玩。這在英國是很普通的事，即使是家教良好的人家也是一樣。當然玩的時候，大家會講些無傷大雅的笑話，但此時，我的同伴跟女主人開始講起黃色笑話，我不知道原來我的朋友聊起這種事如此在行。受到他們的鼓動，我也開始加入這種談話，就在我正要講出超出分際的話時，神藉由同伴之口給了我善意的警告：「你被魔鬼附身了嗎，孩子？離開這裡，快！」於是我離開現場，留下他們自己玩。

我覺得很羞愧。我接受了警告，心裡默默感激這位朋友。我想起站在母親面前發過的誓，便趕緊離開現場，一口氣跑回房間，全身顫抖、心臟噗通噗通地跳，像獵物逃脫獵人的掌握一樣。

這是我第一次遇到妻子以外的女人想挑動我的情慾。那晚我一夜無眠，許多念頭紛至沓來，讓我不得平靜。我該離開這間屋子嗎？還是該離開這個地方？我身在何處？假如我沒能保持冷靜，會發生什麼事？我決定之後處事更加小心，而且要盡快離開樸茲茅斯。會議還不到兩天就要結束，我記得第二天傍晚我就離開了樸茲茅斯，而我同伴在那裡多留了一陣子。

那時我還不瞭解宗教的精義或神的本質，也不明白神如何護佑我們的心靈。我只是模糊地瞭解這次是神拉了我一把。每當我遇到考驗，最後關頭都是神救了我。今天對我來說，「神救了我」具備了更深刻的意義，但我仍然覺得還無法完全瞭解這句話完整的意義；只有累積豐富的經驗能幫助我更加瞭解。但我面臨過的種種考驗，不管是在靈性方面、當律師時、經營協會時或在政治上，都有神護佑我、拯救我。當一切看來毫無希望，「當願意幫助的人無能為力、所有的安慰都消失」時，總有救兵及時趕到，雖然不知來自何處，也難以解釋。祈求、崇拜、默禱並非迷信，而是比飲食、坐臥、步行更真實的行為。說世上一切都是虛妄，只有這些才算真實，亦不為過。

這樣的崇拜或默禱不是以口頭頌讚就算數，也就是並非取決於言詞動聽，而是從內心深處發出的祈禱。因此，假若我們的心只剩下愛，便可望達到心靈的純淨；假如我們努力保持每一根心弦的音調，無疑便能聽見美妙的音樂流洩而出。禱告無須言語，禱告時不需要任何感官上的努力，我深信禱告必能淨化心靈、驅逐激情，不過禱告時必須絕對謙卑。

第二十二章 那羅揚・赫姆昌德拉

那個時候，那羅揚・赫姆昌德拉㉔來到了英國。我聽說他是一位作家，我和他在服務於印度協會的曼寧小姐家中碰面。曼寧小姐知道我不善社交，每次我總是一個人默默地坐在一旁，除非有人先跟我攀談。她把我介紹給赫姆昌德拉，他不會說英語，穿著也很怪異——鬆垮的褲子、皺巴巴髒兮兮的咖啡色外套，一派帕西人風格，他也不繫領帶，戴著有流蘇的羊毛帽，蓄著一把長鬍子。

他個子不高，骨架很小，圓臉上有罹患天花留下的瘢痕，鼻子不算尖也不算太扁。說話時常用手順那把鬍子。

在這麼時髦的社交場合裡，像他這樣相貌奇特、穿著古怪，勢必無人理睬。

我跟他說：「我常聽人談起您。我也讀過您一些文章，如果您願意來我的住處作客，我會非常高興。」

赫姆昌德拉聲音粗嘎，微笑回道：「是，你住在哪裡？」

「商店街。」

「那我們可是鄰居呢。我想學英文，你能教我嗎？」

「只要是我會的東西，我都願意教您，而且會竭盡全力。如果您覺得可以，我可以去您那裡。」

「不、不，我去找你。我還會帶一本翻譯練習簿去。」於是我們訂下時間，沒多久就變成好友了。

赫姆昌德拉完全不知文法為何物，他以為「馬」是動詞，而「跑」是名詞。我還記得許多其他有趣的例子。

但他毫不氣餒，對於我具備一些文法常識也不表示驚嘆，顯然他覺得不懂文法也沒什麼好羞愧的。

他彷彿是在說別人的事一樣告訴我：「我不像你上過學，也不覺得要先學文法才能說話。你會孟加拉語嗎？我去過孟加拉旅行，會說那邊的話。是我把泰戈爾的作品介紹給古吉拉特人認識，我還希望把許多其他語言的作品翻成古吉拉特語。我翻譯時並不是逐字逐句翻，只有真正表達出作品的精神，我才覺得滿意。其他人若是具備更多知識，或許未來可以做得更好，不過我很滿意自己沒有太過依賴文法，就完成這麼多工作。我會馬拉地語、印度語、孟加拉語，現在我開始學英文。我想要擴充字彙量。你以為我的野心僅止於此嗎？並不是，我還想去法國、學會法文，聽說法國文學包羅萬象。我還要去德國，到那裡學德文。」如此這般，他滔滔不絕說著。他對學習新語言、到世界各國旅行的野心十分驚人。

「那你也會去美國了？」

「當然。我怎麼能夠不看看新世界就回印度？」

「但你要去哪裡籌旅費？」

「我要錢做什麼？我又不像你是個崇尚時髦的人，對我來說，只要有可堪溫飽的食物、足以蔽體的衣服就夠了。我寫書賺的、加上朋友資助的錢就很夠了。我旅行都坐三等艙，以後我也要搭船去美國。」

赫姆昌德拉非常特別，為人單純又坦白。在他身上看不到一丁點驕傲——只除了對自己寫作能力自信過頭，有點不切實際。

我們天天見面，發現彼此有不少想法與行為相當接近。我們都吃素，所以常一起共進午餐。那時我一週

㉔ Narayan Hemchandra，古吉拉特語作家、詩人與譯者。

只花十七先令，常自己煮飯。有時我會去他住處，有時他來我這裡。我煮的食物偏英國風，但他非印度菜不歡，每餐都得喝豆子湯，但我卻煮紅蘿蔔湯，他就覺得我的品味實在太差。有次他不知從哪拿到綠豆，煮好了拿到我那裡。我吃得很高興，從此以後我們兩個常常輪流煮東西一起吃，我會把煮好的美食端到他那裡去，他也會煮好食物後端過來跟我分享。

那時曼寧主教㉕的名氣已非常響亮，一場碼頭工人的罷工行動在他與約翰・伯恩斯㉖的努力下提前結束，我告訴赫姆昌德拉，英國首相狄斯雷利讚揚曼寧主教的單純，他說：「那我一定要跟這位賢哲見面。」

「他是個了不起的人物，你要怎麼見到他？」

「嗯，我有辦法。你先以我的名義寫封信給他，告訴他我是個作家，想當面恭賀他在人道方面的成就，然後說因為我不懂英文，你會跟我一起去，替我翻譯。」

我於是照這意思寫了一封信給樞機主教。兩、三天後就收到主教的回覆，訂下會面日期，我們兩個一道去見主教。我穿上平常外出拜訪的西裝，赫姆昌德拉也一樣，穿上平時常穿的外套跟褲子。看他這樣穿，我取笑了一番，但他毫不以為意，反而笑我：「你們文明人都是膽小鬼啊！偉大的人從不以外表論斷人，他們關注的是一個人的心。」

我們進入主教的宅邸。才剛坐下，一名瘦高的老年紳士便走出來，跟我們握手，赫姆昌德拉這麼向主教問候：「我不想占用您太多時間，只是我常聽人提起您的事蹟，我覺得應該親自來跟您道謝，感謝您為罷工勞工所做的一切。我一向致力於拜會世上了不起的聖人，所以今天才會來叨擾您。」

當然這段話是以古吉拉特語說的，我以英語傳達。

主教回答道：「我很高興見到你們，希望你們在倫敦一切順心，能多跟這裡的人們相處。上帝保佑你們。」

主教說著便站起身來跟我們道別。

有一次赫姆昌德拉去我那裡，上身穿了件襯衫，下半身纏了條腰布。好心的女房東開了門，驚慌地跑到我房間——她是我新住處的女房東，先前沒見過赫姆昌德拉——說道：「有個怪人來找你。」我走到門邊，看到赫姆昌德拉十分驚訝，簡直是震驚，不過他一派泰然自若，像平日那樣對我微笑。

「街上的小孩看到你沒嘲笑你嗎？」

「嗯，他們在後面追我，不過我不理他們，他們就不再煩我了。」

赫姆昌德拉在倫敦待了幾個月之後到巴黎去。他開始讀法文，翻譯法文書。我的法文程度可以替他修稿，所以他把譯稿寄給我讀。我想他的作品不能看做是翻譯，而是傳達了原作精神。

最後他如願前往美國，費盡千辛萬苦才拿到一張沒有艙位的船票。他在美國時，有次上街也是只穿著襯衫，下身裹一條腰布，結果因「衣衫不整」遭到起訴，我記得後來是無罪獲釋。

㉕ Henry Edward Manning，天主教英國威斯敏斯特總教區總主教，樞機主教。

㉖ John Burns，英國十九世紀末的政治家，也是工會成員。

第二十三章　前往巴黎

一八九〇年巴黎舉辦了一場別開生面的展覽㉗，我在報上看到籌備過程十分繁瑣，我本身也很想去看看巴黎，所以想不妨趁這個機會去一趟巴黎，一舉兩得。這次的展覽最吸引我的就是艾菲爾鐵塔了，建築完全以鋼鐵建造，高度幾乎達一千英尺。當然還有很多其他有意思的事物，不過我最想看的還是鐵塔，因為在完工前，大家都不覺得這麼高的建築能夠安全聳立。

我還聽說巴黎也有素食餐廳。我在巴黎訂了一間房，總共待了七天。這趟旅行，從交通到當地的遊覽，我都盡量省錢。我拿著一本巴黎地圖就開始在當地遊覽，交通大多以步行方式；地圖上也包含這次展覽的地理位置及相關導覽，對於打算瀏覽主要街道及有趣景點的旅客來說，這樣就夠了。

關於展覽的內容我已記不太清楚了，只記得規模很大、有很多東西。倒是艾菲爾鐵塔我記得相當清楚，因為我上去了兩三次。鐵塔的第一層平台有間餐廳，為了能向人炫耀我曾在這麼高的地方用過午餐，我硬是花了七先令吃了頓飯。

我也記得巴黎的古老教堂，壯麗、寧靜的氛圍令人難忘。聖母院美妙的建築結構、內部繁複的裝飾及美麗的雕刻同樣令人難忘，那時我深深感到，願意斥資幾百萬興建大教堂的人，內心必懷抱著對上帝的愛。

之前我就讀過文章，上頭極盡能事地形容巴黎的流行與多變，的確每一條街道都可見到瞬息萬變的浮華，但這些古老教堂卻逕自矗立、不受潮流影響。人一走進教堂，就會立刻忘了外頭的忙亂喧囂，改變舉止；當走過在聖處女雕像前膜拜的人身邊，你會滿懷敬意、不敢輕浮以對。從那時開始，我便覺得跪拜、禱告都不能視之為迷信，跪在聖處女的雕像前膜拜的信徒充滿虔敬，他們面對的不是大理石，而是內心的信仰。你會感覺到他們對神滿懷真誠的敬愛，因此這些人膜拜的不是石頭，而是其象徵的神性。我現在還記得，那時覺得信徒的膜拜不但不會分散、減少，反而是增加上帝的榮光。

這裡得提一下艾菲爾鐵塔。我不知道現在這座鐵塔的用途為何，但我那時聽到的評價是毀譽參半，托爾斯泰便是批評最力的人之一，他曾說艾菲爾鐵塔代表的不是智慧，而是人類的愚行。他說菸草是所有引人上癮的事物中，最糟糕的一樣，吸菸上癮的人容易犯下連酒鬼也不敢做的罪惡，因為酒讓人瘋狂，但菸草會蒙蔽人的心智、讓一個人想入非非，築起空中樓閣，艾菲爾鐵塔就是人在香菸的影響下，發明出來的產物，既無藝術感，對這次展覽的美感亦毫無貢獻。許多人前來觀看並登上塔頂，不過是看在它新奇、規模又大而已。這鐵塔可謂本次展覽的大玩具，孩童看到玩具都想玩，鐵塔的興蓋剛好足以證明我們都是喜歡小玩意兒的孩子，而這就是建造艾菲爾鐵塔所達到的目的。

㉗ 指萬國博覽會。

第二十四章　召喚

我來英國的真正目的是為了當上律師，這點似乎行文至今都還沒清楚說明，現在讓我簡短敘述一下。

一名學生要想正式當上律師，必須達到兩項條件：一是修畢必修的課業，亦即相當於三年（十二學期）㉘的課程；二是通過考試。修課其實等於吃飯，也就是一學期二十四頓晚餐中至少參加六次。當然吃飯不是真的單指吃飯這件事，而是每個學生得在排定的時間進行報告，並跟大夥兒共進晚餐，直到晚餐結束。當然一般來說，每個人都吃得很愉快，席間還有上等好酒供應。一頓飯約需二到三盧比，不算太貴，因為假使在飯店裡用餐，光是喝酒就得這個數字。如果我們不是已經「開化」的印度人，看到酒比食物貴一定會嘖嘖稱奇，其實當我第一次發現這件事時，的確大吃一驚，心裡想怎麼會有人捨得花這麼多錢買酒，之後我才恍然大悟。通常在這樣的晚宴上我沒吃什麼，因為我能吃的東西只有麵包、水煮馬鈴薯及包心菜。一開始我連這些都不吃，因為不合口味，但後來慢慢吃出其中的美味，還會鼓起勇氣開口再多要一些。

律師學院的資深會員吃的餐點當然比一般學生來得好。有個同學是帕西人㉙，也吃素，於是我們倆為了擁護素食，一起申請資深會員的素食餐，獲得了同意。之後我們便與他們一道用餐，享用水果及其他蔬菜。

每一組四個人可分配兩瓶酒，我雖不喝，還是會應其他人要求組成一組，這樣另外三個人可以喝光兩瓶酒。此外每一學期都有一個「頂級夜晚」，當晚除了平常喝的波特酒、雪利酒，還有香檳。在這樣的夜晚我特別搶手，總有人專程邀我參加。

直到現在我還是看不出這類晚餐對學生成為正式合格的律師有何益處。聽說過去有段時期參加的學生較少，因此除了例行的報告外，還能跟律師學院資深會員談話，而這類談話不但能讓學生多瞭解外面的世界，也能幫助他們培養更優雅的言談舉止，鍛鍊說話技巧。但到了我那個時期，律師學院資深會員會另闢一桌，過去這種盛況已不復見，晚餐制度到此已失去當初建立的意義，但性格保守的英國人依舊保留此制度。

課程很容易，律師這行常遭戲謔是「飯局律師」，大家心知肚明律師考試毫無價值，我那個年代有兩種考試，一是羅馬法考試、一是普通法考試，還有專門為這類考試編印的教科書，但基本上沒人會讀。就我所知，許多人都是考前幾星期才急就章讀筆記，依然能通過羅馬法考試，至於普通法考試則須兩、三個月前準備，同樣是讀筆記即可。考題簡單、閱卷老師給分又大方。羅馬法考試合格率一般是百分之九十五到九十九，最後一次考試則有百分之七十五或更高的合格率，故此沒人擔心被當，何況這類考試一年可以考四次，一點也不難。

不過我只考一次就通過了。那時我覺得應該要讀完每本教科書，感覺上不讀就去考試好像是詐欺，於是花了很多錢買書。我還決定羅馬法要讀拉丁文原文，那時為準備倫敦大學入學考試而苦讀的拉丁文果然有幫助；之後我到南非去，南非所採行的普通法即羅馬荷蘭法，我的拉丁文也派上用場，深感努力沒有白費。先前讀查士丁尼法典對我日後讀南非法律同樣幫助很大。

㉘每季為一學期。

㉙八至十世紀間，一部分堅持信仰「瑣羅亞斯德教」的波斯人，因為不願改信伊斯蘭教而移居印度西海岸古吉拉特邦一帶。這些波斯移民在印度被稱為「帕西人」（Parsi），至今共有十萬人左右。

整整九個月時間，我辛勤苦讀英國普通法，賀柏特．布魯姆的《普通法》（Common Law）非常有趣但份量極重，花掉我不少時間，史耐爾的《衡平法》（Equity）充滿趣味但有點難懂，而懷特與督鐸合著的《重要判例》（Leading Cases）則針對難判的案例提供判決方式，相當具有參考價值。我也讀了威廉及愛德華合著的《不動產法》（Real Property）及古迪夫的《私有財產現代法》（Modern Law of Personal Property），其中威廉的書讀來頗有小說的趣味；而在我搭船回印度的路上，我讀了梅恩的《印度法律》（Hindu Law），同樣饒富趣味，但在此提到印度法律書有些離題，就不詳述了。

我通過考試後，在一八九一年六月十日取得律師資格，隔天赴高等法院登記，六月十二日便搭船回家。但儘管我辛勤苦讀，我的無助感、恐懼未曾稍減，我不覺得自己有資格執業。

這份無助感需要另闢一章詳加解釋。

第二十五章　我深感無助

取得律師資格容易，但當執業律師很難。我熟讀法律書籍，但沒學過如何執業。我興致勃勃地讀《法諺》

（Legal Maxims），卻不知道該如何將法律準則活用在律師工作上。其中有一項提到「伸張個人權限應以不傷害他人權限為原則」㉚，但我依舊不明白一位律師究竟能如何援引這個原則，為客戶謀福利。我讀了所有援引此一原則的重要判例，但仍然不知道在執業時如何應用。

此外我對印度法律及伊斯蘭教法律一無所知，我連訴狀都不會寫。我曾聽說有位律師密赫塔爵士㉛在法庭裡意氣風發，如雄獅一般詰問辯答，我很好奇他是怎麼在英國學到這門法庭的藝術。要我學到像他在法庭上的尖銳簡直是不可能，我甚至憂心自己當律師恐怕難以維生。

我就是滿懷著懷疑、焦慮攻讀法律，也把這痛苦告訴幾個朋友。其中一個朋友要我去問瑙羅吉（見第十三章）的意見。先前我提過，當我剛抵達英國時，手上握有給瑙羅吉的介紹函，但我很後來才拿給他，因為我覺得自己沒有資格麻煩這樣一位偉大人士撥冗見我。只是每回聽說他有演講，我就會去參加，坐在大廳裡靠近角落的位置聽，親炙他的風采跟聽過他精妙的演說後，我才離開。他還籌組了一個協會，希望多與學生互動。這類聚會我也會參加，每次看到瑙羅吉對學生極為關懷，而學生對他則是充滿崇仰，我就會覺得十分高興。這樣過了一段時間後，我才鼓起勇氣拿著介紹函去找他，他對我說：「你需要幫助時，隨時都可以來找我。」但我從來沒為了自己的事去找他，除非真有天大的事發生，不然我覺得麻煩他是不對的；因此我並沒有聽從當時一位朋友的建議去向瑙羅吉請教這些問題，現在我不太確定是否是同一位朋友推薦我去找品卡特先生。品卡特先生是保守黨員，但十分關懷印度學生，真心為我們著想。很多學生碰到困難都會去請教

㉚ 原文是 Sic utere tuo ut alienum non laedas.

㉛ Pherozeshah Mehta，是孟買一位相當傑出的律師。

他，而我也跟他約了會面時間，他也同意了。我永遠記得這次的會面，他把我當做是朋友一樣招呼，他朗朗的笑聲驅散了我負面、消極的想法。他說：「你覺得每個人都得當密赫塔第二嗎？密赫塔或巴卓定㉜是成就非比尋常的人，儘管放心吧！當一名普通律師不需要特殊才能，律師只要有一般程度的誠實、勤勉就足以維生了，案子一般來說也不難。現在告訴我你平常讀了些什麼書。」

我把自己平常讀的一些書告訴他，他露出頗為失望的神色，不過只是一下子。沒多久他就愉快地微笑，對我說：「我知道你的問題在哪了。你讀的書太少，對這世界一無所知。多讀書是一名律師的先決條件，但你連印度歷史都沒讀過。律師應該瞭解人性，必須一眼就能看出一個人的品格，而且每個印度人都應該瞭解印度的歷史。本國歷史雖與律師執業無關，但確實是不可或缺的知識。你連凱恩與梅理森兩人合著有關印度一八五七年動亂史的書都沒讀過，馬上去找來讀，然後再讀兩本有關人性的書。」這兩本書是拉法特及史莫潘尼克所著、有關人相學的書。

我衷心感激這位可敬的朋友，看到他我感到所有的恐懼煙消雲散，可是一旦與他道別，我又開始憂慮。回家的路上我一直想著「從一個人的面相瞭解其人」這個問題與這兩本書，第二天我就買了拉法特的書，但書店裡買不到史莫潘尼克的書。我讀了拉法特的書，發現比史耐爾的《衡平法》還難懂，而且一點也不有趣。我研究了莎士比亞的面相一番，但還是沒能掌握竅門，看清楚倫敦大街上每日行走的人們中，有幾個今日的莎士比亞。

拉法特的書對我沒有太大幫助，因此品卡特先生給我的勸告不具直接效用，但他的和藹對我影響甚大。我一直記得他開朗微笑的臉，也相信他所說的，要當一名成功律師未必得像密赫塔一般反應靈敏、博學強記、具有非凡才幹，只需誠實、勤勉即可。我自己算得上誠實、勤勉，因此略略放心了些。

當時我沒辦法在英國讀凱恩與梅理森的書，但我到南非後一抓到機會就讀他們的書。

我搭乘「阿薩姆號」輪船，一路上時而充滿希望，時而倍感絕望，在心情起伏中抵達了孟買。當時港口的海面起伏很大，我必須另外搭汽艇到碼頭。

㉜ Badruddins，印度國大黨第三任總統。

第二部

第一章 如兄長般的瑞強德拜

上一章提過孟買港口海面不平靜，不過這在六、七月間的阿拉伯海是常有的事。從亞丁灣開始一路顛簸，船上差不多每個乘客都吐了，只有我的狀況最好，待在艙板上觀看滾滾浪濤，享受海浪拍上身體的感覺。除了我之外，只有一、兩個人出來吃早餐，每個人都把燕麥粥小心翼翼放在大腿上，以免潑灑得到處都是。

在我眼裡，滔滔的海浪可看作心靈的象徵。洶湧的海浪絲毫無法擾亂我，我的內心始終保持平靜。我知道回去得面臨種姓制度的問題。開始律師這一行時，我便提過無助感，但我本質上是個改革者，我竭力要求自己盡力做到某些改革。不過等著我的還不只這些。

我二哥來碼頭接我。他已經認識了梅賀塔博士跟他的哥哥，而由於梅賀塔博士執意要我去他家住，我們就去了他家。於是在英國萌芽的友誼回到印度繼續延續，此後我們兩家持續往來，奠下深厚長遠的交誼。

我心中急著見母親，當時我還不知道她已經不在塵世，再也無法擁我入懷。直到現在哥哥才告訴我，於是我就開始進行淨身沐浴。我還在英國時母親便已過世，但哥哥不讓我知道，他不希望我人在異國遭逢此一打擊。但即便現在才得知，我依然深受打擊，但我不願沉溺在悲傷中太久，儘管相較於父親過世，母親的死令我更加悲慟，因為我內心最看重的一些希望就此破滅。但我記得自己努力克制，並未表現出過度哀痛的神態，甚至能夠克制眼淚，彷彿若無其事般照常生活。

梅賀塔博士介紹幾個朋友給我，其中一位是他的哥哥傑格吉望，我們成為一輩子的好友。不過我想特別值得一提的是與詩人瑞強德拜的交往，他娶了梅賀塔博士其中一位兄長的女兒，也是傑格吉望珠寶公司的合夥人。那時他還不滿二十五歲，但我與他初次會面時便能看出他人格高潔、學識淵博。他還是眾所周知的「百事通」，能夠同時記憶或處理一百件事情依然井井有條；梅賀塔博士要我試試他超強的記憶力，於是我絞盡腦汁把自己會的歐洲語言詞彙都搬出來唸給他聽，請他照唸，他不但能照唸，而且順序完全正確。這種才能真叫人嫉妒，但我並未因此拜倒在他的能力之下，我稍後才明白是什麼讓我為之著迷傾倒，那就是他在宗教典籍經文方面淵博的知識、純潔無瑕的人格，以及對自我實現滿腔的熱情；之後我瞭解到他只為這最後一件事而活，他口中常頌唸並銘記於心的，是一句穆克塔南達的詩句：

> 唯有在我每日作為中見到祂我才能夠說自己獲得恩庇
> 祂確然無疑是串起穆克塔南達生命的線索

瑞強德拜生意興隆，交易案件數量動輒以數十萬計。他是鑑賞珍珠、鑽石的行家，沒什麼難得倒他，不過生意上的事並不是他生命的重心，他心中熊熊燃燒的是有朝一日親眼見到神的熱情。無論何時都能在他的辦公桌上找到宗教書籍或日記，一談完生意他便打開宗教書籍或日記，他出版的作品大部分來自日記裡的片段。這人往往在談成一筆大交易後，就開始拿筆記下藏在靈魂深處的事物，這一點著實不像商人，而是孜孜矻矻追求真理的人才有的行為。我不只一、兩次親眼看到，他在日常商業行為中依舊沉浸於神性的追求，這已經是他生活的常態。他永遠是氣定神閒的模樣。我跟他沒有商業往來，也沒有私人利益的關係，但我喜歡跟他來往。我那時還是一個接不到案件的小律師，但無論何時見到他，他都會拉住我談論嚴肅的宗教問題；

那時我對宗教還在摸索階段，也談不上有何深刻興趣，但他的言論依舊讓我聽得津津有味。從那時到現在，我遇到過不少宗教領袖或導師，我總會想辦法認識各派宗教的領袖，在此我必須說，沒人能像瑞強德拜那樣令我難忘。他的智識與道德堅持同樣值得我尊敬，我深信他絕不會帶我走上歧途，他會告訴我發自內心的想法。因此，在我出現精神危機的那段時期，他是我的避風港。

然而儘管我對他充滿敬意，我從未將他視為心靈導師。心靈導師的寶座依舊虛懸，而我仍在尋找。

我相信印度有關精神領袖或心靈導師的理論，心靈導師對個人精神上的啟蒙可謂相當重要，有一派說法認為沒有心靈導師便不可能獲得真正的知識，我認為很有道理。在教導世俗事物時，不完美的老師也能有所幫助，但在靈性追求上絕非如此。唯有通曉一切的「真知」，才有資格被稱為心靈導師，因此，人應該永不停歇地追求完美；一個人能找到怎樣的精神導師端視其有多努力，人當然有權利不斷追求完善，越努力越能追求到完美的心靈導師。但其他一切是由上帝決定。

對我而言，儘管瑞強德拜並未登上心靈導師的寶座，他仍然在許多方面指引我、幫助我。同一時代中，有三者對我的人生造成重大影響：如兄如弟的瑞強德拜，和他的交往讓我獲益良多；托爾斯泰的著作《神的國度是你》（The Kingdom of God is Within You），以及羅斯金的著作《給未來者言》（Unto this Last）。三者在我心中各有其適當位置。

第二章 我如何開始生活

我二哥對我寄望甚深，他很想要擁有財富、名聲。他有一顆寬大的心，且過分慷慨，再加上他性情單純，很容易就交到許多朋友。他希望透過這些朋友可以替我接到一些案子。他也認為我應該要把律師事業做大，因此家裡的開銷增加許多，可以說為了替我鋪好執業的路，他想得到的事、幫得上的忙都做了。

我留洋一事在種姓社會間引起的騷動仍未平息，其中主要分成兩派陣營，一派見我回來力主我無罪，另一派仍主張將我驅逐出種姓社會。我哥哥為討好寬容派的人，在我出發到拉傑果德前帶我去納西克，要我在聖河中沐浴，又在拉傑果德辦了一場重歸種姓社會的晚宴。我不喜歡這一切，但我哥哥對我的關愛深刻無比，我對他也是一樣敬愛，所以很自然地照他希望的方式進行，把他的意志當作法律一般遵守。忙亂了一陣子，我重返種姓社會的事總算告一段落。

我從未想要重回驅逐我的種姓階級，對那些持反對意見的領袖亦無憎恨，當中有些人很不喜歡我，但我也盡量避免傷害他們的感情。我尊重種姓社會對逐出種姓者人際往來的限制，根據規定，我的親戚，包括岳父、岳母，甚至是妹妹或妹夫，都不能款待我，我連去他們家坐坐、喝杯水都不行。他們偷偷摸摸想規避這項規定，但是私下去做我在公開場合不會做的事違反我的本性。

也因為我這種謹慎至極、一絲不苟的做法，種姓制度從未對我造成困擾，一次也沒有；即使是將我視為被逐出種姓社會的人，對我也充滿關懷、慷慨，甚至還在我的事業上幫助我，卻從未期待我給這個制度、社會任何回報。我深信會有這種種好事發生，是因為我不抵抗，默默接受一切的緣故。假使我為了要重返種姓社會患得患失，或試圖讓種姓社會分化成更多陣營，或激怒種姓社會的上層人士，他們肯定會以牙還牙，這樣一來，當初我剛從英國返抵家鄉時，肯定就會馬上被捲入紛亂騷動的漩渦內，或者甚至是加入虛偽的陣容。

我與妻子的關係依然不如預期；我從英國回來後，嫉妒心依然旺盛，對每件小事都過分緊張、疑神疑鬼，因此我的心願還是未能實現。我之前就認為我妻子應該學會閱讀、寫字，我也應該教她讀書，但我對她的占有慾是一大干擾，而她必須忍受我這種缺點。有一次我把她送回娘家，直到我覺得她已經嚐夠痛苦的滋味後，才肯接她回來，日後我才體認到這一切完全都是源自我的愚昧。

我也打算對小孩的教育進行一番改革，我哥哥有小孩，而我去英國時留在家鄉的小孩也已四歲，我打算教他們鍛鍊體能，練就強健的身體，也給予他們其他方面的指導。我得到哥哥的支持，某種程度上我的努力也算沒有白費。我喜歡跟孩子在一起，直到今天我還是會跟孩子們玩在一起、說笑逗樂。從那之後，我就認為自己會是孩子們的好老師。

飲食的改革顯然也有其必要。之前我們家就有喝茶和咖啡的習慣，而在我從英國返家前，我哥哥認為應該在家裡營造英國氣氛，於是過去只有在特殊場合才會使用的陶製餐具，變成日常使用的器皿。現在再加上我的改革，一切就盡善盡美了：我要求家裡人改喝燕麥粥，以可可代替茶和咖啡，但其實是在茶或咖啡裡加上可可。我們家人平常已經會穿靴子及皮鞋了，我又讓他們穿上西式服裝，使得歐化更加徹底。

如此這般，家用開銷變大了，每天都在添增新事物，可以說我們已經把一頭白象①拴在家門口了，但錢從哪裡來呢？想在拉傑果德執業可謂天方夜譚，我連一名合格律師的知識都付之闕如，還妄想拿到一般律師十倍的費用，哪有這麼笨的客戶會來找我打官司？即使有，難道我可以在原本的無知再加上傲慢和欺騙嗎？這樣我虧欠這世界的債豈不是更重？

朋友們都勸我去孟買待段時間，吸取一些高等法院的經驗，研究印度法律，再看看我可以接到什麼樣的案子。我覺得有理，於是前往孟買。

在孟買我請了個廚子，他跟我一樣笨手笨腳，是個婆羅門，我沒當他是僕人，而是把他當成家中的一份子；他會拿水沖身體，但從未認真洗澡，他纏在腰間的布及聖絲②總是髒兮兮的，對經文也一竅不通。但哪裡可以找到更好的廚子呢？

我會問他：「羅維斯漢卡（廚子的名字），就算你烹飪不大行，不過你總知道怎麼做每日祈禱吧？」

「說到每日祈禱，先生！我每天用耕犁祈禱，鋤頭就是我的宗教儀式，我就是這樣的婆羅門。我靠您的恩惠才能過活哪！不然我就得回去耕田了。」

所以我只好開始當他的老師，我有的是時間，所以有一半的飯菜是我在煮，而我煮的素食菜帶著英國風味；我還買了個爐子，開始把廚房交給羅維斯漢卡管。我對不同種姓間一道吃飯並無禁忌，羅維斯漢卡也一樣，所以我們相處融洽。只有一個問題：他似乎立過誓，絕不把自己弄乾淨，做的飯菜也是一樣髒！

不過因花費有增無減，又無收入可支撐，我在孟買頂多只能待四、五個月。

我就這樣踏入了社會，開始生活。我發現律師並非好職業，用不上太多知識，只要善於周旋即可。我感到肩上的責任快把我壓垮了。

---

① 指龐大而無用的東西。

② 前三種種姓的人在手臂上纏的一根細繩，用以祛邪。

第三章　開始接案

待在孟買那段時間，我一方面開始研讀印度法律，同時也與我另一位朋友菲爾昌德進行飲食上的實驗。我哥哥則忙著奔走替我開發案源。

研讀印度法律十分沉悶，民事訴訟法引不起我的興趣，不過證據法很有意思。菲爾昌德正在準備律師考試，跟我說了很多有關律師的種種軼事。他說：「費羅傑夏・密赫塔爵士優秀的表現來自淵博的法律學識，他把證據法讀得爛熟，連第三十二節的判例都一清二楚；巴卓定③則是長於辯論，連法官都折服不已。」

這類了不起的軼事卻讓我更沮喪。

然後他又說：「一個出庭律師如果想出人頭地，可能需要五年到七年的時間，所以我才會簽約當事務律師。如果你三年內能自立門戶就算運氣好了。」

開銷每個月都在增加，門外已經掛上律師招牌，但我卻還沒準備好當執業律師，令我手足無措，也不能專心研讀印度法律。我開始培養出對證據法的愛好，也愛讀梅恩的《印度法律》，但我還是沒有勇氣執業。我深深感到無助，無法用言語形容，就像新嫁娘初入婆家一樣膽怯怕生。

就在此時，我接到了一位馬密百太太的案子，是一件所謂的「小案子」。有人跟我說：「你得付中介人佣金。」但我斷然拒絕。

「不過即使像是知名的刑事律師某某先生，他一個月能賺三、四千盧比，也是要付佣金的。」

我反駁道：「我沒必要學他，我一個月能賺三百盧比已經心滿意足，我父親賺得就是這麼多。」

「但這種日子已經過去了，孟買的物價漲到不像話的地步，你要學會做生意。」

我態度堅決，不肯給佣金，但還是拿到了這個案子。案情簡單，我索價三十盧比，這件案子不需一天就結案了。

我在小案訴訟法庭初試啼聲，身為被告的辯護律師，我得詰問原告的證人，當時我站起身來，但一顆心直往下沉。我只覺得天旋地轉，整個法院看起來也像翻轉過來似的，想不出問題來問。法官想必當時正在偷笑，其他律師也幸災樂禍看這一幕，但我什麼也看不見，只是坐下來，告訴中介人我不能打這官司，請他把付我的費用拿回去，再找巴特爾接手。巴特爾先生收了五十一盧比，這場官司對他來說想必是輕而易舉。

我匆匆離開法庭，不知道我的客戶到底是贏了還是輸了，只是覺得羞愧至極，下定決心除非我有足夠勇氣打官司，否則不再接案子。果然在我啟程去南非前，未再踏進法庭一步。我做的這個決定並不值得稱道，而是不得不如此；明知委任我打官司必輸無疑，還有哪個傻瓜會把案子給我？

不過孟買還有另一件案子等著我去做，那是一份擬定請願書的工作。一個貧苦的穆斯林教徒在博爾本德爾的土地被充公，他尊敬我的父親，也認為我必然像我父親一樣值得信賴。他的案子勝訴機會不大，但我還是同意為他草擬一份請願書，印刷費由他出。我寫完這份請願書，唸給朋友聽，他們都承認我寫得不錯，這讓我信心增強，至少寫請願書毫無問題，事實也的確如此。

③ Badruddin Tyabji，印度律師，曾任印度國民大會黨第三任主席。

如果我願意免費替人寫請願書，生意應該可以蒸蒸日上，不過這樣也於事無補，於是我想到去找個教職，我的英文還算不錯，如果能教那些準備考大學的學生英文應該不錯，至少可以賺到錢支付部分開銷。我看到報上刊登的廣告：「誠徵英語教師一名。每日授課一小時，月薪七十五盧比。」是一所知名高中在徵人，我投了應徵信，獲得面試機會，於是興致勃勃前往該校，豈料校長發現我不是大學畢業生，十分為難地拒絕我。

我說：「但我通過了倫敦大學的入學考，拉丁語是我的第二外語。」

「話是這麼說沒錯，不過我們要的是大學畢業生。」

看來是沒有指望了，我束手無策，只覺得絕望，我哥哥也很擔心。最後我們的結論是沒必要繼續待在孟買了。既然我哥哥是辯護士，我應該跟他一起待在拉傑果德，接一些寫訴願書或訴狀的工作，加上我們家本來就在拉傑果德，如此便可省下在孟買另外生活的開銷。我覺得這提議不錯，我在孟買建立的落腳處就這樣在六個月後告終了。

我待在孟買那段時間，常跑高等法院，但很難說自己真的學到什麼東西，因為本身基礎知識不足，難以學習新事物。我常聽不懂案情，坐在法庭上打瞌睡，不過有相同情況的人不只我一個，讓我的羞恥感得以減輕。過了一段時間，我甚至不再覺得羞愧，開始覺得在高等法院打瞌睡堪稱一種潮流。

假如現在孟買還有像我一樣接不到案子的年輕律師，我想給他們一點生活上實際的忠告。儘管我住在孟買這樣的大城市，我連馬車或電車都很少搭，去高等法院旁聽都是步行，大約要走四十五分鐘，當然回家也是用走的，日頭的炙熱我已習以為常。這樣徒步往返於法院，確實省下不少錢，而且儘管身旁的朋友經常掛病號，我記得自己待在孟買的期間從未生過病。就算開始賺錢了，我仍然保持徒步往返辦公室的習慣，至今仍深感獲益無窮。

第四章 第一次嚴重打擊

我就這樣失望地離開孟買，回到拉傑果德找了一間辦公室開始執業。生意開始有點起色，每個月替人寫訴願書或訴狀的收入約三百盧比，只是這份工作是靠熟人關係得來的，跟我本身能力無關，因我哥哥合夥人的業務已頗有根基，他那邊所有真正重要（或他認為重要的）訴願書都交由大律師處理，至於那些比較出不起錢的客戶，才由我替他們撰寫訴願。

我得承認，當初我在孟買堅持不給佣金回扣的原則，回到拉傑果德已無法再遵守。人家告訴我這兩種情況不同，在孟買，佣金是給中介人，但在這裡是給發案子給你的律師。唯一相同的是，不管是孟買還是本地的出庭律師，所收取的費用一部分得當作佣金給出去。我哥哥的說法讓我難以反駁，他說：「你看，我跟另一名律師合夥，我接到案子一定會盡量把你能處理的案件轉給你，如果你不肯付佣金給我的合夥人，你會讓我很沒面子。既然我們是合夥共事，你收的費用算我們共同的收入，我自然可以拿一份，但我的合夥人怎麼辦？如果同一件案子他給了別的律師，他不就可以拿到佣金了嗎？」他這番話說動了我，我想如果真要當一名律師，就不能在佣金這事上太堅守原則。我是這樣告訴自己的，或者講得更白一點，我是這樣騙過自己的。不過容我補充一句，除了上述的佣金外，我記得不曾給過任何其他形式的佣金。

那時我的收入已可維持基本開銷，但就在這時候我遭逢人生第一次打擊。之前我就聽說過英國官員的氣焰，但直到那時我才真正第一次見識到。

博爾本德爾地區已故的倫納薩希伯王公即位前，我哥曾擔任他的祕書及顧問。這時突然有人告發他在擔任顧問時給予錯誤的建議，事情鬧到執行官那裡，而這位執行官一向對我哥有成見。我在英國就認識這名執行官，他對我倒是相當友善，我哥便想我可以善用這個友好關係，替他說情，改變執行官對他的印象。我不喜歡這項提議，因為我覺得自己不應該利用在英國結交的一點點交情就去幫忙遊說。如果我哥真的犯了錯，我出面說情又有何用？如果他沒犯錯，他便應該坦然無畏地循正當程序遞請願書，面對最後的結果。但我哥不贊成這做法，他說：「你不懂，在卡提瓦德的做法不是這樣的，你不瞭解這個世界。在這裡做什麼事都要靠關係，你是我弟弟，明明可以替我跟認識的官員說句好話卻不肯，這樣是逃避責任，是不對的。」

我沒辦法拒絕，因此儘管滿心不情願，我還是去找了這位官員。我知道自己沒有權利與他會面，也知道這樣做有損自尊，但我還是想辦法跟他約了會面時間，對方也同意。我提醒他我們是舊識，但我很快就看出來在卡提瓦德的情況跟我當初在英國時大不相同，一個官員休假時跟上班時的樣子判若兩人。這執行官點頭表示認得我，但他聽到我提醒過去相識的事，態度轉趨僵硬，他眉目間的神情像是在說：「你來這裡該不是想要利用這點交情吧？」不管怎樣，我還是開口說明來意。這官老爺不耐煩說道：「你哥喜歡玩弄權謀，我不想再聽下去了，我沒空。如果你哥有話要說，叫他循正常管道講。」這話說得很白，也理所當然。然而替自己親人著想的自私之心蒙蔽我的理智，我繼續往下說，這位執行官站起身來說：「你現在就出去。」

我說：「請聽我說完吧。」結果他更生氣，於是喚來他的聽差，要他送我出去。我還在猶豫要不要離開時，聽差已經進來把手放在我肩上，半強迫地把我推出去。

執行官跟聽差都不在了，我也只得離開，但覺得煩躁又惱怒，於是立即寫了張紙條送過去，大意如下：

「你污辱了我，你命令聽差推我出去，這是暴力行為；你若不道歉，我一定會告你到底。」

這位官員的傳信人馬上送來回覆：「是你對我無禮。我要求你離開，但你不肯走。我別無選擇，只能命令聽差請你出去。但即使他已經請你出去，你還是不肯走，他只好使點力氣送你離開。如果你要告我，請便。」

我把這回條放進口袋，垂頭喪氣地回家，把發生的事都告訴了我哥。他看起來很難過，但不知道該如何安慰我。我不知道要怎麼告他，於是他去問那群律師朋友的意見。費羅傑夏・密赫塔爵士那時剛好因為要處理一件手邊的案子，從孟買來到拉傑果德，但像我這樣初出茅廬的律師怎麼敢去找他？於是我託一名與他相熟的律師，把我這案子的書面文件轉交給他，請他給點意見。他的回覆是：「告訴甘地，這種事印度本國律師跟出庭律師都會常碰到，他才剛從英國回來，滿懷熱血，還沒見識過英國官員。如果他在這裡可以賺到錢，日子過得還不錯的話，叫他把紙條撕掉，忍一忍就算了。他去告也不會有結果的，還很可能斷送自己的前途。他根本還不瞭解人生的真相。」

這項勸告像毒藥一樣苦，但我也只得吞下。我吞下這恥辱，卻也從中獲益。我對自己說：「從今以後我絕不再讓自己站在這樣錯誤的立場，我再也不要這樣利用友誼。」從那時起，我始終堅持這項決心，從未違背過。這次打擊改變了我人生的方向。

第五章　準備前往南非

毫無疑問我不該去找那官員，但與我所犯的錯相比，他表現出來的焦躁不耐、盛氣凌人未免太過分，他更沒理由對我下逐客令。我最多占用他五分鐘時間，但他根本不願聽我說；他原本可以禮貌地請我離開，但他被權勢沖昏了頭，才會表現得如此乖張。之後我才聽說這官員向來缺乏耐心，經常侮辱訪客，一點點不順心他就怒氣沖天。

現在我的工作範圍主要在他的管轄區域內，我不可能先低頭，更不願討好他；其實既然已經說出打算控告他，我也不想默不作聲。

這時我也開始懂得印度的政治圈運作及慣用技倆。卡提瓦德由許多小邦組成，自然充滿政治派別及種種惡鬥。邦與邦之間權謀鬥爭、官員之間爭奪權位，終日不休。王公權貴個個耳根軟，愛聽阿諛奉承的人獻計，隨他們擺布。就連官老爺的聽差也不能怠慢，要好言相向，至於帳房先生的地位，甚至還高過老爺，因為他代表老爺的眼睛、耳朵，最懂老爺的心意。帳房說出來的話就是法律，據說他的收入往往比老爺還高，這點可能是言過其實，不過帳房先生日子過得確實優渥。

我覺得這種社會氛圍是不健康的，如何能夠免於其影響是我一生的課題。

經過這件事，我非常沮喪，我哥也看出來了。我們都覺得，假如我能在政府單位找到穩定的職位，就能不理會這一切爾虞我詐，但沒有有力人士介紹，想當部長或法官根本不可能；因為這場爭執，我要繼續執業當律師也困難重重。

博爾本德爾當時已由英國統治，我在那裡負責為某位王公爭取更多的實權。我還因佃農強遭徵收過重的地租，特別去見一名行政官。這名行政官雖是個印度人，氣焰卻比之前那位老爺還囂張。他是有能力的人，但在我看來，他的能力並未給這些佃農帶來更好的日子。最後我替這位王公爭取到一些實權，但沒能替佃農減輕稅賦的重擔。他們生活艱難卻乏人關心，令我震驚。

所以即使完成了這項任務，我還是不免失望，覺得未能替客戶爭取到正義，但我缺乏資源或手段為他們主持公道。我頂多去跟執行官或省督上訴，不過他們一定會說：「不行，這事不便干涉。」假如能有法令、規章加以規範，或許還有辦法處理，但在這裡，這些老爺怎麼說，法律就怎麼行。

我氣急敗壞，但無計可施。

這時一家博爾本德爾的阿拉伯商行寫信給我哥，提議如下：「敝公司在南非有生意，我們規模不小，在當地法庭有個大案子，所涉金額達四萬英鎊，案子已纏訟多時，我們找了最好的本國律師及法律顧問辦理這項訴訟，如果你弟弟可以過來，他可以協助我們處理，在這裡工作對他也有益處。他比我們更有能力指導我們的顧問團，同時他也可以利用機會見識這個新世界，結識一些朋友。」

哥哥跟我討論此事，只是我不大清楚，我是只須指導顧問團還是得親自上法庭訴訟。總之我很想去。

我哥介紹我一位如今已故的希斯，名叫阿布達爾・卡利姆・嘉弗瑞，他是達達・阿布達拉公司的股東，上面提到的商行就是屬於這家公司。這位有財有勢的希斯告訴我：「這工作不難，我們那裡有很多了不起的歐洲朋友，你到那邊就會認識他們。我們商行業務應該很需要你的協助，比方許多往來信件都是英文，這部分你也可以幫忙。我們會招待你，這樣你就不必負擔什麼費用。」

我問道：「你們需要我在那邊工作多久？薪水是多少？」

「不會超過一年，你的回程旅費也是我們負擔，搭船坐頭等艙，再加一〇五英磅。」

這實在不像是律師的酬勞，反而比較像是雇一名打雜的。不過我那時很想離開印度，加上能夠到未曾去過的國家增長見識，還可以把這一〇五英磅寄給我哥，替他分擔家計。於是我不再討價還價，爽快接受這提議，準備赴南非。

第六章　抵達納塔爾[4]

這次前往南非不像當初要去英國那樣讓我感到別離的痛苦，因我母親已不在人世，加上和之前相較，我變得更常旅行，對世界也有更多體認，平常就常往返於拉傑果德與孟買之間。

這次我只感到與妻子分離的苦痛。從英國回來後，我們又有了一個小寶寶，我們的愛還是摻雜了情慾在內，但已越趨純潔。從歐洲回來後，我們很少住在一起，但是因為現在我身兼她的老師，協助她進行某些生活上的改變，我們也都覺得為了推動這些改變，有必要經常相處在一起。但南非的吸引力讓我願意再度離開妻子，覺得離別是暫時的。「不到一年我們就可以再見面了。」我這麼安慰她，然後就離開了家，前往孟買。

替達達・阿布達拉公司代理相關事務的人原本要替我買船票，但發現艙位已經賣光，而我若不登船，就會在孟買滯留。代買船票的人說：「我們想盡辦法要替你買一張頭等艙，但真的是買不到了——除非你願意用站票搭船，你還是可以在船上餐廳用膳的。」那時候我習慣搭頭等艙，何況一名律師怎麼能夠用沒劃位的站票搭船？我拒絕了。我懷疑他在說謊，我不信頭等艙票會買不到，於是經過代理方同意，我親自跑一趟船公司，上船以後碰到一名主管，他坦白跟我說：「平常不會這麼擠，不過莫三比克的總督要搭這艘船，所有艙位都訂走了。」

「幫我安插一個位子也沒辦法嗎？」

他把我從頭到腳打量了一遍，微笑說道：「只有一個辦法，我的艙裡有個床位，平常是不給乘客的，不過這次我願意把這個床位給你。」我向他道謝，請代買的人去買船票。一八九三年四月，我帶著滿腔熱情，啟程前往南非碰碰運氣。

啟航十三天後，我們行經第一個港口——拉穆⑤，那時我與這名同艙的船長已成為好友，他喜歡下西洋棋，但才剛接觸沒多久，他想找個更不會下的人當對手，於是邀我下棋。我聽過不少人談過西洋棋，但沒玩過，下過的人都說這種遊戲考驗一個人的智力。船長說要教我，也發現我確實是個好學生，因為我極具耐心，

---

④ Natal，南非共和國的一省。

⑤ Lamu，位於肯亞北岸。

而且每下必輸，他就更急著教會我。我喜歡下西洋棋，但下了船後就不曾再下過，或是去鑽研棋法。

我們的船在拉木停泊約三、四個小時，於是我上岸參觀港口。船長也上了岸，不過他警告我海港風浪險惡，要我別待太久，盡早回來為佳。

港口腹地極小，我去了郵局，看到幾名印度籍辦事員非常高興，和他們聊了一會。我也見到非洲人，試著觀察他們說話和做事的方式，覺得極有意思。這樣聊聊、看看也花了些時間。

我在船上認識了幾個站票乘客，他們上岸是為了在岸上烹煮食物，安靜愉快地用餐。我看到他們準備回輪船上，於是一道上了舢舨。港口海潮很高，舢舨上因為乘客過多而超重，浪潮的威力讓舢舨數度不穩，幾次快碰到梯子時又被浪潮帶走，我們一直無法上船。耳中聽到第一遍登船的哨子已經吹過，我開始擔心，站在吊橋上的船長目睹此一困境，下令輪船再等五分鐘，這時另一位朋友花了十盧比替我雇來另一條舢舨船，這艘舢舨船已經靠近輪船，於是我登上這個舢舨船，此時原先放下的梯子已經被拉起來，我必須攀著繩子才能登上輪船；一上船後，船便開了，其餘乘客都來不及上船。我這才明白船長的警告是有道理的。

在拉穆之後停留的港口是蒙巴薩⑥，然後是桑吉巴⑦，在那裡停留了較長時間，大約八或十天，然後改搭另一艘舢舨船上岸。

船長很喜歡我，不過事情卻開始朝不好的方向發展。他找另一名英國朋友跟我陪他出去，於是我們搭他的小船上岸。那時我完全不知道要去哪裡，這船長也不曉得我對這類的事幾乎不懂。有個拉生意的男人領著我們到黑人婦女的住處，把我們各自帶進一間房間。我進了房後只是呆呆站著，羞愧不已，天曉得這可憐的女人不知道會怎麼想我。船長在外面叫我時，我走了出去，什麼事也沒發生，他也看出我的純潔。一開始我非常羞愧，但是當我想起整件事，只感到一種榮耀，因此羞恥的感覺消退了，我也感謝神，見到這女人並未讓我意志動搖。但我討厭自己如此懦弱，想到自己連拒絕走進那道門的勇氣都沒有，便覺很可悲。

人生至此，類似的試煉我已遇過三次，許多原本純潔的青年，因為不切實際的羞恥感而陷入罪惡；儘管我這次什麼事也沒做，卻沒資格讚美自己做了對的事，只有連一步都不肯踏進房間才值得讚美。我得感謝大慈大悲的神救了我，這次事件使我更加堅信神的存在，也多少教會我摒除無謂的羞恥心。

我們得在這港口待上一星期，我在鎮上找了房間住，四處閒逛，飽覽當地風光。桑吉巴遍地是綠樹、果園，觸目可及的綠意在印度只有馬拉巴可以見到。高聳的樹木、碩大的果實，在在令我讚嘆。

下一站是莫三比克，接著我們在五月底抵達納塔爾。

第七章　數則經歷

納塔爾的港口是德班，又稱納塔爾港，阿布達拉（即前面提到的阿布達爾・卡利姆・嘉弗瑞的兄長）

⑥ Mombasa，肯亞的港口，位於中非東岸。

⑦ Zanzibar，坦尚尼亞東岸的港口。

親自來碼頭接我，我看到許多人上船來接朋友，也發現印度人並未受到尊重。我也注意到，認識阿布達拉的人多半對他表現出傲慢的樣子，這讓我覺得難受，但他已習以為常。這些人對我也是同樣態度，只是多了些好奇，我的衣著與其他印度人不同，我穿一身長大衣，戴著頭巾，像孟加拉人常戴的那種。

我被帶到這家商行給員工的居所，我獲得了一間房間，就在這位先生隔壁。我們對於彼此都不瞭解。我把他弟弟託我帶來的信交給他，他讀過後一臉茫然，他大概覺得他弟弟給他送來了一隻白象（意指大而無用的東西）吧。我的穿著打扮、生活習慣在他看來十分奢侈，跟歐洲人沒兩樣。那時公司裡沒什麼可以特別交給我辦的事務，那件官司仍在德蘭士瓦省進行，目前還沒有我可以幫上忙的地方。此外，他又信得過我的能力、人品嗎？被告都待在普勒托利亞，他也知道他們可能會給我帶來不良影響，但他又不能到普勒托利亞來監督我工作。如果這件案子不能交給我辦，那麼該給我什麼工作好？其他工作都已有商行職員在負責了，而且做得肯定比我好得多。何況如果職員做錯事，他可以責備他們，但要是我做錯事，他能責備我嗎？所以若沒有跟這案子有關的事情可交給我處理的話，要我留在商行就沒有意義了。

這老闆幾乎不識字，但勝在見多識廣、經驗豐富。他深知自己反應快，也會基本的英文會話，足夠他應付日常及生意所需，無論是跟商行裡的經理、歐洲商人溝通，或跟顧問團解釋這件案子都沒問題。印度人都很尊敬他，他的公司是當地最大的公司，至少是當地最具規模的印度公司之一。不過儘管他有許多優點，惟獨有一項短處，那就是生性多疑。

他深以伊斯蘭教為榮，喜歡談論伊斯蘭哲學，儘管他本身不懂阿拉伯文，卻對可蘭經與阿拉伯經典知之甚稔，隨時能引經據典。和他相處下來，我獲得不少伊斯蘭文化的實用知識。後來等我們熟識以後，每當談起宗教問題總可以講很久。

我來到的第二天（或第三天），他帶我去德班法院，介紹我給幾個人認識，讓我坐在他律師旁邊。庭上法官直瞪著我看，最後要我取下頭巾，我不肯取下，便離開了法院。

我體認到這裡也有鬥爭在等著我。

老闆跟我解釋何以他們有時會要求印度人摘下頭巾。穿著穆斯林服裝的人可以戴頭巾，但其他的印度人一旦進入法院，通通必須摘下頭巾。

這種分別十分微妙，在此我有必要加以解釋。我來到這裡不過兩、三天，便發現此地印度人分成幾派。一派是穆斯林商賈，自稱阿拉伯人，另一派是信奉印度教的印度人，還有一派則是帕西人，職業大多是職員。印度職員無足輕重，除非他們能跟穆斯林打好關係，帕西職員則自稱波斯人。這三派之間彼此互有淵源，不過人數最多的階層還是來自坦米爾、泰盧固（均位於印度南部）及北印度的工人，有些是契約包工，有些是沒有綁約的工人。契約工人指的是來到納塔爾的簽五年長約的勞工，他們又叫「及爾米提亞人」（girmitiyas），是從英文的協議（agreement）一字轉變而來。這三派與此階層沒有瓜葛，只有生意上的關係而已。英國人則稱他們為「苦力」，且因大部分印度人均屬勞力階級，「苦力」一詞或「撒彌」（Samis）也用以泛稱印度人。Sami 是坦米爾語⑧的字尾，很多坦米爾人的名字後面都會加上 sami，是從梵文的 swami 轉化而來，意指主人。也因此，討厭聽到別人叫他 sami 的印度人，如果夠聰明的話，會如此回敬對方：「你可以叫我 sami，但你別忘了這字是主人的意思，我又不是你的主人！」有些英國人聽到這種話就作罷，有些則會發火、咒罵，如果

⑧ Tamil，是一種具有超過二千年歷史的語言，屬於達羅毗荼語系，通行於印度南部與斯里蘭卡東北部。坦米爾族主要分布印度南部和斯里蘭卡東北部。

有機會的話可能還會痛打他一頓。因為他們認為sami一詞應該是輕蔑的字眼，這印度人居然敢回說是主人的意思，這不是侮辱是什麼！

因此我在這裡被叫做是「苦力律師」，經商的人則被稱為「苦力商人」，「苦力」一詞的原意也被大家慢慢淡忘，變成印度人的一個泛稱。穆斯林商人厭惡這種說法，會反駁道：「我不是苦力，我是阿拉伯人」或「我是個商人」，此時這個英國人若是有禮，就會向他道歉。

社會風氣如此，戴頭巾一事便顯得意義重大。一個人若遭要求脫下印度頭巾，無疑等於把羞辱往肚裡吞。所以我想不如改戴英國帽，這樣就不必受辱，也免去不愉快的爭論。

但老闆不以為然，他說：「如果你真這樣做，會帶來很壞的影響，等於給了堅持戴印度頭巾的人一耳光。何況你戴印度頭巾很適合，要是戴上英國帽，人家會以為你是服務生。」

這番話既有道理，也充滿愛國精神，卻也不免過於狹隘。他的話無疑有道理，如非愛國，他也不會堅持戴印度頭巾，但他提到服務生時態度那樣輕蔑，就暴露出思想狹隘的一面。印度契約勞工包含三種族群：印度教徒、穆斯林教徒及基督徒；早期勞工改信基督教後，生下的後代便是這些基督徒。即使在一八九三年，他們人數也不少，穿著英國式服裝，大部分都在飯店、旅館當服務生。老闆對英國帽的批評，指的就是這群人。一般認為在飯店當服務生是丟臉的事，這樣的想法直到今天依舊普遍。

大致說來我認為阿布達拉的意見有理，也寫了封信到報社，揭露在法院發生的事，為自己戴頭巾的行為提出解釋，掀起了一陣討論熱潮，有人說我是「不受歡迎的訪客」。因此我剛到南非短短幾天，就因為此事大大出名，我得到一些人的支持，但也有人嚴詞批評我，說我魯莽無禮。

基本上我在南非始終戴著頭巾，直到離開的那一天為止。我在南非從何時起不再戴頭巾，原因又是什麼，稍後會再說明。

第八章　前往普勒托利亞途中

我很快就與德班的印度基督徒有了接觸，法庭傳譯保羅先生就是羅馬天主教徒。我與他結識，也認識了如今已作古的撒伯罕・嘉德菲先生，他在新教徒創辦的學校裡教書，他兒子是詹姆士・嘉德菲，是南非代表團的成員，後來於一九二四年拜訪印度。我也認識了羅斯坦濟先生和米亞克翰先生，他們目前都已過世。過去我跟這幾位朋友之間彼此只在生意場合碰過面，後來才開始密切往來，稍後會再提到。

正當我逐步拓展交遊圈，商行接到律師發來的一封信，表示案子已經準備就緒，請阿布達拉去普勒托利亞，或派個代表去一趟。

阿布達拉給我看這封信，問我是否願意去普勒托利亞，我回答：「可否請您先跟我說明一下這個案子？現在我還不知道到那邊該做什麼。」於是他要職員跟我解釋此案。

我開始研究這個案子時，覺得似乎得從零開始瞭解。先前我在桑吉巴逗留時，曾到法庭去觀摩，見到一名帕西人律師正盤詰證人，問他帳簿上貸方與借方的明細，我聽得一頭霧水。我讀高中時或在英國均未學過簿記，但我千里迢迢來到南非就是為了一件與帳務有關的訴訟，只有懂帳務的人可以理解案件內容，從而加以解釋。奉命對我說明此案的職員一下提到借方、一下提到貸方，我卻是越聽越困惑。我連「P. Note」是什麼都不知道，查字典也查不到，只有向這名職員坦承我的無知，他告訴我就是本票的意思。於是我買了本有關簿記的書，開始研讀，慢慢地有了信心，後來也弄懂這件案子了。我也發現阿布達拉其實不懂得記帳，但卻有許多實務知識，足以解決錯綜複雜的帳務問題。我告訴他自己準備好去普勒托利亞了。

阿布達拉問我：「你要住哪裡？」

我說：「隨你安排都行。」

「那我會寫信給律師，他會替你安排住處。我也會寫信給我那邊的阿拉伯朋友，但我勸你不要跟他們住在一起。那些人在普勒托利亞勢力雄厚，要是他們之中的其中一人看到了我們的通信內容，後果不堪設想。你越是跟他們保持距離，對我們就越有利。」

「隨您的律師安排，我也可以自己找住處，不跟別人同住，這點請不用擔心。我們之間往來的私密信件，我一定不會讓別人看見，不過我想認識他們，跟他們交朋友。如果可以的話，我會試著庭外和解，畢竟泰伯是您的親戚。」

泰伯是阿布達拉的近親。

我看得出當我提到和解的可能時，阿布達拉有點嚇了一跳。不過我到德班已經快一星期了，我跟他已經比較瞭解彼此，對他來說我也不再是一隻「白象」了。所以他說：「喔……好，我知道了。當然能夠庭外和解是最好了，不過我們既是親戚，彼此都很瞭解對方。泰伯不是會輕易同意和解的人，只要我們這方有一點點疏忽遺漏，他就會抓住把柄，把事情扭曲成他要的樣子，把我們搞垮，所以你行動前務必三思。」

我說：「這點請不必擔心，這個案子我不需要去跟泰伯或任何其他人談，我只會建議他跟我們達成共識，這樣就可以省下不必要的訴訟。」

於是我在剛到的第七或第八天，就離開了德班，公司替我訂了頭等車廂的火車票，如果需要臥鋪，還得再加五先令。阿布達拉堅持替我訂個臥鋪，不過我出於固執、自尊，也為了節省五先令，我拒絕了。阿布達拉嚴肅地告訴我：「我跟你說，這裡不是印度，而且感謝上天，這點錢我們還出得起。如果你需要什麼東西就買吧，不要太苦了自己。」

我向他道謝，請他別擔心。

火車在晚間九點抵達納塔爾省的省城馬利特使堡。這個站平常會提供被褥，一名站務員來問我需不需要，我回他說：「不必，我自己帶了。」他離開了。但接著一名乘客來了，發現我是個有色人種，對我上下打量。顯然看到我讓他很不舒服。然後他出去了，過了一會，後面跟著兩名官員進來了。一開始他們不講話，然後其中一個官員走過來跟我說：「來吧，你去行李車廂。」

我說：「我買的票是頭等車廂。」

另一個人回道：「買什麼票不重要，我跟你說，你就是要坐行李車廂。」

「那我也告訴你，德班的人讓我坐這個車廂，我絕對不換。」

「那由不得你，」這官員說：「你一定要離開，不然我就叫警官來趕你出去。」

「隨你，我絕不會主動離開。」

然後警官來了。他抓住我的手，把我推出去，我的行李也被他們拿了出去。我不肯去另一節車廂，接著火車就這樣開走了。我走到候車室，手裡拿著一個提包，其他行李就放在原地，由火車站站務中心負責保管。

那時是冬天，在南非高海拔的地區是極其寒冷的，馬利特使堡地勢高，寒風刺骨。我的外套放在行李箱裡，但我不敢去要，免得又得再忍受一次羞辱，於是只好坐著發抖。候車室裡沒燈，近午夜時一名乘客走進來，可能是想找我攀談，但我沒心情講話。

我開始思考我的責任所在。我應該捍衛自己的權利，或乾脆回印度去？還是先把這場羞辱置之度外，照原訂計畫去普勒托利亞，等事情辦完再回印度？任務尚未完成就回印度，是怯懦無能的行為，目前我遇到的困難不過是表面症狀，真正的痼疾其實是對有色人種的偏見。如果可能的話，我應當無懼於過程的艱辛，奮力根除此一痼疾。我意慾伸張的正義，不過是將種族偏見移除而已。

於是我決定搭下一班車到普勒托利亞去。

隔天早上，我發了一封長長的電報給鐵路局局長，同時通知阿布達拉，他立即去見局長。局長替火車站方面的作為開脫，但表示他已指示站務長確保我平安到站。阿布達拉也發了電報給馬利特使堡的印度商人及其他地方的朋友，囑咐他們好好照顧我。幾名商人來火車站接我，為了安慰我，還把他們親身經歷過的難堪一一告訴我，證明我遇到的情況其實很常見。他們還說，印度人在此地搭頭等車廂或二等車廂，要有心理準備，可能會遇到火車站站務人員或白人乘客的刁難。於是一整天我就聽他們述說一則則遭受羞辱的故事，傍晚時我要搭的火車到站了，車上有一個臥鋪床位保留給我。先前在德班我不肯訂臥鋪票，如今到了馬利特使堡也只得買一張了。

我搭著這班車來到了查爾斯敦。

第九章 前途多舛

火車一早抵達了查爾斯敦。那時查爾斯敦與約翰尼斯堡之間沒有鐵路相通，只能在驛站乘公共馬車，中途得在斯坦德頓過一夜。我手上有張馬車票，雖然在馬利特使堡耽擱了一天仍未失效，阿布達拉也打了電報知會查爾斯敦的驛站主管。

不過那人卻藉故找我麻煩，他一發現我不是本國人，就說：「你這張票已經失效了。」我向他解釋，但真正的原因並不是沒有座位，他心底盤算的是另一件事。乘客都坐在馬車車廂內，但因我看起來就是初來乍到的外國人，而且還是個「苦力」，這名領班——我聽他們都這樣叫這個管理車廂的白人——就想別讓我跟白人乘客坐在一起比較妥當。車廂旁兩側還有座位，領班照慣例得坐在那邊。但他現在卻坐到裡面，把那座位給了我，我知道這很不公平，而且是一大侮辱，但我想還是忍一口氣吧，總不能硬要坐到裡面去，況且若我真的提出抗議，可能會被趕下車，這樣一整天又泡湯了，天曉得明天又會發生什麼事。因此儘管我內心忿忿不平，還是安靜地在馬車夫旁邊坐下了。

馬車下午三點時抵達帕德科夫，這領班走出來想坐我的位子，看樣子是想抽菸，順便呼吸點新鮮空氣。於是他跟馬車夫拿了一塊髒兮兮的麻布，鋪在前面的腳踏板上，對我說：「撒彌，這裡給你坐，我想坐駕駛旁邊。」這樣未免太過分了，我無法忍受這種羞辱，我儘管害怕得發抖，還是對他說：「本來我應該坐裡面的座位，但是你叫我坐這裡，這口氣我忍下了。現在你想坐在外面抽菸，又叫我坐你腳下的位置，我絕對不要，不過我可以坐到裡面去。」

我吞吞吐吐地說出這些話時，這領班便走過來狠狠刮我耳光，還抓住我手臂，想把我拉下車。我牢牢抓住車廂外邊的黃銅欄杆，打定主意就算腕骨受傷斷裂也絕不鬆手。車廂裡的乘客全都看到領班一面咒罵、一面拉住我猛打，但我還是站在原處，不肯退讓。他那麼強壯，我這麼瘦弱，有些乘客動了惻隱之心，大喊：「嘿！放過他吧，別打了。這不能怪他，他也沒錯啊。如果他不想待在外面，讓他進來跟我們一起坐。」這傢伙大聲喊道：「別擔心！」不過他彷彿是有點洩氣了，不再打我，放開我的手臂，又罵了幾句後，便叫原本坐在車外另一側座位的霍屯督僕人⑨坐在腳踏板上，自己坐到這僕人留下的空位上去。

乘客們又紛紛坐下，嗚笛吹響後，馬車重新上路了。我的心臟在胸腔內跳得很快，不禁懷疑我是否能安然無恙抵達目的地。這領班隔一段時間就會以憤怒的眼神看我，對我咆哮：「給我小心點！等到了斯坦德頓，看我怎麼收拾你。」我一聲不響地坐著，祈求上蒼幫助我。

天黑之後終於抵達了斯坦德頓，我看到幾張印度臉孔，不禁鬆了一口氣。我一走下馬車，這些朋友便說：「我們是來接你的，帶你去伊薩希斯的店。阿布達拉之前拍了電報給我們。」我很高興，於是一起來到一間希斯所開、名為伊薩·哈吉·蘇摩的店裡。這位希斯和他店裡的職員圍著我，我把旅途上發生的事跟他們說，他們都為我難過，不過為了安慰我，他們紛紛告訴我自己過去的悲慘經歷。

我想讓馬車公司的主管知道這一切，於是寫了封信給他，鉅細靡遺地敘述沿途發生的事，並請他留意其下屬對我的恫嚇；同時我要他保證，等我明天再搭馬車時，他可以替我安排跟其他乘客坐在一起。針對這一點，這位主管的回覆大致如下：「從斯坦德頓那站開始，我們會提供較大車廂，由另外的人管理。您申訴的那人明天不會在那裡，您可以跟其他乘客坐在一起。」這樣我算是鬆了口氣，當然我並不打算控告那個打我的人，所以遭人攻擊這件事到此結束。

隔天早上，伊薩的下屬帶我去搭馬車，我挑了個好位置，一路無事，當晚便安全抵達約翰尼斯堡。斯坦德頓是個小村鎮，相比之下，約翰尼斯堡是座大城市。阿布達拉已經打電報到約翰尼斯堡，也把穆罕默德・卡桑・卡穆丁商行的名稱及地址給了我，商行裡派了人來接我，但我沒看到他，他也不認得我，於是我決定先到旅館去。我知道當地幾家旅館的名字，伸手招了輛馬車，要車夫載我去國民大旅館。見到旅館經理後，我要求一間房，他看了我一會兒，客氣地回答：「真的很抱歉，我們已經客滿了。」然後向我說再見。於是我叫車夫載我去穆罕默德・卡桑・卡穆丁的商行，到了那裡發現另一位名叫阿布達・甘尼的希斯在等我，他親切地招呼我。聽我說完旅館的經歷後，他哈哈大笑，說道：「你怎麼會想去住旅館？」

我反問：「為什麼不行？」

「你在這裡待過幾天就會知道，只有我們才能在這種國家住下來，為了賺錢，我們願意忍受任何恥辱。」於是他告訴我印度人在南非所吃的苦。

阿布達・甘尼這個人，稍後我們還會再提到。

他說：「這個國家不適合你這樣的人，你看，明天你要去普勒托利亞，只能搭三等車廂。德蘭士瓦這裡的情況比納塔爾還糟，印度人不可能買到頭等或二等車廂的票。」

「你們大概沒有真正努力解決這個問題。」

⑨ Hottentot，南非當地的有色人種。

「我們是提過意見，不過我得承認，我們自己的人大多也不想坐頭等或二等車廂。」

我跟人要了一份鐵路規則來看，發現有漏洞，德蘭士瓦舊法令的語言有欠精確，鐵路規則更是如此。

我跟他說：「我想搭頭等車廂，如果不行的話，我寧願搭馬車去普勒托利亞，只不過三十七哩路而已。」

阿布達‧甘尼提醒我這樣得多花時間及金錢，不過對我搭頭等車廂的提議表示同意，於是我們給車站站長送了一張字條，裡面提到我是個律師，平常都是搭頭等車廂，這次因我得盡快趕到普勒托利亞，沒時間等他書面回覆，我會直接到車站去等候他的回音，希望可以拿到頭等車廂的車票。當然要他本人親自答覆是有目的的。我想如果要這站長書面回覆，他一定會拒絕，特別是他心裡對「苦力」律師必然已有成見，所以我要穿著一身無懈可擊的英式西服在他面前出現，和他溝通，或許可以說服他給我一張頭等車廂的票。於是我打了領帶、穿上長度及膝的西裝外套，拿出一英鎊金幣放在櫃臺上，要求買一張頭等車廂的車票。

「那張字條是你寫的嗎？」他問。

「沒錯，如果您願意給我張車票，我會非常感謝。我今天得趕到普勒托利亞。」

他笑了，看得出動了憐憫之心，對我說：「我不是德蘭士瓦人，我來自荷蘭。我懂你的感受，也真的同情你。我願意給你一張票，不過有個條件：如果驗票員要你換到三等車廂，別把我扯進去，我的意思是說，你別控告鐵路公司。希望你旅途平安，我看得出你是個紳士。」

說完之後，他把車票給我，我謝過他，向他保證我會照他的話做。

阿布達‧甘尼來車站送我，這事出乎他的意料，他欣喜之餘，這麼向我警告：「希望你能平安到達普勒托利亞，我怕車上的驗票員不讓你坐頭等車廂，會找你麻煩；就算他沒意見，也可能有乘客抗議。」

我到頭等車廂找了位子坐下，火車就開動了。到了傑米斯頓，驗票員來查票，他看到我坐在位子上很生氣，用手指著三等車廂的方向，要我過去。我給他看頭等車廂的票，他說：「這不算數，去三等車廂坐。」車廂裡只有一名英國乘客，他責備這名驗票員道：「你為什麼要為難這位紳士？難道你沒看到他買的是頭等車廂的票？我一點都不介意跟他一起坐。」然後他轉過來跟我說：「你就舒舒服服地坐在這裡吧。」這驗票員喃喃地說：「要是你想跟苦力一起搭車，干我什麼事？」之後便走開了。

傍晚八點左右，火車抵達了普勒托利亞。

第十章　抵達普勒托利亞首日

我原本預期代表阿布達拉的律師會派人到車站接我，雖然我已有心理準備來的人不會是印度人，因我先前已特意提到，別安排我住在印度人家裡。豈料這律師根本沒派人來，後來我才知道因為我是在星期日抵達，他要派人很不方便。我開始有點擔心，不知該去哪裡好，怕沒有旅館肯讓我住宿。

一八九三年的普勒托利亞車站與一九一四年時大不相同，燈光黯淡，月台上旅客稀少。我讓其他旅客先走，打算等收票員比較有空時再把票交給他，問他是否知道附近有無小旅館之類的地方讓我暫住，否則我就得在車站過夜。我必須承認其實我不大敢開口，害怕又會遭到一場羞辱。

乘客都走光了，我把車票交給收票員，開口詢問。他態度客客氣氣的，但我看得出他幫不上多大的忙，這時一個站在旁邊的美國黑人插進來說話了。

「我看你在這裡人生地不熟的，一個朋友也沒有。如果你願意跟我走，我可以帶你去一家美國人開的小旅館，我跟他很熟，我想他會讓你住的。」

對他主動幫忙我不無疑慮，但還是謝謝他，接受了他的提議。他領我到「強斯頓家庭旅社」，他把強斯頓先生拉到一旁說話，後者答應讓我住一晚，唯一條件是我必須在自己的房內用餐。

他說：「請相信我，我沒有種族偏見，不過我這裡住的都是歐洲旅客，如果我讓你在餐廳裡用餐，可能會有客人不高興，甚至離開。」

我回答道：「謝謝你，至少願意讓我住一晚。我現在多少習慣了這裡的風氣，我也知道你的難處。我不介意在房間裡用餐，希望明天我自己可以另做安排。」

於是有人領我進房間，現在我坐著等晚餐送來，一個人靜靜地思索。旅館裡客人並不多，我原本想服務生應該很快就會送晚餐來，卻看到強斯頓先生親自出現。他對我說：「要你獨自在這裡吃晚飯，我真的很不好意思，所以我跟其他客人提起你，問他們會不會介意跟你一起用餐，大家都說不介意，而且你想在這裡住多久都行。所以如果你願意的話，請跟我來餐廳用餐吧，另外，你想在這裡住幾天就住幾天。」

我再次感謝他，前往餐廳用餐，享用了一頓愉快的晚餐。

隔天早上我前往拜訪阿布達拉的律師貝克先生。早先阿布達拉已跟我提過這個人，因此我對他熱誠的接待，一點都不意外。他熱情招待我，親切地問了很多問題。聽完我的自我介紹後，他說：「我們這裡不需要律師，因為我們已經請到最好的顧問了，這案子很複雜，又拖了這麼久，所以我只需要你替我找相關資料，當然你可以代我跟客戶聯繫，這樣我跟客戶溝通起來就容易得多，所以今後我若想從客戶那裡拿到資料，就要請你居中協助，這樣一來就會方便多。不過我還沒替你找到地方住，我想還是先跟你見過面再找比較好。這裡對有色人種歧視蠻嚴重的，所以替你找住處實在不簡單。不過我認識一個可憐的婦人，她老公是麵包師傅，我想她會願意讓你住他們家，這樣她也能有額外收入。來吧，我陪你去找她。」

就這樣他帶我上她家去，他私下跟她說我的情形，她同意讓我在她家暫住，一星期付三十五先令。

貝克先生是律師，也是信仰堅定的傳道人，他仍然健在，但已不再當律師，只從事宣教的工作。他經濟情況良好，與我通信不輟，這些信件往來只有一個主題，那就是：從不同角度反覆證明基督教是最好的宗教，強調人除非肯承認耶穌是上帝的獨子、也是全人類的救世主，否則不可能得到永久的安寧。

我們第一次見面時，貝克先生想瞭解我的宗教見解，我說：「我們家世代信印度教，但我對印度教認識有限，對其他宗教當然更陌生。說實在的，我不大明白這個問題，也不知道自己信什麼，或者說應該信什麼。我很想仔細研究自己的宗教，如果有可能，再進一步瞭解其他的宗教。」

貝克先生聽了我這番話很高興，對我說：「我是南非宣教總會的董事之一，我用自己的錢蓋了一座教堂，定期在那裡講道。我認為人沒有高下之別。我有幾個同事，我們每天下午一點會碰面，花幾分鐘一起禱告，祈求和平與光明。如果你願意加入我們，我會很高興。我會把你介紹給我同事，他們認識你一定會很高興，我敢說你也會喜歡與他們做朋友。另外，我還會給你幾本宗教書籍，你可以好好看看；當然，聖經才是經典中的經典，我建議你一定要讀。」

我謝過貝克先生，答應他我會盡量按時去參加一點鐘的禱告聚會。

「那明天一點在這裡碰面，我們一塊去禱告。」貝克先生又如此叮囑了一句，然後我們便道別。

那時我沒時間認真思考這個問題。

我回去找強斯頓先生，付清費用，然後搬到我的新住處，在那裡吃了午餐。這女房東人很好，還特地替我煮了一頓素食餐點，沒過多久我就跟這家人處得很好了。

接著我去見了阿布達拉打算介紹給我的一個朋友。他告訴我印度人在南非受到的種種欺凌、痛苦，執意要我跟他同住。我謝謝他的好意，但告訴他我已做好安排。他表示有什麼事都可以找他。

接著天黑了，我回到住處、吃過晚飯，回自己的房間躺著，陷入深沉的思考。公司沒有我必須馬上接手的工作，我跟阿布達拉先生說了。我又想貝克先生為何對我這麼有興趣？我從他教會的同事身上又能得到什麼幫助？我應當研究基督教到什麼程度？我該上哪去找印度教的書籍？我對自己所屬的宗教都一知半解，又該如何瞭解基督教才算適當？想了許久只有一個結論：我應該以理智、清醒的方式研讀能夠拿到的書，按照神的指引，與貝克先生的朋友相處；在充分瞭解自己的宗教前，不應該投入另一個宗教。

這樣想著想著，我睡著了。

第十一章　與基督徒為友

第二天下午一點，我前往參加貝克先生的禱告聚會，在那兒認識了哈芮思小姐、蓋博小姐、科提斯先生及其他人。每個人都跪下來禱告，我也跟著做了。眾人依照自己的願望，向上帝祈求各種事情，一般來說是祈求今天平安度過，或請求上帝開啟自己的心扉。

他們特別為我加上一段禱告：「主啊！請為這位新來的兄弟指引道路，請賜予他平安，如同賜予我們平安一樣。願拯救我們的主耶穌也能拯救他，這一切都是奉主耶穌之名。」這類聚會不唱聖歌，也沒有音樂演奏。為一件特別的事祈禱過後，我們就解散，分頭去吃午飯，那時正是午餐時刻。禱告不超過五分鐘。

哈芮思小姐與蓋博小姐都是年長的未婚女性，科提斯先生是貴格派⑩教友。兩位女士住在一起，邀請我每星期日下午四點鐘到她們家喝茶。

每星期日見面時，我會把當週的宗教日誌給科提斯先生看，和他討論最近讀的書以及種種觀感及想法，女士們則會講一些生活上愉快的事，以及內心的平靜。

科提斯先生是個堅毅又坦誠的年輕人，我們會一起外出散步，他還介紹了其他基督徒朋友給我。

⑩ Quaker，又稱公誼會或者教友派（Religious Society of Friends），是基督教新教的一個派別。

我們慢慢熟識之後，他拿自己挑選過的書要我看，後來我的書架上滿滿是他拿來的書。這些書給我壓力，卻也使我的內在更充實，我願意讀這些書，也經常與他討論讀後心得。

一八九三年我讀了些這類書籍，部分書名我不記得了，其中幾本包括帕克博士的《評註》（Commentary）、皮爾森的《經得起考驗的證明》（Many Infallible Proofs）及巴特勒的《宗教類比論》（The Analogy of Religion）。有些書我讀了覺得不知所云，部分內容我喜歡，有些則令我反感。《經得起考驗的證明》一書中提到許多支持聖經的論據，作者對基督教顯然知之甚詳，但並未對我造成影響。帕克博士的《評註》具有道德激勵的作用，但對本身並非基督徒的人來說，亦無助益。巴特勒的《宗教類比論》讀來深奧難懂，至少得讀上四、五遍才能理解。我認為作者寫這本書的目的，是要轉變無神論者的看法，讓他們相信神的存在；但書中諸多證明上帝存在的論點對我來說毫無必要，因我那時已超越不信神的階段。至於書中有關耶穌是上帝唯一的示顯，亦是上帝與人之間的中介者，這種說法不能打動我。

但科提斯先生並不是輕易認輸的人。他十分關心我，看到我脖子上戴著毗濕奴教的聖羅勒串珠，認為這代表迷信，看不過去的他說：「你不像是這麼迷信的人哪！來，我替你弄斷這條項鍊吧。」

「不，不可以。這是我母親送我的禮物，意義非比尋常。」

「但你真的有這種信仰？」

「我不知道它有什麼神祕的意義，也不認為要是不戴的話會有什麼不好的事發生。但我絕不能隨隨便便把項鍊拿下來，因為這是母親出於愛我的心為我戴上的，她相信這項鍊會保佑我。將來日子久了，這珠子自己破損或甚至斷了，我不會再買一條新的，不過你不能弄斷這項鍊。」

科提斯先生不懂我這番話，因為他對我的宗教缺乏敬意，一心只想把我從無知的深淵中拯救出來。他總想說服我，無論其他宗教是否有真理存在，除非我願意信仰代表真理的基督教，否則終究無法得救；除非耶穌代為受過，否則我的罪惡難以滌清，無論在人間做多少好事都是徒然。

他介紹一些書給我讀，同時也介紹幾位虔誠的基督徒給我認識，其中還有一家人屬於普利茅斯弟兄會，也是基督教的一個教派。

科提斯先生引介我認識的人多半是好人，大部分都是敬畏上帝的信徒，但屬於普利茅斯弟兄會的這一家人卻這麼告訴我：「你沒辦法瞭解我們宗教的美，從你說的話聽來，你無時無刻不在反省所犯的過錯、試著彌補過錯跟贖罪。你陷在這種永無止盡的循環，如何能得救？你是永遠無法得到平靜的。你也承認我們是罪人，而這也是我們信仰的美好之處。我們人想求進步、想贖罪總是徒勞無功，但我們必須得救，那我們如何能承受罪惡的重擔？只有將這重擔放在耶穌身上了。祂是上帝唯一的兒子，並且無罪，祂說過信祂的人得永生，從這裡就看得出上帝無限的慈愛。如果我們相信耶穌能替我們贖罪，我們便不再受罪惡束縛。我們一定有罪，人不可能清白無罪地活在這世間，正因如此，耶穌才要受難，替全人類贖罪。唯有接受祂偉大救贖的人方能得到永恆的平安。想想你的生活是如此煩擾不安，我們卻能獲得平靜的許諾。」

這番議論完全無法說服我，我謙卑地回答：「如果這就是所有基督徒信仰的基督教，恕我無法接受。自己犯的罪自己擔當，我並不渴求救贖。我想追求的是從罪惡、或想犯罪的念頭中得到救贖，在我達到這個目的之前，就算終日紛擾不安我也沒有怨言。」

普利茅斯弟兄會的教友反駁我道：「那我可以打包票，你的努力是白費工夫。再多想想我說的話吧。」

這位教友果真表裡如一，有些罪過他是明知故犯，卻擺明了一點也不會不安。

不過我在與他們相識前，就知道並非所有基督徒都相信這套救贖論。科提斯先生對上帝充滿敬畏，絲毫不敢怠慢，他的心思純潔正直，相信人有淨化自身心靈的潛能，另外兩位小姐也持同樣看法，他借給我的書都充滿對神的虔敬。因此雖然科提斯先生知道普利茅斯弟兄會的教友這件事後十分憂心，我還是請他放心，告訴他我不會因一名普利茅斯教會兄弟扭曲的想法，而對基督教產生任何偏見。

我碰到的難題是在別處，跟聖經以及其內容解讀有關。

第十二章　設法和印度人來往

我想先談談這段時期其他的經歷，再繼續寫與基督徒的交往。

泰伯・哈吉・罕・穆罕默德在普勒托利亞的名望、地位，與阿布達拉在納塔爾不相上下，任何公眾活動都可見到他露面。我剛到的第一個星期就去拜會他，告訴他每一個普勒托利亞的印度人我都想認識，我表明自己想研究印度人在此地的生活情況，請他幫忙，他也表示樂於協助。

第一步是召集所有普勒托利亞的印度人來開會，向他們說明德蘭士瓦省的印度人的苦境。集會是在一位哈吉・穆罕默德・哈吉・喬薩伯的家中舉行，我是透過一封介紹信與他相識。參加這場集會的多半是伊斯蘭教商人，小部分是印度教商人。普勒托利亞的印度教徒人口很少。

這場集會可說是我生平第一場演講。我仔細準備演講主題，講的是商場上的誠實之道。過去常聽經商的人說，做生意不能太老實，那時我不以為然，現在我的看法依然沒變。直到今天仍有經商的朋友堅持，真誠與經商之道相悖，他們說做生意是實際事務，真誠則屬於宗教範圍，兩者不可混為一談。他們信誓旦旦表示，太過實在誠懇在做生意時是行不通的，跟人談生意時只能講場面話。我在演說中力斥這種看法，試著喚醒這些商人的雙重責任。他們在異國更應表現誠實，因為少數印度人的行為便代表了數以百萬計的印度同胞。

我也發現與周圍的英國人相比，印度人的衛生習慣較差，這點英國人也注意到了。我強調大家都是印度人，不應該分印度教徒、穆斯林教徒、拜火教徒、基督徒、古吉拉特人、馬德拉斯人、旁遮普人、信德人、卡赤吉人、蘇爾特人等等。

演說結尾時，我建議大家組成協會，推舉代表向有關當局表達印度居民在本地的困境，表示我自己願意付出時間、心力為大家籌劃此事。

我看得出參加集會的人都深有感觸。

我講完後，眾人聚在一起討論，有些人表示願意提供更多事實給我，我精神為之一振。我也發現這群人當中懂英文的非常少，我覺得在這國家生活，英文很重要，於是勸他們若有空應該學英文。我告訴他們，年紀大了還是可以學語言，也舉了一些前人的例子加以鼓勵，同時我還毛遂自薦教課（如果開得成班的話），或是想學的人也可以私下來找我進行個人指導。

結果最後沒開成班，但有三個年輕人表示願意找方便的時間學英語，條件是我必須去他們的住處上課。三人中的兩人是穆斯林教徒，分別是理髮師跟商行職員，另一位則是印度教徒，自己經營一家小店。我答應配合他們的時間，我對自己的教學能力有信心；雖然我的學生可能會厭倦上課，但我絕對不會。有時我到他們那兒，發現他們只顧著做生意，但我從未失去耐性。這三個人都不想深入學英文，不過當中兩個人在八個月內就有了可喜的進步，足夠應付記帳及一般商業書信的撰寫。理髮師只想學能夠跟客人交談的英語；也因為個人付出的努力不同，兩個學得較好的學生的收入也因為他們的英文能力而增加了。

我對集會帶來的影響甚為滿意，就我記憶所及，後來決定每週還是每個月聚一次，大致上算是定期聚會，大家自由交換各種想法。所以在普勒托利亞每個印度人我都認識，也都瞭解他們的狀況。後來我進一步認識英國執行官傑克布斯・狄・韋特，他相當同情印度人的處境，可惜他的影響力不大，不過他同意盡力幫助我們，歡迎我隨時去找他。

我開始與鐵路當局溝通，告訴他們，即便有白紙黑字的規定，印度人在各地旅行遭受的不便仍然不合理，我得到的回覆大致是說：只要印度人衣著得體，還是可以買頭等及二等車廂的票。但這樣的答覆還是讓人無法放心，因為穿著是否合宜是由站長說了算。

這名英國執行官給我看一些和印度人相關的事件檔案，泰伯也給我看過類似的文件，因此我得知了印度人遭逐出奧倫治自由邦⑪的殘酷事實。

簡而言之，我待在普勒托利亞的這段時間，讓我得以深入研究印度人在德蘭士瓦及奧倫治自由邦的社會、經濟及政治地位，儘管當時我並不知道這類研究對我未來會有很大的幫助。原本我是打算如果這件案子在年底前結束，我會在年底或更早一點就回國。

但是神另有安排。

第十三章　當「苦力」的滋味

在這裡詳細描述印度人在德蘭士瓦及奧倫治自由邦所受待遇可能有點離題，我建議有興趣的讀者可以讀讀我所著的《南非非暴力抵抗運動史》。不過這裡還是有必要簡單敘述一下。

一八八八年或更早，奧倫治自由邦制定了一條特殊法律，剝奪了印度人所有的權利。印度人若想在當地長期生活，只能在旅館當服務生，或從事其他收入微薄的工作。原本在此地經商的印度人都遭趕走，只拿到一點名義上的賠償金，後來雖經代表抗議、請願，卻都無效。

一八八五年德蘭士瓦省通過了一條極嚴苛的法令，隔年稍做修改，修正後法令規定：所有進入德蘭士瓦的印度人均須付三英鎊的人頭稅；除非在特別劃定的地區，否則不得私自擁有土地，但是實際上在劃定地區，根本也無法持有土地；印度人也無選舉權。這一切都包括在單為亞洲人制定的法令內，另外為其他有色人種制定的法律也都適用於亞洲人。依據這些規定，印度人不得於公共人行道上行走，晚間九點後如無許可證不許出門——最後這一條規定是有彈性的，信奉伊斯蘭教的印度人視同為阿拉伯人，可以不受限制，但能否真正豁免，還得看警察是否願意放行。

⑪ Orange Free State，十九世紀下半的獨立國，位於非洲南部，後來成為南非的一省。

這兩項規定對我影響很大，晚上我常跟科提斯先生出外散步，通常都過了十點才到家，假使警察要逮捕我我該怎麼辦？科提斯先生比我更擔心，他給自己的傭人發了張證明，但他如何能給我一張？只有主人可以發證明給傭人。就算我真的要，他也願意給，也還是行不通，因為這樣做等於詐欺。

後來，忘了是科提斯先生還是他的朋友帶我去檢察總長克勞斯博士那裡，他跟我是同一個法律學院的校友。依職權他也無法發一張在九點以後外出的通行證給我，但他同情我的遭遇，於是給了我一封信，表明我在任何時間出門都沒有問題，警察不得干涉。我出門時一定隨身帶著這封信，但湊巧的是，一次也沒有派上用場。

克勞斯博士也邀我去他住處，我們可以說就此成為朋友。有時候我會去拜訪他，他把我介紹給他兄長，他哥哥在約翰尼斯堡擔任公訴人，名氣比他更響亮，但他後來在波耳戰爭⑫期間因密謀殺害一名英國官員，遭軍事法庭判處七年徒刑，法官還禁止他執行律師職務。戰爭結束後，他便被釋放出來，恢復了聲譽，重新在德蘭士瓦執業當起了律師。

後來我開始介入公共事務，這些人脈對我來說很有用，減輕不少阻礙。

但禁止印度人使用人行道的規定，對我有極大的影響。我常行經總統大道，到一處空曠的地方去散心，克魯格總統的宅邸就在這條街上，宅邸本身十分樸素、低調，連花園也沒有，看起來跟這一帶其他房屋沒什麼不同。普勒托利亞許多百萬富豪的房子都比總統家要光鮮得多，屋前屋後有花園圍繞。克魯格總統的儉樸確是人盡皆知，只有屋前站崗的警察，才隱約透露出這宅邸屬於某位官員。通常我走過這條人行道時，經過警察身邊都不會受到任何攔阻。

但站哨的警察經常輪班，有一次一名警察毫無預警地用力推我，把我扔到馬路上去，連一聲口頭警告都沒有。我一陣驚慌，但在我開口責問他之前，科提斯先生恰巧騎馬經過那邊，對我招手說道：「甘地，我什麼都看見了。如果你要告這個人，我願意在法庭上替你作證；看到你受到這樣粗暴的攻擊我很難過。」

我說：「你不必難過，這個可憐人什麼也不懂，所有有色人種在他看來都是一樣，他對待黑人的方式應該也是一樣，我早已決定不為個人的恩怨打官司，所以我不會控告他。」

科提斯先生說：「你就是這樣，不過你最好還是再考慮一下。我們必須給這種人一個教訓。」然後他訓斥了那個警察一頓，因為這警察是波耳人，所以他們兩人用荷蘭話溝通，我聽不懂。警察跟我道了歉，但其實這毫無必要，因為我已經原諒了他。

但我之後沒再也不曾走過那條街，因為值班的警察經常更換，他們既不知道這次事件，勢必還是會有類似的舉動，我又何必沒事去挨人打呢？考慮到這一點，我就換了一條路線散步。

這次事件讓我對印度人在此地的處境更加感同身受。在我知道英國執行官對這些規定的態度後，我與大家討論試著針對某一事件提出控告的可行性，前提是有必要的話。

於是我開始仔細研究印度人在此定居的艱困情況，不僅透過書籍文件、旁人轉述，也有很多是我親身經歷。我看得出即使是自敬自重的印度人，也不易在南非生活，因此我益發認真思考改善此一情況的解決之道。

但我此刻最重要的責任是辦好阿布達拉的案子。

⑫ Boer War，英國與南非波耳共和國之間的戰爭。歷史共有兩次波耳戰爭，第一次波耳戰爭發生在一八八〇年至一八八一年，第二次波耳戰爭發生在一八九九年至一九〇二年。

第十四章　準備打官司

待在普勒托利亞這一年，是我今生彌足珍貴的經歷，就是在這裡我有了處理公眾事務的機會，能力大有精進；也是在這裡我內心的宗教情緒變得活潑，並且真正學會如何經營律師業務，凡是新進律師能在資深律師事務所學到的事情，我在這裡都學到了，從此產生了自己足以勝任律師工作的信心。同樣是在這裡我學到當律師成功的祕訣。

阿布達拉的案子非同小可，牽涉的金額高達四萬英鎊，案件本質是生意交易，涉及許多千頭萬緒的帳目，部分索賠理由來自「本票」本身，部分來自對方簽付本票時的強制履行承諾。但是辯方律師表示，這些本票乃經不正當手段取得，且是在未經思考的情況下簽付；案件事實紛雜，涉及法條既多且廣。

兩方都請來最好的律師及顧問團，因此我得以好好研究他們的工作。我負責為律師準備本案文件及相關事證。看到我準備的資料哪些為律師所接受，哪些遭捨棄不用，律師準備的摘要又有多少為法律顧問所用，讓我大大長了見識；同時我為這案子做的種種準備，對我的理解力及蒐羅證據的能力也有幫助。

我對這案子興趣濃厚，可以說全副心力都投入其中，把跟交易有關的文件都找來看過。我的老闆非常有才幹，又很信任我，因此我做起事來容易許多。我還仔細研究簿記，另外，因為必須翻譯往來信件（大部分是古吉拉特語），翻譯能力也有進步。

前面提過，儘管我對宗教交流跟公眾事務都極有興趣，也會花時間在這上面，但那時宗教跟公眾事務並非我的主要興趣，我的心力還是放在準備案子上面。我一有時間就讀法律、研究案例，再加上我手邊有雙方的文件資料，因此我對本案事實的掌握恐怕還超過兩造訴訟當事人。

我想起已過世的品卡特先生的勸告：事實占法律四分之三強（即判決取決於事實），此一說法稍後將由如今已故的南非知名律師李奧納先生證實。我在準備訴訟的過程中發現，儘管從事實看來，我的客戶在道理上站得住腳，但法律卻對他不利。我想不出辦法，只得去找李奧納先生幫忙。他也覺得本案的事實強而有力，大聲對我說：「甘地，我的經驗告訴我，只要我們弄清楚案子的真相，公正的判決就會隨之而來。我們繼續深入研究這案子吧。」他要求我繼續鑽研本案，之後再去找他。在我重新省視既有的事實證據後，我以另一種角度檢視這件案子，還找到一個南非舊判例，證明我的看法。我喜出望外，跑去見李奧納先生，一五一十告訴了他，他說：「沒錯，這案子我們贏定了，不過還得確認是由哪位法官審理。」

我在準備阿布達拉這件案子時，尚未完全瞭解「唯有事實最重要」的原則。事實意味著真理，一旦我們找到真理，法律會自動站在我們這邊。我發現阿布達拉一案是因具備有力的證據，才有這麼大的贏面，法律也一定會站在我們這邊；不過我也發現，如果訴訟堅持打下去，對原告及被告雙方都很不利，畢竟兩造是親戚，又屬於同一自治區。沒人知道這案子還得打多久，假使訴訟持續進行，不知要打到何年何月，對雙方都沒好處，因此兩造都希望盡可能快些了結本案。

我去見泰伯，建議他找第三者來仲裁，勸他跟顧問團討論。我告訴他若能指派一名雙方都信得過的仲裁者，本案很快便能了結。日子一天天過去，律師的費用不斷增加，就算兩造都是大商人也都要難以負荷，何況這案子耗費過多心神，別的業務都因此耽擱了。同時，雙方對彼此的厭惡感也不斷加深，我開始厭惡律師這一行。雙方律師、顧問都只站在自己的客戶一邊，我也第一次體認到，勝訴方也無法收回過程中種種費用。

依據法庭費用規定，訴訟雙方支的付費用有一定的比例，然而律師實際收取的費用卻高出許多。我實在無法忍受這種事。我覺得我的責任是讓雙方言歸於好，因此費盡九牛二虎之力促使他們和解。最後泰伯同意和解，於是指派了一名仲裁人，案子在他面前進行辯論，最後阿布達拉贏了。

但我對這結果並不滿意。如果我的客戶要求立即付清款項，泰伯絕不可能一次付清，而對住在南非、來自博爾本德爾又信奉伊斯蘭教的商人來說，寧願死也不可能宣布破產。泰伯不可能付得出三萬七千英鎊及其他相關衍生的費用。該付的金額他一毛也不肯少付，但也不肯宣布破產，於是只剩下一個方法：阿布達拉讓他分期付款。阿布達拉同意了，給泰伯一個非常長的期限分期償還。對我來說，處理分期付款這件事比勸他們找仲裁人還困難，不過事情和平解決後，雙方都很高興，在社會上的名聲也提高了。我的欣喜無可言喻，我學到了律師執業的要義，也學會如何發掘人性美好的一面，與他們交心。我由此體認到律師的責任是讓決裂的雙方握手言和。這案子給我帶來不可磨滅的影響，我在往後二十年的律師生涯經手了數百件訴訟，大部分都是勸他們私下和解，我並未因此損失分毫，金錢上如此，靈魂上亦復如是。

第十五章　宗教熱情

現在再回頭談談我的基督徒朋友吧。

貝克先生擔憂我的未來，帶我加入威靈頓大會，新教徒每隔數年便舉辦類似的大會，藉以獲得宗教的啟發，或者說自我滌淨，可視為宗教復興，威靈頓大會便屬於這類活動。主席是頗富盛名的慕・安德烈牧師。貝克先生原本是希望大會上充滿靈性的氛圍、與會教眾的虔誠跟熱誠能夠引導我接受基督教。

但是他最後的手段只剩禱告，他篤信禱告的功效。他堅信上帝會聆聽所有熱切向他祈求的禱告。他還以喬治・慕勒⑬為例，說他碰到任何世俗上的需求，全都靠禱告解決。我不帶任何成見，專注聆聽他對禱告功效的看法，向他保證如果我真的感受到呼喚，沒有什麼可以阻撓我投向基督教懷抱。我毫不猶豫地向他保證，因為我從很早以前就告訴自己要聽從內在的聲音，面對內在聲音我總是滿懷喜悅地順從，對我來說，無視內在的聲音反而是困難、痛苦的。

於是我們一道去參加威靈頓大會，貝克先生因為跟我這樣的「有色人種」作伴，一路上碰到不少麻煩。因為我的緣故，他必須在許多場合上忍受不便。有次旅途中碰到星期日，因為貝克先生跟他的同伴不肯在安

⑬ George Muller，十九世紀英國基督教弟兄會的教會領袖之一，在布里斯托開辦孤兒院，一生照顧的孤兒總數超過十萬人。

息日當天旅行，於是我們停下來休息。幾經周折後，車站旅館的經理總算同意讓我住宿，但他堅決不讓我進餐廳用餐。貝克先生不肯退讓，他認為我既是旅館的客人，權益便應受到尊重，但我看得出來他的處境尷尬。到了威靈頓，我仍與貝克先生待在一起，雖說他盡力不讓我看出加諸他身上的麻煩，但我都看得一清二楚。

有許多虔誠基督徒來參加威靈頓大會，我很高興看到他們有虔誠的信仰，也認識了慕・安德烈牧師。我知道許多人都在為我禱告，有些聖歌音調悅耳，我很喜歡。

大會進行了三天，我能瞭解也很欣賞這些教徒的虔誠，但我找不到理由改變宗教信仰。我實在無法相信「唯有成為基督徒才能上天堂或獲得拯救」這種說法，關於這點我也對幾名基督教友坦誠以告，聽到的人無不感到震驚，但我確實是這麼想的。

我對基督教理解的困難不止於此，我也無法相信耶穌是唯一繼承上帝神性的兒子，唯有信仰祂的人才能得到永生。假若說上帝確有兒子，那我們都該算是祂的兒子；假如說耶穌像上帝，或即是上帝本身，那麼所有的人都像上帝，也都是上帝本身。我的理智讓我無法完全相信耶穌以祂的生命及寶血贖救了這個世界的罪惡——但若當做寓言理解的話，其中或許有些真理存在。此外，根據基督教義，只有人類具有靈魂，其他生物都沒有，死後便完全絕滅，什麼也不留下，這一點我也無法苟同。我承認耶穌是個殉道者，體現了犧牲的精神，也是神性的導師，但他不見得就是有史以來最完美無瑕的人。祂被釘死在十字架上的確為世界立下偉大的典範，但若說其中具有神祕或奇蹟，那我是無法接受的。在我看來，其他宗教的教徒過著跟基督徒一樣虔敬的生活，我在基督徒中聽到的向上、改善的力量，在其他人的生活中也並不缺乏，從哲學觀點來看，基督教原則並無特別突出之處，而由犧牲的角度看來，印度教徒勝過基督徒許多，因此我實在無法將基督教看作完美的宗教，或世界上最了不起的宗教。

一有機會我便將這些心中翻騰不已的想法告訴我的基督教朋友，但他們從未給過我滿意的回答覆。

如果說我認為基督教並非完美無缺或最偉大的宗教，我同樣不認為印度教稱得上最好的宗教。印度教的缺點我看得更多、感受更深。如果說「賤民」算得上是印度教的一部分，應該可以看做是腐壞的部分或毒瘤吧。我不能理解為何有這麼多宗派或種姓階級存在，也不懂何以說《吠陀經》是神明啟示的話語？如果《吠陀經》是，《聖經》或《可蘭經》難道不是？

基督教朋友努力說服我改信基督教，伊斯蘭教朋友也是一樣。阿布達拉總是勸我研究伊斯蘭教，當然有關伊斯蘭教的美好，他是說也說不完。

我寫了封信給瑞強德拜，告訴他我心內的煩亂，同時還跟印度其他宗教大師通信，也得到回覆。瑞強德拜回覆的信讓我略感平靜，他要我耐心點，更深入地研究印度教。其中一句話大致是這麼說的：「關於這個問題，我必須冷靜持平地說，沒有其他宗教比得上印度教精微深奧的思想、對靈魂的見解或仁慈。」

我買了薩里譯的《可蘭經》及其他討論伊斯蘭教的書來讀，也跟遠在英國的基督徒朋友討論，其中一個朋友介紹我跟愛德華・梅特藍⑭認識，之後我們便開始通信，他寄一本自己與安娜・金思佛合著的《完善的道路》（The Perfect Way）給我，對目前的基督教見解提出質疑及批判。他還寄了另一本《聖經新詮》（The New Interpretation of the Bible）來，兩本書我都很喜歡，這兩本書似乎都支持印度教教義。托爾斯泰的《神的國度是你》令我拜服不已，在我心中留下難以磨滅的印象。跟這本書中獨特超卓的思考、深奧的道德觀與追

⑭ Edward Maitland，十九世紀的人道主義作家。

求真理的精神相比，科提斯先生給我看的書似乎都黯然遜色了。

這些宗教上的研究將我帶到基督教朋友始料未及的方向，我與愛德華・梅特藍之後仍然繼續通信，與瑞強德拜的通信則持續到他去世為止，他寄給我的書我讀了一些，包括《五業》（Panchikaran）、《珍珠環》（Maniratnamala），華斯陀的《瑜伽論》（Yogavasishtha）中的《解脫章》（Mumukshu Prakaran），哈利班德羅・蘇立的《妙見集》（Shaddarshana Samuchchaya）等等。

儘管我選擇的道路不如基督徒朋友所願，但我終生感激他們喚醒我內心對宗教思想的追求，也將永遠珍惜和他們相處的回憶。未來還會有許多這類跟他們往來的甜美、高尚經驗等著我。

第十六章　事與願違

案子結束後，我不需要留在普勒托利亞，於是回到德班，準備收拾行李回家。但阿布達拉堅持替我餞行，在錫登罕為我舉辦送別晚會。

那天我們一整天都待在錫登罕，我在那裡翻看報紙時，發現其中一版的角落，有個標題是「印度人選舉權」，提到目前議會有一項法案，試圖取消印度人投票選舉納塔爾立法院議員的權利，我對這項法案一無所知，其他賓客也沒人聽過。

我問阿布達拉是否聽說過，他回答：「這些事我們哪懂得什麼？我們只瞭解會影響生意的事情。你知道他們已經不准印度人在奧倫治自由邦做生意了，我們也著急、反應過，可是根本沒用。我們都是膽小的人，又不識字。平常看報紙都看每日市場行情之類的新聞，怎麼會知道立法的事呢？要掌握消息或是到遠處，都必須靠這裡的歐洲律師。」

我說：「但是這裡不也有很多土生土長、受過教育的印度青年嗎？他們不肯幫你嗎？」

「他們啊！」阿布達拉失望至極大聲地說：「他們才不想來我們這裡。跟你說實話吧，我們更不想見他們。他們都信基督教，只肯聽白人牧師的話，而那些牧師都是聽命於政府的。」

這番話讓我眼界大開，我覺得這些人應該可以看做是自己的同胞才對。難道基督教的意義就在於此嗎？一旦信了基督教，他們就不再是印度人了嗎？

但我那時已準備要返鄉，因此不願對這事表達太多意見，只是對阿布達拉說：「要是這項法案真的立法通過，我們在這裡的處境會更艱難，就像是釘死棺材的第一根釘子，會重重打擊我們的自尊。」

阿布達拉說：「的確有這種可能，我來跟你說這選舉權問題的來龍去脈吧。本來我們是什麼也不懂的，不過我們有個很厲害的律師艾司寇比先生，你也認識的，他曾經跟我們說過這樣的話，事情是這樣的：他是個鬥士，跟碼頭工程師公會的感情很不好，選舉時，他怕工會搶他的票，讓他落選，所以就對我們說明我們印度人的處境，要我們登記成為有投票權的人，投票給他。這樣你就能瞭解為什麼選舉權的價值對我們來說，並不像你認為的那麼高，不過我們也懂你的意思。現在你認為該怎麼做？」

其他客人也都聚精會神聽我們談話，其中一個人說：「要聽聽我的意見嗎？你把船票取消，在這裡多待一個月，我們都會聽你的指揮去做。」

其他人同聲附和道：「沒錯，沒錯！阿布達拉，你一定要留住甘地兄弟啊。」

阿布達拉是個精明委婉的人，他說：「如今應該不用我留他了吧，因為你們跟我一樣有權挽留他，不過你們說得很對，我們大夥兒一起勸他留下來。但你們別忘了他是個律師，費用要怎麼算？」

聽他提起費用讓我很難受，我忍不住說：「阿布達拉，我不會收錢的。做公共服務不該收錢，要我說的話，我願意當個僕人為人服務。你們也都知道我跟這些朋友沒那麼熟，但如果你們認為他們會願意合作的話，我可以多留一個月。不過有件事得先說在前面，雖然你們不必付我費用，但我們要做的這件事沒錢是做不起來的，比方發電報、印文宣、各處巡迴，還得跟本地律師諮詢商議等等，還有我對你們的法律沒那麼熟，也需要買幾本法律書參考。這些在在都需要用錢。而且顯然一個人難以獨力完成，大家都該出點力幫忙。」

只聽到眾人異口同聲說：「感謝偉大仁慈的阿拉真主！錢沒問題，人手也夠，要多少都供您差遣，就請您留下來吧，一定會成功的。」

於是一場送別晚會變成了委員會議，我提議趕快吃完晚飯，各自回家。我在心裡先規劃好這場運動的雛形，確認有投票權的人的姓名，決定再待一個月。

就這樣神為我在南非的生活奠定基石，播下了為民族自尊而戰的種子。

第十七章 在納塔爾定居

一八九三年的納塔爾，最具影響力的領袖非哈吉・穆罕默德莫屬。雖說哈吉・亞當的財力最為雄厚，但在公共事務上，大家都推舉哈吉・穆罕默德為首，因此我們在阿布達拉家中召開了一場會議，由哈吉・穆罕默德主持，會議上的決議是對選舉權法案提出抗議。

許多出生於納塔爾、信仰基督教的印度青年也都受邀參加，德班法院的傳譯保羅先生及一所教會學校校長葛弗萊先生也都出席，也多虧他們召集了這麼多年輕基督徒出席這場會議，這些年輕人後來都登記為義工。

當然還有不少本地商人加入義工行列，包括了達悟・穆罕默德、穆罕默德・卡桑・卡穆丁、米亞克翰、琵賴、拉昌瑞、帕狄吉與阿默・齊珐，其中當然少不了羅斯坦濟先生。達達・阿布達拉公司及其他大公司的職員們，像是邁能吉、喬許、納辛倫等人皆出席，大家都很高興自己居然能為公共事務出一分力，對他們來說受邀出席這類會議是生平頭一遭。面對全印度人的苦難，階級、地位、主僕、印度教徒、伊斯蘭教徒、拜火教徒、基督徒、古吉拉特人、馬德拉斯⑮人、信德人⑯等等分別都不再重要，每個人都是祖國的孩子，也都該為祖國服務。

---

⑮ Madras，一九九六年後更名為清奈（Chennai），是位於印度東南部孟加拉灣烏木海岸的大城市，也是泰米爾納德邦首府。按照人口排名，目前是印度第五大都市。

⑯ Sindhis，巴基斯坦四大民族之一，乃為說信德語的印歐民族，分布於巴基斯坦信德省與印度西部。

當時法案已過，即將二讀通過。議院上的發言還提到，沒有印度人針對此一嚴苛法案提出抗議，也證明了他們不適合享有選舉權。

我在會議上說明了此一情況。我們第一步是拍電報給立法院的議長，請求暫停討論此法案。另一封內容相似的電報則打給總理約翰・羅賓森爵士及律師艾司寇比先生，議長回覆該法案延後兩天討論，我們知道了莫不歡欣鼓舞。

之後，打算提交立法院的請願書草擬完成，備妥了三份，還有一份準備給報社。請願書得找來更多人連署，這些工作得在一個晚上完成。幾名懂英文的義工及其他數人通宵工作，一位長者阿瑟先生的字寫得出名的好，所以由他負責寫正本，其餘幾份則是一人念、數人同時寫。於是五份請願書同時寫完，經商的義工則駕著馬車、或雇馬車四處找人在請願書上簽名。這一切都在短短的時間內完成，請願書也發出去了。報上的評論對我們有利，自然也對立法院的委員造成影響，促使他們在議院裡提出討論。提出這項法案的黨派人士針對請願書中的論點為自己辯護，但理由明顯不堪一擊。不過法案最後還是通過了。

我們早就知道會有這個結果，但這場騷動仍為當地印度人注入活力，大家因此瞭解到，我們是不可分割的生命共同體，爭取政治權就跟爭取貿易權利一樣是每個人不可推卸的責任。

里彭勛爵此時是殖民地的國務大臣，我們決定給他上一份大請願書，這任務不小，不是三兩天可以完成，於是我們又募集了一些義工，大家一起分擔工作。

我費盡心力才草擬完這份請願書，擬定之前我讀遍了所有能找到的書籍，我的論述重點有二：一為原則，一為權宜做法。我提出既然我們在印度享有選舉權，在納塔爾也應該有投票的權利；同時我指出保留選舉權亦為權宜做法，能行使投票權的印度人畢竟是少數。

兩星期內我們便募集到一萬人在請願書上連署。在全省各地說動這麼多人簽名實非易事，特別是我們的義工都是生手。我們特別挑選能幹的人擔任義工，因為我們希望每個在請願書上面簽名的人都能充分瞭解請願的意涵。村與村之間往往路程極遠，因此這件差事唯有心思堅定、負責任的人才能夠迅速辦妥，而他們也確實辦到了，每個人都懷著極大熱忱完成分內工作。在我寫下這一段過往時，達悟・穆罕默德、羅斯坦濟、米亞克翰與阿默・齊珐的身影一一出現在我眼前，他們拿到最多人的簽名，達悟先生整日搭著馬車在城裡穿梭拜託，這一切辛苦都是出於對國家之愛，他們甚至自己掏錢出來補貼。阿布達拉的住宅也隨即變成大家聚集討論的地方和辦公室。一批受過教育、協助我和其他人的朋友們在那邊用餐，每個幫手都得花不少錢。

這份請願書總算是遞出去了，我們加印一千份廣為流通傳閱。這份請願書讓印度大眾瞭解到納塔爾的情況，我還寄給所有認識的報社和政治評論家。

《印度時報》十分支持這次印度請願的訴求，發表了一篇文章刊登於報上的醒目位置，我們將這份報導寄給代表英國不同政黨發行的政論家及新聞發布單位。倫敦的《泰晤士報》也支持我們的訴求，我們開始覺得這法案有可能重新遭到否決。

當時情勢不允許我離開納塔爾，印度朋友們從四面八方湧來，要我在納塔爾長住。我向他們說明我的難處，我已決定找一棟房子住下來，不靠他人捐助生活，房屋本身必須是獨立的，屋況和地點也要是好的。我還想如果我的居住環境太糟，太不像個律師，就無法為印度人形象加分；而如果真要住這樣的房子，一年沒有三百英鎊是負擔不起的。因此我決定我留下來的條件是這裡的印度人至少一年得提供我能獲得上述收入的業務，也把這想法告訴了他們。

他們說：「但我們希望給你從事公眾事務的酬勞，我們可以很快募到這個金額。當然，這跟你另外的法律業務費用是分開的。」

我回答道：「不，我做公眾事務是不收錢的，這部分不大用到我身為律師的能力，我的工作就是策劃大家一起工作，這樣怎麼能夠收錢？而且以後在工作上還會常常向你們要求捐獻，要是我讓你們負擔我的基本開銷的話，之後怎麼還有立場要你們捐獻大筆金額呢？這樣最後我們會很難運作下去，更何況我希望公眾事務一年能夠有超過三百英鎊的資金。」

「不過我們也認識你一段時間了，相信你絕不會拿超過你需要的數目，假如我們希望你留在這裡，難道不必替你負擔開銷？」

「你們現在會這麼說，是因為對公眾事務還有熱誠，但誰能保證這份熱情可以長久持續下去？我是你們的朋友，也是為你們效忠的僕人，我有時會對你們說嚴格的話，但天知道到時你們是不是還能一樣喜歡我？總之我做公共服務不能支薪，只要你們的法律業務都願意交給我做，對我來說就夠了，不過光是這一點恐怕你們也有困難。首先我不是白人律師，不曉得法院對我的態度會如何，我也不知道在這裡當律師是否能養活自己，所以就算你們願意先付我律師費，也是有風險的。我會把你們付我的律師費當做公共事務的報酬。」

這場討論的結果是約莫二十個商人預先給我一年法律服務的費用，除此之外，阿布達拉還用原本在我離開時要給我的錢，替我採購了必需的家具。

就這樣我在納塔爾落腳了。

第十八章　有色人種律師

一名公正、明智卻眼盲的婦人不偏不倚地端著一架天平，這便是法庭的象徵；命運刻意令她眼盲，如此她便不會因一個人的外貌遽下判斷，而能看出人內在的價值。然而納塔爾法律協會卻想說服最高法院做出有違此一原則的舉措，使這個象徵蒙羞。

我向最高法院申請以辯護律師出庭，我有一張孟買高等法院核發的證書，英文版證書則是必須在登記律師時留存在孟買高等法院。但這次申請還需要兩張品格證明，我想如果能由歐洲人提供會更有份量，於是我拜託兩名透過阿布達拉認識、頗有名聲的歐洲商人給我證明。這類申請書必須透過法院的律師呈遞，若由檢察長遞交則不收費用，先前提到的艾司寇比先生是達達・阿布達拉公司的法律顧問，也是檢察長，我登門去拜託他，他也答應替我遞交。

但納塔爾法律協會卻通知我申請駁回，令我十分驚訝，其中一項反對理由是我未隨申請書附上英文證書正本，但其實主要原因是當初制訂相關規章時，他們未將有色人種律師申請的可能性納入考慮。納塔爾的繁榮歸功於歐洲企業的帶動，也因此法律界也由歐洲人主導，假使有色人種律師被許可的話，人數可能會慢慢超過歐洲人，造成這種保護措施瓦解。

法律協會請來一名素負盛名的律師來支持自己的立場，這名律師與達達・阿布達拉公司也有關係。他請阿布達拉轉知，要我去找他。我去找他後，他十分坦率地跟我溝通，問起我的家庭背景，我就告訴了他。他說：

「我不是要說什麼反對你的話，我只是怕你是出生於殖民地的人，想來這裡冒險一試，而你寄來的申請書沒附原始證件，更加深了我的懷疑。過去也有人拿著假冒的學歷證明想蒙混過去。你給的歐洲商人開的品格證書在我看來沒什麼價值，他們又瞭解你多少？你們熟到什麼程度？」

我回答道：「可是這裡我一個人也不認識，即便是阿布達拉，我也是到這裡後，才跟他第一次見面。」

「但你剛才不是說你們是同鄉嗎？如果你父親在那裡當過首相，阿布達拉一定聽過你們家。若他願意替你出一份保證書，我就不再反對。我會非常樂意跟法律協會說，我沒辦法反對你申請。」

這番話把我惹惱了，不過我盡量克制住脾氣，我在心裡說：「如果我之前就拿出阿布達拉開的證明，他們還是會拒絕，然後跟我要歐洲人開的證明。況且我申請當律師跟我的出身、家庭有何關係？就算我出身卑微、家庭背景有問題，也不能拿來做反對這事的理由啊。」不過我努力克制住自己，平靜地回答：「雖然我不覺得法律協會有權要求看這些東西，你要的保證書我會給你。」

阿布達拉寫好保證書，如期交給法律協會的理事會。這名律師說他不再反對，但法律協會還是有意見。協會在最高法院的法庭上反對，但最高法院駁回反對，甚至沒有傳艾司寇比先生前來問話。在法院，首席法官說：「因為申請人未附文件正本而反對，這是毫無根據的理由。如果他偽造證書，就會被起訴，一旦證明有罪，他也會從律師名冊上除名。但法律對白人或有色人種是一視同仁的，法院沒有權限阻止甘地先生登記為律師，我們接受他的申請。甘地先生，你現在可以宣誓了。」

我站了起來，在註冊官面前宣誓。宣誓完畢後，首席法官對我說：「現在請你取下頭巾，甘地先生。你要執行律師業務，就得遵從法院對服裝的規定。」

我發現還是處處碰壁。當初我在德班法院無論如何不肯取下的頭巾，現在必須遵守最高法院規定取下來。

我不抵抗，不是因為我的理由站不住腳，而是我要保存能量，以待未來更艱困的戰鬥。我不應該因為堅持戴頭巾，耗損掉戰士的本領。忍耐是為了更遠大的理想，這是值得的。

阿布達拉跟其他朋友對我的順服（或者說軟弱？）都不大高興，他們覺得我應該捍衛自己在法庭上戴頭巾的權利，我試著跟他們講理，請他們瞭解「入境隨俗」這句箴言的道理。我說：「假如是在印度，一名英國軍官要我們脫下頭巾，那麼拒絕他的命令是對的，但我現在是上法庭的律師，不肯遵守就是藐視納塔爾省的法院規定，那就是我的錯。」

我用這一類說法讓朋友們稍稍釋懷，不過我看得出他們並未完全被我說服，以這個例子來說，我並沒有說服他們，同一件事在不同情況下是能以不同的角度詮釋。不過我這一生對真理的堅持教會我欣賞妥協的美感，在日後的人生中，我更發現這便是「非暴力主義」的核心精神。採行非暴力抵抗的作為有時可能會對我的性命造成危險，或引發朋友的不滿，但由此而追求到的真理卻堅比金石、燦若春花。

法律協會這次的反對行動又替我在南非打了一次廣告，多數報紙譴責這種行為，批評協會根本是嫉妒有才的有色人種律師。這個廣告某種程度上讓我未來推行工作更加容易。

第十九章　納塔爾印度代表大會

律師業務長期以來都是我次要的工作，現在也是一樣。我應當集中心力推動公眾事務，因為這正是我留在納塔爾的理由。雖說我們已經針對剝奪選舉權一事遞交了請願書，但光這麼做還是不夠，要讓殖民地的國務大臣留下印象，非得發動溫和的抗議行動不可。為達此目的，大家都認為有必要成立永久性組織。於是我找來阿布達拉及其他朋友商議，商談的結論是設立一個能夠永續運作的團體。

但為新組織命名讓我傷透腦筋，我們並不是政黨團體，我知道英國保守黨分子不是很喜歡國民大會（Congress）這個字眼，但在印度，國民大會卻是命脈所繫，我想在此地加以推廣。不敢用這名稱似乎顯得懦弱，因此在我向眾人清楚解釋過後，我建議將這組織取名為「納塔爾印度代表大會」（Natal Indian Congress）。五月二十二日，代表大會正式成立了。

代表大會集會那天，阿布達拉寬闊的宅邸擠得水洩不通，蒞臨的嘉賓都給予代表大會最熱情的支持。章程規定很簡單，但會費不便宜，只有一個月能付五先令的人可以加入成為會員。我們勸經濟情況較佳的人盡量多繳費用，因此阿布達拉帶頭表示每月繳兩英鎊，另外兩位朋友也效法，我想我不能落人後，決定一個月繳一英鎊。對我來說這筆金額可不小，假設這筆金額完全由我全額支付，我想也還不至於超出能力範圍，何況還有神的眷顧。就這樣我們招募到不少每月願意繳一英鎊的會員，還有更多人每月可繳十先令。此外，也有人現場捐獻，我們也充滿感謝地收下。

過往經驗顯示，光靠口頭催討是要不到會費的。有些會員住在德班以外地區，我們也不可能經常親自去拜訪。一時的熱情過不了多久就消退，就算是住在德班的會員也得三催四問才肯繳錢。

身為大會祕書，催繳會費的工作因此落在我肩上，後來情況演變成我的下屬成天忙著收會費。這名員工感到厭煩不已、頗有怨言，我也覺得如果要改善情況，應該改成年繳而非月繳，而且是預先繳納。為此我召開了一次大會會議，大家都同意改成年繳，最低年費三英鎊。收會費一事從此順利許多。

一開始我就清楚知道，不能用借來的錢辦公共事務。人在許多事情上的承諾可以信任，唯獨錢一事例外。人們答應要繳的錢總是過些時候才繳，這是人之常情，納塔爾的印度人自然也不例外。除非大會手頭有錢，否則便不推展會務，因此納塔爾印度代表大會從未負債。

我同事幹勁十足四處招募新會員，他們對此事很有熱忱，也從中獲取不少寶貴經驗。許多人親自帶著現金來繳會費，但在偏遠的內陸鄉村，招募會員的確比較困難，他們不懂何謂公共事務，但就連這些地區也有熱情殷實的商人邀請我們去拜訪。

有次探訪我們碰到了難題。我們希望那次的東道主能捐六英鎊，但他表示頂多只能捐三英鎊。如果我們接受這個金額，其他人就會有樣學樣，那麼這次募款活動的目標就難以達成了。那時時間已經很晚，大家都飢腸轆轆，但既未募到預定金額，怎麼能用餐？主人態度甚為強硬，我們怎麼勸都無用，鎮上其他商人跟他說理也是枉然，我們徹夜與他對坐，雙方都不肯退讓半分。大部分同事都怒火中燒，但還是勉力克制。總算在天色破曉時，主人讓步了，拿出六英鎊，並招待我們用餐。這段小插曲發生在通加特，但此事傳遍各地，遠至北方的史丹澤、內陸的查爾斯敦都知道此事，也因此我們的募款工作日後更加順利。

但籌措資金並不是唯一要做的事，事實上我早已掌握一項原則：手上的資金夠用就好，無須太多。

大會一個月開一次會，有必要的話則是一星期一次。開會時首先宣讀上次會議的會議紀錄，再就各個問題加以討論。但多數人沒有參與公眾事務討論的經驗，也不懂得說話該簡短扼要；每個人都不大敢站起來發言。我向他們說明會議的程序、規則，他們都願意遵守，也明白這其實是在幫他們上課；許多人原本不習慣在眾人面前說話，但很快就學會在大家面前思考、發言，針對公眾利益之事侃侃而談。

我知道辦理公眾事務時，就算是小額支出也可能累積而成龐大的花費，所以我一開始就決定連收據簿都不印。我辦公室裡有台模版複印機，專門用來印收據或文件，但直到大會的經費變得充裕，會員人數及該做的業務量都開始增加時，才開始使用。我想這樣的節約對每個組織而言都是必要的，但我也知道並不是每個組織都能做到，這就是為什麼我要在此詳細講述，持續成長的小團體在草創初期該注意的事項。

捐款的民眾大多不想拿收據，但我們還是堅持每一筆款項都給收據。每一分錢的來處與去處都清清楚楚，我敢說去查納塔爾印度代表大會的紀錄，還能找到保存完整的一八九四年的帳簿。細心保管帳冊對任何團體來說都是必要的。倘若帳目混亂，組織的公信力就會蕩然無存，更無法確保組織絕對不作假。

大會另一項特色是吸收南非本地出生、受過教育的印度人來為大家服務，大會底下設立「殖民地印度人教育協會」，成員多半是本地受過教育的年輕人。他們只須繳納一點象徵性的會費，協會會協助解決他們的需求或困難，平日則啟迪他們的思想，介紹本國商人給他們認識，帶領他們為本地印度人服務。協會本身算是辯論社團，成員固定聚會，每每針對不同主題進行討論或閱讀，另有小型圖書館開放給成員使用。

大會第三項特色是文宣，主要是讓住南非、英國的英國人與住在本國的印度人瞭解納塔爾的真實情況，為了達成此一目的，我負責撰寫兩份小冊子，一份是《致住南非的英國人》，包括一篇聲明並提出相關證據，說明住在納塔爾的印度人普遍的狀況，另一份是《呼籲——兼論印度人的選舉權》，扼要介紹納塔爾省的印度人參與選舉的歷史，並附上事實及數據。為了寫這兩本小手冊，我花費不少心力進行研究，結果也非常令人滿意，兩本手冊均廣為流傳。

這類活動為印度人在南非贏得不少朋友，同時贏得印度各黨派的積極同情；也讓住南非的印度人看到眼前一條明確的行動道路。

第二十章 巴勒桑德潤

內心真誠純潔的願望是能夠實現的，我個人便經常看到這項原則獲得證實。對我來說，為窮人服務是我真心想做的事，也因如此，我常投身於貧苦大眾之中，與他們處於同一立場。

儘管納塔爾印度代表大會的成員包括了納塔爾本地出生的印度人及一般文書人員，卻未吸引到教育、技能較低的工人及契約工人。他們還沒有把大會當做是可以發聲之地，主要是因為繳不起會費，無法成為會員。大會只有先為他們服務，才能贏得他們的感情。但我跟大會尚未想到方法時，一個機會自然降臨了。那時我在納塔爾不過才執業三、四個月，大會也還在起步階段，有天一個全身襤褸的坦米爾人站在我面前，手裡拿著頭巾、兩顆門牙被打斷、嘴角流著血，一面哭泣一面發抖。他被主人痛毆了一頓。我有一位下屬是坦米爾人，把他的事都告訴了我，他名叫巴勒桑德潤，在德班一個有名的歐洲人底下當契約勞工，這歐洲人因某事對他生氣，盛怒之下失去理性，狠狠打他一頓，還打斷了他兩顆牙齒。

我先讓他去看醫生，那時納塔爾只有白人醫生，我請醫生開一張證明，證明巴勒桑德潤受傷的狀況。我收妥證明，直接帶巴勒桑德潤去見地方法官，將此事實擬成口供交給法官，地方法官看完之後大為震怒，立刻傳喚這名雇主。

我的本意並非要懲罰雇主，只是希望巴勒桑德潤能不必再為他工作，我也讀了有關契約工人的法律條文。假使一名普通傭人一聲不響就離開，他的主人可以到民事法庭提起告訴；而如果離開的是契約工人，情況一樣，主人可以去刑事法庭告他，一旦確定判刑就可能坐牢。這就是為什麼威廉・杭特爵士[17]說契約勞工制度跟奴隸制度一樣糟糕，契約工就像奴隸，根本是主人的財產。

想讓巴勒桑德潤重獲自由只有兩條路可行：一是讓契約工的保護人替他取消契約、或把他轉介給別的主人；二是要求巴勒桑德潤的雇主放他走。我傾向第二種做法，於是跟這名雇主說：「我不打算控告你，讓你受罰。你應該也很清楚自己把他打得有多慘，如果你能夠主動把他轉給別的雇主，我就不再追究。」他馬上同意了，然後我去見保護人，他也贊同這做法，只是我得找到新雇主。

於是我便開始尋覓新雇主，他得是個歐洲人，因為印度人不得聘雇契約勞工。但那時我認識的歐洲人還很少，我去拜訪其中一位，他很好心，表示願意收留巴勒桑德潤，對此我非常感謝。這地方法官要這名原雇主認錯，將此事記錄在案，要他把契約轉給別人。

每個契約工人都聽說了巴勒桑德潤的事，因此個個都當我是朋友，我覺得相當高興。我的辦公室開始有川流不息的契約工人來拜訪，我也得以親身瞭解他們的歡喜與悲哀。

後來連馬德拉斯（坦米爾省首都）的人聽說了這件事，都大表興奮。納塔爾有不少契約工人來自坦米爾省，紛紛從同鄉口中獲知此事。

這案子本身沒什麼特別，但契約工人得知居然有人願意維護他們的權益，甚至為此奔走爭取，都感到喜出望外，也因此看到一絲希望。

前面提到的巴勒桑德潤在走進我的辦公室時，手裡拿著頭巾，這幕景象本身便十分可悲，充分證明我們所受的屈辱。稍早我已提過遭人要求脫下頭巾，這是此地的規定，無論是契約工人或初到此地的印度人，在拜訪歐洲人時都得拿下頭上戴著的東西，不論是帽子、頭巾或一條纏著的絲巾都一樣。跟歐洲人見面招呼時，伸出雙手致敬還嫌不夠莊重，巴勒桑德潤以為跟我打招呼時也得這麼做。我是第一次碰到這種情況，覺得十分羞愧，要他把頭巾綁回頭上。他略顯遲疑，但還是照做了，我看到他臉上洋溢著喜悅之情。

至今我仍無法理解，何以有些人必須羞辱他人才能感到自身的尊榮。

⑰ Sir William Hunter，蘇格蘭歷史學家、統計學家，同時也是印度文官機構的一員，日後成為亞洲文會的副主席。

第二十一章 三英鎊重稅

巴勒桑德潤的案子讓我開始接觸到簽約的印度工人，但直到得知當權者準備對他們課徵重稅之後，我才下定決心好好研究他們的狀況。

一八九四年納塔爾政府打算對簽約的印度勞工課徵每年二十五英鎊的稅。一聽到這提議我無比震驚，馬上召集納塔爾印度代表大會討論，大會立即決議，組織反對黨以為抗衡。

在此我想有必要先解釋一下這稅是怎麼來的。

一八六〇年左右，納塔爾省的歐洲人突然想到這片土地如此廣大，何不用來栽種甘蔗？但要種甘蔗就得引進外來人力，否則不論是栽植甘蔗或製糖都難以進行。因為當地的祖魯人不擅長這類工作，於是納塔爾省政府與印度政府書面聯繫，取得他們同意，招募印度勞工。來納塔爾打工的印度工人得簽五年長約，契約終止時可以自行決定是否在此地定居，一旦落戶便能取得土地所有權。提出這些條件是為了吸引印度人留下，當時這些白人希望改善當地農業，那麼最好的方式就是讓契約到期的印度勞工留下來繼續貢獻勞力。

不過印度人所做的遠遠超過他們應該做的。他們種植大批蔬菜，還引進數種作物，想辦法用最不花錢的方式成功栽種作物，包括芒果。他們不僅在農耕方面獲得成功，同時涉足貿易，購買土地大興土木，不少勞工晉升成擁有房產、土地的地主，因而吸引了更多印度商人來到此地經商。在當地受到敬重、已故的阿默便是第一批過來的商人，他很快就在此地打下基礎，生意蒸蒸日上。

白種商人開始驚慌，之前他們張開雙臂歡迎印度勞工，卻沒料到印度人是做生意的好手。印度工人成為地主還算可以接受，但他們居然想在貿易上分一杯羹，對歐洲商人來說，這點無論如何都不能忍受。

白人敵視印度人的種子於是被種下。還有其他林林總總的因素讓敵意加深：我們不同於白人的生活方式、我們的單純樸實、我們十分容易滿足、我們對清潔衛生的規定不甚在意、在居家環境整潔方面我們漫不經心、我們不肯花錢修繕讓房屋更美觀等等，再加上彼此宗教信仰不同，都讓敵對的火苗一再竄高。白人利用立法的權力制定法案，剝奪印人投票權並對印度勞工課稅。撇開立法不談，私下的糾紛也早已開始時有所聞。

白人最初提出的建議是強制遣返印度勞工，這樣他們的契約在印度就自動失效了，但印度政府不願意接受。於是有人提出另一項提議，大致包括以下三點：

工人必須在契約期滿時返回印度；

或

每兩年重簽契約，工資會逐次調漲；

另外

要是工人既不肯回印度，又不願簽新約，他每年得繳付二十五英鎊的稅。

包括亨利・賓司爵士及梅森先生在內的代表團前往印度，打算與印度政府議定此事。當時的印度總督是艾爾金勛爵，他不贊成繳二十五英鎊的稅，但認為三英鎊的稅是可行的。那時我就想（現在也這麼認為）總督犯下十分嚴重的錯誤。他會同意就表示沒有認真考慮印度的利益，曲意迎合納塔爾省的歐洲人不是他該做的事。在三或四年內，一個帶著太太及超過十六歲的兒子、超過十三歲的女兒的簽約雇工一家人就要被課這樣的稅，想想四口之家一年就得繳十二英鎊的稅，但這名爸爸一個月的工資不超過十四先令，這稅賦之重簡直匪夷所思，全世界找不到第二例。

我們發起運動抵抗這不合理的稅。要是當初納塔爾印度代表大會沒出面說話，總督甚至可能會同意繳二十五鎊的稅。稅額從二十五鎊減到三鎊，極可能是因我們代表大會大舉抗議的緣故。不過也可能不是我想的這樣，有可能印度政府一開始就反對二十五鎊的稅，主動降成三鎊，跟代表大會持反對立場無關。但不論是哪種情況，印度政府這種做法都失信於印度人民。印度總督本應將印度的福祉放在第一位，根本不該同意這毫無人性的賦稅。

即使稅額從二十五鎊減成三鎊，大會也不認為這是值得誇耀的功績；對於無法好好維護印度勞工的利益，大會全體還是感到非常遺憾。代表大會再三努力想免除這項賦稅，整整奮鬥了二十年才大功告成；賦稅得以免除，不只是納塔爾省印度人的功勞，所有住在南非的印度人同樣功不可沒。已故的戈凱爾⑱因為違背信念，引發了與印度工人的最後一場衝突，在這過程中簽約雇工吃足了苦頭，有些人在槍戰中不幸喪生，一萬餘名工人被捕入獄。

不過真理終究會獲勝，這群印度勞工親身經歷的痛苦便是彰顯真理的過程。要不是我們信念堅定、堅忍不屈，絲毫不曾懈怠，就不可能贏得漂亮的一仗。假使印度人中途退縮，或者代表大會認定稅非繳不可，不再積極推動這場運動，那麼直到今日，印度勞工還得繳納這令人痛恨的重稅，對南非的印度人及全印度來說，是永遠不能磨滅的恥辱。

第二十二章　比較與研究不同的宗教

如果說我一心為本地印度人服務，那是出於自我實現的慾望。我將服務當做自己的宗教，因為我覺得唯有透過服務才能進一步認識神，而這裡的服務指的是對印度人的服務，會走上這條路是自然而然，因為我有這樣的能力。我到南非是為了旅行、增廣見識，暫時脫離卡提瓦德的政治鬥爭，順便在此謀生。但先前已說過，我發現自己想認識神，也渴望獲得自我實現。

基督徒朋友勾起了我追求宗教知識的渴望，這份渴求一旦被喚起就很難獲得滿足，此外，就算我不想對基督教灌注那麼大的心力，這群朋友也不讓我有片刻安靜。在德班時，南非宣教總會會長史賓賽・華頓先生注意到我，經常邀我去他家作客。他會這樣做，是因為我在普勒托利亞與基督教友已經有接觸。但華頓先生自有他的一套方法，印象中他從不明確表示要我信仰基督教，但他把自己當做一本書讓我親炙，要我注意他的一舉一動。華頓太太生性溫柔、行事幹練，我很喜歡這一對夫婦。當然我們都明白彼此有多不同，任何溝通都無法弭平這些根本的差異；但從另一方面看，這類差異對我們的友誼有益，容忍、慈愛、真誠得以培養起來。我喜愛他們的謙遜、毅力，對工作無私的付出，我們經常碰面。

⑱ Gopal Krishna Gokhale，印度獨立運動的主要領導人之一，亦為印度國民大會的資深領導人和印度公僕組織的創辦人。

這段友誼讓我對宗教的興趣維持不墜。現在我已不再像當初在普勒托利亞時有空就研讀宗教書籍了，不過我還是盡量運用僅剩的一點時間研究。我持續與朋友通信討論教義，像是瑞強德拜就帶給我很大的啟發，還有朋友寄納瑪達桑卡所著的《達摩維察》（DharmaVichar）一書給我，這本書的前言讓我受益良多，我之前便聽過這位詩人灑脫的生活方式，這則前言提到宗教研究對他的生活帶來了重大變革，讓我為之神往不已。我開始喜歡這本書，從頭到尾仔細研讀。我也滿懷興趣地讀麥克斯・穆勒的《印度可以教我們什麼？》（India—What Can It Teach Us?），以及神智學會出版的《奧義書》⑲譯本。這番研究讓我對印度教產生更高敬意，開始欣賞其優美。但我並未因此輕視其他宗教。我還讀了華盛頓・歐文的《穆罕默德的一生及其繼承者》（Life of Mahomet and His Successors）及卡萊爾對這位先知的頌文。讀過這幾本書讓我更加尊敬穆罕默德。我還讀了尼采的《查拉圖斯特拉如是說》。

我針對不同宗教讀了一些書，促使我更加自省，凡讀到吸引我的地方，我便身體力行，這個習慣一直維持至今。像是讀了印度典籍，我就開始練習瑜伽，但進展有限，我決定回印度後找這方面專家教我，只是這願望從未實現過。

我也仔細閱讀托爾斯泰的書，《托爾斯泰福音書》及其他幾本著作都令我讀後印象極深，我開始瞭解宇宙間的愛有無限可能。

同一時期我認識了另一個基督教家庭。我聽從他們建議，每星期日上衛斯理教會做禮拜。這一天他們總會邀我一道吃晚餐。但我對這個教會印象不佳，講道內容平庸乏味，感覺參加禮拜的會眾也均非虔誠教徒，而是世俗之人，到教會來不過是依循宗教要求，或當做消遣。有時我不由自主打起瞌睡，也因此覺得羞愧，但看身旁的人情況也好不到哪裡去，就稍微覺得好過些。我覺得這種情況不能再繼續，不久後就不去了。

而我每星期日都去拜訪的這家人，卻突然與我決裂，其實正確來說應該是他們警告我別再去了。事情是這樣的：這家女主人是個好心、單純的婦人，但心胸有點狹窄，我們聚會時常常討論宗教問題，那時我正在重讀愛德溫．阿諾的《亞洲之光》，有回我們在討論、比較耶穌與佛陀的生平，我說：「看看喬達摩（佛陀的名字）的同情心多麼深厚！他的愛並不限於人類，而是廣披眾生。想到一頭小羔羊愉快地在他肩頭憩息，怎能讓人心中不滿溢著愛呢？但從耶穌的生平就看不到這種廣披一切生命的愛。」這番比較的話讓這位好心的婦人不高興，我能理解她的感受。於是我不再往下說，一起到餐廳去吃飯，她兒子那時還不滿五歲，像小天使一般可愛，也跟我們一道吃。和小朋友在一起是我最快樂的時候，這孩子跟我早成了朋友。席間我一直嘲笑他盤中的那塊肉，同時讚美我盤中的蘋果，這天真可愛的男孩被我說動，跟我同聲讚美吃水果的好處。

但母親呢？她看起來很不安的樣子。

她要我別再往下說，於是我換了個話題。接下來那個星期日，儘管內心有點擔心，但我還是照常去了他們家，因為我覺得就此不去的話，這樣做也不好。不過這好心的婦人輕易地替我解了套。

她說：「甘地先生請你別見怪，不過這話我非說不可。我兒子跟你在一起對他沒有好處，現在他每天都不想吃肉，只想吃水果，我想是你說的話對他產生影響。這實在太過分了，要是他不吃肉，就算不生病也會體力不濟，我實在是無法接受。你這種話只能跟我們大人說說，對小孩是會造成不良影響的。」

我回答道：「〇〇太太，我很抱歉。我自己也有小孩，我能瞭解你做父母的心情。這種不愉快的情況很

---

⑲ Upanishads，印度教古代吠陀經典。

簡單就可以解決的，比起聽我說，讓小孩親眼看到我吃什麼、不吃什麼，影響或許更大，所以最好的方式就是我不再來打擾你們，當然我們還是朋友。」

她回說：「謝謝你。」臉上表情顯然鬆了一口氣。

第二十三章　打理家務

打理一個家對我來說並不陌生，不過在納塔爾安身立戶，和我之前在孟買或倫敦的情況不一樣，這次我得多花一些錢讓門面更好看，我身為納塔爾的印度執業律師、大會的代表，這樣做才與我的身分相稱。於是我在一個高雅的地區找到一間小洋房，室內已經裝潢妥當，看起來很不錯。雖然我的日常飲食相當簡單，但因為我習慣邀請英國朋友、印度同事到家裡聚餐，每月的開銷都相當驚人。

每戶人家都需要一名好傭人，但我始終沒辦法把一個人當成傭人使喚。

我有個朋友與我同住，既跟我作伴也幫我些忙，一名廚子算是家裡的一員，還有幾個辦公室的職員也在這裡吃住。

我以為這種起居安排算是一場成功的實驗，卻沒料到我得付出慘痛的代價。

這名與我同住的朋友很聰明，我一直以為他算是忠實好友，後來才發現自己上當了。他因為嫉妒住在一起的一個職員，編造了一堆謊言，讓我對這個職員起疑心；這職員也有自己的脾氣，他一看出我在懷疑他，馬上離開了事務所，也搬離我家。我很難過，覺得自己也許判斷錯誤，良心十分不安。

就在這時，這廚子說要放一陣子假，還是有什麼別的事由，總之離開家裡。他不在的這段期間，需要有人幫忙打點廚房的事，於是我找來一個新人，不久後我發現他也不是什麼好人，不過他其實是神派來點醒我的人。他來了不過兩、三天，就發現家中有些事瞞著我的耳目偷偷進行，他決定要告訴我。我性格正直，但太容易相信人，這點許多人都知道，因此新廚子一發現這事就更震驚。我固定每天下午一點從辦公室回家吃午餐，某天中午十二點左右，他跑來我辦公室，上氣不接下氣，跟我說：「請您回家一趟，有件事你看了會大吃一驚。」

我說：「怎麼回事？你得告訴我發生了什麼事，我怎麼能這時候回家去看呢？」

他說：「你不來的話一定會後悔的，我能說的就這麼多。」

看他這麼堅持，我覺得似乎真的非回去看看不可。一個職員陪我回去，廚子走在前頭。他直接帶我上樓，指著我朋友的房間說：「開門看看你就知道了。」

我什麼都明白了，我敲門，居然沒有回應！我使勁地敲，敲到四面牆壁都震動起來，他才開了門，我看到房裡有個妓女。我叫她馬上離開，永遠不許再來。

這時我對我朋友說：「從現在開始我跟你絕交，你欺騙我，把我當成傻瓜。枉費我對你這麼信任，你是這樣回報我的嗎？」

他非但毫無悔意，還威脅要揭穿我。

我說：「我沒有不可告人的事，你想說什麼都隨你去說。你馬上就走。」

他更生氣了，我們僵持不下，我只好跟站在樓下的那個職員說：「請你去請警長來，替我向他致意，並告訴他跟我住在一起的人行為不檢，我叫他走，但他不肯離開。如果他肯派員警來，我會非常感謝。」

我朋友看出我是認真的，他也知道自己做錯了事，於是向我道歉，拜託我不要通知警方，還表示會馬上離開。他很快就走了。

這次的事件無異是一記警鐘，及時敲醒了我。直到此刻我才明白這聰明的惡人騙得我多慘，我收留他同住，根本是錯誤的做法，儘管我心中總是抱著良善的意圖。我想在一片荊棘當中找到無花果，根本是痴人說夢。一直以來我都曉得他品行不端，卻以為至少他對我忠心。為了改變他，我差點毀了自己的前程。好心的朋友不是沒勸過我，我卻不加理會，對這朋友的感情蒙蔽了我的理智。

要不是這新廚子的警告，我恐怕永遠無法發現真相，也恐怕會受到這朋友不良影響，已經開始的超脫生活也將無法繼續。我會一直在他身上浪費時間，他就是有本事把我蒙在鼓裡，牽著我的鼻子走。

不過神如同以往那樣眷顧我，我的動機是良善的，因此儘管犯了錯仍然獲得拯救，這次的經驗讓我往後更加小心。

這廚子簡直可說是上天派來的使者，他其實不大會做飯，也不願意在我家繼續當一個廚子。不過沒人可以像他那樣，逼得我非張開眼睛看清事實不可，後來我才知道，我那朋友帶那女人來家裡不是一次、兩次。她之前就常來，但沒人有這廚子的膽量，因為大家都知道我對這朋友一味盲目信任。可以說這廚子是上天專程派來點醒我的，而他在目睹了整個過程後，當場要求離開。

他說：「我不能待在你家，你太容易受騙了。這裡不適合我。」

我於是也讓他走。

不久我就發現，造謠抹黑那個職員的始作俑者不是別人，正是這個朋友。之後我試過各種方法想彌補這名職員蒙受的冤屈，但不管我怎麼做，都無法讓他完全釋懷，這是我一生的遺憾。無論花了多少力氣彌補，嫌隙始終存在。

第二十四章　打道回府

如今我已在南非待了三年之久，對當地人很瞭解，他們也清楚我的為人。一八九六年我瞭解到往後勢必得在此地久待，於是請他們准我半年假回家鄉看看。在這裡我的律師事務經營得有聲有色，也感到這裡的人需要我，也因此我決定回家一趟，帶我的妻子、孩子一同過來定居。我還想到若能回家一趟，我就能在印度本地推動公共事務，灌輸他們公眾輿論的概念，帶領他們關心印度人在南非的處境。三英鎊的重稅如今已是印度人眾所皆知的痛處，除非廢止，否則將沒有一天的平靜。

只是我走了以後，代表大會及教育協會的工作該由誰來統籌？我想到兩個人——米亞克翰跟羅斯坦濟都可勝任。如今商界已經可以找到不少人才來協助大會事務，但既能處理大會祕書的日常事務，又能符合納塔爾印度人期望的，首推這二人，祕書至少須具備能因應一般工作的英文能力，我向大會推薦米亞克翰，大會同意任命他，事實證明這是相當明智的決定，沒有人不滿意他的工作表現，特別是他的堅忍、寬容，待人親切、彬彬有禮，讓大家瞭解到祕書職位並不需要法律學位，也不需要英國高等教育的陶冶便足以勝任。

於是一八九六年六、七月左右，我搭乘「龐哥拉號」輪船前往加爾各答，準備返鄉。

船上乘客很少，當中有兩名英國官員，後來我們便混熟了。其中一位每天要跟我下一小時的西洋棋。船上有個醫生給我一本《自學坦米爾語》，我開始學起坦米爾文。我在納塔爾這幾年，發現我應該學烏爾都語[20]與坦米爾語，才能跟穆斯林及馬德拉斯人建立更緊密的關係。

那個跟我一起學烏爾都語的英國朋友請我去找人來教，我發現有個沒買艙位的印度乘客是個很好的語言教師，經他指點，我們進步神速。這英國官員記憶力比我強，他過目不忘。我卻覺得烏爾都文的文字很難分辨，我拿出耐心、毅力用心學習，卻怎樣也跟不上這英國人。

坦米爾語我倒是學得不錯，雖找不到人教，但因《自學坦米爾語》這本書編寫得好，所以不大需要協助。

我本想回印度後繼續學這兩種語文，但後來發現不可能。一八九三年以後，我讀的書多半是在監獄裡看的。我在南非監獄裡繼續學烏爾都語，關在耶瑞夫達監牢裡時讀坦米爾語，都頗有些進步，不過我始終沒學會開口說坦米爾語，本來可以閱讀簡單的坦米爾文，也因日久生疏、忘得一乾二淨了。

直到現在我仍覺得不懂坦米爾語或泰盧固語[21]極為不便，我在南非時達羅毗荼人[22]對我的關愛，至今我仍記憶猶新，感念在心。每次與坦米爾人或泰盧固人會面，我都不禁想起當初在南非這些人的堅毅和無私的奉獻精神。不分男女，他們大多不識字，在南非的抗爭就是為了爭取教育權利，而這場戰役的鬥士是不識字的；抗爭是為了窮人，參與抗爭的恰恰都是窮人。而儘管我不會講他們的語言，我仍然贏得了這些單純、善良的村人的心。這些人只會說破碎的印度斯坦語㉓或英語，但我們溝通毫無障礙，一起推行工作也很順利，只是我想學好坦米爾語或泰盧固語，以報答他們對我的厚愛。前面提到我學坦米爾語有些進展，但我後來在印度學泰盧固語卻只學會字母而已。現在我怕自己是無法再學新語言了，所以希望達羅毗荼人能學講印度斯坦語。在南非，不會講英語的人都講印地語或印度斯坦語，講得好壞是另一回事。只有會說英語的人不肯學印地語，好像會講英語會妨礙一個人學會自己的母語。

我離題了，還是回來說這趟旅程吧。我得跟讀者介紹「龐哥拉號」的船長，我們變成了朋友，這船長是普利茅斯教會的教友，我們聊天很少談航海，反而常談論靈性方面的問題。他認為宗教信仰和道德應該是涇渭分明的，聖經上的教誨對他來說如同兒戲，唯一值得稱道的是其單純素樸的美感。他總說，讓所有人——不管是男人、女人或小孩——都信仰耶穌及祂所做的犧牲吧，如此一來，每個人的罪都能得到救贖。他讓我想起在普勒托利亞認識的那些普利茅斯教會的朋友。對這船長來說，凡是設下道德限制的宗教都不好，我吃

⑳ Urdu，巴基斯坦的國語，也是印度的二十四種規定語言之一。

㉑ Telugu，泰盧固語是印度安得拉邦的官方語言，屬於達羅毗荼語系，是印度憲法承認的語言之一。

㉒ Dravidian，達羅毗荼人，是南亞次大陸上以達羅毗荼語系的語言為母語的種族，人口超過兩億，多分布在印度南部，約佔印度人口的四分之一。

㉓ Hindustani，印度斯坦語又稱印地—烏爾都語，是語言學家對印度次大陸印地語和烏爾都語等語言的統稱，這些語言語法基本相同、有共同的基本詞彙。事實上，在英國殖民統治印度以前，印度斯坦語就是烏爾都語。

素也成為討論的主題。他問我為何不吃肉？吃牛肉又會怎麼樣呢？上帝創造低等動物，不正如同讓大地遍布植物一樣，是供人享用的嗎？這類問題毫無疑問總是將我們導向宗教性的討論。

我們誰也無法說服誰。我堅信宗教與道德是不可切割的，但船長卻認為他的想法才是對的。

船在海上航行了二十四天，這趟愉快的旅程即將結束，我在加爾各答下船，讚嘆胡格利㉔的美景。當天我便搭火車前往孟買。

第二十五章　回到印度

前往孟買的路上，火車在安拉阿巴德㉕停留四十五分鐘。我決定利用這段時間，開車在城裡逛逛，同時我想還得去藥局買些藥。藥劑師一副昏昏欲睡，慢吞吞配藥，結果當我趕到火車站時，火車已經開走了。站長很好心，原本還要火車等我一分鐘，但看我最後還是沒到，於是很小心地要人把我的行李從車上拿下來。

我在凱爾耐旅館先住下來，決定馬上開始工作。先前我便聽說過安拉阿巴德本地有份報紙叫《先鋒報》（The Pioneer），我知道這份報紙對許多印度人的夢想持反對意見。我記得當時的主編是小伽司尼先生。我一心想得到各個團體、黨派的協助，於是寫了張紙條給他，告訴他我陰錯陽差錯過了一班火車，想跟他約時間見面，這樣談完後我就可以搭第二天的火車離開。他馬上回覆約定的時間，這讓我非常高興，特別是我發現他給我相當充裕的會面時間。他答應只要我投稿，他的報紙一定刊登，不過他也表示，並不是所有印度人的訴求他都能給予支持，畢竟殖民者的意見、觀點也不能不當一回事。

我說：「你願意在貴報討論我們提出的問題，這就夠了。我所求的只是一點點本來就屬於我們的正義。」

那天我還去了三河交匯㉖處，欣賞三河交匯的壯美，同時計畫未來該做的工作。

這次與《先鋒報》主編的談話，埋下往後一連串事件的種子，這些事件造成我日後在納塔爾的挫敗。

我決定不到孟買，直接回拉傑果德，開始籌備寫一本關於南非情勢的小手冊，撰寫、出版這本小冊子約莫花了一個月，封面是綠色，結果大家都稱它「綠皮書」。我刻意淡化印度人在南非的情況，遣辭用字比起前面提過的兩本小冊子溫和得多，因為我知道聽來的事往往比親眼所見更容易誇大失真。

這本小冊子印了一萬份，分送給印度所有報社及政黨領袖。《先鋒報》率先發表社論，接著路透社把這篇文章摘要發送到英國，再由路透社的倫敦辦公室擷取這篇摘要的重點，轉發至納塔爾。最後的這篇電訊不超過三行字，行數雖短，卻誇大了我對印度人在納塔爾所受待遇的描述，我原文也不是那麼說的。稍後會再提到這事給納塔爾帶來的影響，這段時期每家有名的報社都熱烈評論此一問題。

㉔ Hooghly，印度東部西孟加拉邦的古城，原下孟加拉的首府。
㉕ Allahabad，印度北方邦的一座城市。
㉖ 印度教聖河恒河、亞穆納河和神話中的薩拉斯瓦蒂河，此三合匯流處在安拉阿巴德。

但想郵寄這些小冊子卻不容易，我得雇用人手包裝等等，我想這樣一來所費不貲，所以後來我想到一個更簡單的方法。我把附近的孩童集合起來，請他們不必上課的那幾天早上，撥出兩、三個小時幫忙送冊子，他們都願意幫忙。我答應要謝謝他們，於是把我所收集的舊郵票送給他們，當作獎勵。在大家同心協力之下，小冊子很快派送完畢。這是我第一次請小朋友當義工，其中兩個小朋友現在變成了我的同事。

此時孟買爆發了傳染病，人心惶惶。大家都擔心會波及拉傑果德。我想衛生方面我應該可以略盡棉薄之力，於是寫信給政府部門，有關單位也同意了，組成一個委員會，我便是其中一名委員，負責解決這個問題。我特別強調廁所的衛生，委員會決定檢查每一條街道的廁所。窮人對我們要檢查廁所都不反對，也都願意接受我們的建議，改進衛生。但當我們去拜訪有錢人家時，有些人家根本就不願讓我們進去，更別說會聽從我們意見，改進衛生狀況了。我們都覺得有錢人家的廁所更髒，大部分都是黑漆漆的、散發出惡臭，遍地污穢，還有蛆蟲在爬。其實我們提出的改善方式很簡單，放置桶子來盛裝排泄物，不要弄得滿地都是，尿液也是一樣用小桶子盛裝，不要讓它流到地上、滲入地面。另外把廁所中間的隔板敲掉，打掃的人才能夠掃乾淨。上等人家紛紛列舉各種理由駁斥，大部分人都沒有採納此一改進方式。

委員會也必須去看「不可碰觸者」（亦即不屬於種姓社會、最低下的賤民）住的地方，但只有另一個委員願意陪我去。大部分委員都覺得去看這種人居住的地方，未免太荒謬，怎麼還能去檢查他們的廁所？對我來說到他們的住處無疑是大開眼界，這是我生平第一次來到這種地方，這裡的男人、女人見到我們都很訝異，我告訴他們我們是來檢查廁所的。

他們訝異地喊道：「我們哪有什麼廁所！我們都是找空地就地解決的啦，廁所是給你們大人物用的。」

我問道：「好吧，那不介意我們參觀一下你們家吧？」

得到的回答是：「先生，非常歡迎。不用客氣儘管看吧，這種地方稱不上房子啦！我們只是挖個洞住進去而已。」

我走了進去，看到裡面的環境跟外頭一樣乾淨，覺得很高興。一進門的地方整理得很乾淨，地板齊齊整整地刷上牛糞，僅有的幾個罐子、盤子也都洗刷得閃閃發亮；這種地方根本不必擔心會有疫症爆發。

上等人家每一間房都有條溝槽，專供排水、排尿使用，可想而知屋子裡臭不可聞。我們在上等人家的房子裡看過一間廁所，我實在不能不在這裡形容一下，那戶人家，有個房間設一道溝槽當做廁所使用，廁所裡一條水管直通一樓。進到那間房間，那臭味真叫人無法忍受。究竟那間房的主人如何能在裡面入睡，就留給諸位讀者自行想像。

委員會也不忘去毗濕奴教的神廟檢查，這位掌管神廟的僧侶與我們家素有交情，於是同意讓我們進去檢查，聽我們提供建議。神廟有塊地方連他自己都沒去過，那裡靠近一座牆，是丟棄垃圾及拿來當餐盤的大葉子的所在，烏鴉會來此覓食，地上還有斷裂的風箏。廁所當然也很髒。因為我過不久就離開了拉傑果德，我不曉得後來這僧侶是否有真的大幅改善環境。

神廟本是供人朝拜之地，結果卻髒亂不堪，看了讓人痛心。這樣神聖的場所，人們會期待的是細心維護的清潔與衛生。那時我便明瞭，許多古傳書的作者最為看重保持內心及外在的乾淨。

第二十六章 兩樣熱情

就我所知，沒人比得上我對英國憲法的忠誠，現在我知道這份忠誠是源自我對真理的熱愛。對我來說，忠誠或其他美德都是發自內心，很難以外力鞭策而得。我在納塔爾舉行的集會上，大家都會唱國歌。我並非不知道英國統治有其缺失，但整體說來還是可以接受的，那時我認為，英國統治對被統治者來說是有好處的。

我認為我在南非看到的種族歧視，是與英國傳統相悖的，我也相信那是個別地區的暫時現象。我跟英國人一樣效忠於國王，並且花上雙倍心力學唱國歌，此後不論何時有人唱國歌，我一定跟著一起唱；任何時候只要有簡單表達忠誠的機會，而非裝模作樣或矯飾誇大，一定少不了我。

但我這一生從未想藉由這份忠誠獲取額外的好處或謀求一己私利，毋寧說我是發自內心盡我的義務，不求任何回報。

我回到印度時，正巧碰上慶祝維多利亞女王登基六十週年的籌備工作開始，拉傑果德當地的委員會請我擔任委員，我接受了，但不免懷疑慶祝活動可能只是做做場面而已，後來我發現這當中花招百出，少不了欺上瞞下之事，內心非常難受。我反問自己是否要繼續留在委員會？最後還是決定做好自己分內的工作。

其中有項提議是廣植樹木，我發現很多人種樹是為了場面好看、討好官員而已，於是我試著跟他們講理，告訴他們這不過是建議，並不是非做不可的事，若真要種樹，就得善加規劃，否則倒不如別做。我還記得這話一說出來就受到他們嘲笑，我也記得我細心灌溉、照料分配給我的樹木。

我教家裡的孩子唱英國國歌，也教本地的大學生唱過，只是記不清楚是在慶祝女王即位六十週年，還是愛德華七世加冕為印度皇帝的場合上唱過。之後有幾行國歌的歌詞讓我越聽越覺得不對。因為「不殺生、非暴力」的概念已經逐漸在我心中成形，我對自己的想法、言談也越發謹慎了。這幾句歌詞是這麼說的：

大殺四方，殺得敵人片甲不留，讓他們日子動盪不安，奸計無由得逞。

這幾句話與「非暴力」的想法背道而馳。我把我的想法跟布斯博士分享，他也認為這幾句歌詞不適合信仰和平的人唱。我們怎麼能斷定敵人就是壞蛋？就因他們與我們為敵，就一定是錯誤的一方嗎？我們有求於神的只是正義而已。布斯博士完全能體會我的感受，也贊同我的看法，還為他的教眾編了一首新的國歌。我之後還會再多加敘述布斯博士的事。

我的天性除了忠誠，還有照顧他人的傾向，我喜歡照護別人，不論這人是朋友還是陌生人。

我在拉傑果德時除了忙著編寫介紹南非的小冊子，也把握機會去了孟買一趟。我打算針對南非的情況在印度本地進行公民教育，組織集會，而孟買便是我選擇的第一個城市。首先我去見蘭納德法官㉗，他仔細聽我的意見，勸我去見費羅傑夏・密赫塔爵士，後來我又去見巴卓定・泰步吉法官，他也給我同樣的建議：「蘭納德法官跟我不是不幫你，不過你應該瞭解我們的立場，不方便太過介入公眾事務。但我們心裡是支持你的。你可以去找費羅傑夏・密赫塔爵士，他可以幫你。」

㉗ Mahadev Govind Ranade，印度法官、學者、社會改革家及作家。

我的確想去拜訪密赫塔爵士，這些在社會上已有名望的人都力勸我去尋求他的意見，他對大眾的影響力可想而知。不久我跟他見了面，見面前心想他可能令人望而生畏，畢竟我聽過許多讚揚他的頭銜，如「孟買之獅」、「無冕君王」等等。不過這位「君王」卻沒有嚇到我，他就像一個慈愛的父親迎接長大成人的兒子回家，我們在他的房間裡會談，房裡還有一群他的朋友及仰慕者，他介紹我認識瓦恰先生及凱瑪先生，早先我便已聽過瓦恰先生的名號，他被公認是密赫塔爵士的左右手，維爾昌・甘地告訴過我，他是統計專家。瓦恰先生對我說：「甘地，我們一定得再見面仔細談談。」

彼此自我介紹僅花了兩分鐘，密赫塔爵士專心聽我說話，我告訴他我已經見過蘭納德及泰步吉法官，他說：「甘地，我想我得幫你。我會出面召開一場集會。」然後他轉過頭去交代祕書，要他排一個有空的時間。當場敲定時間後，他要我先回家，叫我集會前一天再去找他。這次會面消除了我的恐懼，我高興地返家。

這次到孟買我還去探望姊夫，他正臥病在床。他的經濟情況不是很好，我姊姊也不長於照料。他病得不輕，我提議帶他回拉傑果德，姊夫本人同意了，於是我帶著姊姊、姊夫回家。姊夫的病拖得比我預期的還久。我讓姊夫住我的房間，日夜都陪伴著他，有時為了照顧他，半夜仍不得休息，還得一面彙整即將出版的小冊子的資料。姊夫最終仍然死了，但能夠在他臨終前一段時間照顧他，讓我深感安慰。

我照顧人的能力慢慢變成了熱情，甚至有時影響到我的本業，後來我還叫我太太甚至全家人都加入照顧人的行列。

除非那個照顧的人能從中得到樂趣，否則照料本身是沒什麼意義的；假使某人照顧他人只是為了博取名聲，或畏於人言不得不做，那麼這工作會讓他崩潰。如果不是帶著欣喜的心情去做，這類服務對照顧者及被照顧者都沒好處；相反地，倘若能帶著喜悅的心情服務他人，世間一切樂趣、財富都比不上為人服務的樂趣。

第二十七章　在孟買召開的集會

我姊夫去世當天，我得趕到孟買去找參加集會。我實在沒有時間構思演講稿，那些天日以繼夜的照料讓我無法闔眼，我早已筋疲力竭，連嗓子都沙啞了。但我仍趕到孟買去，準備將一切都交託給神，我根本沒想要把演講稿寫出來。

費羅傑夏・密赫塔爵士要我集會前一天去找他，於是我下午五點到他辦公室去見他。

他問我：「甘地，你的演講稿好了嗎？」

我害怕到有些發抖，回答道：「還沒有，先生，我想到時候即席發言。」

「這種做法在孟買是行不通的。如果這次集會我們想有所斬獲，你就得把演講稿先寫出來，還必須在明天早上印出來。你應該沒問題吧？」

我很緊張，不過仍然說我會盡力一試。

「那麼，你說祕書什麼時候可以去跟你拿稿子？」

「今晚十一點。」

第二天到了集會現場，我才明白密赫塔爵士的建議確實有理。集會是在傑翰吉爾爵士的研究院的大廳裡舉行。先前已耳聞，凡能邀到密赫塔爵士蒞臨的集會莫不擠得水洩不通，大多是慕名而來、想聽他演講的學生。這是我第一次參加這類集會，我也發現我的聲音太小，只有少部分的人聽得清楚，開始唸講稿時還有點發抖。密赫塔爵士一直為我打氣，不斷提醒我再大聲一點。不過我覺得對我來說這非但不是鼓勵，反而還讓我越講越小聲。

我的老友德希潘律師想替我解圍，於是我把講稿交給他，他的音量恰到好處，但台下民眾不願意聽，眾人高聲叫著：「瓦恰㉘！瓦恰！」瓦恰先生只好站起來唸完講稿，效果出奇的好。聽眾不再叫囂，安安靜靜地聽完，聽到關鍵處報以掌聲，或是出聲喊道：「可恥！」來為這篇演講下註解。為此我感到很高興。

密赫塔爵士也喜歡這篇演講，我真是高興極了。

這次演說讓德希潘及另一位帕西族朋友想積極幫助我，後者的名字我不想公布，因為他現在在政府擔任要職。兩人都表達陪我去南非的決心。科薩吉先生那時是小案訴訟法庭的法官，力勸這位帕西朋友別去，因當時這位朋友正打算結婚，他得在去南非跟結婚兩者中間選擇，最後他選擇了結婚。不過他為這次失信做了補償，他太太的一群姊妹之後也貢獻心力努力織布㉙，所以我很欣慰地原諒了這對夫妻。德希潘當時沒有結婚的打算，不過最後他也不克陪我前往南非。現在他也為這次食言做了彌補。在我返回南非的路途上，我在桑吉巴遇到了泰步吉法官的家人，他先前也答應要幫我，但始終沒來，不過後來阿巴斯・泰步吉先生為此也以行動補償。總之我試圖找這三位律師陪我前往南非，最後都失敗。

我想起了巴斯敦濟・帕滋夏先生，我在抵達英國後跟他熟稔起來，還記得第一次見到他是在倫敦一家素食餐廳。那時曾聽人提起帕滋夏先生的哥哥是個怪人，我未曾見過他，但聽朋友們提起過他不少怪異的舉動，包括因為同情馬匹的辛勞，從不肯乘坐馬車；具有超凡的記憶力卻不肯拿學位，具備充沛的獨立精神；雖然是個拜火教徒卻吃素等等。巴斯敦濟不如他哥哥這麼有名氣，但即使在倫敦這樣人文薈萃之地，他的博聞強識也是相當出名。不過我跟他之間的共通點在於素食而非學識，後者我是遠遠不及他的。

我在孟買又碰到他，他是高等法院的首席書記官，那時他正在編纂高級古吉拉特語字典。我為了推動南非的工作，每個朋友都求遍了，但巴斯敦濟不但不肯幫忙，還勸我別再回南非去。

「我不會幫你的，我根本不贊成你回南非。難道你在自己國家找不到該努力的事情嗎？你看，光語言方面該做的事就很多，我得找出科學用語，而這不過是其中一件。想想這國家的人民有多窮，當然在南非的印度人也的確處境艱難，但我實在不希望像你這樣的人才完全奉獻在那些工作上。我們應該一起在這裡爭取自治，幫助自己的同胞。不過我知道自己說服不了你，但我也絕不會勸任何跟你一樣的人加入你的行列。」

這樣的意見聽來逆耳，不過卻讓我對巴斯敦濟卻更加敬重。他對國家及母語的愛令我讚佩不已，我們也因此更加親近。我能理解他的觀點，但這次談話讓我下定決心要做好南非的工作。真正愛國的人，是不會輕忽任何能為祖國奉獻的工作，而對我來說，梵歌裡提到的訓示就像暮鼓晨鐘一般：

做好本分的工作，即使失敗了也無話可說；
若是不屬於自己分內之事，再了不起也不值得讚揚。
為職責盡忠而死絕非罪過，
只有半途而廢、另謀出路的人徬徨終日、不知所依。

㉘ Sir Dinshaw Edulji Wacha，孟買出身的印度政治家，印度最主要兩大政黨之一的國民大會黨的創始人之一。
㉙ 日後甘地發起的不合作運動中，其中的一項精神是「不與英國殖民者合作」，具體實踐內容包括不穿英式服裝、自己紡紗織布等。

第二十八章 浦那和馬德拉斯

密赫塔爵士替我打點好許多事，讓我的工作更順利。我便從孟買前往浦那，此處主要分成兩派，不過不管對方的立場為何，我需要每個人的協助。我先去見廣受尊敬的群眾領袖——提列克先生。

他說：「你知道要尋求各方的幫助，這點是很對的，因為在南非的事務上大家應該是沒有歧見的。不過你應該要找一位不屬於任何黨派的人來當主席，去找班達可教授吧。這一陣子沒看到他參加公眾運動，不過他或許會對這件事感興趣，你去找他，再來告訴我他說什麼。我會盡一切力量幫你的忙，你什麼時候想來找我都可以，我任你差遣。」

這是我第一次跟他見面，我想他備受歡迎、尊崇不是沒有原因的。

於是我去拜訪戈克立先生，我在浦那大學法學院裡找到他，他熱切地接待我，我隨即對面前這個人產生好感和敬佩。這是我第一次見到他，但我們兩人一見如故。如果說密赫塔爵士如同喜馬拉雅山一般高峻，提列克先生有如海洋一樣遼闊，那麼戈克立先生就像是恆河，是凡人皆可沐浴其中的聖河，喜馬拉雅山高不可測，海洋的廣大無邊令人膽怯，只有恆河對所有人敞開胸懷。只要小舟一隻、槳櫓一把，就可泛遊其上，多麼愉快啊。戈克立先生仔細打量我一遍，就像校長打量一位想要申請入學的學生一樣，然後他告訴我該去找誰幫忙，該怎麼找到他們。他要求看我的講稿，還帶我參觀學院，跟我說他願聽候我差遣，吩咐我記得告訴他跟班達可教授會面的結果。我歡天喜地地離開了。無論是他還在世時或是直到現在，戈克立先生身為一位政治人物，在我心中的地位都是無可比擬的。

班達可教授則像父親一樣迎接我。我在中午時分去見他，這位性格堅毅的大學者看到我如此疲於奔走，連中午也不休息，深為動容，當他聽到我想找一名沒有黨派立場的人擔任集會主席，立刻表示贊同，連聲說：「這樣做沒錯！沒錯！」

聽完我的說明後，他對我說：「所有人都會告訴你我不再介入政治，但我無法拒絕你。你的論點很有力，看你一心一意為這件事奔走讓我很感佩，我覺得我必須參與集會。你知道要先去找提列克及戈克立商量，這一點做得很好。請代為轉告他們：既然這場集會是在他們兩位能人的加持之下召開，我願意擔任集會的主席。你也不必來問我何時開會，只要是他們有空的時間，我隨時奉陪。」我臨走前，他恭喜我此事初成，祝我一切順利。

在這些忘我無私的大學者傾力相挺下，我們在浦那選了個小地方，召開了一場集會。這次集會的結果令我高興，也讓我對自己的任務更具信心。

接著我到馬德拉斯去，當地民眾相當熱烈地歡迎我，這些參加集會的人都對巴勒桑德潤的案子印象深刻。我的講稿已先印了出來，在我看來是長長的一篇，不過聽眾們都聚精會神地聽，集會將近尾聲時，照例拿出「綠皮書」來賣，我帶了一萬本第二版修訂版本過去，書像剛出爐的麵包一樣接二連三售出，不過我也發現其實不需要印這麼多。因為我滿腔熱情，過於高估民眾的需求，沒考慮到我的聽眾只限於會說英語的人，而馬德拉斯說英語的人口還不到一萬人。

期間最大的幫助來自如今已故的律師皮列先生，他身兼《馬德拉斯報》編輯。他仔細研究過南非的問題，常邀我去他辦公室，給我種種建議及指導。《印度報》的律師蘇博曼尼罕先生及另一位同姓的蘇博曼尼罕博士也很支持我，皮列先生則是將《馬德拉斯報》的專欄交給我，全權交由我支配。就我記憶所及，前面提到在馬德拉斯大學帕查葩學院大廳召開的集會，便是由蘇博曼尼罕博士主持。

我所遇到的大多數朋友都對我關切有加，也十分有熱忱解決南非的問題，所以儘管我跟他們溝通都得用英語，依舊感到無比自在。世上有什麼障礙是愛不能打破的？

第二十九章 「速歸」

離開馬德拉斯後，我趕往加爾各答，立刻發現自己碰到許多困難。首先我在那裡誰也不認識。於是我住進大東方旅館。在這裡我認識了《每日電訊報》的代表艾勒索波先生，他邀我去「孟加拉俱樂部」，他就住在那裡，但他沒想到印度人被禁止進入俱樂部交誼廳。被拒之後，他帶我去他房間，向我表示他為本地英國人的種族歧視感到難過，也請我原諒他不能帶我去交誼廳。

當然，我也得去見芭那吉先生㉚，他被譽為孟加拉的精神領袖。我去找他時，幾名朋友簇擁在他身邊。他對我說：「你的工作恐怕無法引起大家的興趣，你應該也看得出我們這裡的問題不少，不過你總得盡力試試。你最好取得王公們的同情，還有你得去找英屬印度協會的幾位代表，另外像是穆卡吉親王跟太格爾王公，你也得去拜會。他們兩位都很開明，也很樂意從事公眾活動。」

我登門拜訪了這幾位人物，但都徒勞無功，兩個人都不大搭理我，只說想在加爾各答召開公眾集會可不容易，如果真打算舉辦的話，還是得靠芭那吉先生才行。

我領悟到動員工作越來越困難，於是前去造訪《瞭望經濟日報》辦公室，那裡的人大概把我當成了無家可歸的猶太人；後來又去了《孟加拉人報》，情況更糟，編輯讓我空等了一個鐘頭。他的確有很多訪客，他一一見過這些人後，卻連正眼也不願看我一眼。後來我只好鼓起勇氣，開門見山表明來意，他卻回我道：「你沒發現我們這裡忙到一刻也不得閒嗎？像你這種訪客多到我簡直處理不完，你還是走吧。我沒空聽你說話。」乍聽之下我很生氣，但很快就明瞭編輯的處境。我聽說過《孟加拉人報》的聲譽，訪客確實川流不息，幾乎毫無間斷，這些人都是他們熟識的朋友，他們報紙的確不缺題材，加上當時並沒有很多人清楚南非的問題。

無論當事人覺得自己的煩惱有多迫切，對主編來說，他都不過是眾多闖入辦公室的訪客之一，試問編輯如何能一一面談呢？此外，受委屈的人往往以為主編具有相當大的權力，但其實只有主編自己明白，他的權力範圍僅限於在辦公室內而已。跨出辦公室大門，他不過是個普通人。但我並不氣餒，我又去找了其他家報社的主編，一如往常，我也與同時有英、印背景的編輯會面。《政治家報》及《英國人報》都瞭解這問題的重要性，我跟他們會談了相當長一段時間，他們也將訪談內容全文刊登。

《英國人報》編輯桑德斯先生把我當自己人，讓我有權對辦公室及報紙下達命令，甚至准許我修改他針

㉚ Sir Surendranath Banerjee，是英國殖民印度時期早期的主要政治領袖之一。

對南非問題撰寫的社論，校樣一出來就先給我過目。如果說我們培養了友誼，這話一點也不誇張；他承諾會盡力協助我，事實上也的確做到了。在我離開後，我們仍持續通信，直到他病篤為止。

我這一生得到許多類似這樣寶貴的友誼，友情的種子往往在無意中拾得。我想桑德斯先生應該是看重我樸實的作風、追求真理的精神吧。他在表明支持我的作為前，反覆詰問我對南非議題的看法，發現我提出的見解是經過長期縝密思考的公正見解，即使面對南非的白人也盡量做到不偏不倚。

我的經驗告訴我，若想讓別人公正對待你，最好的方式是先公正待人。

桑德斯先生出人意料地帶給我莫大幫助，對我來說是一大鼓勵，我不禁要想或許我有辦法在加爾各答召開一次公眾集會，但這時德班發來了一封電報，上面說：「國會一月開議，速歸。」

我只好寫一封信給報社，解釋我為何得馬上離開加爾各答，並啟程前往孟買。出發前，我拍了一通電報，請達達・阿布達拉公司在孟買的辦事處替我買第一班前往南非的船票，結果碰巧的是達達・阿布達拉公司當時剛好買了一艘命名為「庫爾蘭」的汽船，並且堅持要我帶我家人搭這艘船前往，而且完全免費。我滿懷感激地接受了這項提議，於是十二月初我第二度前往南非，帶著我妻子、兩個兒子及我寡姊的獨子；另一艘汽船「納得利」也同時駛往德班。兩艘船全部乘客約有八百人，其中一半的人是前往德蘭士瓦。

第三部

第一章 不平靜的旅程

這是我第一次跟妻子及小孩一道遠行。在我開始動手寫這本書時，我發現因為印度中產階級盛行讓孩子在年幼時結婚，而丈夫大多識字，妻子則多半隻字不識，夫妻之間橫亙著一道巨大鴻溝，丈夫必須充當太太的老師。我也不得不替我的妻子及孩子設想：他們該穿什麼衣服、該吃什麼食物，到了新環境後，行為舉止該如何表現等等。現在回想起那段時間讓人不禁莞爾。

印度妻子生命中最高的信仰就是對丈夫千依百順，印度丈夫則以太太的主人（甚至神明）自居，要求太太隨時隨關注、照顧自己的需要。

在我寫這一章時，為了讓我們一家人看起來更文明，在衣著、禮節上都盡可能接近歐洲的標準，我認為唯有這樣，別人才會尊敬我們，也唯有先獲得這些人的敬意，才能夠替他們服務。

於是我替太太及孩子決定了穿著，我不希望他們看起來就是來自卡提瓦德的吠舍階級①。我想到帕西人是印度人當中，被公認最文明的一個族群，加上考慮到完全採納歐洲的穿著風格恐怕也不可行，我想乾脆就模仿帕西族的風格吧。所以我要妻子穿上帕西族的「紗麗」，孩子們則穿上帕西式的外套、褲子；此外鞋襪是一定不能少的，我太太、小孩花了好長時間才適應這一點。他們覺得腳掌在鞋子裡動彈不得，腳汗薰得襪子臭烘烘，腳趾也痠疼不已；但對此我總有一套現成答案應付他們，只是我總覺得他們願意順從，不是因為答案有理，而是因為我在家裡的地位。他們別無選擇，只能同意改穿這些服裝。儘管有更多不情願，他們也以同樣的忍耐精神學習使用刀叉；但後來當他們察覺到我對這種文明行事的短暫迷戀消退了，就馬上不再使用刀叉。好不容易才適應新方式後，又要回復原來的行事方法，其實是同樣麻煩、惱人的；但我現在已經明白，捨棄代表文明的華麗虛飾，能讓我們更加輕鬆自在。

同一艘船上的部分乘客是我們的親戚或熟人，我常在船上四處走動，和親戚朋友及甲板上的乘客攀談。

由於這艘船直接駛往納塔爾，中途不停靠，這趟旅程只花了十八天就抵達。但不知是否為了要警惕我們未來在南非前途堪憂，抵達目的地的前四天，突然颳起了大風。十二月是南半球的夏季，常颳季候風，因此這段時間行經南方海域時，大大小小的風是免不了的。但我們遇上的這場暴風既猛烈又久久不停，所有乘客都開始驚慌。這是嚴肅的場面，危難當前，大家變成了命運共同體，穆斯林教徒、印度教徒、基督徒都忘記了彼此之間的差異，一心向宇宙間唯一的神禱告。有些人向神立下誓願，連船長也加入禱告行列。雖說這場暴風有其危險，但船長跟乘客們保證，他遇過情況更嚴重的風雨，其實只要船身建造堅固，什麼天氣都不用怕。但沒人聽得進這些話，撞擊聲此起彼落，每一個聲響都代表船上可能撞出破洞，恐怕會進水。船隻劇烈搖晃、顛簸，感覺隨時可能沉沒，沒人能夠待在甲板上，每個人都喃喃說著：「請神保護我們。」就我記憶所及，這場磨難大概持續了二十四小時，最後總算雨過天晴，陽光普照。船長宣布這場風暴過去，大家才露出燦爛的笑容。既然危險遠離了，也就不必再呼喚神或上帝了，於是每個人又開始吃吃喝喝、唱歌、找樂子，照舊過著以前的生活。既然不必懼怕死亡，短暫的虔心祈禱就會被「幻影和妄想」②取代。當然伊斯蘭教徒

① 亦即種姓制度第三階層，此階層多從事農、工、商等。

② Maya，印度哲學與印度宗教中相當重要的概念，具有多重意思，難以準確翻譯，略等同英文的「妄想」、「幻影」之意。

仍舊會喃喃禱唸著「納瑪茲」③，其他教徒也照常禱告，不過那種生死存亡關頭的慎重莊嚴已不復見。

這次的風暴使我跟其他乘客有更緊密的連結。我不大怕風暴，因為我之前有過類似的經驗。我在海上稱得上適應良好，不會暈船，所以儘管風浪來襲，我也能在乘客之間穿梭，給他們安慰、為他們打氣，順便傳達船長的即時天氣報告。日後證明我在船上培養出來的友誼歷久而彌新。

十二月十八（或十九）日，兩艘船同一天抵達德班港。

但真正的風暴才正要開始。

第二章　政治風暴來襲

前面提過這兩艘船在十二月十八日左右駛抵德班港，這段時期抵達南非各港口的船上乘客都必須先做徹底的身體檢查才可登岸。只要這艘船上有一名乘客罹患傳染病，整艘船都必須隔離一段時間。由於我們出發那段時間，孟買正有疫病流行，我們都很怕必須短暫隔離。在做身體檢查前，每艘船都須高掛黃旗，要等醫生宣布沒事後才可以降下，到那時乘客的親戚、朋友才能上甲板探視。

因此我們船也得掛上黃旗，等醫生來檢查確認。他宣布我們船須隔離五天，因他認為鼠疫病菌最長可活二十三天，所以我們船從離開孟買開始起算，必須再隔離五天直到二十三天期滿才算安全。不過這道命令背後不只是健康理由這麼簡單。

德班的白人居民聽說我們又回來，業已鼓噪一段時間，這才是隔離命令真正的原因。達達・阿布達拉公司會定期告知我們這裡發生的事，因此大家都知道白種人天天舉行大型集會，同時對達達・阿布達拉公司時而威嚇、時而利誘，甚至願意全額賠償公司的損失，只要能讓這兩艘船駛回印度。不過達達・阿布達拉公司並不那麼容易屈服，哈吉・亞當希斯是當時的負責人，他決意不惜任何代價讓船停泊靠岸，讓乘客通通上岸。除了他每天寄信給我，更幸運的是如今已故的納扎先生當時正在德班，因此也來跟我會面。他既具膽量又有才幹，是當地印度社群的領袖。他們的律師拉夫頓先生也是有膽識的人，他雖是付費聘雇的律師，卻是印度人真正的朋友，在譴責白人的作為之餘，給予當地印度人明智的勸告。

就這樣德班變成了敵眾我寡的敵對場面，一方是一小群印度人及為數不多的英國朋友，另一方則是為數眾多的白人，教育程度高、經濟情況良好，並且有武裝力量，畢竟政府站在他們這邊，納塔爾政府明目張膽地支持他們。艾司寇比先生是內閣最具影響力的閣員，公然參加這些人的集會。

因此可以說這次隔離是以恐嚇達達・阿布達拉公司及乘客的方式，變相逼迫船上乘客返回印度。後來乾脆對我們明講：「如果你們不回去（印度），我們就把你們扔近海裡。但若你們同意回去，船資我們可以通通賠給你們。」我不斷地鼓勵同船乘客，也不忘安慰「納得利」乘客。每個人都以平靜、勇敢的態度面對難關。

③ Namaz，《可蘭經》中的禱告詞。

我們在船上安排各種娛樂活動供乘客消遣，聖誕節那天船長還請客艙所有乘客吃晚餐，我跟我家人是座上賓。餐後我發表了一篇演講，講的是西方文明，我知道這場合不適合發表嚴肅的演說，但除此之外，我還能說什麼？表面上我跟大家一同歡樂，但其實我的心跟德班的人一齊奮鬥，因我才是真正的目標。控訴我的罪名有二：我在印度時無端誹謗納塔爾的白種人；我故意帶這滿滿兩船的印度旅客來納塔爾定居。

我清楚知道自己的責任，我知道達達・阿布達拉公司因我的緣故面臨嚴重的風險，而且這些乘客都將有性命之憂。此外，我這次攜家帶眷，家人跟我在一起也很危險。

但我並無策動此事，我從未鼓動任何人來納塔爾，剛登船時除了少數幾個親戚，大半的乘客我都不認識，也不曉得他們的姓名或地址。我在印度時提到有關白人的事，都是先前在納塔爾時便已說過，關於這一切我有充分的證據，足以證明句句屬實。

因此我對納塔爾的白人代表的、擁護的文明深感悲哀，他們今日的作為便是這種文明造成的。長久以來我心頭縈繞著有關這種文明的想法，於是在船上的小聚會上便直接說了出來。船長及其他朋友都耐心聽我說完，也接受了我的說法。我不知道這席話有否對他們往後的人生造成影響，不過後來我又跟船長及其他官員談過西方文明。我提到西方文明與東方文明不同，主要奠基於武力，他們紛紛質疑我的看法，但他們的質問只讓我信念更堅定而已。其中有一位（我記得是船長）跟我說：「如果白人的威脅不只是口頭說說而已，你的非暴力原則又有什麼用？」我回答道：「我希望神給我足夠的勇氣及理性寬恕他們，這樣我就不會跟他們法庭上見。我並不是對他們生氣，我只是為他們的淺薄、無知感到難過。我也知道他們真心覺得自己的所作所為完全恰當，所以我沒道理跟他們生氣。」

質問我的人們都露出微笑，可能是不以為然吧。

就這樣一天拖過一天，沒人知道何時隔離期才會結束，原先負責隔離的官員說這案子已不由他負責，只要他一接到政府命令，就會讓我們登岸。

每個船上乘客都拿到最後通牒，上面說若想保命，只有投降一途；但我們眾口一詞，堅持我們有權利在納塔爾港上岸，重申我們非進入納塔爾不可的決心。

二十三天期滿，兩艘船都獲准進入港口，准許乘客上岸的命令也批下來了。

第三章　一大考驗

船隻開進船塢，乘客也開始登岸了，但艾司寇比先生叫人傳話給船長，表示白人對我氣憤難消，我和我家人最好還是等薄暮時再登岸，屆時請港口經理達坦先生護送我們回家。船長轉告此話給我，我同意這麼做。但半小時後，拉夫頓先生過來找船長，說：「我想帶甘地先生回去，如果他不反對的話。我是這家公司的法律顧問，我可以告訴你艾司寇比的話也不是非聽不可。」說完他便來找我，大概是說：「如果你不怕的話，我建議尊夫人及令公子可以先坐車去羅斯坦濟的住處，你跟我就用走的跟在後面。我不喜歡你像賊一樣晚上偷偷摸摸進城，我也不信會有人敢傷害你。事情大致平靜了，白人都散了，總之我覺得你不該偷偷摸摸進城。」我馬上同意了，我的妻子和孩子坐車前往羅斯坦濟先生家，而我也在船長同意之下，跟拉夫頓先生一起上了岸，羅斯坦濟的住處離港口約兩哩遠。

我們一上岸，就有幾個年輕人認出我，大喊：「甘地！甘地！」另外又有五、六個人衝過來一起喊，拉夫頓先生怕人越聚越多，趕緊叫了一輛人力車來。我一向不喜歡搭人力車，這是我生平第一次搭。但年輕人不讓我坐進車內，恐嚇那個小車夫，他受到驚嚇連忙拉著車走了。我們只有繼續前行，但人潮越聚越多，最後堵住路，我們無法再往前走。他們先抓住拉夫頓先生，把我們隔開，接著對我丟擲石頭、磚塊、臭雞蛋等。有人搶走我戴的頭巾，有人開始對我拳打腳踢，我感到一陣暈眩，趕緊伸手抓住房屋前面的欄杆喘口氣，但根本不行，他們又衝過來揍我、甩我耳光。這時一名警長的太太正巧路過，我們是認識的。她很勇敢，打開陽傘屏護我，同時擋開群眾。暴民的憤怒稍稍平息了下來，他們要打我就會傷害到亞歷山大夫人，只好罷手。

有個印度青年看到這起事件，跑去警察局報案，警長亞歷山大先生叫一群警察來把我圍在中央，好護送我到目的地。他們及時趕到，我們往前走，沒多久就經過警察局，警長要我在裡面躲避一下，我謝謝他的提議，但還是婉拒了。我說：「等他們瞭解到自己犯的錯，自然會安靜下來。我相信他們不會不講道理。」於是在警察護送下，我安然抵達羅斯坦濟的住處。我全身上下都是傷，但只有一處擦破了皮。船醫達狄巴嘉先生也在場，費心為我處理傷口。

現在裡面很安靜，但房屋外頭被白種人圍住了。天色已晚，叫囂的群眾仍在喊著：「叫甘地出來！」眼尖反應快的警長已經到了現場，試圖控制住場面，但他不是用威嚇，而是努力安撫群眾的心情。其實他不是不擔心，叫人傳話給我，意思是說：「若你想保全你朋友的房子跟你的家人，你就聽我的話喬裝離開這裡。」

這天我面臨了兩種人生的矛盾情況：一是當危險只存在於想像時，拉夫頓先生勸我不要躲閃，正面應對，我同意了；一是當危險真的逼近時，另一位朋友給我相反的勸告，我又同意了。誰能確定我這麼做是因為發現自己的性命陷入危殆，還是因為不希望朋友的房屋受損，亦或不願妻兒有性命之憂？誰能肯定地說，不論是正面對付或喬裝潛逃，這兩件事我都做對了？

事情已經發生，再判定是對還是錯並沒有多大意義。不過瞭解事情真相、盡量從中記取教訓卻是有益的。想確定某人在某種情況下會採取何種行動並非易事，而單從某人表現於外的行為判斷某人的性格，也是有待商榷的推斷，畢竟證據不充分。

無論如何，準備逃亡讓我暫時忘了身上的傷。警長建議我打扮成印度籍警官的模樣，頭上用馬德拉斯圍巾纏繞一塊板子當作是頭盔。兩個警察跟我在一起，其中一名把臉塗黑，喬裝成印度商人，另一人扮成什麼我忘了。我們抄小路走近附近一家商店，穿越倉庫裡堆積的麻袋，再大搖大擺從店裡的大門走出來，穿過人群，走到街尾，那裡有輛馬車等著我。我們坐上馬車，先到之前亞歷山大先生勸我暫避風頭的那間警局，我要向那兩位警察致謝。

就在我這般逃命時，亞歷山大先生編了一首歌作弄群眾：把老甘地啊，吊在酸蘋果樹下。

當他得知我已安然抵達警局，便告訴群眾說：「好啦！你們要對付的人現在已經從附近一家店裡逃出去，你們還是回家去吧。」一些人聽了很生氣，也有人笑出來，還有些人不信，認為他在騙人。

「好吧，」警長這麼說：「你們要是不信我的話，就派一兩個代表出來，我帶他們進屋裡看看。要是他們能夠找到甘地的話，我二話不說把他交給你們；但要是他們沒找到，你們就要解散。我知道你們不想毀掉羅斯坦濟先生的房子，也不想傷害甘地先生的妻兒。」

於是群眾派了代表進去屋裡搜，代表們很快出來宣布令人失望的消息，最後這群人散開了，大部分人都對警長的處理手腕讚譽有加，也有少數人十分不快。

已故的張伯倫先生當時是英屬殖民地的國務大臣，發電報要納塔爾政府逮捕這些鬧事的人、將他們送交法辦。艾司寇比先生把我叫去，表示見到我受傷很遺憾，還說：「請相信我，你受到一點點的傷都讓我難過。本來你有權決定接受拉夫頓的提議，面對最壞的情況，但我可以肯定，如果你當初聽我的話，這些讓人難過的事情就不會發生。現在你若能指認打你的人，我會叫人逮捕他們，移送法辦，張伯倫先生也希望這麼做。」

我的回答則是：「我不想要你們逮捕任何人。雖然我應該可以認出其中一、兩個人，不過懲罰他們又有什麼用？更何況，我也不怪打我的人。他們是誤信報導，以為我在印度造謠誹謗納塔爾的白人。如果他們相信報上的話，生氣是理所當然的。恕我直言，這件事領導人跟你該負責任。你原本可以勸導這些人，但其實你也相信路透社的報導，以為我誇大其詞。我不想怪任何人，但我可以肯定的是，一旦大家知道真相，必定會對今日的行為感到後悔。」

艾司寇比先生說：「你願意給我一份書面說明嗎？因為我得回電報給張伯倫先生。但我不希望你太倉促，如果願意的話，你可以先跟拉夫頓先生或其他朋友商量過再寫。不過我坦白跟你說，如果你肯放棄控告打你的人，我就可以早些讓此地回復平靜，你的聲望也會因此提升。」

「謝謝你。」我說，「我不需要跟誰商量。在我來見你之前，我就已經決定了。我確信不應控告攻擊我的人，現在我就可以寫成報告。」

說完後，我便把他要的聲明寫寫給他。

第四章　風暴過後的平靜

前面提到我在警察局待了兩天，艾司寇比先生派人找我去談話。兩名警官陪我去，儘管沒必要如此謹慎。船頭黃旗降下、大家終於上岸那一天，《納塔爾廣告報》一名代表來訪問我，問了幾個問題，我在回答時針對不實控訴一一駁斥，這都得感謝費羅傑夏・密赫塔爵士的建議，我在印度所做的演說均有書面稿，這次來納塔爾我隨身攜帶這些講稿及其他文章，於是我拿出稿子給這名代表看，證明我在印度所說的話，早先在南非時便已提過，用語還不及在南非時強烈。我也向他證明，「庫爾蘭」號及「納得利」號船上的乘客並非出於我慫恿才來的，當中許多乘客都是久居南非的居民，大多數也不是來納塔爾，而是準備去德蘭士瓦的。那段時期，德蘭士瓦提供更優越的條件給追求財富的外鄉人，因此大部分印度人都喜歡去那裡。

這次訪談記錄以及我決定不控告打我的人，給德班的歐洲人留下深刻印象，許多人都對自己的行為感到羞赧。不少報紙說我是無辜的，譴責暴徒。這次暴力衝突反而成為對我有利的事，對我們的大業也有助益。待在南非的印度人聲望因而提高，我要推行的工作也變得順利。

三、四天後我就回到自己的住處，沒多久我安頓下來，這次的事件也讓我律師事務的業績成長。但假如說這次事件提高印度同胞的聲望，同時卻也加劇了種族偏見。一旦證明印度人也能從事英勇的戰鬥，他們就成為危險人物。此時立法院提出兩項法案，其中之一將對印度商賈造成不利影響，另一項則是提出嚴苛的條件限制印度人入境。唯一值得慶幸的是，之前選舉權問題鬧得沸沸揚揚，但反對印度人投票的法案最後沒能通過，也就是法律不應因膚色或人種不同而有差別。立法院提出前述兩項法案時，表面說法是適用於所有人，但實際目的無疑是為了進一步限制納塔爾本地的印度居民。

由於這兩項法案，我的公眾工作更加繁忙，也讓本地的印度人更明瞭自己的責任，並且變得積極起來。我們把法案翻成印度語並詳加解釋，他們因而體會到其中蘊含的弦外之音。我們向殖民地大臣求助，但他置之不理，於是法案變成了法律。

公眾活動開始占用我大部分時間，前此提到的納扎先生那時已在德班，這時來跟我住，協助處理公共事務，讓我肩上的擔子多少減輕了些。

在我回印度期間，米亞克翰先生代理職務成績斐然，不但募集到更多會員，代表大會的基金也增加了約一千英鎊的收入。法案喚醒了更多人的覺悟，白人對乘客的作為也激起了義憤，會員數持續增加，大會的資金也累積到五千英鎊。我希望能為代表大會籌到一筆永久性基金，這樣就可以購置自己的地產，每月收取租金供會務推展之用。這是我第一次經營公共機構，我把這想法告訴同仁，大家均表贊同。於是購置了房產，收取的租金足夠代表大會日常開銷。這筆房產委託給一個資金雄厚的信託機構代管，今日依然存在，只不過卻變成了爭執的根源，租金目前由法院代收。

這種可悲的情況是在我離開南非法律界後才發生的，但在此紛爭白熱化前，我對永久性基金的想法就改變了。如今我經營公共機構的經驗已經相當豐富，我深信運用永久性基金經營機構是很不妥的。永久性基金本身就是使機構墮落的種子。公共機構應當獲得大眾的支持，由大眾捐款支持；一旦失去了公眾的支持，其存在目的也不復存在。許多證據顯示：以永久性基金運作的機構罔顧民意，經常做出違背大眾意願的事。我們在印度採取的每個步驟都令人有深刻的體會。有些所謂宗教團體的信託不再公開帳目，受託管的單位變成了持有物產的業主，無須對任何人交代。我認為公共機構的理想，是如同大自然般日復一日生存下去，而無法得到公眾支持的機構沒有繼續存在的權利。機構每年收取的會費表示其深受會員信賴，也證明其具有誠信的經營方式，而我相信每個機構都應通過這項考驗。但請別誤會，有些團體本身性質需要永久性物業才能經營，我這番話不是指他們。我想說的只是經常性開支應該從每年會費撥出，因為那是會員主動捐款。

我在南非推展非暴力運動時，上述想法得到了證實。此一規模甚大的運動進行了六年多，沒有永久性基金，但常需要幾萬盧比支應。我還記得好幾次若無人捐款，第二天事情就得停擺的窘況。但我無須預測未來的發展，讀者往下讀就會發現以上見解的確有道理。

第五章　下一代的教育

一八九七年一月我帶著家人抵達德班，這三個孩子包括我姊姊十歲的兒子，我的兩個小孩，分別是九歲跟五歲。我該送他們去哪受教育呢？

我原本打算送他們進歐洲兒童就讀的學校，但必須經過特別管道才進得去，沒有印度小孩念這種學校。

也有基督教教會辦的學校，但我不打算送我的孩子去那裡，因為我不喜歡這類學校的教育內容，況且他們都是以英文授課，或許加上一點點不甚正確的坦米爾語或印地語，但即便這樣都很難安排。我不能忍受這些限制，於是只好親自教育他們，但是上課時間不固定，又找不到合適的老師來教古吉拉特語。

我無計可施了。我登廣告徵求英語老師，這位老師必須在我的指導下進行教學，定期為孩子們上課，其他的課則由我找時間負責，能教多少是多少。於是我聘了一位女家教，月薪七英鎊，她為孩子們上了一段時間，結果並不令人滿意。我平常與孩子們以古吉拉特語交談，好讓他們學習一些母語。我不想送他們回印度，因為我認為孩子不該跟父母分開。家裡整理得井井有條，讓孩子們跟我們住在一起，自然受到良好薰陶，這是宿舍裡學不到的。因此我把孩子留在身邊。之前在印度時，我曾送我的外甥和大兒子去讀寄宿學校，但不久就發現必須把他們叫回來才行。後來我的大兒子長大了，先行離開南非，回艾哈邁達巴德讀高中。印象中，我的外甥對於我給他的教育還算滿意，不幸的是，他生了一場急病後，年紀輕輕就過世了。我其他三個兒子都未曾上過學，他們只在我為南非參加非暴力運動人士興辦的臨時學校裡讀過書，算是受了些正規教育。

試驗的結果並不盡如人意，我很想多給孩子一些時間及關注，可惜心有餘而力不足。還有其他林林總總的原因，使我原本想灌輸給他們的文科教育功敗垂成，我幾個兒子在這方面都對我表示不滿。他們若想拿學士或碩士學位，甚至連大學入學考試都無法通過，他們都感受到缺乏正式學校教育的種種不便。

然而我仍然認為，假如我堅持要他們上學，他們就無法學到經驗的傳承，也無法常與父母在一起，而這是必要的人生訓練。我也就不能像現在這樣，毋須擔心他們的考試成績，也不必擔憂他們在南非或英國的學校裡學到矯揉造作的作風；更別提他們一旦離開了我，就無法如同今天這樣展現純樸的態度及服務精神；倘若他們在學校裡學到虛矯的生活態度，對加入我的公眾服務會是一大障礙。因此，儘管我給他們的文科教育，無法令我自己及他們滿意，但回顧這些年，我卻不能說自己沒盡全力，或未能善盡父親的責任；同樣地，沒送他們去學校念書，我也不覺得可惜。我總覺得今日我在我大兒子身上看到的一些缺點，跟我早年散漫、缺乏紀律的生活如出一轍，那段時期我懵懵懂懂、放縱荒唐。我的大兒子有段時間的表現也正是如此，自然不願承認他就像我那時候一樣無知、散漫。他反而認為我那段時期的生活是最積極最光明的，而我後來的轉變，反倒是妄想，誤以為自己開了竅。他要這樣想，我也只得隨他去。他老是以為我的早年生活代表了覺醒，後期生活是一連串急遽的變化，代表著虛妄的執念及自我中心。常有朋友問我：我送孩子們去上學到底有什麼壞處？我又有什麼權利剪斷他們的翅膀？他們想拿學位、選擇一己的職業，我憑什麼橫加阻撓？

我不覺得這是值得討論的問題，我接觸過無以數計的學生，我也曾親自或透過他人在其他孩子身上施加類似的教育方式（或許有人會認為是「癖好」），而且也看到了成果。此外我也認識一些與我兒子年紀相當的年輕人，並不覺得他們有勝過我兒子的地方，或有值得我兒子效法之處。

但我這些實驗的最終結果，目前仍不可知。我在此討論這個主題，是想站在一個文明史研究者的立場，針對有紀律的家庭教育與一般學校教育的區別加以衡量，各述其優劣，同時探討父母如何在日常生活中對子女產生潛移默化的影響。本章的目的是要說明，一名信奉真理的人在尋覓真理的過程中必須不斷嘗試，而又得犧牲多少人，獻祭於嚴苛的女神面前，才能覓得自由。若非我有恰如其分的自尊心，能因為我子女獲得他人沒有的教育而感到滿意，我可能就會剝奪他們學到自由、學會自我尊重的機會，儘管這是以文科教育的代價換來的。享有自由與充實知識，誰能否認前者比後者的重要性超過一千倍以上？

一九二〇年我把不少年輕人從奴役的大本營（也就是學校，尤其是大學）召喚出來，我勸他們：與其套在奴役的枷鎖中追求學識，不如一字不識，過著貧困的生活。他們現在應當知道我這麼說是其來有自吧。

第六章　服務的精神

我的律師業務頗有進展，但光是這件事不足以令我滿足。有一天，一名痲瘋病患站在我家門前，讓我不斷思考如何讓生活更簡樸，如何為同胞做一些實際上有益的事。我無法狠下心只給他一餐就打發他走，所以我讓他住下，替他包紮傷口，開始照顧他；但我沒辦法永遠照顧他，經濟能力不許可，決心也不夠。於是我把他送到政府為契約工人開設的醫院。

但我還是良心不安，我想做長期性的人道關懷工作。布斯醫生是聖艾登傳道總會的領導人，他寬厚仁慈，替人治病從不收錢。由於羅斯坦濟的捐獻，我們得以開設一家小型慈善醫院，由布斯醫生當院長。我很想在醫院裡當護士，一天內配藥約一、兩個小時，所以我決定每天從辦公室裡抽出時間，到醫院附設的藥局裡擔任藥劑師。我大部分的業務都是待在事務所內處理，像是辦理財產讓予或仲裁之類。當然有時候我有些案件得跑地方法院，但因大多數案件並不是具有爭議性的，隨我一同到南非來並與我同住的克漢先生可以代理。於是我找到時間在醫院幫忙，每天早上兩個小時，包括往返醫院的時間。這項工作讓我心情平靜，主要是聆聽病人的抱怨來瞭解情況、跟醫生說明、拿醫生開的藥方配藥等等。我因此更深入瞭解受苦的印度人，大部分都是來自坦米爾、泰盧固或北印度的契約勞工。

這次經驗對我未來發揮了很大的作用，波耳戰爭期間我便擔任看護，照顧病患及受傷的士兵。

養育小孩一直是我再三思考的問題，我兩個兒子於印度出生，我在醫院服務的經驗在照顧小孩時算管用，不過我獨立自主的精神也讓我得一再面臨各種考驗。我和妻子商議過，決定在她分娩時給她最好的醫療支援，但倘若醫生、護士在我們最需要的時刻剛好不在身邊，我該怎麼做？護士得是個印度人，但在南非要找受過訓練的護士就跟在印度一樣困難，於是我獨力研究安全分娩所必備的知識，也找崔普旺達斯醫生的著作《育兒建議》來讀，根據書上的建議及我從別處得來的經驗，照料我兩個兒子。我也請護士來照顧產後的妻子，但一次不超過兩個月，嬰兒則由我親自照料。

我小兒子的出世，給我的考驗最為嚴苛，因為妻子陣痛來得突然，醫生一時到不了，我又花時間找助產士，但助產士來了之後，也不能幫忙接生，我想我得確保嬰兒平安誕生。之前仔細研讀崔普旺達斯醫生這方面的書，果然助益極大。我一點也不緊張。

我相信父母得具備養育小孩的豐富知識，才能給予適當的照料。我在照顧孩子的過程中，不斷發現自己找書來細心研究的益處。若非我細心研讀，把得來的知識運用在日常生活中，我的孩子們就不會像今天這麼健康。過去人們有種迷信，以為孩子在五歲前沒什麼可學的。但事實恰恰相反，孩子在五歲前學到的東西，是往後人生學不到的。孩子的教育始於懷胎的那一刻，父母歡愛時的生理及心理狀況，會對胚胎造成影響；其後的懷孕時期，母親的情緒、慾望、性格以及生活方式，也會影響肚裡的胎兒。嬰兒出生後開始模仿父母，不算短的成長過程中依賴父母的養育。

一對夫妻倘若瞭解這道理，就知道性行為只能在想生育後代的時候進行，而不可只為了滿足性慾。有人說性行為是必要的，有單獨存在的功能，就像吃飯、睡覺一樣，這話真是無知到極點。世界存續有賴於代代相傳，而這世界是神的嬉戲之地，也是彰顯其榮耀的所在，生育下一代應當是為了讓世界有秩序地發展。瞭解到這一點，人就會盡力控制自己的性慾，充實一己的知識，好讓後代在生理上、心理上及精神上都能健全快樂，讓子孫受惠。

第七章 克制性慾（一）

我人生的故事現在進展到嚴肅考慮向神立誓禁慾的階段。當初結婚我便抱著對妻子矢志忠貞的約定，認為這也是我愛真理的明證。但到了南非，我開始領悟到禁慾的重要性，即便是對妻子也一樣。我不能確定是哪一種情況或哪本書讓我開始朝這方面去想，不過我記得主要是因瑞強德拜④的話對我造成影響。我還記得有次我跟他提到，格拉斯東先生⑤的夫人把他照顧得無微不至。我在某處看到格拉斯東夫人就連在下議院也要替先生泡茶，這已經是這對令人稱羨的夫妻生活中例行之事。我跟這名詩人提到這件事，將這對夫妻的恩愛讚揚了一番。但瑞強德拜反問我：「哪一種愛你覺得比較值得讚美？是格拉斯東夫人身為妻子對丈夫的愛意，還是她發自內心的服侍，不論她跟格拉斯東先生的關係是什麼？如果今天她是他妹妹或忠心的傭人，同樣對他關懷照顧備至，你會怎麼說？我們身邊不是常聽到這種例子嗎？假如今天是個男傭人對主人盡心照顧，你會像讚美格拉斯東夫人這樣讚美他嗎？想想我說的話吧。」

瑞強德拜也有太太，我記得乍聽之下覺得他的話實在刺耳，但卻在我耳邊縈迴不去。我覺得忠實盡心的傭人的確比對丈夫盡心的妻子更值得一千倍的讚賞。妻子對丈夫付出是再自然不過，不足為奇，畢竟他兩人已立下一生相守的盟約，但是傭人對主人盡心盡力，需要特別努力才能辦到。詩人的觀點開始在我心中萌芽。

於是我問自己，我跟太太的關係應該如何？我對她忠實只因為她是我性慾唯一的對象嗎？只要我一天是性慾的奴隸，我對妻子忠貞就毫無價值。坦白說，我妻子在這方面從未採取主動，因此若我真要立誓禁慾，是再容易不過的；唯一的障礙來自我自身：我意志不堅，對妻子太過眷戀。

即使在我良心受到這番話的感召，我還是失敗了兩次。之所以失敗是因為我的動機不夠高尚。我這麼做主要是不想再生小孩。我在英國時讀過有關避孕的資料，我在談論素食那章裡提過艾林森博士關於控制生育的文宣，那時對我有短暫影響。但奚爾斯先生反對藉由外力達到避孕的效果，他強調如慾避孕，人應運用內在的努力，亦即自制力來達成。這話對我造成的影響更為深遠，不久之後我便決定照做。因此在我發現自己不想要更多小孩以後，我決定努力克制自己，但實行起來卻非常困難。我開始跟太太分床睡，而且只有在一天工作下來筋疲力盡的時候才上床睡覺。可是這類努力卻沒什麼效果。但當我回顧這一切時，我知道這些失敗的嘗試累積起來之後，便鞏固了我的決心。

最後下定決心已經是一九〇六年了，那時非暴力抵抗運動還沒開始，我甚至還不知道這個運動即將開始。當時波耳戰爭剛結束，納塔爾爆發了祖魯人「叛亂」，而我正在約翰尼斯堡執業。我想在這種情況下我應該

④ Raychandbhai，寶石商、詩人、哲學家。

⑤ William Ewart Gladstone，英國自由黨政治家。

為納塔爾政府服務，政府也接受了我的提議；另一章會詳細說明。但這個工作卻讓我更認真思考自制這件事，我習慣與他人討論，於是我和同事討論。那時我開始瞭解到，生育和隨之而來照顧子女的責任重大，不適合從事公眾活動的我。為了在此次「叛亂」期間為政府服務，我只得放棄在約翰尼斯堡建立的家，這個家是我精心布置過的，但也只得割捨。我攜家帶眷遷往鳳凰城，帶領納塔爾部隊底下的印度救護隊。在那段艱苦的行軍生活中，一個念頭掠過我的腦海：假如我真想獻身於公眾服務，我便必須放棄家室之樂或財富的追求，過著退休人士的生活，不受家務煩惱牽絆。

參加弭平這場「叛亂」大約只花了我六星期的時間，但卻是我人生中非常重要的一段時光。我心中越來越感到立下節慾誓言非常重要，也開始瞭解立誓絕非關上通往自由的大門；恰恰相反，是打開了這扇大門。直到現在我禁慾的嘗試始終沒有成功，那是因為我缺乏真正的意志力，不相信自己，對神的恩典沒信心，我才會一直在懷疑的巨浪中載浮載沉。我也認識到，若不立誓，人便會一再受到誘惑的擺布；唯有受誓言約束的人才能遠離蕩冶的生活，真正過一夫一妻的生活。「我相信只要努力就能辦到，我不想受誓言束縛。」這是軟弱的心態，表示自己對於應當禁絕的事物仍有依戀。不僅要努力逃離，還要立誓逃離會咬噬我的毒蛇。光是努力沒有用，還必須明白這毒蛇將致人於死。因此，以往我滿足於「我已付出努力」的想法，就表示我還不瞭解有必要採取明確的行動。「假如我未來改變了想法，但已經立了誓言，那該怎麼辦？」這類的疑慮常讓我們遲遲無法下決心。但這種疑慮不也暴露出我們內心缺乏明晰的洞察，不明白某些事物為何非禁絕不可？倪斯古蘭那有首歌謠是這麼唱的：

單單捨棄而不生厭惡之念，必難持久。

只有當慾望遠離，人才能發自本心立誓棄絕，這是水到渠成的結果。

第八章 克制性慾（二）

我經過深思熟慮，並與朋友充分討論後，在一九〇六年立誓禁慾。我之前未曾與妻子提過這個想法，即將立誓時才跟她商量，她沒有反對。但我遲遲未能下定決心，因為我的力量不足以抵抗誘惑。激情來臨時，我該如何控制？不再與妻子發生肉體關係在當時是很奇怪的事，但我仍懷抱信心，帶著神賜的力量開始新人生。

如今回顧這二十年，從我立誓開始，我的人生便充滿滿足與讚嘆。其實從一九〇一年開始，我便開始克制性慾，或多或少達到一些效果。但是從一九〇六年立誓起，我才開始感受到喜悅與自由。在我立誓前，任何時刻都可能屈從於誘惑，但現在有誓言當保護罩，我變得堅定。日復一日，我感受到「禁慾」源源不絕的力量。我是在卸下救護任務後，返回鳳凰城時立誓的，那時我準備再回約翰尼斯堡。我回到那裡約莫一個月左右，就奠下了非暴力抵抗運動的基礎。當時我未能意會到這一點，但立誓禁慾確實替我做好身心的準備，以投身非暴力運動。非暴力運動並不是我籌謀已久的計畫，而是十分自然便發生了。但我事後回想，我先前所做的事，一步步導向這個目標。我回約翰尼斯堡砍掉一大半家庭開支，再回鳳凰城立下禁慾的誓約。

完全遵守禁慾誓言表示「婆羅門」精神的實現。我並沒有讀多少經論，這是我隨著經驗累積，逐步理解得來。我開始讀一些經論是後來的事了。日子一天天過去，我在守誓過程中逐漸瞭解到禁慾的確能保護我們的身心靈；對我來說，禁慾已不是嚴苛的悔罪，而是慰撫與喜悅。每一天我都看見不同於昨日的美。

但即使這喜悅與日俱增，也希望你們不要以為我是輕易辦到的。我現在五十六歲，我知道要做到這樣的事有多難。我覺得自己似乎每天行走於劍鋒之上，也知道自己每一刻都須保持警醒，絲毫放鬆不得。

控制味覺是守誓第一件該做的事，我發現如能完全控制味覺，守誓就變得極為容易，因此我進行飲食實驗時，不但要考慮素食者的角度，也應考慮身為禁慾者的觀點。從這些實驗中我發現，禁慾者的飲食種類不可過雜，盡量簡單、不加香料，可以的話生食最好。

六年以來的經驗告訴我，最適合禁慾者吃的食物是新鮮水果及堅果。只吃水果及堅果自然而然就沒有慾望，然而飲食習慣一旦改變，就會重新成為情慾俘虜。我在南非時只吃水果與堅果，無須特別努力便能禁慾。但自從我又開始喝牛奶，便得花極大力氣才能克制慾念。但我從單吃水果到恢復喝牛奶，是有恰當理由的。的確，牛奶讓禁慾者難以遵守禁慾的規範，但請不要就此武斷推論禁慾者不能喝牛奶，不同食物對禁慾的效果必須經過無數次實驗方能確定。牛奶容易消化，能幫助肌肉更結實，目前為止我尚未發現有哪種水果能代替牛奶。西醫、印度醫師或穆斯林醫師都無法給我有益的建議，因此儘管我明知牛奶會激發情慾，仍無法勸人別喝牛奶。

禁慾期間除了嚴格篩選食物、控制飲食外，節食也是必須的。感官的感受如此強大，只有從四面八方牢牢圍住，不讓誘惑有隙可乘，才控制得住。大家都知道若缺乏食物，感官會變得虛弱，因此我深信以節食來控制感官嗜慾是極有用的策略。對有些人來說，節食的效用不大，因他們未曾多想便實行節食，肉體上雖不曾進食，但心裡無時無刻不想著各類美食，期望著一旦節食結束，就要大吃大喝。這種節食對控制味覺及情慾均無益處。節食只有在心智與飢餓的肉體合作時才有用，也就是要對不吃的食物產生厭惡感才行。心智是一切感官嗜慾的根源。因此節食未必真的有用，因為節食中的男人仍有可能受到情慾的擺布。但話說回來，如不節食則永不可能達到棄絕情慾的目標，因此節食可說是實行禁慾不可或缺的手段。許多一心想禁慾的人最後會失敗，就是因為他們不肯關閉其他感官，以為可以像所有未禁慾的人那樣生活；他們這樣的努力方式，如同想在溽暑時分體驗冰天雪地的滋味一樣荒謬。禁慾者的生活與一般人的生活應當明確劃分，如同白晝光線般清清楚楚，但現在兩者卻幾無分別。禁慾者與一般人都有雙眼，但禁慾者眼中所見的是神的榮耀，一般人卻只看見凡塵俗事；禁慾者與一般人都有雙耳，但禁慾者雙耳所聞是對神的讚美，一般人卻只愛聽低俗趣味之語；禁慾者與一般人都可能熬夜不眠，但禁慾者是用來禱告，一般人則是尋歡作樂、浪費生命；禁慾者與一般人都有宗教信仰，但禁慾者專心維護神的殿堂，一般人則大吃大喝，讓神聖的心靈變成發臭的溝渠。兩者的生活南轅北轍，差距隨時間流逝而越來越大。

禁慾指的是以思想、言語及行為控制感官。日復一日，我愈加深刻感受控制上述感官有多麼重要。棄絕情慾是完全可能的，但有些禁慾者辦不到，因為其付出的努力有限，禁慾永遠只是懸諸理想的標竿而已。真正想禁慾的人隨時注意自己的缺點，努力找出深藏心底的激情，盡一切努力擺脫情感的糾纏。若一己意志未能完全控制思想，就算絕對遵守禁慾的規定也是枉然。不請自來的想法源自內心的情感，因此克制想法表示控制住內心，而內心比倏忽來去的風更難掌控，唯有神的存在能為之。希望大家不要因為禁慾很難，就以為絕對不可能辦到；禁慾是最高的人生目標，正因如此，我們必須付出最大的努力才能達成。

回到印度之後，我才領悟到禁慾無法光靠人的努力。在那之前，我一直以為只吃水果便能抑制所有的情感，並且沾沾自喜認定這樣就行了。

我沒料到隨之而來會有這麼多掙扎。在此我要指出一點：想透過禁慾完成神旨意的人無須絕望，他們只要對神的信念與對自己的努力同樣深具信心，就可以辦到。

「嗜慾之物從禁絕一切的靈魂面前離去，只留下美好滋味。一旦實現最高理想，滋味也會消失。⑥」因此對冀求解脫者來說，神的名字與恩慈是最後足以憑恃之物。我在回到印度之後，才體悟此一真理。

第九章　簡樸生活

我一開始把生活規劃得輕鬆寫意，不過很快就終止此實驗。雖然我細心布置居家環境，但結果對我沒有什麼吸引力，於是很快便改弦易轍，開始縮減開銷。例如洗衣店要價甚高，卻經常不準時交件，但是對我來說，兩、三打的襯衫、上法庭穿的律師袍衣領，根本都不夠用：衣領每天都得更換，襯衫至少隔天替換。這等於是雙倍開銷，毫無必要。所以我買了一套洗衣設備，以及一本教人洗衣服的說明書，仔細研究原理之後，再教我太太。這無疑加重我們日常生活的勞務，但是非常新奇有趣。

我永遠不會忘記自己漿洗第一片衣領的情景，我倒了太多漿下去，熨斗又不夠熱，為了怕熨壞衣領，我不敢用力熨，結果就是衣領變得太硬，多餘的漿還一直滴下來。我就圍著這樣的衣領上法庭，引來其他法庭律師的側目，但那時我已不怕他人譏誚。

我說：「嗯，這是我第一次自己漿洗衣領，所以才會有這麼多漿。不過我並不在意，更何況還可以把你們逗樂。」

一位朋友說：「這裡不是有很多洗衣店嗎？」

我回答他：「洗衣費用很高，洗一次的價格就跟買一個新的衣領差不多，而且還得一直依賴洗衣店。自己的衣物，我寧可自己清洗。」

不過我沒辦法讓朋友瞭解自助洗衣帶來的滿足愉悅，但是經過一段時間之後，我變成了洗衣專家，洗得絲毫不比外面的洗衣店差，我的衣領就跟其他人的一樣筆挺閃亮。

戈凱爾先生⑦來南非時，戴了一條蘭納德法官送他的圍巾。他十分珍惜這條圍巾，只有在出席重要場合時才戴。有一次，約翰尼斯堡的印度人為他召開一場宴會，他在行前才發現圍巾皺了，需要整燙，但是時間已來不及送洗，於是我主動表示要替他燙。

---

⑥ 引自《薄伽梵歌》第二章第 59 節。《薄伽梵歌》（Bhagavad Gītā），字面之意為「世尊之歌」，學術界認為它成書於公元前五世紀至公元前二世紀，為印度教的重要經典。內容分成十八章，共有七百句。

⑦ Gopal Krishna Gokhale，印度獨立運動領袖。

戈凱爾先生說：「我相信你身為律師的才能，但你不是洗衣師傅，萬一弄壞了怎麼辦？你知道這條圍巾所代表的意義嗎？」

他興味十足地敘述起這份禮物的由來，但我堅持要替他燙，並且保證絕對不會搞砸，他才同意交託給我。看到成果之後，他直誇我燙得好。在這之後，就算世界上其他人覺得我燙得不好，我也毫不在意了。

同樣的，我也不再倚賴理髮匠。到過英國的人，至少都會自己刮鬍子，但就我所知，沒人會自己理髮。我得先學會理髮才行。在普勒托利亞時，我有次去找一位英國理髮師理髮，但他一臉輕蔑，不肯為我理髮，讓我覺得很受傷。我隨即去買了一把剪刀，自己對著鏡子剪頭髮。前面的頭髮還可以，但是後面頭髮被我剪壞了，法庭裡的朋友全都笑得前俯後仰。

「你頭髮怎麼啦？給老鼠啃了？」

「不是，因為白人理髮師不肯屈尊剪我的頭髮，所以我寧可自己剪，不管剪得多差。」

我的朋友聽到這個回答並不驚訝。

理髮匠拒絕為我理髮並沒有錯，他若替有色人種服務，極有可能會失去其他顧客；印度的理髮匠同樣不能替不可碰觸之人（賤民）剪髮。這類情形我在南非不知遇過多少回，我把這種現象想成是對我們所犯罪惡的懲罰，因此並不生氣。

我一心追求自助與簡樸，後來還有更激進的做法，等時機適當我再敘述。種子已經播下，只需要加以灌溉，使其生根茁長、開花、結果。灌溉的水源，就這樣自然而然出現了。

第十章　波耳戰爭

一八九七到一八九九年間的許多事我打算略過不提，直接從波耳戰爭講起。

剛剛宣戰時，我非常同情波耳人，但那時我認為自己尚無權利堅持個人立場，只是內心澎湃不斷回想起先前在南非宣揚的非暴力主義，在此不再贅述。一言以蔽之，我出於對英國統治的忠心，在此役中加入英方。我內心覺得，若我要求身為英國公民的權利，自然也有責任保護大英帝國。而且我那時認為，印度如欲獨立自由，必須透過大英帝國方能辦到。所以我盡一己所能募到許多同志，克服萬難才讓這支隊伍編制為野戰救護隊。

一般英國人認為印度人膽小怕事，只顧眼前的利益，無法擔當重責大任，因此不少英國朋友潑我冷水，認為這項計畫行不通；只有布斯博士全力贊成，還接下救護隊的訓練工作。我們也獲得了醫療證明書，證實我們有能力承擔任務。拉夫頓先生與如今已故的艾司寇比先生⑧十分支持這項計畫，最後我們決定到前線去服務。英國政府很感謝我們願意前往，但表示目前還不需要我們的服務。

⑧ Harry Escombe，南非政治家。

但我並不因政府的拒絕就放棄。我透過布斯博士的介紹，拜訪了納塔爾當地的牧師。我們隊伍裡有許多基督徒，牧師先生對我的提議十分欣喜，答應幫我們爭取為英國軍隊服務的機會。時機也對我們有利，波耳人展現了十足的勇氣與決心，英勇對抗，出乎英國的意料，因此最後還是需要我們的協助。

我們這支救難隊超過一千一百人，將近四十名小隊長，約莫三百人是無約在身的工人，其餘均為契約工。布斯博士也隨行。救護隊圓滿達成任務。雖說我們是在火線以外的範圍工作，又有紅十字會的保護，但有次情況危急，徵召我們前往火線救援，令我們始料未及，上級也不希望我們親赴火線，但圖蓋拉河邊軍情受挫，布勒將軍⑨遣人下達指令，表示我們並非一定得冒險，但若我們前去救出戰場上的傷患，政府將十分感激。我們半點也不猶豫，深入火線救人。那段時間我們每天得抬著上有傷兵的擔架步行二十到二十五哩；我們還有幸救出伍德蓋特將軍。

救護隊服役六星期後解散。自從在圖蓋拉河與普馬蘭加省吃了敗仗後，英軍元帥放棄收復萊迪史密斯等地，放慢行軍速度，一邊等待英國及印度支援的救兵趕到。

我們謙卑的工作廣受好評，印度人的名聲因而提升，報上有段讚美文是這麼說的：「我們都是帝國的子民哪！⑩」

布勒將軍在公開信中提及救護隊的表現，語多褒揚，小隊長們均獲戰爭勳章。

印度的社群變得更有組織，我也開始與印度契約工人密切來往，似乎印度人一夕之間覺醒了，深深瞭解到印度教徒、穆斯林、基督教徒也好，來自古吉拉特、信德、坦米爾也罷，大家都是印度人，是同一個母土所孕育。每個人都相信印度人的冤屈要得到平反了，那時白種人的態度明顯轉變，戰爭期間我們與白人建立起的關係最為融洽溫馨。我們與數以千計的英國人建立了友誼，他們態度和善，對我們戰爭期間盡心協助十分感激。

有段溫馨回憶我不得不在此提及，這段故事充分證明人性在患難時最為高貴。那天我們正往齊瓦里軍營前進，羅伯茲中尉傷重死亡，我們光榮的任務是將其遺體從戰場上運回。那天十分悶熱，每個人都口乾舌燥，途中見到一道細流，可以暫解煩渴，但應該由誰先喝呢？我們提議英國士兵先喝，再輪我們喝；但他們也不肯先喝，堅持要我們先喝，於是兩方為了禮讓對方，「愉快地爭執」了好一會兒。

第十一章　衛生改善與飢荒救援

我不願意做一個沒什麼作用的政治團體的會員，也深深厭惡只知要求各項權利，卻對自身所屬團體的缺

⑨ Redvers Buller，英國將軍，曾任英軍在南非的指揮官。
⑩ 原文為：We are sons of Empire after all.

點視而不見的做法。因此我在納塔爾定居下來後，一直努力消除外界對印度社群的指責，儘管這類指控的確有部分是事實。通常是指責印度人生活習慣邋遢，未能保持屋裡屋外乾淨整潔。印度社群裡職位較高的人已紛紛開始注意房舍整齊，但只有在瘟疫即將蔓延時，德班地區才會挨家挨戶檢查衛生。這類措施是在諮詢過德班議會，並經議員同意後才開始進行，議員們也希望我們配合。若我們積極配合，不但能讓他們執行時較輕鬆，也能減少我們自己的麻煩。因為不論何時疫情爆發，官員總是焦躁不耐，採取過激的做法或高壓手段，往往引發人們的不滿。印度社群先主動改善衛生，便能免於這類壓迫。

不過我仍然有些不愉快的經驗，我明白要印度社群爭取權益容易，但要他們努力盡責任就沒那麼簡單了。因此我在勸說過程中，遇過侮辱我的人，也遇過表面客氣實際上卻不肯配合的人。對有些人來說，要他們自動自發維持環境整潔已屬過高要求，更別提要他們掏錢出來，那是絕不可能的事。這類經驗教會我，要讓人們做事非要有極大的耐心不可。一心想改革的是改革者，不是社會大眾，因此大眾表達厭惡之情、持反對立場、甚至積極不配合都是可以理解。為什麼社會就不能看出改革者想改善的是一種倒退的現象呢？

無論如何，這次的騷動多少讓本地印度人瞭解維持室內外環境乾淨的必要，我也贏得了當局的尊重；他們發現我雖然經常代表印度人發牢騷、為印度人爭取權益，但對於讓自身維持清潔的本分同樣盡心盡力，並且貫徹到底。

不過還有一件事未能完成，那就是喚醒本地印度人對祖國的責任感。印度是貧窮的國家，前來南非追求財富的印度人應拿出一部分的所得，幫助身處患難的祖國同胞。一八九七年與一八九九年印度兩次爆發飢荒，多虧有南非的印度人慷慨解囊，特別是第二次飢荒時，南非的印度人捐輸更為踴躍。我們也請求英國人給予金錢援助，他們同樣大力響應。就連到南非工作的契約工人也紛紛捐獻。我們在這兩次飢荒所建立的制度便延續下來，大家都知道定居南非的印度人在祖國有難時，都願意大方捐獻，愛心不落人後。

就這樣，在鼓勵南非的印度人付出的過程，我見到了真理蘊含的種種意涵：真理就像一棵枝葉繁茂的大樹，越是勤於灌溉，結出的果實就越多。也可以礦藏來比喻：你掘得越深，挖到的寶石就越光采奪目。為人群付出也是同樣道理：越是付出、能付出的面向就越廣闊。

第十二章　返回印度

我在南非的戰事支援任務一經解除，便知道該回印度去了，那裡更需要我。並不是說南非沒有其他工作可做，但我怕留在這裡只剩下賺錢一事。

家鄉的朋友也催促我早歸，我覺得我該回去，多為印度做一些事。至於南非的工作有納扎先生及麥瑟斯先生協助，於是我要求同事們解除我的職務，但我費盡唇舌才說服他們讓我回去，

附帶條件是未來一年內，若南非需要我，我得立即趕回來。我認為這條件太過嚴苛，但基於我對南非印度人的感情，只得同意了。

天神以愛的棉線牢牢將我繫住，
我便供祂驅遣。

十五世紀的印度女詩人蜜拉百（Mirabai）曾如此詠讚，但對我來說，我對南非印度人所懷抱的濃厚之愛，確實如堅韌的棉線難以扯斷。人民的聲音就如同神祇的訓示，這裡的友人情真意切、難以拒絕，因此我接受他們的條件，他們才同意讓我離開。

我與納塔爾關係密切，納塔爾的印度人給予我醇如美酒的關愛，各地都為我召開惜別餐宴，還送我貴重的禮物。

一八九九年我回印度時，也曾收到許多禮物，但這次惜別時的禮品實在太過隆重，其中包括金銀飾品與價值不斐的鑽石。

我怎麼可以接受這些禮物呢？如果我收下這些禮物，我要如何告訴自己：我只求服務大眾，不奢望一點回報？少部分的禮物來自律師業的客戶，但大部分的禮物是來自感謝我對印度社群付出的南非印度人。我的客戶也都在公眾事務上幫助過我，我實在難以區分哪些人算是同事，哪些人算是客戶。

禮物中有一條價值約五十枚金幣的金項鍊，是要送我妻子的。但這份大禮也是因為我從事公眾服務才受贈的，與其他禮物沒有兩樣。

那天收到這麼多貴重禮物，我一夜不能成眠，只是心煩意亂，在房裡走來走去，怎麼也想不到解決的辦法。要我拒絕這些價值貴重的禮物確實困難，但要我收下更困難。

即使我願意收下，但我的孩子與太太呢？一直以來我灌輸他們人生以服務為目的的觀念，告訴他們服務本身就是報酬。

我家裡沒有值錢的擺設，生活十足簡樸，我們如何能配戴金錶、金鍊子或鑽石戒指？那時我還經常勸人不要貪戀珠寶首飾，現在送來這麼多珠寶，我該如何處置？

我決定一件也不收，擬了一封信，為這些貴重物品設立一個信託，由羅斯坦濟等人擔任信託保管人，嘉惠南非的印度人。翌日早晨我與妻兒商議之後，總算擺脫掉這個沉重的負擔。

我知道要說服我太太並不容易，但我知道孩子們一定會跟我站在同一邊，於是我決定以他們當我的說客。兒子們果然馬上點頭同意，說：「我們不需要貴重的禮物，應該還給大家。以後如果想要珠寶的話，自己再買就好了。」

我聽了很高興，問他們說：「你們願意幫我勸勸媽媽嗎？」

他們回答：「當然，就交給我們辦。她也不需要配戴首飾，她想收下禮物只是為了我們。如果我們說不要，她沒理由不放棄。」

然而說說容易，做起來卻沒那麼簡單。

我太太對我說：「你可能不需要。而你的孩子只要聽你說幾句話，就什麼都聽你的，他們也會跟著說不需要。我明白你不要我佩戴這些珠寶的用意，但以後兒子娶媳婦的時候怎麼辦？我們得送她們首飾啊！何況誰知明天會發生什麼事？我絕對不願丟掉這些人家好心贈送的禮物。」

於是我們展開一場滔滔不絕的爭辯，太太以眼淚加強攻勢，但孩子們很堅定，我也毫不動搖。

我溫和地勸她：「現在談孩子結婚還早，我們也不想他們太年經就結婚。等他們長大後，可以自己想辦法。況且我們也不想替兒子找那種只愛首飾的媳婦。就算到時候真的得準備珠寶，還有我啊，你再跟我說就行了。」

「問你？我這次算是看清你了，你要搶走我的珠寶，不肯讓我好好保有這些東西。我還能指望你以後買珠寶給媳婦嗎？你只想把孩子們變成聖人！不行，這些首飾絕不能退。你不能對我的項鍊主張權利！」

我反駁道：「人家送這項鍊，是因為妳的服務還是我的服務？」

「沒錯，是你的服務。但你的服務就等於是我的服務！我為了你日夜操勞，難道不算服務嗎？你要我做這麼多事，逼得我痛哭流涕。我是替他們做牛做馬！」

這話刺進我的心，部分也是實情，但我仍然決意退還這些首飾。最後我總算取得妻子的同意，從一八九六年至一九〇一年收到的首飾全數捐給信託，存放在銀行裡，根據我或其他信託託管人的意願，供本地印度社群之用。

爾後我為服務公眾籌募資金並因而必需動用這筆信託時，最後總會另外募集到所需的金額，因此不太需要動用信託的錢。這筆資金現在還在，需要時也會從中動用，但仍然不斷累積孳息。

我從不後悔自己這麼做，這些年過去了，我太太也看出這是明智的做法，使我們免於財富的誘惑。

我深信從事公眾服務之人不該收取貴重禮物。

第十三章　又回到了印度

我搭船返家，模里西斯是必停的港口之一。我們的船在此停留蠻長時間，於是我上岸去瞭解當地情況。有一晚我還去了殖民地總督布魯斯爵士的家中作客。

抵達印度後，我花了一些時間到各地走走。時值一九〇一年，印度國民大會黨（簡稱國大黨）在瓦恰先生⑪的召集下於加爾各答舉行年會，我當然也參加了。這是我第一次參加國大黨的年會。

我和費羅傑夏・密赫塔爵士從孟買乘同一班火車，因為我得向他報告南非的情形。我知道他如帝王般的生活風格，自己住一間特別的包廂，我得到命令後，在他指定的某站前往其包廂與他共乘，在座的還有瓦恰先生與席達法先生⑫。他們三人正討論政治事務，費羅傑夏・密赫塔爵士一見到我，就說：「甘地，我們沒辦法幫到你，當然我們願意通過你提的議案，但是我們在自己國家也毫無權力可言。我想，只要我們沒拿到政權，你們在其他殖民地的生活就不可能獲得改善。」

我嚇了一大跳，席達法先生似乎也同意這說法，瓦恰先生則是同情地看了我一眼。

我試著懇求密赫塔爵士，但單憑我一人如何能說動孟買的無冕王？我只好安慰自己，至少還獲准提出議案。

⑪ Dinshaw Wacha，印度政治家，後受封為爵士。
⑫ Chimanlal Setalvad，印度律師，曾服務於孟買高等法院，後來亦受封為爵士。

瓦恰先生看我如此沮喪，試著鼓勵我說：「你會把議案拿給我們看的，對吧？」我謝過他，在下一站就離開了包廂。

我們一行人抵達加爾各答，接待人員極為熱情地迎接大會主席到預先安排的住處。我問一名義工我該上哪兒去住，他帶我到理朋學院去，不少來自各地的代表都已經住下了。我覺得自己運氣很好，羅卡曼亞⑬和我住在同房，我記得他比我晚一天到。

羅卡曼亞跟以前一樣，免不了有許多人簇擁著他。若我是個畫家，我一定會畫他端坐在床上的樣子。我記得多清楚啊！來拜訪他的人絡繹不絕，但我現在只記得一位，就是《瞭望經濟日報》的編輯葛斯先生。我現在還記得他們暢談當權者的錯誤、兩人高聲談笑的模樣。

我主動表示要檢視這裡的工作分配，因為義工們亂糟糟的，糾紛不斷。你叫某人去做某事，他會交代給別人，該人會再推給第三人，沒完沒了。至於各地來的代表們，則全都不見人影。

我跟幾個義工變成朋友，跟他們提到一些在南非發生的事，他們聽了都面有愧色。我試著與他們分享關於服務的秘訣，他們似乎有所領悟，但服務無法像雨後春筍一般快速增長，一來需要意志，再來是經驗。這些善良的年輕人決意把事情做好，但經驗則完全付諸闕如。國大黨一年集會三天，然後就無聲無息。一年只舉辦為期三天的活動，如何能夠訓練人才？各地的代表也好不到哪裡去，他們對服務缺乏概念，什麼事都不做，只知命令義工做這個、做那個。

即使在這裡，我也發現了許多「彼此不接觸」的陋習。坦米爾人的廚房與其他人相隔甚遠，因為對坦米爾的代表而言，吃飯時看見他人也算不潔，於是學院內的廣場特別劃分了一個廚房給他們，以柳條圍起來區隔。裡面煙味極重，嗆得讓人喘不過氣。該處充當廚房、餐室及洗衣間，像是一個沒有出口的密室，讓我想到種姓制度的社會陳規。我對自己說：如果連代表們都彼此不相往來，那麼他們所代表的選民之間，彼此的隔閡更可想而知。想到這裡，我不禁嘆了口氣。

不衛生的情況難以想像，到處是一窪窪的水，只有幾間廁所，臭氣沖天，現在想來我都還覺得難受。我指給義工們看，他們大剌剌地回答：「那不是我們的工作，會有人負責掃廁所。」我就說給我一把掃帚，他們驚異地望著我，我拿了掃帚便開始清掃，但這只是替我自己用的掃，人潮那麼多，廁所那麼少，需要時常清掃，我一個人做不了那麼多。所以我只能先清掃自己要用的，其他人似乎都不覺得髒臭。

可怕的還不只這些。有些代表夜裡就在房外的門廊上大小解，早上起來我看到了，指地上的「遺跡」給義工們看，但沒人肯動手掃，我也找不到願意與我共同打掃的人。今天這種情況已改善不少，但是仍有粗率隨便的代表隨處便溺，把年會場地搞得汙穢不堪。義工們不願意隨後打掃的情況也還是一樣。

我想，如果年會期間延長的話，這種情況很容易促成傳染病流行。

⑬ Lokamanya Bal Gangadhar Tilak，印度國民大會黨早期的領袖之一。

第十四章 文書職員與傭人

國大黨年會還有兩天才開始，我決定要替國大黨辦事處做一點事、學些經驗。因此我到加爾各答之後，每日完成齋戒沐浴，便前往國大黨辦公室。

那裡的祕書是巴肅先生與哥撒爾先生，我先找巴肅先生，他看看我，說道：「我這裡不需要幫忙，但或許哥撒爾先生那邊有工作可以給你，你去找他吧。」

我依言去找他，他打量了我一番，微笑著說：「我這兒只有文書工作，你要做嗎？」

「當然要。」我回答：「只要在我能力所及的範圍，什麼工作我都願意做。」

「年輕人，這種精神就對了。」他看看身邊的義工，又說：「你們聽到這年輕人說的了嗎？」

接著他轉過來看我，又說道：「好，這裡有一堆信件要處理，那張椅子給你坐，你就開始工作吧。你也看見了，每天這麼多人來找我，我該怎麼辦？我是親自見他們好，還是要答覆這些不斷湧進來的信？我沒有職員可以交付這項工作。大部分的信沒甚麼特別的意思，不過還是請你全部看過一遍。你覺得需要回覆的，就請替我回覆，並且把需要考慮過再回覆的信交給我。」

他這樣信任我，讓我覺得很高興。

哥撒爾先生把工作派給我時並不知道我是誰，他過了一陣子才問起我的背景。

我發現處理信件的工作非常簡單，一下子就做完了，哥撒爾先生也很滿意。他是個健談的人，可以跟我一談就好幾小時。當他知道我的背景後，馬上表示很抱歉給我做文書工作，但我請他放心：「請別擔心。我在您面前算什麼呢？您在國大黨服務這麼久了，又是我長輩，我只是個什麼也不懂的小輩。您把這工作交給我，我十分感激您對我的信任，因為我想為國大黨工作，是您給我這麼寶貴的機會瞭解工作內容。」

哥撒爾先生說：「說實話，這種精神是對的，但現在的年輕人都不明白這一點。當然國大黨剛創建時我就在了，甚至可以說，創立國大黨一事，我和休姆先生都有一份功勞。」

就這樣我們成為好友，他堅持要我跟他一塊吃午飯。

哥撒爾先生習慣叫傭人替他扣襯衫釦子，於是我主動表示要替他做這件事，而且我是真心喜歡這麼做，因為我一向對長者十分尊敬。他得知後，也就不介意我提供的小小服務了，甚至可以說相當高興。他要我替他扣上釦子時，會說：「你瞧，現在國大黨的祕書連自己扣釦子的時間都沒有，因為總是忙不完。」哥撒爾先生的天真讓我忍俊不禁，但我對這類服務完全不討厭，因為我獲得的益處是無可估量的。

不消數天，我便大致瞭解國大黨的運作了。大部分的幹部我都見過，並且仔細觀察了戈克立先生與蘇倫特拉納特這些中心人物的言行舉止。我也發現在這邊做事很浪費時間，而且處理事務時泰半以英語進行，令人難過。這裡的人毫不在意應當要以最精簡的方式做好事情，有時一件事有好幾個人同時在處理，許多重要的事卻沒人做。

儘管我以批判的眼光觀察各項事務，但我還是懷著包容的想法，認為或許受限於現有的環境，事情只能做到這個地步。這樣想法，讓我不致看輕任何工作。

第十五章　國大黨集會

國大黨年會終於開始了。寬闊的建築、排列齊整的義工人員、在台上排排坐的前輩，全都讓我感到震懾。這樣盛大的場面，我應該站在哪裡才對呢？

主席致詞的講稿是一本書，要想從頭到尾讀完是不可能的，因此我只讀了當中幾段。

接著便是審議委員會選舉時間，戈克立先生帶我去參加委員會的會議。

密赫塔爵士接受我的提案，但我不知該由何人何時對委員會提出這項議案，因為每一件議案的發言都極為冗長，並以英文發表，而且都有知名的大老支持。在這些資深前輩如鼓聲般震耳的聲浪中，我的提案有如笛聲般微弱。眼看時間越來越晚，我的心跳開始加快。我記得最後幾件議案是以閃電般的速度匆匆通過，每個人都急著要走，已經十一點了。我沒有勇氣開口。之前戈克立先生已看過我的提案，於是我靠近他的座位，輕聲說：「請替我想想辦法。」他回答：「我沒忘記你的提案。但你也看到了，之前那些提案是匆忙間隨便通過的，我不會讓你的案子如此草率。」

密赫塔爵士問：「到此告一段落了嗎？」

戈克立先生大聲說道：「還沒有，還有一個關於南非的提案，甘地先生已經等很久了。」

密赫塔爵士問：「你看過了嗎？」

「是的。」

「那你覺得怎麼樣？」

「相當不錯。」

「那麼，甘地請說吧。」

我聲音發顫地讀完了提案。

戈克立先生表示支持。

「一致通過吧。」大夥兒叫了起來。

「你有五分鐘時間可以說明。」瓦恰先生說。

我實在不滿意這樣的程序，在場沒人願意瞭解這項提議，每個人都急著離開，似乎因為戈克立先生已看過，其他人就不需要多加瞭解了！

我從那天早上便開始擔心演說的事，怎麼可能只用五分鐘說明？我做了充分準備，但臨場卻忘得精光。我本來決定不唸講稿，打算即席發表，但是我在南非練成的演說能力偏偏在這時候離我而去。

輪到我了，瓦恰先生叫了我的名字。我站起來，覺得天旋地轉，稍微唸了一下提案的內容。某人為移民到國外的人寫了一首讚頌的詩，並把這首詩印出來，發給在場每一位代表。我也讀了這首詩，說明移居南非的印度人在生活上的種種艱難。這時瓦恰先生按了鈴。我確定自己的發言根本不到五分鐘，但那時我不知道這鈴聲只是提醒我還剩兩分鐘可以結尾，我只知道前面的人一連講上半小時甚至四、五十分鐘，鈴聲都沒響。我覺得不大好受，於是聽見鈴聲就坐下了。但我幼稚地以為這首詩可為密赫塔爵士的問題提供解答⑭。這項

⑭ 請見第十三章第三段。

提案順利通過了，那時還未嚴格區分大會的來賓和與會代表，在場每個人都舉起手來，每項提案都一致通過，我的提案也沒有例外。對我來說，這種方式讓這個案子喪失了其重要性。但無論如何，光是能夠通過，就足以讓我欣喜了。大會的認可等於全國人民的認可，這一點就夠讓人高興。

第十六章 朝見科隆勛爵⑮

國大黨年會結束了，但為了推動南非事務，我還得去拜會商會及各界人士，因此在加爾各答待了一個月。這次我沒住旅館，而是託人介紹，在印度俱樂部要到了一間房。俱樂部裡有些會員是有頭有臉的印度人，我希望能夠認識他們，讓他們知道目前在南非推動的工作。戈克立先生經常到俱樂部來打桌球，當他知道我還留在加爾各答時，便邀請我與他一起住。我向他道謝，接受了這番好意，但覺得貿然去找他不大妥當。一、兩天後他親自來找我，當他知悉我的顧慮之後，便對我說：「甘地，你得待在國內，你的顧慮完全沒有必要。你必須盡可能多認識一些人，而且我希望你能加入國大黨。」

在我繼續分享我跟戈克立先生同住一事之前，我想先分享一件發生在俱樂部裡的事。

那時，科隆勛爵正舉行朝見，部分受邀前往朝見的親王、貴族也都是印度俱樂部的會員。平日我在俱樂部裡經常看他們裹著典雅的孟加拉長腰布、襯衫及圍巾，但朝見那天，他們卻穿上「坎撒瑪」⑯所穿的長褲及閃閃發亮的長靴。看他們這樣，我十分痛苦，便問其中一人為何改變穿著。

他回道：「我們知道自己不幸的處境，也知道我們必須忍受的屈辱。不這樣做的話，我們的財富、頭銜就可能不保了。」

「但為什麼要改穿坎撒瑪的服裝與閃亮的鞋子呢？」

「你覺得我們跟坎撒瑪有什麼不同嗎？」他停頓一下，又說：「侍者是我們的坎撒瑪，我們則是科隆勛爵的坎撒瑪。若我敢不參加朝見，我就得自負後果；如果我穿平時的服裝前來，也會被當成犯上。而且，你以為我有機會跟科隆勛爵說上一句話嗎？根本不可能！」

聽見他直言不諱，讓我深深動容。

我想起了另一次朝見的事。

那是在哈定基勛爵⑰為印度大學奠基而舉辦的朝拜。許多王公、貴族都到了，梵語教授馬拉維亞吉也特別邀請我，於是我前往觀禮。

我看見那些親王貴冑全都打扮得像女人似的，身穿絲綢長衣、頸戴珍珠項鍊、手上戴著鐲子，連頭巾也綴滿了珍珠和碎鑽，更別提腰帶上佩掛著金光閃閃的寶劍。

⑮ Lord George Curzon，英國保守黨政治家，一八九八年至一九〇五年曾任印度總督。
⑯ Khansama，侍者之意。
⑰ Lord Hardinge，英國外交官。

我發現佩戴飾物所代表的意義不是忠誠，而是奴役。我原先以為配戴這些東西是出自他們的本意，但後來有人告訴我，王公貴族是出於義務才佩戴昂貴的飾品，以彰顯場合的隆重。我還聽說有些貴族極不喜歡佩戴這種東西，除了出席朝見盛會外，從不佩戴珠寶。

我不知自己的資訊是否正確，但無論如何，看見他們為了朝拜勛爵而佩戴女子的珠寶，讓我難受不已。男人為了名位、財富或權勢，付出的代價與承擔的罪孽有多麼深重啊！

第十七章　與戈克立同住一個月（一）

從我與戈克立同住的第一天開始，他就讓我有賓至如歸的感受。戈克立待我如同親弟弟一般，不僅盡量瞭解我的需要，並且一切親自安排，力求滿足我的需求。不過我的要求也不多，而且這些年來，我已經養成自立自強的習慣，不大需要別人的照顧。他十分讚賞我獨立自主的生活態度、良好的衛生習慣以及堅毅的性格與規律的生活，因此經常稱讚我。

他幾乎什麼事都對我說，所有前來拜訪他的重要人物，他都一一介紹給我認識。這些人當中，讓我印象最深的一位是雷博士（後來受封為爵士）。他住在隔壁，經常來訪。

戈克立是這樣介紹雷博士的：「這位是雷博士，他的月薪是八百盧比，但自己只留四十盧比花用，剩下的錢都捐作公益。他還沒結婚，也沒有結婚的打算。」

現在的雷博士和當年幾乎沒什麼不同，他的衣著向來簡樸，數十年如一日，唯一的不同可能是如今穿的是家庭紡織土布，過去穿的是印度工廠出產的布料。我覺得自己永遠聽不膩他們兩人的談話，他們的談話內容多半與公眾利益或教育價值有關。有時候他們講到一些公眾人物的不足之處，會顯得心裡相當難受，而那些原本在我眼中雄赳赳的鬥士，也因此變得矮小了。

看戈克立工作是一大樂事，也讓我深獲啟發。他從不浪費一分一秒，他私下的交誼都與公共服務有關，就連談天時所說的，也都是對國家帶來好處的話，其中沒有半分虛假。他一直以來最關切的就是印度的貧窮與奴役問題。時常有形形色色的人為了不同的事情來找他商談，但他的回答始終如一：「這個你自己來吧，我有我的工作要做。我想追求的是國家的自由，爭取到自由之後，我們再來想其他的事。現在光這件事就占據我全部的時間與精力了。」

他經常表現出對蘭納德法官的敬意，蘭納德的權威在每件事上都有決定性力量，每個步驟他都會引用蘭納德的話，解釋這麼做的道理。我與戈克立同住期間，正好碰到蘭納德法官誕辰（抑或是忌日，我忘了），他一如往年舉行紀念儀式，當天在場的人除了我，還有他的朋友卡薩瓦特教授及一名副法官。他說了一段話，緬懷蘭納德的為人，還比較了蘭納德、德朗⑱與曼德力克⑲三人的不同：德朗風度翩翩，曼德力克則是一位偉

⑱ Kashinath Trimbak Telang，印度法官。

⑲ Mandlik，印度法官。

大的改革家。他提到曼德力克熱心服務客戶的事蹟，有次他錯過常坐的火車，竟包了專車馳往法庭，好準時上庭替客戶辯護。不過他們雖然傑出，蘭納德卻在他們二人之上，是個多才多藝的天才。他不但是表現優異的法官，還是同樣了不起的歷史學者、經濟學家及改革家。儘管具有法官身分，他卻毫不遲疑參加印度國大黨集會，他在會上提出的決定十分睿智，與會眾人無不信服。戈克立提到他的恩師具備這樣高卓的心靈與智慧時，總是喜不自勝。

那時戈克立有一輛馬車，我不明白他何以需要一輛馬車，便對他說：「難道你出門時不能搭電車嗎？搭電車會損害你領袖的尊嚴嗎？」

他有些難過地回答：「你也不瞭解我！我並不是動用公家的錢，圖我私人生活的舒適。我其實很羨慕你們可以搭電車隨處走走，遺憾的是我沒辦法和你們一樣。如果你也跟我一樣深受盛名之累，你就會知道隨意搭電車是非常困難的。你沒有理由假設領導人做什麼事都是為了個人的舒適，我很喜歡你簡樸的習慣，也盡可能簡單生活，不過對我這種人來說，有些開銷是不能省的。」

他這番回答解除了我的疑惑，讓我很滿意，不過還有一件事他始終沒給我滿意的答覆。

我說：「你連出門走走都不肯，難怪你老是覺得身體不舒服。難道從事公眾事務會連一點點運動時間都沒有？」

他的回答是：「你什麼時候見我有出門散步的空檔？」

我十分尊敬戈克立，從不反駁他的話。因此雖說這個答案不能使我滿意，我也不作聲，但我始終相信，無論一個人多麼忙碌，都該找時間運動一下，就像飯是非吃不可的。這是我的愚見，我認為運動不會耗損工作的能力，相反地還會增強工作的能量。

第十八章　與戈克立同住一個月（二）

住在戈克立家時，我很少靜靜待在屋裡。

之前我告訴過南非的基督教朋友，回到印度後，我會設法結識篤信基督教的印度人，瞭解他們的情況。那時候我就已經聽過巴那吉⑳的名號，對他甚為景仰。他積極參與印度國大黨事務，完全不像一般信仰基督教的印度人，既不參加國大黨，也不願與印度教徒或穆斯林為伍。我對戈克立說我想認識他，戈克立回答：「你與他見面有什麼好處？他是個了不起的人，但我怕他不會讓你滿意。我跟他很熟，如果你真想見他，我當然可以安排。」

我請戈克立代約時間，他很快就約好了。我去拜訪時，發現巴那吉的妻子正臥病在床，家中陳設十分簡單。在大會上我見他穿著西式大衣與長褲，但我很高興他在家裡是穿著襯衫並裹著孟加拉長腰布。我喜歡他樸素的衣著，儘管我自己身穿帕西式的外套及長褲。我開門見山把自己心中的煩擾對他說。他問我：「你相信原罪嗎？」

我說：「我相信。」

他說：「印度教未對原罪有明確的闡釋，但是基督教針對這一點卻有明確的看法。」

⑳ Kalicharan Banerji，印度基督徒運動的發起人之一。

他接著表示：「原罪的代價是死亡，聖經上說，要想得救，便必須敬服耶穌。」

我跟著提出《薄伽梵歌》裡提到的虔誠之道，但不能打動他。我謝謝他願意見我。儘管他沒能在這件事為我解惑，但這次會面對我卻有裨益。

那些日子我常在加爾各答的街道上閒晃，大部分是靠步行。我特別前去拜訪了米特法官及古魯達斯爵士，南非的工作需要他們的一臂之力。我在那段時間裡也見了穆卡吉親王。

巴那吉曾跟我提過迦梨女神廟，我很想親眼看看，尤其在我讀了幾本有關這座廟宇的書之後，更想一探究竟。有天我前去拜望米特法官，剛好這座廟就在附近，因此我拜訪過他之後就順道去該廟宇。那天我看見了一群羊兒為了獻祭而即將遭到宰殺，而通往神廟的道路兩旁，有許多乞丐沿路行乞，其中還有托缽的僧人。早在那時我便強烈反對施捨給身強體壯的乞丐。一群乞丐跟在我後面，其中一名坐在廊下，攔住我問道：「年輕人，你要去哪裡呀？」我告訴了他。

他要求我跟同伴坐下來，於是我們依言照辦。

我問他：「你認為宰殺獻祭算是宗教嗎？」

他說：「有誰會認為殺害動物算是宗教？」

「那你為何不勸他們別殺生？」

「這不關我的事，我們只想膜拜神明。」

「難道你們不能另外找地方崇拜神明嗎？」

「對我們來說，任何地方都一樣，人們就像羊群一樣，領袖去哪裡，他們就跟到哪裡。那跟我們修行的人沒關係。」

我們不再往下說，起身前往寺廟。眼前所見到處是鮮血，我沒辦法忍受待在那裡，只覺得心煩氣躁，那幕景象我永生不能忘記。

那天傍晚我應邀參加孟加拉朋友的餐會，我對一位朋友說起這種獻祭的殘忍，他回答：「羊群應該沒多大感覺吧？那裡到處是鑼鼓聲，吵雜得很，會讓痛苦的感覺鈍化。」

但我不信這種說法。我告訴他，如果羊兒能說話，牠們說出來的又將是另一種故事。我認為這種殘忍的習俗必須禁止，並且想到佛陀的故事，但我知道這已經超出我的能力範圍。

直到今天，我的看法還是沒有改變，我認為羊的生命不亞於人的生命，我不願意為了人的緣故殺害羊。我認為越無辜的生命越應該得到人類的保護，如此才能遠離殘害；然而人必須先取得提供保護的資格，因此我們應該自我淨化與犧牲，才能夠讓羊不再成為犧牲品。我不斷祈禱世間能出現偉大的性靈，無論男女都好，內心燃燒聖潔的慈悲，將凡人從醜惡的罪愆中拉出來，拯救無辜的生靈，讓廟宇成為真正的潔淨之所。孟加拉這種充滿知識、犧牲精神與情感的國家，怎能忍受這樣的殺戮呢？

第十九章　與戈克立同住一個月（三）

假借宗教之名、將羔羊獻祭給迦梨女神廟的殘酷行徑，激發了我的慾望，讓我想進一步瞭解孟加拉人的生活。先前我聽過、也讀過有關梵協會的種種，也聽過馬潤達㉑的一些事蹟，還參加他籌辦的一些集會。我找到他一本關於伽夏旃吐拉聖的著作，讀得興味盎然，並因此明白了沙達羅梵協會與阿迪梵協會的不同。我還與夏斯特里㉒會面，並且在卡薩瓦特教授的陪同下去見泰戈爾㉓，但是泰戈爾那時候不願會客，因此沒能見到面。不過我們受邀參加梵協會的慶典活動，地點就在泰戈爾的住所。我們在慶典中聽見了美妙的孟加拉音樂，從那時候起，我便成為孟加拉音樂的愛好者。

對梵協會瞭解得差不多之後，我開始覺得有所不足，想親自拜訪卡南達㉔。於是我滿懷熱血長途跋涉去寺院看他。寺院位在貝盧爾，我很喜歡那裡隱僻的環境，但是我抵達之後才得知他回加爾各答養病去了。無緣一會，讓我感到相當失望。

後來我知道了倪娃迪達修女㉕的住處，便到喬林熙大廈去看她。但看見她的住處富麗堂皇，讓我大吃一驚。我們談話的過程中沒有任何投緣之處。回來之後，我告訴戈克立這件事，他說我跟這種浮誇之人談不來乃是意料中的事，一點也不足為奇。

後來我又在巴斯敦濟・帕滋夏先生的家裡遇見倪娃迪達修女。我進門時，碰巧她與主人的母親正在交談，於是我便擔任她們兩人的翻譯。儘管我無法贊同她的為人處事，卻不得不佩服她對印度教的熱愛。我後來也閱讀了一些她的著作。

我把一天分為兩部分，一部分的時間用來拜訪加爾各答的領袖，與他們談論南非事宜，另一部分的時間則用來參觀城裡的宗教建築與公共建築，並且加以研究。我曾在穆立克博士主持的會議上發表一篇演說，談論印度救護隊在波耳戰爭中所做的貢獻。我與《英國人報》交情匪淺，該報對我的演說也頗有幫助。桑德斯先生那時已經臥病在床，但是他給予我的幫助不亞於當年。戈克立也喜歡我這場演講，因此當他聽見雷博士的讚許時，也感到非常高興。

就這樣，住在戈克立家中使我在加爾各答的工作進展順遂，並得以結識孟加拉最富聲望的家族。我自此開始了與孟加拉的密切接觸。

那個月發生了許多事，我不得不在此略過，僅簡單分享我到緬甸走馬看花的旅程，以及當地和尚的狀況。看見那些和尚懶散又沒精神的樣子，讓我覺得非常難過。我還去了大金塔，但是不喜歡寺內點著那麼多小蠟燭，大殿裡還有老鼠四處竄爬，讓我想起達雅納德在古吉拉特的經驗。緬甸婦女的活力與自在深深吸引著我，但是緬甸男人的懶惰令我痛心。在我短暫的停留期間，我發現就像孟買不等於印度，仰光也不等於緬甸。然而，如同我們印度是英國商人的經商代理人，我們在緬甸也與英國商人聯手，逼迫緬甸人成為我們的經商代

㉑ Pratap Chandra Majumdar，印度學者，一生有大量著作。
㉒ Pandit Shivanath Shastri，印度學者、宗教改革家、教育家與歷史學家。
㉓ Maharshi Devendranath Tagore，印度詩人、哲學家和反現代民族主義者，一九一三年獲得諾貝爾文學獎，是第一位獲得諾貝爾文學獎的亞洲人。
㉔ Swami Vivekanand，印度教哲學家，在瑜珈與吠陀哲學方面有深遠的影響。
㉕ Sister Nivedita，原名瑪格麗特．伊麗莎白．諾博（Margaret Elizabeth Noble），蘇格蘭人，是卡南達的弟子。

理人。

我從緬甸回來後就向戈克立辭行。與他道別讓我覺得傷悲，但是我在孟加拉（或者說加爾各答）的工作已經結束，沒有理由再留下。

我打算在回家之前，搭乘三等火車遊歷印度一周，以體驗三等車廂乘客的苦楚。我向戈克立提到這點，他乍聽之下覺得無稽，但是我向他解釋我想觀察的景況，他就高興地贊成了。我打算先去貝拿勒斯拜望貝贊特女士㉖，她當時正病著。

既然打算搭乘三等車廂旅行，就得先替自己準備一些隨身用品。戈克立送我一個金屬製的點心盒，裡頭裝滿小甜餅和油炸餅。我自己花了十二個安那幣買了一個帆布袋，又買了奇哈耶㉗羊毛製成的長大衣。帆布袋裡就裝著這件大衣，以及一條腰布、一件襯衫及一條毛巾。我另外還帶了一件保暖的毛毯跟一個水壺。準備妥當之後，我便啟程了。戈克立與雷博士都到車站送行，我請他們不要麻煩，但他們堅持送我。戈克立說：「如果你搭乘的是頭等車廂，我就不來送行了，但現在我非來不可。」

戈克立走進月台沒人攔他。他裹著絲綢頭巾，身纏腰布，外頭罩一件夾克。穿著孟加拉傳統服裝的雷博士則被查票員攔下，戈克立告知查票員雷博士是朋友，他才被放行。

就這樣，我帶著他們的祝福踏上了旅程。

第二十章　抵達貝拿勒斯

這趟旅程從加爾各答開始，目的地是拉傑果德。我打算沿路在貝拿勒斯、阿格拉、齋浦爾及巴倫布爾短暫停留，但沒有多餘時間到其他城市。我打算在上述城市都只待一天，除了巴倫布爾。我就像普通的朝聖客一樣，入住安置旅客的宗教學校。就我記憶所及，包括車資在內，我這趟旅行只花了三十一盧比。

搭乘三等車廂旅行時，我多半搭普通車而不搭郵車，因為我知道郵車比較擠，車資也較貴。

三等車廂和過去一樣髒，鋪位的安排也一樣亂糟糟。或許現今稍微好一些，不過以頭等車廂與三等車廂票價的差異來看，這兩種車廂的設施實在不該如此懸殊。三等車廂的乘客被當成羊群，受到的待遇也與羊隻差不多。我在歐洲多半也都搭乘三等車廂（只有一次搭乘頭等車廂，是為了想看看頭等車廂的情況），但歐洲的三等車廂與頭等車廂差別不大。在南非，搭乘三等車廂的多半是黑人，但就連南非的三等車廂也比印度的好。南非某些地區的三等車廂設有臥鋪，座椅上也有坐墊，而且臥鋪是有名額限制的，以免過度擁擠。至於這裡，我發現所謂「限額」其實經常形同虛設。

鐵路當局根本不關心三等車廂的乘客是否舒適，加上乘客本身不愛乾淨又不替他人著想，因此注重潔淨

㉖ Annie Besant，英國的婦女運動家、作家及演說家，支持愛爾蘭和印度自治。
㉗ Chhaya，位於博爾本德爾邦（Porbandar）境內，以出產粗羊毛織品聞名。

的三等車廂乘客都將旅程視為畏途。三等車廂乘客的不良習慣包括隨處亂丟垃圾、隨意抽菸、嚼食檳榔與菸葉、隨地吐痰、吵鬧、說髒話，絲毫不顧同車乘客的感受。在一九〇二年搭乘三等車廂的經驗，與一九一五至一九一九年間搭乘的感覺沒有不同。

我想只有一種方法能補救這般惡劣的情況，那就是受過良好教育的國民都應當搭乘三等車廂，以改正乘客的習慣，並且為了不讓鐵路局懈怠，只要見到需要改正之處，就應該寫信去抱怨。另外，只要看見有人犯規，不論是為了一己舒適而製造髒亂之人或違法賄賂之人，一律不予容忍。我相信只要能做到這幾點，一定能有相當改善。

我在一九一八至一九一九年間生了一場大病，讓我不得不放棄搭乘三等車廂旅行，如今想來依舊讓我耿耿於懷、羞愧難安，尤其是提升三等車廂乘客的待遇，當時已經積極展開宣導，而且頗有進展。搭乘鐵路或輪船的乘客所承受的不便與痛苦，加上乘客本身的壞習慣，以及政府為了方便外貿而給予外國乘客過多的便利，全部都是值得探討的議題，最好能有一、兩位有志之士傾畢生之力加以改革。

不過，三等車廂乘客的問題，就先討論到此，接下來我要分享在貝拿勒斯的所見所聞。我抵達時是早上，決定要找個「潘答」（婆羅門和尚），住進他家。我甫下火車，便有許多婆羅門圍上來，我從中選了一名看來比較乾淨、性格比較好的，後來證明我的選擇很正確。他在家裡的院子養了一頭母牛，讓我住在他家樓上。依照習俗，我到恆河齋沐之前不能進食，因此這位潘答便著手替我籌備。我事先告訴過他，我至多只能給他一盧比四安那的謝禮，因此他在替我預備時要記得這一點。

這名潘答爽快同意了。他說：「到這裡來的信徒不論貧富，我們提供的服務都一樣。至於得到多少謝禮，是依信徒的意願及能力來決定。」我觀察這位潘答，發現他替我服務時完全按照禮數，毫不馬虎。「普駕」

㉘到中午十二點便結束，然後我去了毗濕奴廟參拜，但那裡的景象卻讓我痛心難過。我於一八九一年在孟買執業當律師時，曾在梵協會聽過一場叫做「到迦屍國㉙去朝聖」的演說，因此我早有面對失望的心理準備，但是親眼見到實景，令我更加失望。

通往廟宇的走道狹窄濕滑，完全沒有靜謐的氣氛。嗡嗡成群的蒼蠅、吵雜的小販叫賣聲，都與信徒香客的喧嘩交織成一片，令人難以忍受。

我原本期待這裡會是個適合冥想、有助於與神交流的地方，但是完全感受不到這種氛圍，信徒只能往自己的內心尋找靜謐。我確實看見虔誠的僧尼全心冥想，無視外在環境，但對於廟宇的住持或管理單位來說，這實在沒什麼好誇口的。住持理應維持廟宇的純淨、舒適、平和，無論肉眼可及的環境或是道德層次皆然，但這座廟宇顯然變成了市集，到處是漫天開價的小販兜售著各式點心和玩具。

走近正殿時，我發現門口有一大叢已經凋零並發出難聞氣味的花朵，地板雖然是以高級大理石鋪成，卻被缺乏美學感受的信徒們徹底破壞了，造價昂貴的華美大理石地板如今灰塵處處。

我走近知識之井，試圖找尋神明的蹤跡未果，因此心情不佳。知識井周圍也很骯髒，讓我無心布施，所以只給了一個餅。負責的潘答氣壞了，直接把這餅丟開，對著我咒罵：「這樣污辱我們！你會下地獄！」

我並不動怒，回答他說：「您要知道，無論我未來的命運如何，您這種階級的人都不該說這種話。這餅你要就拿去，不然就連這個也沒有。」

㉘ Puja，指拜神。

㉙ Kashi，阿含經中提到的古印度十六大國之一，位於橫河流域，意為光明之城。

他說：「你走！我才不希罕這個餅。」說完後又是一串咒罵。

我撿起餅，轉身走開，心裡正高興婆羅門不要這塊餅，讓我省了下來。不過住持不肯讓到手的餅白白溜走，又把我叫回去，說：「好吧，這餅就留下，我不能跟你一樣小器，要是我不收這塊餅，對你也不好，是吧？」

我把餅默默遞給他，嘆了一口氣之後就離開了。

那次之後，我又去了兩次毗濕奴廟，不過當時我已為盛名所累，人們稱我為「聖雄」（Mahatma，意為偉大的靈魂），我便不再有機會經歷上述情景。人們競相參拜我，不讓我有機會參拜這座廟宇。「聖雄」的苦惱只有自己明白，而廟宇的髒污和噪音與先前並沒有什麼不同。

如果有人懷疑神的無邊慈悲，那最好讓他到這幾處聖地瞧瞧，看看有多少虛偽與不敬的宗教打著瑜珈王至高無上的名號而行。祂很早以前便說過：「種瓜得瓜，種豆得豆」。因果業報的法則無法規避、無所遁逃，因此神明無須插手。祂立下法則之後，便飄然退隱而去。

參拜過毗濕奴廟之後，我前往拜訪貝贊特女士，聽說她剛從一場大病中復原。我請人通報我的名字，她很快便出來見我。我只是想向她致意，於是我說：「我知道您的身體尚未痊癒，我只是想表達對您的敬意。您還沒康復卻願意見我，我由衷感謝，不敢再耽誤您的時間。」

說完後我就告辭了。

第二十一章 該在孟買定居嗎？

戈克立希望我能在孟買定居下來，一面當律師，一面協助他從事公眾服務。那時所謂的公眾服務指的是替國大黨做事，而戈克立主要協助國大黨的行政事務。

戈克立的建議讓我頗為心動，但我不確定自己是否能當好律師。過去失敗的經驗讓我記憶猶新，而且招攬業務必須逢迎諂媚，令我深惡痛絕。

我決定先在拉傑果德工作。馬夫吉・戴夫也在那裡，他對我向來寄予殷望，當初還力勸我去英國留學。他交給我三件案子，其中兩件是向卡提瓦德行政官的助理裁判官上訴，第三件則是賈姆納格爾當地的新案子。最後這件案子極其重要，我表示自己沒多大信心打好這場官司，馬夫吉・戴夫便大聲對我說：「你不必擔心輸贏，只管盡力做去，我會幫你的。」

對方代表律師是如今已故的莎瑪斯先生。我做足了準備工作，儘管我對印度法律不熟，戴夫先生依舊盡心指導我。我去南非之前，便聽人說費羅傑夏・密赫塔爵士把整部證據法讀得爛熟，這是他成功的秘訣。我牢牢記住這點，在前往南非的旅途中便悉心研讀印度證據法及相關評註。我在南非執業的經驗，當然也對我上法庭時有所幫助。

我打贏了這場官司，自信心略為提升。另外兩件上訴官司我本來就不擔心，後來也打贏了。一連串的勝利燃起我心中的希望，認為或許在孟買開業還不致於會失敗。

在我敘述去孟買的詳細情形之前，我想先說說自己遇上了不知體恤民情的英國官員。助理裁判官的法庭是每隔一段時間便遷移到另一座城市，律師和委託人必須跟著跑。律師每次出城，收費便會增加，因此委託人就得付雙倍的錢，但法官對此顯然毫不關心。

前面提到的上訴案件在維洛瓦開庭，當時那兒正在鬧瘟疫。我還記得當地人口僅約五千五百人，每日爆發的疫情卻多達五十起，城鎮幾乎都成了廢墟。我找了一所離城市有段距離的廢棄的學校住下，但我的客戶該住那兒呢？如果他們沒錢，就只能祈禱上天保佑了。

我有個朋友當時也要出庭，他打電報給我，勸我向法庭遞申請書，請求法庭遷移到別處，畢竟維洛瓦正在鬧瘟疫。我遞交申請書時，法庭的官員問我：「你害怕嗎？」

我說：「不是我害不害怕的問題，我自己可以找地方安頓，但是我的客戶怎麼辦？」

這名官員回答：「印度經常有瘟疫，有什麼好害怕的？維洛瓦的天氣如此宜人（附帶一提，這名官員住在距離城市很遠之處，在海邊搭著豪華無比的帳篷）。人們應該要學會適應生活。」

要辯駁這種觀點根本沒用。這位官員轉頭對他的屬下說：「把甘地先生的話記下來，如果對律師或當事人真的很不方便，記得告訴我。」

這個官員當然自認為做了正確之事，但他哪裡瞭解貧窮的印度人所遭逢的艱辛？他哪裡知道印度人的需求、習慣、習俗與特質？習慣以金幣計算物品價值的人，如果要他改用小銅板計算，他能不能做到？就算一頭大象心懷善意，也無法以螞蟻的觀點去思考，更何況要英國人設身處地替印度人著想、為印度立法，當然更不可能辦到。

現在繼續前面未完的敘述。雖說我在拉傑果德執業十分成功，也重新燃起自信，但我還是想繼續待些時日之後再做其他打算。沒想到，有一天戴夫先生來找我，說：「甘地，我不能讓你長久埋沒在這種小地方，你得到孟買去。」

我問：「到那裡誰會給我工作？開銷呢？你能幫我嗎？」

他回答：「當然，我可以幫你。有時我們會把你這位大律師從孟買請回來幫忙，至於寫狀子的業務，我們會送到你那兒。一名大律師的成敗，完全是看我們怎麼做。你在賈姆納格爾和維洛瓦訴訟的成績證明你很有能力，我一點也不擔心。你注定是要做公眾服務之人，我們絕不能將你埋沒於此。你打算何時到孟買？」

「我正在等一筆款項從納塔爾匯過來，錢一到我就動身。」

兩週後我收到了錢，便前往孟買，在潘恩、吉柏特及沙雅尼的事務所掛牌執業。這下子看來真的是安定了。

第二十二章　信仰通過了考驗

我開始在福特地區執業，並且在克爾貢租了房子，但是神似乎不肯讓我安頓。我們才剛搬進新房，我的二兒子曼尼拉爾就染上傷寒，並有肺炎及急性意識混亂的症狀。他幾年前才得過一次嚴重的天花。

我請了醫生來看他，但醫生表示藥物治療的效用恐怕有限，或許可以試著吃雞蛋、喝雞湯。

曼尼拉爾只有十歲，我無法徵求他的意見，身為他的監護人，我必須做出決定。這位醫生是帕西人，為人極好。我告訴他我們全家茹素，恐怕不能讓我兒子吃這兩樣東西，不知他能否建議其他食物？

這位好心的醫生說：「你兒子的情況危急，可以讓他喝些摻水的牛奶，但我擔心這樣營養不夠。你知道，很多印度家庭都找我替他們看病，他們從來不違背我開的藥方。請你對待自己的兒子不要太嚴格。」

我回答：「你說得對，這是你身為醫師的建議，但是我身為父親，責任重大。今天若是我的孩子已經成年，我會尊重他的意願，但現在我得替他做主。對我來說，這種情況最能考驗一個人是否有堅定的信念。無論是對是錯，我信仰的宗教認為人不應吃肉類與蛋類。人類飲食是為了維繫生命，但也該有個限度。即使為了活命，有些事我們也不做。我理解的宗教不允許我與我的家人吃肉吃蛋，即便在這種情況下也一樣。因此，雖然你認為孩子有生命危險，我還是得冒這個險。但我想求你一件事：雖然我不能採用你指示的方法，但我聽別人提過水療法，希望能試試看。我不知如何測脈搏，也不知如何洞察胸腔與肺部的狀況，如果你願意每隔一段時間就來替他測量，並且告知我情況，我會非常感激。」

這好心的醫師明白我的難處，因此答應了我的請求。雖然曼尼拉爾還小，不能自己做決定，但我還是把我跟醫生之間的對話告訴了他，徵詢他的意見。

他說：「就試試你說的水療法吧。我不要吃蛋或雞湯。」

聽他這麼說我很高興，儘管我知道如果我要他吃蛋和雞湯，他一定也願意照辦。

我同時也聽說絕食有好處，於是嘗試用庫恩療法及絕食雙管齊下。我按照庫恩療法，讓曼尼拉爾在木盆裡坐浴，每次不超過三分鐘，並且連續三天只讓他喝加水的柳橙汁，不吃別的東西。

但他還是高燒不退，體溫一度高到攝氏四十度，每到夜裡他就開始胡言亂語，出現譫妄現象。我不免著急起來，別人會怎麼說我？我哥哥會怎麼看我？不能再請別的醫生來看病嗎？為什麼不請阿育吠陀派的印度醫生來？父母有甚麼權利把自己的古怪想法強加在孩子身上？

紛亂的念頭在我腦中反覆翻攪，但突然有一個相反的想法浮現在我腦中：若神見到我採用治療自己的方法來醫治我的兒子，祂必定感到高興。我對水療法有信心，不大相信時下流行的對症療法，因為就連醫生也不保證對症療法一定有效，他們充其量只是在病人身上試驗罷了；生命之線掌握在神明手中，為什麼不把命運交給至高無上的神、採用我認為適當的療法呢？

那晚我不斷苦苦思索，委決不下應該怎麼做。我躺在孩子身邊，決定拿一條濕被單裹住他身體。於是我起身弄濕被單，把多餘的水瀝掉，然後緊緊裹住曼尼拉爾，只讓他的頭部露出，然後再蓋上兩條毯子。接著我拿濕毛巾敷在他的額頭上。孩子的身體滾燙如鎔鐵，又熱又乾，一點汗也沒有。

我疲憊不堪，把孩子交給她母親，出門到丘派堤海灘去散步，想讓頭腦清醒一下。那時已是晚上十點，路上沒什麼行人。我沉浸在思慮中，也不大抬頭看人，只是不斷對自己喃喃自語：「神啊！在這試煉的時刻，我信仰的榮光就掌握在您的手中。」並且覆誦著幼時學過的咒語「羅摩那摩」，好讓自己定心。走了一會兒，我便轉身回家，心怦怦跳著。

我一進門，曼尼拉爾便說：「爸爸，您回來了？」

「嗯，好孩子，我回來了。」

「拜託把這些毯子拿掉吧，我熱死了。」

「兒子，你出汗了嗎？」

「我全身都濕透了，請把這些東西拿開吧。」

我摸摸他的額頭，上面全是汗珠。他的體溫已經下降。我感謝神。

「曼尼拉爾，你的燒已經退了。再多流點汗，我就幫你把毯子拿掉。」

「不，我求求你！我像在火爐裡一樣，現在就讓我離開吧，要裹的話，晚一點再裹。」

我試著說些別的話哄他，讓他在毯子裡多躺了幾分鐘。汗珠從他額頭上滾滾而下，我才替他解開，並且幫他擦乾身體，然後我們父子二人就擠在一張床上睡著了。

我們睡得極熟，隔天早上起床，曼尼拉爾的熱度也退得差不多了。接下來的四十天，他還是只喝加了水的牛奶和果汁，但是我已經不擔心了。這種高燒短時間內不容易退，但至少已經控制住了。

到了今天，曼尼拉爾是我幾個兒子當中最健康的一個。但是他得以康復，究竟是因為神的恩賜，還是水療的幫助、抑或是細心的飲食照護呢？或許每個人有不同的看法，但我深信是神挽救了我的聲譽，而且我這種想法數十年來從沒變過。

第二十三章 重回南非

曼尼拉爾的身體日益好轉，但我覺得克爾貢的房子潮濕，光線不足，不適合居住。於是我與賈吉旺先生商量，決定在孟買郊區租一棟通風良好的洋房。我先到班卓及聖塔克魯茲一帶觀察環境，發現班卓設有屠宰場，於是不予考慮，但是加特寇巴附近又離海邊太遠。最後我們在聖塔克魯茲找到一棟不錯的平房，從衛生層面來看最無可挑剔，於是便租了下來。

我買了聖塔克魯茲到徹克蓋特的頭等車廂火車票季票。我還記得自己那時相當自豪，因為頭等車廂裡經常只有我一個乘客。我常步行到班卓搭乘特快直達車到徹克蓋特。

我的律師業務經營得有聲有色，超乎我的預期。時常有南非客戶委託案件給我，光是這些案件便足以支應我的日常開銷。

我還沒能在高等法院裡找到職位，但是我經常上法院旁聽辯論，儘管我不敢實際參與。我記得有一位名叫迦瑪昌的律師辯才極為出色，而我就像其他初出茅廬的法庭律師一樣，到高等法院旁聽只為了感受海上吹來的舒爽涼風，有時甚至在微風中昏昏睡去，並非為了增長見識。我也注意到並非只有我抱著這種念頭，畢竟那是當時的風氣，沒有什麼好害羞的。

不過我已開始跑高等法院的圖書館，認識了一些人。我覺得不久之後我就能在高等法院謀得工作了。

就在我覺得對自己的律師專業游刃有餘時，一直關注我的戈克立先生也沒閒著，他忙著替我安排其他的出路。他每個星期必定到我的事務所兩、三趟，並且經常帶著他希望我認識的朋友一道前來。他也會告訴我他的工作狀況。

或許神不允許我自己安排計畫，因為祂已經替我規劃好一切了。

就在一切都依原定計畫逐漸上軌道時，我收到一封來自南非的電報：「張伯倫已到，請速歸。」我記得自己對他們的承諾，於是回覆說等他們匯出旅費，我便馬上啟程。錢很快就匯來了，我放棄了這裡的律師業務，前往南非。

我覺得南非的工作可能會羈絆我至少一年的時間，因此我保留了平房，讓我太太和孩子們住在那裡。

那時我認為事業心強的年輕人若無法在自己的國家找到工作，就應該到國外去。於是我帶著四、五個人一起去南非，其中一位是摩根那爾・甘地。

甘地家族一直是個大家族，我一直努力發掘那些不願走向舊有道路、願意嘗試到國外一試身手的青年。我父親總會替家族的年輕人安排到政府部門做事，但是我希望這些年輕人遠離這個魔咒，我不能、也不願替他們安插工作，我希望他們一切靠自己。

就在此一理想逐步實現時，我也試著與這些年輕人對談，希望他們服膺我的理想。其中最能認同我的，莫過於摩根那爾・甘地，不過這些等到稍後再談。

與妻兒分離、律師業務又將停擺、再度航向未知的旅程，這一切都不免令我難受，不過我已經讓自己習慣不安定的生活了。我認為在這世上想要求得穩定根本是奢望，因為除了代表真理的神祇之外，其他的一切都是不確定的。發生在我們周遭的一切，無一不是倏忽變動、充滿不確定性。但是這一切的背後有至高無上的、永恆不變的神，一個人若能瞥見此一不變的永恆，就是真的有福。追求真理，乃是生命中的至善。

我準時抵達德班，而且當時已有工作等著我。代表團拜訪張伯倫先生的日期已經確定，我還得草擬一份備忘錄，準備陪同代表團前往時，可以當面遞交給張伯倫先生。

第四部

第一章　愛的勞動哪去了？

張伯倫先生到南非來，是打算領受三千五百萬英鎊的厚禮，同時爭取英國人與波耳人的支持，因此他對印度代表團的態度甚為冷淡。

他說：「你們應該知道，英國政府對於享有自治權的殖民地沒有太大的控制權。我可以體會你們的不滿，也會盡力幫助你們，只是你們若真的想與歐洲人一同生活，自己也該想辦法和他們好好相處。」

聽到這種回答，代表團團員只覺得一桶冷水當頭澆下，我也感到相當失望。這種說法實在是前所未聞，讓我體認到我們做得還不夠，必須從頭來過。我向同事們解釋情況。

但究其實，張伯倫先生的回答並沒有錯，他不拐彎抹角對我們反而好，他溫和而直接的措詞，明白告訴我們強權統治的道理及刀槍法則。

可惜我們沒有刀劍；我們甚至連承受劍砍的神經、肌肉都沒有。

張伯倫先生並不打算在這塊「次大陸」待太久。若說印度從最北的施林納加到最南的科摩林角距離是一千九百英哩，那麼從德班到開普敦的距離亦不短於一千一百哩，張伯倫可說是以颶風般驚人的速度完成了這趟行程。

他接著從納塔爾趕往德蘭士瓦，我得替當地印度人準備好請願書遞交給他，但我要如何前往普勒托利亞呢？我們駐在該地的人無法及時完成必要的法律流程，那時戰事正在進行，德蘭士瓦已變成一片荒野，風聲鶴唳，難以覓得生活必需品或衣物。到處是歇業的商店，等待著補貨或重新開張。但這是時間的問題。就連逃難在外的當地人也不准回來，得等商店裡的物資補充齊全後才行。因此，每個住在德蘭士瓦的人都必須弄張許可證，這對歐洲人來說很容易，但是印度人要拿到許可證則難於登天。

戰爭期間，許多官員或士兵從印度、錫蘭等國到南非定居，一般認為英國有責任安置這些人。無論如何，英國政府派了一批經驗老到的官員，迅速成立一個新部門，這點說明了他們實在很有一套。另外還有一個特殊部門，專門為黑人而設。但為何就是沒有為亞洲人設立的部門呢？這種主張不是很合理嗎？當我抵達德蘭士瓦時，新部門業已開始辦公，觸角也逐步延展。簽發許可證給回鄉難民的官員可以發給所有人，但若無部門介入，他們怎麼可能會發給亞洲人？若說簽發許可證是透過新部門推薦，那麼發證官員的責任不就減輕了？這就是新部門呶呶不休的爭論重點。不過事實是，新部門需要做事的理由，這些官員則需要錢。假如沒工作可做，這部門就變成無用的單位，早晚要被裁撤掉。於是他們就自己攬了這件事。

印度人要回去，得向這個部門提出申請，但往往要等待許多天才有回覆。由於想回德蘭士瓦的人非常多，開始有黃牛出現。這些黃牛與政府官員勾結，勒索上千名印度人付錢走後門。我聽說沒有門路就拿不到許可證，但有時候就算有了門路，也得再付一百英鎊之後才能拿到許可證。我無計可施，於是去找在德班當警司的老朋友，對他說：「請你引薦我認識簽發許可證的官員，讓我拿一張證吧。你知道我之前確實在德蘭士瓦住過。」他一聽我這麼說，馬上戴上帽子出門去，替我拿到證明。我準備搭乘的火車，一小時後就要開車了。我的行囊都已經準備好，謝過亞歷山大警司之後，我便登上火車前往普勒托利亞。

我知道前途困難重重。一抵達普勒托利亞，我便草擬備忘錄。我還記得在德班的時候，官員不要求印度人先呈交代表名單，但是這裡的新部門要求先交名單。在普勒托利亞的印度人都知道，其實有關當局想踢掉我。

不過這件事讓人痛苦卻又哭笑不得，我得另闢一章來說。

第二章來自亞洲的獨裁者

新部門的長官不知道我是怎麼進入德蘭士瓦的，他們先盤問了經常去找他們的印度人，但是他們表示不知情。於是這些官員大膽猜測我是靠關係進入當地，根本沒有許可證，而且倘若真是如此，他們就可以逮捕我！

當時普遍的情況是，在大型戰爭結束之後，政府往往掌握更多的權力，當時的南非正是如此。政府頒布了一道維持和平的法令，規定任何人未經許可便進入德蘭士瓦必須加以逮捕、拘禁。當時許多人議論紛紛，只是沒人能鼓起勇氣要我出示許可證。

於是官員們發了一通電報到德班，得到的答覆是我確實領有許可證，他們不免有點失望。不過，這些官員可不是輕易就會被失望打倒的人。即使我能夠進入德蘭士瓦，他們還是能夠阻止我與張伯倫先生會面。

這些官員要求印度社群遞上代表團成員名單。種族歧視在南非並不少見，但我沒料到這裡的官吏也和我在印度遇上的官員一樣，齷齪又愛走偏門。在南非，政府部門是為了民眾的福祉而設，不會無視大眾輿論，因此本地的官員多半謙和有禮，對有色人種也保持一定的禮貌。但是有些亞洲官員卻把他們在亞洲的專橫也帶來了，一副張牙舞爪的模樣。原本南非的政府是責任政府，或是稱為民主政治，但如今從亞洲輸入了新商品，也就是完完全全、說一不二的專制統治。因為亞洲國家尚未建立責任政府，統治他們的是外來政權。歐洲人在南非算是定居的移民，他們已經成為南非公民，監督著政府官員。但現在從亞洲來了專制獨裁的官吏，印度人不免發現自己被夾在惡魔與深海中，無處可逃。

我飽嘗這種獨裁統治之苦。一開始，他們叫我去見部門首長，他是錫蘭來的官員。此處為免讀者覺得我誇大其詞，我應該先釐清這一點。我沒有接到任何書面命令。當時印度社群領袖經常去拜訪這些亞洲官員，其中一位便是已故的泰伯希斯。首長問他我是何人，為何來到本地。

泰伯希斯回答：「他是我們的顧問，是我們請他來的。」

這名獨斷的官員便說：「我們來這裡的目的是什麼？難道我們不是奉命來保護你們的嗎？甘地明白這裡的情況嗎？」

泰伯希斯盡可能恭謹地回答：「您說得沒錯，但甘地是我們的人，他會說我們的語言，而且瞭解我們。您畢竟是官員。」

於是這個官員要泰伯希斯帶我去見他。包括泰伯希斯在內的一行人，便陪我去見這位專斷獨裁的官員。他不請我們坐下，讓我們通通站著。

獨裁官員問我：「你來這兒做什麼？」

我回答：「我的同胞請我來這裡提供一些建議，所以我來了。」

「你不知道你沒有權利到這裡來嗎？有人發錯了許可證給你，你不能算是定居於此的印度人，所以你必須回去。你也不能與張伯倫先生見面。亞洲事務部是為了保護印度人的權益才特別設立的。好了，你可以走了。」他說完後就要我離開，不讓我有答辯的機會。

但是他卻叫我的同伴們留下，並且痛罵他們一頓，要他們把我送走。

我的同伴們回來之後，大家都十分懊惱，沒想到我們會遇上這種局面。

第三章　忍受屈辱

這個侮辱讓我難堪，但過去我也忍受過不少屈辱，所以早已習慣。我決定把這份羞辱拋在腦後，盡可能平心靜氣看待這件事。

我們收到亞洲事務部捎來的一封信，大意是說，既然我已經在德班見過張伯倫先生，他們認為應該將我從這次的代表名單中刪除。

我的同伴們氣憤難消，甚至提議乾脆取消本次代表團。但我向他們指出本地印度人的尷尬處境。我對他們說：「如果你們不去見張伯倫先生，他們就會以為我們根本沒有打算請願。既然請願是以書面提出，我們也已經寫好了，那是不是由我來唸根本不重要，張伯倫先生對此也不會有意見，所以我覺得我們必須吞下這口氣。」

我話尚未說完，泰伯希斯就嚷了起來：「難道他們對你的羞辱不等於對這裡全體印度人的羞辱嗎？我們怎麼能假裝你不是代表之一？」

我說：「沒錯，但就算是對全體印度人的羞辱，我們也得吞下這口氣。難道還有別的選擇嗎？」

泰伯希斯問：「不管發生什麼事，我們為什麼要再次忍受羞辱？我們見多了，難道還有更壞的事嗎？我們還有多少權利可以失去？」

這番話擲地有聲，但是又有何用？我充分意識到印度社群能做的不多，於是盡力撫平大家的情緒，勸他們找喬治．哥弗萊律師來代替我的位置。

於是喬治．哥弗萊領著代表團前往會見張伯倫。張伯倫問我何以缺席，哥弗萊只好試著彌縫整件事，回答：「與其反覆聽同一位代表說同樣的話，換個新人不是比較好嗎？」

事情進展到此並沒有結束，這場風波加重了我和本地印度人的責任，我們必須從頭來過。

有些人嘲笑我說：「你叫我們加入這場戰爭，現在你看到後果了。」不過我不為所動，回答說：「我一點也不後悔當初的決定。我始終覺得我們加入戰爭是正確的，也做得很好。這是我們的責任。或許目前不會得到回報，但我堅信一切的善行最終都會開花結果。讓我們忘掉過去，想一想未來該做的事吧。」大家都同意我這番話。

我繼續說：「說實話，你們叫我來的工作已經都完成了，不過我認為自己目前還不該離開這裡，就算你們同意我回去，我也想盡可能多待一陣子。我不會再像過去那樣，人住在納塔爾，我會待在這裡工作。一年之內，我不打算回印度去，相反地，我要在德蘭士瓦的最高法院登記為律師。我有足夠信心可以跟這裡的新部門周旋到底。如果我們不這麼做，本地的印度人不只會飽受剝削，還會被人趕出這個國家，每天都得遭受新的侮辱，永不停歇。張伯倫先生拒絕見我、官員羞辱我，這些事都比不上本地印度人遭受的侮辱。以後我們就得過著狗一般的生活，那是我們無論如何不可忍受的。」

就這樣，我打鐵趁熱，與普勒托利亞及約翰尼斯堡的印度人商討此事，並且最後決定在約翰尼斯堡成立事務所。

我沒有十足把握能否在最高法院登記為律師，但是法律協會並未駁回，法院也接受了我的申請。對印度人來說，要想在合適的地區找到辦公室成立事務所確實很困難，所幸我常與當地一位名為瑞奇先生的商人保持聯繫，他有熟識的房屋仲介商，便替我在城裡律師事務所密集處找到了合適的辦公室，於是我的事務所就此開張，正式在德蘭士瓦開始執業。

第四章　犧牲精神

在我開始敘述我為德蘭士瓦的印度居民爭取權利、並與當地亞洲事務部斡旋的經過之前，我得先交代我生活的其他面向。

一直以來，我心裡有兩種欲望交戰不已，但是為將來奮鬥的欲望沖淡了自我犧牲的精神。

我在孟買開設律師事務所時，曾遇過一名美國保險業務員，他的外表、談吐都很討人喜歡。他用一種知交故友的語氣，對我提到未來的福利：「在美國，像你這種社會地位的人都會替自己買保險，難道你不打算投保，以防未來有不時之需嗎？生命難以預測，我們美國人把投保看成等同宗教的義務，我能否奉勸你買一張保單？」

在此之前，我對於在南非或印度遇到的業務員都是冷淡以對，因為我認為投保壽險等於暗示了對生命的恐懼以及對上帝的信念不足。但我卻被這位保險業務員打動了。他絮絮不休地說著，我眼前浮現一幅妻兒的畫面。我告訴自己：「你這個傢伙，幾乎把妻子所有的首飾都賣光了，萬一你真的發生什麼事，家庭的重擔就要落在你那可憐的哥哥肩上，他一直以來都像父親一樣照顧全家人，你覺得這麼做對嗎？」諸如此類的念頭，讓我下定決心投保一萬盧比的保險。

後來我到了南非，過著截然不同的生活，觀念也跟著改變。在這充滿考驗的時刻，我做的一切事情都是以神之名出發、為了神而服務。我不知道自己會在南非待多久，心中擔心或許再也無法回印度去，因此我帶妻兒隨行，努力賺錢養活他們。一旦我開始這樣做，便覺得買壽險是很可悲的事，對於自己陷入保險員的圈套感到又愧又悔。我對自己說：如果我哥哥早已負起當父親的責任，那麼就算我真的遭遇不測，他必定不會覺得照顧我寡妻的生活是承受不了的重擔。況且我有什麼理由認定我一定會比其他人早逝？畢竟真的具有保護他人力量的，不是我也不是我哥哥，而是萬能的神！我買了保險，就等於剝奪我妻子與孩子自立自強的機會。為什麼我認為他們無法照顧自己？世界上有那麼多貧困家庭，他們碰到這種事又怎麼辦？我為什麼不能把自己當成是他們的一份子？

類似想法在我心中紛至沓來，但是我思索了好些時候，我在南非至少付了一期保險金，然後才決定終止保險。

外在環境也支持我這種想法。我第一次在南非定居時，基督教給予我深遠的影響，使我心中常保宗教活潑的熱情。但這次我受到更多神智學的影響。瑞奇先生信仰神智學，帶領我認識約翰尼斯堡當地的神智學會成員。我從未正式加入，因為我有我的信仰，但是學會裡幾乎每一個人我都很熟，並且每天與他們談論宗教問題。他們會固定閱讀神智學的書籍，我有時還受邀在他們的集會上講演。神智學主要的思想是啟發和促進兄弟情誼，我們經常討論這一點。偶爾有些學會成員的行為未能達到此目標，我也會加以批評。這類批評對我並非毫無益處，因為透過批評，我也開始內省。

第五章　內省的結果

一八九三年我與基督徒友人開始往來時，我對宗教所知甚少。這群朋友認真地向我解釋基督教教義，希望我能接受耶穌的福音，於是我抱著開闊的心，謙卑地聆聽基督教的道理。那時我滿腔心思都在研究印度教，同時也嘗試瞭解其他的宗教。

一九〇三年，情況開始轉變。神智學會的朋友們想吸收我當會員，只不過他們想從我印度教徒的身分獲得一些東西。神智學相關書籍隨處可見印度教的影響，因此這群朋友希望我印度教的背景能對他們有所裨益。我向他們解釋，我的梵文水準不佳，也未讀過印度教經典的原文，甚至連譯本也很少涉獵。不過信奉神智學的朋友們篤信前世的影響與投胎轉世，因此深信我至少能給他們一些幫助。我也覺得自己似乎鶴立雞群，有資格教導他們，於是我開始帶其中一些人閱讀卡南達的《瑜珈修行論》（Rajayoga），也帶另外幾個人讀德維韋迪（M. N. Dvivedi）的《瑜珈論》（Rajayoga）。同時我與一名朋友讀帕坦伽利（Patanjali）的《瑜伽經》（Yoga Sutras），又與另一組人讀《薄伽梵歌》（Bhagavad Gita）。我們組成類似慕道者的讀書會，固定聚會。梵歌向來吸引我，我信仰著梵歌，而我知道現在是進一步深入研究的時候了。我手邊有一、兩本譯本，我就靠著其中一本來理解原文，並且下定決心每日要背誦一、兩首經文。我選擇利用早上起床後盥洗沐浴的時間來背誦，我通常會花用三十五分鐘、十五分鐘刷牙、二十分鐘沐浴。我那時已經習慣和西方人一樣站著刷牙，因此便在牆上黏貼幾首梵歌，盥洗時一面看看牆壁上的經文，以幫助背誦。早晨盥洗時間拿來背誦每日經文並且複習前幾日的段落剛剛好，我用這個方式一連背誦了十三章，但是後來因為有其他工作要忙而停止。當時我已經開始籌組「非暴力」抵抗運動，這項運動占據了我全部的心思，直到今天依然不變。

對這些朋友來說，閱讀梵歌到底有何好處，只有他們自己知道，但是對我來說，梵歌是立身處世的行為準則，也是我經常用以參考的依據。如果說，我看到不懂的英文單字時會翻查英文字典，那麼我遇上麻煩或試煉時，就會從這套準則中尋求解決的方法。「無所黏滯」、「一視同仁」這一類的字彙直探我的心，但是應該如何培養平等之心呢？在面對傲慢又不尊重他人的貪官、只會搞對立的老同事，以及向來待你甚好的友人時，我們如何能一視同仁？一個人又該如何處理擁有的一切？自己的肉身不也是財產之一嗎？又該如何看待妻子、兒女？我是否該毀掉書櫃裡的每一本書，才能算是「無所黏滯」？我是否應該放棄身外之物，勇敢追隨著「祂」？答案簡單明瞭：除非我放棄一切，否則我無法追隨「祂」。這時以往讀過的英國法律適時解救了我，我想起史耐爾在討論《衡平法》時的論述，而「受託人」的意涵也讓我更透徹瞭解梵歌的教義。我在法律中發現了宗教的涵意，因此更加深我對法律的敬意。我瞭解梵歌教義中的「無所黏滯」是表示渴望救贖的人應當與受託人一樣，儘管手上握有大量財富的支配權，卻不將任何財物當成一己所有。我猛然頓悟，要做到「無所黏滯」與「一視同仁」，必須先改變自己的心態。於是我寫信給那家保險公司，表示要撤銷保單，看看是否能拿回一部分金額，若不行，已繳的保費就當損失也無所謂，因為此時我深信神明既然創造了我們一家人，就會好好保守我們。我也寫信給我一向視為父親的兄長，告訴他我將迄今所有的積蓄都匯給他了，爾後不會再匯一分錢，因為從今以後我要拿所有的積蓄來改善印度社群的福利。

我沒那麼容易說服我哥哥，他回信的措詞嚴峻，表示我對他負有責任，我不應自以為比父親更聰明睿智，我必須跟他一起支撐這個家。我回信表示我所做的一切與我們父親所做的毫無分別，只是我把家庭的概念向外擴展了一些，他以後自然會明白我所做的事是有意義的。

我哥哥不再理我，就此斷絕了所有聯繫。我既不安又悲傷，但若要我放棄自己認為該做的事，我會更加難受，因此兩害相權取其輕，而我對兄長的敬愛從未減少半分。兄長十分愛我，這份愛卻成為我痛苦的根源，與其說他想拿我的錢，不如說他希望我對這個家善盡責任。他最後終於明白我的看法，瞭解我做的事情並沒有錯，並且在臨終前寫了一封情辭懇切的信給我，向我道歉——但父親何必對兒子道歉？他把自己的孩子託付給我，要我以自認合適的方式撫養他們，還說他迫不急待想見我一面。他最後打了一通電報，表示想到南非一趟，我回電請他過來，但他終究未能成行，因為他在成行之前便已過世。他對兒子們的期望也落空了，他們都是在傳統環境中長大，生命的道路難以變化，我無法影響他們。這並不是孩子們的錯，畢竟誰能夠改變從小到大發展而成的天性？誰能消除他與生俱來的印象？硬是期待孩子走上與自己相同的成長道路，終將徒勞無功。

這個例子證明了身為父母是多麼大的責任！實在不得不戒慎恐懼。

第六章　為素食所做的犧牲

當我逐步實現犧牲與簡樸的理想，宗教意識也在日常生活中逐步增強的時候，我心中也日益將茹素當成使命。想要實現此一使命別無他法，唯有親身實行，並與同道中人討論。

那時在約翰尼斯堡有一家素食餐廳，是一位相信庫恩水療法的德國人開設的。我自己去吃過之後，也帶了英國朋友去光顧，但是我發現這家餐廳的財務狀況一直不佳，繼續下去必定歇業。我盡我所能贊助這家店，只是最終還是倒閉了。

信神智學的人多半吃素，學會中有一個喜愛經商的女士也開了一家素食餐廳，規模頗大。她喜歡藝術、愛好奢華，但是完全不會算帳。她交遊廣闊，一開始這家店面甚小，但後來決定擴充店面，並且請我贊助。她來找我時，我完全不知道她的財務狀況，但我想她應該是精算過的。她要我贊助費用。那時我有不少客戶把大筆金錢存放在我這裡，我徵詢其中一名客戶同意，從他帳戶中拿了約一千英鎊給這女士。這名客戶來南非當契約工人，性情慷慨，對我又十分信任，他說：「你要的話就拿去吧，我對這一竅不通，我只認識你。」他是巴德立，後來成為非暴力抵抗運動的重要一員，並且因此入獄。我想問過一聲應該就行了，於是便借出這筆錢。

兩、三個月後，我發現這筆錢收不回來，但我實在承受不起這樣的損失。這筆錢本來可以用在許多用途上的。這筆錢最終沒有歸還。但我怎麼能讓一心相信我的巴德立蒙受這種損失呢？他是因為我才答應的，所以我墊補了這筆錢。

之後我把這件事告訴我一個客戶朋友，他委婉地斥責我的愚昧：「老兄啊！」——幸好我那時還不是「聖雄」，也無人尊稱我為「父親」，朋友們都稱我「兄弟」（Bhai）——「這不是你應該做的事。我們有很多事情還得靠你呢。這筆錢絕對要不回來了，而我知道你絕不會讓巴德立難過，你會自己掏腰包拿錢出來還他，但如果你以後還繼續動用客戶的錢，這些可憐人會被你毀了，你也會在不久後變成一名乞丐。你要知道，你是我們的受託人，假如你變成乞丐，我們的公眾事業也就完了。」

我滿懷感激地說：「這位朋友還在世，他是我此生遇過心思最純淨的人。他有時候會誤解他人，但一旦發現自己的猜疑毫無根據，就會主動向對方道歉，以洗滌他的罪過。」

我知道他對我的警告言之有理。儘管這一次我把錢賠給了巴德立，但我實在禁不起一再損失了，否則便會開始舉債——這是我這一生從未做過的，也是我向來厭惡的行為。我瞭解一個人即使充滿改革的熱情，也不該做超過能力範圍的事。我明白任意借出別人託付給我的金錢，等於違背了梵歌最基本的教誨。只求付出、不問收穫，才是為人該當的責任。這次的錯誤不啻是一次大警訊。

此一供獻於素食祭壇上的犧牲，既不是有意的、也非我所能預期，而是必要的美德。

第七章　嘗試水療與土療

我的生活越趨簡單，我也越不喜歡醫藥。我在德班執業時，曾患神經衰弱症及風濕。梅賀塔博士為我治療，後來就痊癒了。在那之後，一直到我重回印度，我印象中都沒再生什麼病。

但是我在約翰尼斯堡時，長期為便祕、頭痛所苦。我有時會服用瀉藥，並且保持飲食均衡，但卻很難說得上健康，而且常常在想何時才能擺脫瀉藥的負擔。

就在這個時候，我得知有一個「不吃早餐協會」在曼徹斯特成立了。協會的會長表示：英國人進食次數太過頻繁、食量也太大，因此必須經常看醫生，醫藥費也很驚人；許多人經常吃到午夜，因此至少得放棄早餐，才能改善這種狀況。雖然我沒有上述情況，但我覺得這個論點也說中我某一部分的情形。我每天吃三次正餐，外加一頓下午茶，食量不算小，總在素食者與清淡飲食許可的範圍內盡情享用美食。我早上很少在六、七點前起床，因此我認為如果不吃早餐，或許就可以擺脫頭痛的困擾。於是我開始試驗，起初確實很痛苦，但是頭痛完全消失了，這表示我平常吃太多了。

但是這項改變並未根治我的便秘問題。我也嘗試庫恩式坐浴，雖然讓我覺得比較舒服，但還是沒能完全治好這毛病。這時候我有一位開餐廳的德國朋友，抑或是另外一位友人，給了我一本賈斯特的《重返自然》（Return to Nature）。我看到書中提到土療法，該書作者鼓勵讀者多吃水果及堅果等自然食物。我沒有立即採取單吃水果的飲食，但是我馬上開始嘗試土療法，並且發現效果的確驚人。土療法是這樣的：以冷水沾濕乾淨的泥土，均勻塗在亞麻細布上，然後綁在肚子上。我上床前弄好，深夜或翌日清晨醒來後再拿掉，很快就可以看到效果。從那時起，我常在自己或朋友身上測試這個方法，結果很靈。但是回到印度之後，我沒能以同等信心繼續嘗試這個法子，部分的原因是我經常東奔西跑，無法定居一處好好進行實驗。不過我對土療法及水療法仍深具信心，直至今日我仍不時進行土療法，並且視情況推薦給同事們。

我這一生有兩次病得很嚴重，但我仍深信人不需吃藥。一千次的疾病中有九百九十九次只需規律飲食、進行水療與土療或其他居家療法便可治癒。稍微傷風咳嗽就往醫生那兒跑、動不動就吃草藥或吞藥丸，不但會削減壽命，也會變成自己身體的奴隸，失去自制力，不復為人。人應該是自己身體的主人。

我在病床上寫下這些話，但希望大家別因為這樣就輕忽這些觀察。我對自己的病情知之甚詳，我很清楚我得為自己的病痛負責，因此我始終充滿耐心。事實上，我對神充滿感謝，因為患病讓我學到許多，我也成功抵抗服藥的誘惑。我知道醫生常得忍受我的頑固，但是他們都願意忍受我，從未放棄過我。

不過，我還是拉回主題好了。在我繼續往下談之前，我要先給各位讀者一個忠告。讀過這一章然後去拜讀賈斯特著作的人，不要把書裡講的話當成福音書的真理。一個作者只是呈現一件事情的某個角度，但每件事少說都可以從七個以上的角度來思考，每個角度都有其道理，但也都有其限制。況且許多書是作者為了成名或贏得買書人的心才寫的，因此閱讀時必須要具備辨別力，並且在進行實驗前多聽有經驗者的勸告。請慢慢閱讀，徹底讀懂之後，再付諸實踐。

第八章 一個警告

恐怕我還得在這一章繼續嘮叨一下飲食的事。我在嘗試土療法的同時，也持續進行飲食實驗，在這裡談談這一部分的事，或許不算不夠恰當，但是我還會在後面幾章提到這一點。

不過我並不打算細談飲食實驗，因為我幾年前在一本名為《印度輿論》（Indian Opinion）的刊物以古吉拉特文發表過一系列文章，這些文章後來集結出版了單行本，英文版書名為《健康指南》（A Guide to Health）。我出版的書籍當中，這本小書在東西方同樣廣為閱讀，我到現在還無法理解為何會如此。本書原本是為了《印度輿論》的讀者而出版的，但是我知道這本小書對東西方不少人有深刻的影響，即便他們完全沒讀過《印度輿論》。讀者們會與我通信討論相關主題，因此似乎有必要在這裡提一下這本書；儘管我並不認為書中的觀點需要修正，但是我個人在實踐上卻有幾項重大改變，是該書讀者所不知道的，我認為應該讓他們知悉。

正如同我所有其他作品，本書也具有精神上的目的，鼓舞著我的每一項行動。因此，對於自己無法完全貫徹書中所提的理論，我覺得十分難過。

我堅信人除了襁褓時期必須喝母乳之外，並不需要飲用牛奶。人只需食用經陽光曝曬的水果（例如葡萄）、堅果（例如杏仁），就可以獲得肌肉組織及神經所需的營養；此外，只吃這些食物可以讓男人易於克制情慾、節制其他情感。我與同事們實驗之後都發現，「吃什麼就成為什麼」這句印度俗諺甚有道理。這些觀點在書中都有詳盡的闡述。

不幸的是，我住在印度時不得不放棄某些做法。我在凱達從事募兵活動時，飲食上的失誤讓我大病一場，差點因此死去。病後我的身體虛弱，調養時堅持不喝牛奶，便詢問西醫與印度大夫及精通科學之人，請他們推薦牛奶的替代品。有人推薦豆子湯，有人建議木赫拉油，也有人推薦杏仁湯，但是我輪番試過一遍，卻始終未能痊癒。印度大夫唸遮羅迦①的詩句給我聽，告訴我宗教對飲食的顧慮，在療法上是毫無根據的。因此他們實在無法提供我牛奶以外的替代食品，而那些力薦我喝牛肉湯或白蘭地的人，又如何能夠幫助我維持沒有牛奶的飲食？

我不喝黃牛或水牛的奶，這是立過誓的。當然誓約應當指所有動物的奶，但我立誓時心裡想的是母黃牛或母水牛，而且我也想保命，於是我便以文字遊戲欺哄自己，決定喝山羊奶。然而，當我開始喝羊奶時，我心裡清楚自己已經違背誓言的精神。

但那時我一心想組織運動反對勞萊特法案，求生意志益發強烈，最後只得停止這個對我來說非常重要的飲食實驗。

我知道有一派人表示，人的靈魂與吃喝什麼並無關係，因為靈魂不會吃喝，而且人從外界吸收什麼東西到體內並不重要，重要的是能將內心流露的精神展現於外。這番話不是沒有道理，但我不願細究原委，只想表達我堅守的信念：對於一心敬畏神明、期望能與神明面對面溝通的信徒來說，節制飲食的質與量，就跟節制思想和語言一樣重要。

---

① Charaka，古印度醫學家。

針對部分難以付諸實現的理論，我在此除了提供資訊，也要嚴正警告打算實行的人。我奉勸相信這些理論的讀者不要輕易堅持拒喝牛奶，除非他們確定這對他們各方面都有好處，或是有專業的醫師建議他們不喝。到目前為止，我的經驗是，對於消化不好或長期臥病的人而言，沒有比牛奶更清淡又滋養的食品了。

如果有這方面經驗的人碰巧讀到這一章，願意告訴我親身體驗（不是書上看來的）後，有哪些與牛奶一樣營養又易消化的蔬菜，我將感激不盡。

第九章　與當權者齟齬

現在回過頭來談談亞洲事務部的事。

約翰尼斯堡是這些亞洲官員的大本營，長期以來我已經注意到，這類官員非但不保護印度人、中國人等亞洲人，甚至還折磨他們。我每天都會聽到這一類的抱怨：「他們一再刁難有權利的人，不肯放行，但是沒權利的人只要支付一百英鎊就可以偷偷進來。如果你不能改善這種情況，還有誰可以辦到？」我也有同感。如果我無法根除此一罪惡，我待在德蘭士瓦就沒有意義了。

所以我開始蒐集證據，等證據齊備後，我去找警察局長。他看來是一個公正的人，沒有一般官僚的架子，並且耐心聽完我想說的話，要我把手邊的證據交給他。他看過之後覺得證據充分，但是我們都知道，在南非很難讓白人陪審團站在有色人種這邊，做出白人有罪的判決。警察局長說：「我們還是要試試看！顧慮陪審員的立場而讓這些人逍遙法外是不對的。我要把這些人抓起來，我向你保證，我一定會全力以赴。」

我不需要這一類保證。不少官員都有犯行的嫌疑，但因為我手上沒能握有那麼多確鑿的證據，因此最後只發了兩道拘捕令給兩個罪證無可辯解的人。

我的行動攤在陽光下，許多人都知道我幾乎天天跑去找警察局長；那兩名官員也有眼線，常在我辦公室外站崗逡巡，將我的一舉一動報告給他們知悉。然而這兩名官員實在太壞，沒幾個人肯當他們的眼線，我則有印度及中國朋友幫我，因此這兩人最後還是被捕。

其中一人後來逃跑了，警察局長開了一張引渡令，把他抓回德蘭士瓦。審判程序開始後，雖然證據確鑿，陪審團也掌握其中一人逃跑的證據，但這兩名官員最後都無罪開釋。

我失望至極，警察局長也對我感到抱歉。我開始厭惡律師這一行，因為聰明才智竟被用來開脫罪惡，實在真令人心痛。

不過，這兩名官員的罪行太過明顯，儘管獲判無罪，政府也不能再雇用他們，因此兩人都遭到革職，亞洲事務部也變得比較乾淨，讓本地印度人覺得較為安心。

這次事件為我帶來更高的威望，律師業務也更加活絡。原本印度社群每個月總有幾百英鎊的公款不翼而飛，現在雖然稱不上杜絕，但至少省下了一部分。不誠實的人還是在幹那些不法勾當，至少誠實的人可以保持廉潔。

我必須說，這兩位官員雖然壞，但我並不討厭他們。他們也都明白這一點，因此他們遇到困難向我求助時，我同樣幫助他們。只要我不提出反對，約翰尼斯堡市政府願意雇用他們。他們的一位朋友為此跑來找我，我答應不加阻撓，於是這兩人得以獲聘。

我抱持此一態度，因此與我往來的官員都與我和平相處，儘管我經常得與他們的部門槓上，並且在交涉時使用強烈的措辭，他們還是與我保持友善的關係。那時我還不大清楚這是我的本性，其後我才明白這正是非暴力抵抗運動的精神，也是佛教主張的「非暴力」的屬性之一。

人與行為是兩件完全不同的事。善行應當給予讚許，惡行應加以譴責，但是做出善行或惡行之人，無論好壞都值得受到尊敬或憐憫。「應憎恨罪惡，不要憎恨犯罪的人。」這句箴言淺顯易懂，然而能付諸實行的人卻少之又少，這也是仇恨遍布世間的原因。

追尋真理唯有奠基於非暴力之上，日復一日，我慢慢瞭解真理無從追尋，除非是以非暴力為基礎。我們可以抵抗、攻擊某一制度，但若攻擊制度的創始人，無異攻擊我們自己，因為我們都是同一枝畫筆畫出來的，是同一位造物主的兒女，我們心中都具有無窮的聖潔力量。貶低任何一個人，就是貶低神聖力量，傷害的不單是那個人，還包括整個世界。

第十章　神聖的回憶與悔罪

我的生活十分豐富，經常接觸來自不同社群、持有不同信念的人。與他們相處時，無論是親戚或陌生人、本國同胞或外國人、白人或有色人種、印度教徒或伊斯蘭教徒、帕西教徒、基督教徒或猶太教徒，在我眼裡都沒有分別。我的心從不做這類區分。我不敢說這是特殊的美德，因為對我而言是天性，並非後天努力得來的結果，不像「非暴力」、「自制禁慾」或「無所黏滯」等重要美德，是必須持續努力培養的。

我在德班當律師時，辦公室職員經常住在我家，當中有印度教徒也有基督徒。如以省分來說，則有古吉拉特人跟坦米爾人。我完全把他們當成自家人看待。如果我妻子不讓我這樣做，我就會不高興。其中一名職員是基督徒，來自賤民階級。

當時我們所住的房子是仿西式的洋房建築，不能直接把髒水倒到房間外面，因此每個房間裡都有夜壺。倒夜壺的工作我們不交代給傭人，而是由我跟妻子親自做。住上一段時間、把我家當自己家的職員大多會自己倒夜壺，但是這位基督徒初來乍到，我們便替他收拾房間。其他人的夜壺如果沒倒，我太太會幫忙，但這人出身賤民階層，似乎超過她能容忍的範圍，於是我們吵了一架，她不讓我倒，她自己也不想倒。直到今天我還記得她罵我的神情，兩眼氣得發紅，眼淚如珍珠般滾落，但最後她還是拿著夜壺爬下梯子。我是一個對別人仁慈、對妻子殘忍的丈夫，自以為是妻子的老師，心裡抱著對妻子盲目的愛，盡情折磨她。

看她拿夜壺去倒，我還不感到滿足，我要她高高興興地做。於是我提高聲量說：「我受不了家裡有這種愛計較的無聊行為。」

這句話像箭矢一般刺穿了她的心。

她回嘴道：「那你就自己住吧，讓我走。」我氣壞了，平日的同情心半點不剩，抓住她的手，把無助的她拉到正對著長梯的大門，準備開門推她出去。她的眼淚奔流而下，哭著說：「你不覺得丟臉嗎？你忘了自己是誰嗎？我能去哪裡？我在這裡沒有家人也沒有親戚。你覺得我當你妻子，就必須忍受你的臭脾氣嗎？老天，請你注意一下自己的行為，把門關上，別丟人現眼！」

我臉上不動聲色，但心裡著實羞愧，於是關上了門。若說我太太離不開我，我也離不開她。我們不知吵過多少回，最後都能言歸於好。身為妻子的她有無窮的耐心，總是最後的勝利者。

今天我站在超然的立場敘述這些事，幸運的是這段時期已經過去，我不再是滿心迷戀、失去理性的丈夫，也不再是我妻子的導師。現在卡絲特貝隨時可以對我發脾氣，如同我過去對待她的方式一樣。我們是歷經試煉的朋友，不再以肉慾的眼光看待對方。我生病時，她是最忠心照護的護士，辛苦付出且不奢望回報。

上述事件發生於一八九八年，那時我還沒有節慾的想法，總以為妻子是丈夫發洩慾望的對象，生來就該滿足他的需要，從未視她為助手或伴侶，可以分擔丈夫的喜與悲。

一九〇〇年，我的想法開始有了巨大改變，到了一九〇六年，這些想法才算成形。但我打算等適當時候再解釋，在這裡我只想說：我對肉慾的要求正慢慢降低，家庭生活也因此變得越來越和平、愉悅。

希望讀者不要因為看了上述文字就以為我們是理想夫妻，或者我們的理想一致。卡絲特貝自己可能都不知道她有異於我的理想。直到今天，她還是看不慣我許多作為，但我們從未討論過，因為我不覺得這種討論能改善情況。她父母未能教育她，而我在應當教育她的時候也沒做到。但她具備一種高貴的品質，這是大多數印度婦女多少都具備的美德：無論是否出於自覺或心甘情願，她都認為追隨我的腳步是上天的旨意。因此在我決定過節制生活時，她從未加以阻撓。因此，儘管我們兩人智識相差懸殊，我始終覺得夫婦生活讓我滿足、快樂，而且不斷進步。

第十一章　與歐洲人密切往來

寫到這一章，我開始覺得有必要向讀者交代一下，本書是如何一週又一週逐步寫出來。開始著手寫作時，我並沒有明確的計畫。我沒有寫日記或記錄其他文件的習慣，做為撰述這些人生體驗的參考。我依隨著心靈的指引動筆寫作。我不能說自己的思想、行為都是由神明主導，但是審視我生平所為，大至重要的事業、小至微不足道的瑣事，若說一切皆是隱隱奉行神的指示，應該也不算不恰當。

我沒見過神，也不認識神，但是我把對這世間的信仰寄託在神的身上。既然我的信念是不可磨滅的，那麼這份信念應該就是經驗。不過，將信仰與經驗混為一談，似乎不符合真理，或許比較正確的說法是，我找不出適當的形容來說明我對神的信仰。

也許現在比較容易理解，我深信本書的寫作是出自神的啟發。我在寫前一章時，本來給它的標題是本章的標題，但是在寫作過程中，我瞭解在寫與歐洲人往來的經驗之前，應該先寫一篇類似前言的文章稍加解釋，於是我寫了，也更改了標題。

現在我開始動手寫這一章，又碰上了新的問題。這群英國的朋友們，哪些人應該提及、哪些人可以省略，都必須嚴肅思考才能決定。假如相關的事件省略不提，真相就無由彰顯，但要決定哪些才是相關的事卻有其難度，因為我也不確定該如何下筆。

許久以前我曾讀到將自傳視為歷史是不恰當的，如今我更明白這層意涵。我知道自己並沒有把所有記得的事全部寫進本書，有誰能說我為了彰顯真理應該寫出多少，或是隱藏多少？如同在法庭上提出許多不相干的證據，我何必非要把某些事情寫出來呢？或許會有好管閒事的人在讀過幾章之後，能為這些篇章添一些別的看法或趣味。甚至可能會有些愛好批評之人，跳出來指責我捏造虛假之處，並以此沾沾自喜。

因此，我曾認真思索是否該寫這幾章。既然我們無法禁止內心的聲音，我就必須繼續寫作。我必須遵循一句智慧名言：除非某事在道德上站不住腳，否則一旦開始就不能半途而廢。

我寫這本自傳不是為了討好評論家，因為寫作本身就是真理的實驗。其中一個目的是為同事提供一些安慰與思考的材料，因為其實一開始是應他們的要求而寫的。假如不是傑拉達斯與阿納德再三力勸，就不會有這本書的誕生。所以，如果我寫這本自傳是錯的，他們也該負起部分責任。

不過還是回歸本章的主題吧。正如向來有印度人如家人一般與我同住，我在德班時也與英國朋友住在一起。並不是所有與我同住過的朋友都喜歡這種經驗，但我還是堅持同住。當然，我不能說每一次都判斷正確，畢竟我也有過不愉快的經驗，不論是與印度人或歐洲人同住，但是我從不後悔。儘管有過失敗的例子、儘管我常為此造成朋友的不便與煩憂，我仍不改這種做法，朋友也都能體諒我。如果有朋友對我和陌生人交往感到不快，我一定毫不猶豫責備這個朋友。我相信信奉神明的人，若想在別人身上也看到在自己身上的同一個神，必須具備充分的超然態度與每個人相處。與人同住的能力是可以培養的，不是靠迴避類似不請自來的機會，而是以服務的精神與人同住，並從中鍛鍊自己不受影響。

波耳戰爭爆發時，我家已經住滿了人，我又招待了兩名來自約翰尼斯堡的英國人，兩位都是神智學者，其中一位是吉沁先生，稍後還會再談到他。這些朋友常讓我的妻子委屈流淚，而且不幸的是，由於我的緣故，她經常得忍耐這些考驗。這是我頭一回請英國朋友與我同住，如家人一樣。我在英國求學時也住在英國人家裡，但我會配合他們的生活方式，感覺上像是住在分租公寓裡。但是在我家情況恰好相反，英國人真的像是我的家人，許多方面都配合印度人的做法。房屋雖然是西式建築，我們的生活卻完全是印度式。我還記得為了讓他們住在家裡而煞費思量，但是他們卻很快就融入我家的氣氛，沒有半點為難。在約翰尼斯堡時，我與他們的交情比起在德班時更上一層樓。

第十二章　與歐洲人密切往來（續）

我在約翰尼斯堡時，事務所最多曾同時聘用四名印度職員。我把他們都當成自己的兒子看待。即使有這麼多人力，工作還是做不完。打字工作是不可免的，但嚴格說起來，只有我會一點點打字的技能，於是我指導其中兩名職員打字，但是他們無法學會，因為英文程度太差了。此外，我想訓練另一位職員成為會計。那時我無法從納塔爾調派任何人過來，因為德蘭士瓦需要許可證方可進入，況且我也不願去跟那些簽發許可證的官員討人情，我知道那必定得大費周章。

我無計可施，眼看業務越堆越多，無論我怎樣趕工，也沒辦法獨力完成律師的業務與公眾事物。我很想聘用歐洲人來當職員，但是我沒有把握是否真有歐洲白人（無論男女）願意替我這種有色人種工作。我最後決定一試，去找了認識的打字行，請他們為我物色一名速記員。那裡有幾個女孩符合資格，他們答應替我找一個適合的人選。有一位笛克小姐剛從蘇格蘭過來，願意做任何正當職業，於是打字行就送她過來了。她給我的第一印象很好。

我問她：「妳介不介意替印度人工作？」

她堅定地回答：「絕對不會。」

「那妳要求多少薪水？」

「十七英鎊十先令會不會太多？」

「如果我交辦的工作妳都能完成，這樣的薪資就沒問題。妳什麼時候可以上班？」

「如果你需要的話，現在就可以開始。」

我非常高興，馬上口述讓她把信打出來。

沒多久她就不再是普通的速記員，而是變得像我的女兒或妹妹一樣。她的工作表現幾乎找不到瑕疵，我把幾千英鎊的基金及帳簿都交託給她管理，她贏得我完全的信任。但更可貴的是，她把內心深處的想法與感受都告訴我，就連選擇丈夫時都來徵求我的意見，我甚至有幸為她主婚。自從笛克小姐變成麥克唐納太太之後，她就不再繼續工作了，但每當我業務繁忙找她幫忙時，她從不拒絕。

我必須再找一名正職速記員來填她的缺，幸運的是我又找到另一個女孩史萊心小姐，她是卡倫巴哈先生介紹的，稍後還會再提到這個人。史萊心小姐當時在德蘭士瓦的一所高中教書，大約十七歲左右，性格很烈，有時連我和卡倫巴哈先生都受不了。與其說她是來當速記員，不如說是來累積經驗的。她天生不知道什麼是種族歧視，但也不覺得應當尊重年長或有經驗的人。她有話直說，經常當面告訴別人她的看法，就算那些話幾近侮辱也從不修飾。她如此心直口快，往往讓我感到尷尬，但也因為她的坦誠率真，任何問題都能夠很快就化解。她打好的信件我常常看都不看就直接簽名，因為我知道她的英文能力比我好，而且我也完全信任她的忠誠。

她不在乎個人得失，很長一段時間都只向我支領一個月六英鎊的薪水，從不肯接受十英鎊以上的薪資。我勸她多拿些，她就會責怪我說：「我不是來這裡拿薪水的，我是因為喜歡跟你一起工作才來的；我喜歡你的理想。」

有次她向我拿了四十英鎊，但她堅持算是借款，而且去年就還清了。除了不計較得失之外，她也深具勇氣，是我生平有幸遇到的少數偉大女性之一，不但擁有水晶般澄澈的品格，又具備連勇士也自愧弗如的勇氣。如今她已是成人，我對她的近況也不像過去那般瞭解，但是與她共事的日子卻是神聖的回憶，若不將這段回憶寫出來，便是對不起真相。

她為了運動大業日夜辛勞，有時晚上也獨自外出工作，若有人建議護送，她會生氣地拒絕。幾千名英勇的印度人仰賴她給予指引。在非暴力抵抗運動時期，幾乎所有領袖都被捕下獄，她一人撐起整個運動，還得處理數千封信件，並且綜理《印度輿論》事務，卻從不喊累。

要寫史萊心小姐是寫不完的，但我打算以戈克立先生對她的評價作結。戈克立認識我每一個同事，當中有許多得到他的讚許，但是全部同事之中，包括印度人及歐洲人，戈克立最稱許的就是史萊心。他說：「我很少見到像史萊心小姐這樣勇於犧牲、充滿純潔、無畏精神的人。你所有的同事之中，我認為她是第一名。」

第十三章　《印度輿論》

在我繼續寫其他來往的歐洲人之前，有幾件重要的事必須先說。不過我跟一名歐洲人的來往必須在此先談。雇用笛克小姐後，我還是忙不過來，需要多點人力協助。前面章節我曾提到瑞奇先生，我們交情匪淺。他是一家貿易公司的經理，我請他離開那家公司來幫我的忙，他答應了，於是我肩上重擔減輕不少。

就在這時，馬丹及特來找我商量，表示要興辦《印度輿論》。他那時已經開始辦報，我便同意了這項提議。這本刊物於一九〇四年創刊，納扎律師是第一任編輯，但大部分的業務是由我負責。那時我幾乎所有的時間都花在這本刊物上。並不是說納扎沒有能力處理這類事務，事實上他在印度時便經常從事新聞業務，但只要我在那裡，他就不肯動筆撰寫南非議題，畢竟南非問題千頭萬緒。他非常推崇我的判斷力，因此要我負責撰寫社論。這本刊物直到今天還是周刊形式，一開始是古吉拉特文、坦米爾文、印度文及英文並行。然而我後來發現坦米爾文及印度文未能達成應有的目的，只是聊備一格，甚至可能有欺騙讀者之嫌，於是取消了這兩種語文。

一開始我不知道這刊物需要我拿錢出來投資，但不久後我便發現若不給予經濟資助，這份刊物很快就會撐不下去。本地印度人及歐洲人都知道，我雖然不是名義上的編輯，這刊物實際上還是由我經營。如果根本沒開始就算了，一旦刊物既已發行，中途停刊不僅是損失也是恥辱。於是我繼續拿錢出來，直到個人所有的積蓄都賠進去為止。我記得有段時期每月都要匯出七十五英鎊。

經過這些年，我覺得這本刊物對印度人還是發揮了效益。從一開始就不是為了賺錢而辦的，而且一直都由我管理，這刊物的變化也反映了我人生的變化。那時的《印度輿論》就像今天的《新印度》及《新生活報》，都是我實際生活的反映。日子一週週過去，我灌注全副身心撰寫社論，希望充分闡釋我所理解的非暴力抵抗運動。從創刊到一九一四年這十年間，除了我幾度入獄之外，每一期都有我的文章，而且字字都經深思熟慮，從未有絲毫誇大或刻意討好。這份周刊不但鍛鍊我的自制力，也能讓朋友瞭解我那段時間所思所感。愛批評的人也找不到可非議之處，《印度輿論》的筆調讓酷愛批評的人也不得不克制筆鋒。若無《印度輿論》，非暴力運動可能根本發動不了。讀者們不單單是為了閱讀非暴力抵抗運動的詳實報導，也是為了更瞭解印度人在南非的處境。透過主持這份周刊，我更加瞭解人性，特別是一直以來我總希望在編輯與讀者之間建立純淨而親密的關係。讀者的信如雪片般飛來，每一封都是出自肺腑之言，有些信筆調親切、有些帶著批判、有些則充滿憤恨。研究與消化這些信件並加以回覆，讓我在過程中學到許多，有如整個印度社群透過這種方式在我耳邊說出他們的想法。經營周刊的經驗讓我瞭解新聞從業者的責任，我也得以掌握當地印度人的需求，因此後來的非暴力運動展開時，立即獲得大眾的支持。

《印度輿論》發行的第一個月，我就已經瞭解到新聞的唯一宗旨是服務人群。報紙的力量更大，但若記者不能稍加約制自己的筆，可能會像洪水般淹沒莊稼，造成滅亡。但假如約束力量是來自外部，害處會比不加約束更為嚴重；只有發自內心的約束才真正有益。如果此推論的邏輯是正確的，世上有幾份報紙能通過檢驗？誰能禁止無用的報紙發行？誰又夠格裁定這一切？有用或無用的報紙，正如善惡一般攜手同行，讀者必須自行判斷。

第十四章　苦力區還是貧民窟？

有一群人對社會貢獻最大，卻被我們印度人喚作「不可碰觸之人」（亦即賤民）。我們將他們趕到偏遠鄉鎮或村落，古吉拉特語將之稱為「德瓦度」（dhedvado），帶有貶抑之意。即使在基督教盛行的歐洲，猶太人也一度被視為「不可碰觸之人」，而且猶太人居住的區域也有個難聽的名稱，叫做 ghetto，沿用至今，成為貧民窟的代名詞。如今，我們印度人在南非，也成為「不可碰觸之人」一群了。

古代猶太人自認是上帝的選民，把其他民族排除在外，後代因此遭受到怪異且不公的待遇，以為報復。無獨有偶的是，印度人當中也有自以為最有文明的亞利安人（或稱尊者），並且把一部分人劃歸為非亞利安人，也就是不可碰觸之人，結果就是住在南非的印度人都得忍受怪異且不公的待遇，如同遭受懲罰，就連穆斯林與信奉帕西教的印度人也不能倖免，只要是同樣膚色的印度人都一樣。

現在讀者應該多少明白本章標題的意思了。我們在南非有個難聽至極的名聲，叫做「苦力」（coolie），這個字在印度原本是指門房或工人，但是到了南非就變得語帶輕蔑，指的是不可碰觸之人，而所謂的苦力區就是這樣來的。約翰尼斯堡就有個苦力區，但與其他地區的印度人擁有租賃權的情況不同，該地區的租約是以九十九年為一期。此一地區人口極多，擁擠不堪，但地區面積並未因人口激增而擴大，市政府每隔一段時間雇人打掃一下廁所，但從未提供衛生設備、鋪設道路或裝設電燈。市政府對居民的福利既如此漠不關心，自然不可能協助改進此地的公共衛生；當地居民對公共衛生的規則原本就相當無知，少了市政府的監督，自然也就馬馬虎虎。假如移居該地的居民都具有魯賓遜的精神，情況或許大不相同，但沒人聽過世界上有過魯賓遜的移民區。一般來說，人們移民是為了追尋財富、進行貿易，然而遠赴南非的印度人泰半是未受教育的貧苦農人，需要最多的保護與關懷，可惜當中少有商人或受過教育的人。

市政當局對本地罪惡採取漠然無視的態度，而印度移民又太過無知，因此該地區的衛生狀況極糟。市政府非但不肯做任何努力來改善情況，反而以不衛生（這也是由於其疏忽所造成）為藉口打算破壞這個地區，並向該地的立法當局取得權限，企圖剝奪移民的權利。我剛定居在約翰尼斯堡時便是這種情形。

這些移民既然有土地所有權，當然有權要求賠償。於是成立了一個特別法庭審理土地取得的案件。若佃戶不願接受市政當局提出的金額，他有權向特別法庭上訴，而若法庭判賠的數字高過政府原先金額，市政府就必須負擔這筆款項。

多數佃戶請我當他們的法律顧問。我接這些案子並不是想賺錢，所以我告訴他們，只要能贏得勝訴，不論法院判賠多少金額我都會感到滿意，且無論審理結果為何，每個案件我都只收十英鎊的律師費用。我還告訴他們，這筆律師費用我會拿出一半來為窮人蓋醫院。他們聽了個個歡喜。

總共約有七十宗案件，只有一件沒打贏。律師費累積到頗高的金額，但《印度輿論》所費不貲，我記得一共花了一千六百英鎊。我傾盡心力打這些官司，客戶常來找我，大部分都是來自南印的契約工人，他們為了解決自身問題，組織一個協會，有別於不受契約束縛的印度商人。他們當中有些人心胸開放自由，品格高潔。協會主席是杰朗星先生，另外巴德立也是重要領袖之一。他們兩位如今都不在了。那時他們給予我的幫助極大，巴德立與我過從甚密，是非暴力抵抗運動重要的成員。因為這些朋友我開始結識許多來自北印度及南印度的移民，並且與他們建立起兄弟般的情誼，我不只是他們的律師而已，也與他們共同分擔悲傷與艱辛，無論是私人生活或公共事務皆然。

說起這些印度人對我的稱呼，倒是頗有意思。阿布達拉希斯不肯叫我甘地，幸運的是沒有人尊稱我「王公」（這其實是個侮辱）。阿布達拉想到一個很好的稱呼——兄弟，於是其他人也跟著這麼叫，直到我離開南非為止。聽到這些恢復自由身的契約工這樣呼喚我，我的心裡覺得非常愉快。

第十五章 黑死病（一）

儘管市政當局收回該地區的所有權，印度人並沒有馬上搬離那裡。要想叫他們離開舊家，就得先替他們找到合適的新家，但市政府一時半刻也找不到，於是印度人只好繼續住著，繼續忍受髒亂，唯一的不同是——情況比先前更糟了。他們失去了所有權，變成市府的佃戶，結果便是周遭環境比以前更髒亂。過去他們還是土地所有人時，還得勉力維持基本的衛生，即便只是因畏懼法律的緣故。但市政府不必害怕法律！於是佃戶人數增加了，地方也變得越加髒亂不堪。

就在印度人還在為搬遷的事情發愁時，突然爆發了黑死病，這是一種肺炎性鼠疫，比一般鼠疫更嚴重、更易致人於死。

值得慶幸的是，瘟疫是在約翰尼斯堡附近的金礦爆發，大部分礦工都是黑人，而他們的衛生情形理應由白人雇主負責。那時有些印度工人也在從事金礦相關工作，其中二十三人染病，一天傍晚回到住處時突然病情發作，馬丹及特先生當時正在這一帶為《印度輿論》拉訂戶，他毫不懼怕，內心為了染病受苦的人流淚，用鉛筆寫了封信給我，內容大致如下：「這裡發生鼠疫，請速來此地設想辦法，否則後果不堪設想。見信即來。」

馬丹及特勇敢地橇開一扇空屋的門鎖，將所有病患都集中於那棟屋裡，我騎車到當地，寫了封信給城裡市議會的祕書，知會他我們占用這間屋子的理由。

威廉・哥佛萊醫師當時正在約翰尼斯堡行醫，一聽到這消息馬上趕來，不單醫治病患，還身兼護士之職，不過二十三名病人不是我們三個人可以忙得過來的。

我從經驗中獲得一項信念，那便是：只要心思純淨，即便遇到災難，也會有足夠的人力與作為加以抵擋。那時我事務所裡有四名印度職員，分別是卡蘭達斯、馬尼克勞、崗凡崔，還有一個人的名字我忘了。卡蘭達斯是他父親特別託我照顧的，我在南非從未遇過像他那樣願意做事、樂於服從的人。幸運的是他那時還是單身，因此不論工作有多危險，我都毫不遲疑地交給他辦。馬尼克勞是我在南非找到的人，我記得他那時也還沒結婚。因此我決定犧牲他們四個——他們既是我的職員和同事，也像是我的兒子。卡蘭達斯連問也不必問，另外三位我一開口，他們便二話不說地答應，齊聲表示：「您去哪裡，我們就跟到哪裡！」話語雖短，卻很窩心。

瑞奇先生家裡人口多，他也打算幫忙，但我阻止了他。我不忍心叫他冒險，於是他在危險區域外協助處理一些事務。

那個警護的夜晚真叫人害怕。過去我也曾照料過一些病人，但從未照護過黑死病患者。哥佛萊醫師的勇氣感染了大家，照料工作也很簡單：固定餵病人吃藥、照料他們的需要、替他們維持個人身體與床鋪整潔、適時為他們打氣，需要做的就這麼多而已。

看到這群年輕人工作的熱誠與無畏，我的欣喜難以筆墨形容。哥佛萊是醫師、馬丹及特先生是經驗老到的人，具有勇氣並不稀奇，但是這些乳臭未乾的小夥子精神實在可嘉！

就我記憶所及，那夜所有病人都度過了險境。

不過這整個事件，除了具有悲愴的感染力之外，另外還具有宗教價值，至少對我來說是如此。在接下來兩章，我還得詳述這個事件。

第十六章　黑死病（二）

市議會的祕書感謝我找了空屋安置病人，他坦承市議會並無立即措施足以因應這種緊急事件，但承諾願意運用其權限全力協助。市政府體認到責無旁貸，因此迅即採取措施處理此事。

翌日他們便撥出一座空倉庫供我使用，並建議把病患移至倉庫。政府並不負責清理，但是那座倉庫骯髒凌亂，我們只好自行清掃，並從幾名善心印度人的辦公室搬來幾張床和必需用品，把倉庫安頓成臨時醫院。市政府派來一名護士，帶來了白蘭地及一些醫療器具，仍由哥佛萊醫師主持大局。

這名護士人很好，很樂意看護病人，但我們極少讓她直接接觸病人，免得被傳染。

我們依照指示經常給病人喝些白蘭地，這名護士甚至要我們也喝當作預防，她自己也有喝；但我們沒人要喝。我不信白蘭地對病人有何效果。我徵得哥佛萊醫生同意，為三名病患施行土療法，以取代白蘭地療法，將一塊塊濕土塗在他們頭部與胸部，救回了其中兩人；其餘二十人則死在倉庫裡。

與此同時市政府忙著採取其他措施，離約翰尼斯堡約七哩路有一所隔離病院，這兩名存活的病人被安置在隔離病院旁的帳篷中，此後任何新得病的病人都送到那裡。我們肩上的擔子就此卸下。

幾天後我們得知那名善良的護士也得了病，沒多久便死了。我們找不出原因解釋何以我們不受傳染，並且救活兩個病人，但是這次經驗讓我對土療法更具信心，並且對白蘭地是否真有療效打上問號。我知道這份信念（或者懷疑）並沒有堅實的基礎，但我依然這麼認為，而且覺得有必要在此一提。

黑死病爆發時，我發了一封措辭強烈的信給新聞媒體，指責市政府在拿回這地區的所有權之後便疏於管理，因此必須為瘟疫爆發負全責。因為這封信我得以結識波拉克先生，更與如今已故的鐸克牧師結為朋友。

在前面幾章，我已提過我經常在一家素食餐廳用餐。我在那裡認識了韋斯特先生，兩人時常於傍晚一道用餐，飯後再一同散步。韋斯特是一家小印刷廠的股東，他在報上讀到我那篇談瘟疫的文章，但是在餐廳等不到我，開始覺得憂慮。

自從瘟疫爆發後，我和同事開始減少食量。在那之前我便為自己訂下規則：凡有流行病爆發，我便清淡飲食，因此在那段期間內我完全不吃晚餐，至於中餐也是在其他客人到達前就先吃完。我跟餐廳老闆很熟，因此告訴他我那陣子在照料病人，希望盡可能避免與朋友們接觸。

韋斯特先生連續兩天沒在餐廳裡見到我，一日清晨時來找我，我正準備出門散步。我一打開門，他就對我說：「我在餐廳裡沒看到你，很怕你發生了什麼事，所以決定一早來找你，想說這時間你一定在家。現在我任你差遣，我隨時可以幫忙看護病人。你也知道我是一個了無牽掛的人。」

我表達感激之意，但不加思索地回答：「我不要你當看護，如果沒有新的病人，我們一、兩天內就沒事了。倒是有一件事需要人幫忙。」

「什麼事？」

「你可以幫忙處理德班的《印度輿論》嗎？馬丹及特還得留在這裡幫忙，德班那兒需要人手。要是你能去，我就放心了。」

「你知道我有間印刷廠。我想應該是沒問題，不過我可以今天傍晚前再給你最後答覆嗎？晚間散步時我們再詳談。」

我聽了很高興。後來我們談過了，他同意前往。薪水不是他的考量，他不是為了錢才去的。不過我還是跟他說定一個月十英鎊薪水，如果有利潤的話也會分紅。第二天韋斯特就搭晚間的郵車出發，把該收的貨款交付給我代收。從那時候起，一直到我離開南非為止，他都與我共進退。

韋斯特出生於英國林肯郡的一戶農家，僅受過一般的學校教育，卻在人生歷練中學到許多，並且自立自強。我認識的他，是一位純潔、冷靜、對神敬畏又充滿人性關懷的英國人。

我在後面的章節還會再提到他與他的家人。

第十七章　火燒「苦力區」

雖說我與同事都解除了照顧病人的責任，黑死病後續還有許多事情等著處理。

稍早我已提過市政府對這個地區放任不管，但現在已危及其白人公民的健康，政府當局突然打起十二分精神要解決這個地區的問題。過去政府為了白人居民的健康，已花費不少錢，現在更是花錢如流水，只求消滅瘟疫。儘管我對市政府輕忽印度人的安危予以責備，我不得不讚揚其對白人公民煞費苦心的照顧，並盡可能給予協助。我覺得倘若我不肯合作，市政府推行工作時會更加困難，到時恐怕會出動武裝力量，情況不可收拾。

最壞的情況沒有發生，市政府對印度人的行為相當滿意，其後對瘟疫採取的措施也大大簡化。我動用所有的影響力，說服印度人聽從市政府的要求，大家也都願意配合，無人拒絕。

印度區有重重防守，出入都必須有通行證。我同事跟我都可自由進出。當局決定撤離這一區全部居民，讓他們先在離約翰尼斯堡十三哩遠的一處平地上搭帳篷暫住三個星期，再放火燒毀這一區。要準備在帳篷裡生活所需的日用品需要一點時間，而這段空窗期得派人駐守。

居民不免驚慌，但是我常待在這一區，讓他們頗感安慰。許多窮人習慣把一點點積蓄存在地底下，這下全得拿出來。他們一家銀行也不認識，不懂得存銀行，我就是他們的銀行。一筆又一筆錢湧進我的辦公室；值此危機，我也不可能向他們索取處理的費用。我還是勉力完成這份工作，因我與常往來的那家銀行經理頗熟，我告訴他這些錢通通要存在他那家銀行。其他銀行通常不喜歡存進這麼多銀幣與銅板，同時也擔心會有銀行職員不願碰來自疫區的錢幣，但是這位經理卻盡最大的可能給我方便。我們決定把錢存入銀行前先消毒，就我印象所及，那次大概存進了六萬英鎊。我勸金額搆到上限的人以定存方式存款，他們都同意。自此之後，便有一些人習慣把錢存入銀行了。

有專車將這地區的居民載往約翰尼斯堡近郊的可普農場，市政府則運用公共開支提供日用品。一列列的帳篷看來像是軍營，不習慣帳篷生活的人一開始不免覺得驚異與苦惱，但是隨後便發現沒有特別不便的地方。那時我天天都騎自行車去探望他們，不到一天，大家就忘了痛苦，開始愉快地生活。不論我何時去到那裡，都會看到他們歡樂地歌唱。這三個星期的戶外生活，顯然讓大家更健康了。

我記得印度人居住的疫區，在所有人疏散的隔日就被放火燒燬，市政府將所有物品付之一炬，沒有半點顧惜。差不多同一時期，市政當局也基於相同原因——在市場上發現幾隻死老鼠——而把市場上所有的木材都焚毀殆盡，損失約一萬英鎊。

市政府這次蒙受的損失甚鉅，但總算成功阻止疫病蔓延，城市裡的居民又能自由呼吸了。

第十八章 一本書的魔力

黑死病事件讓我在這群窮苦印度人間建立起影響力，我的業務量與責任感都因而增加。同時我也得以結識一些歐洲人，與他們密切來往，亦加深我道德上的責任。

我在常去的素食餐廳認識了波拉克先生。某天晚上有個坐在不遠處的年輕人託人送一張名片給我，表示想認識我，於是我請他到我這一桌聊聊。他來了。

他說：「我是《批評家》的副編輯。我在報上讀到你寫瘟疫的那封信之後，就很想跟你見面。很高興有機會認識你。」

他的坦率讓我倍感親切，那天傍晚我們相談甚歡，開始瞭解對方。我們對生命中的基本事物有著十分相近的看法。他喜歡簡單的生活，並具有非凡的才能，只要是理智上認為正確之事，他都能立即付諸行動，也因此為自己的人生帶來不少劇變。

《印度輿論》一天比一天更花錢，韋斯特傳來的報告讓我心驚。他寫道：「我不覺得這事業有可能產生你所說的利潤，而且恰恰相反，很可能會蝕本。帳目相當混亂，有大筆金額應該追討，不過目前實在是一團亂，需要好好整理一番。不過你不必慌張，我會盡我所能整理出眉目。不管是否賺錢，我都會繼續待在這裡。」

韋斯特先生發現無利可圖時，其實可以一走了之，我也絕對不會怪他。而我在毫無證據的情況下表示可能獲利，他更可大大指責我。但是他從頭到尾一句怨言也沒有。我有種感覺，韋斯特發現這種情況之後，認為我是個容易輕信別人的人。我二話不說就接受馬丹及特的預估，完全不加檢驗，還告訴他有賺錢的可能。

現在我瞭解到，從事公共事務的人不該發表未經確認的說法，而信奉真理的人更應小心謹慎。把自己未曾證實的事當成事實告知他人，是戕害真理。我不得不痛苦地承認，自己雖然明白這一點，卻始終未能擺脫輕信他人的習慣，主要是因為我想做的事情太多，但光靠一己之力是做不到的。渴望多做點事的念頭，常讓我的同事擔心不已。

一接到韋斯特的信，我便動身前往納塔爾。那時我已對波拉克先生寄以全副信任。他到車站送行，拿給我一本書讓我在旅程中看，說我肯定會喜歡。這就是羅斯金的《給未來者言》。

這本書一經拿起就再也無法釋手，我完全被吸進去。從約翰尼斯堡到德班是二十四小時路途，火車在傍晚時抵達。那晚我無法成眠，決心要依照書中的話來改變我的生活。

這是我第一次讀羅斯金的書。我在求學階段很少讀教科書以外的書，而開始公眾服務以後，更是找不到時間閱讀；因此我讀書並不廣。但我相信自己並未因這種限制而吃虧；相反地，有限的閱讀反而讓我能徹底消化讀過的東西。在我讀過的書裡面，給我的人生帶來立即而實際的改變的首推《給未來者言》。後來我把這本書譯為古吉拉特文，並將書名改為《眾人的福祉》（Sarvodaya）。

這本書裡提到一部份我感同身受的信念，正因如此，我感到相當震撼，人生也大幅改變。真正的詩人能夠將人心中蘊藏的良善之念召喚出來，但不見得能同樣感動或影響每一個人，因為人與人之間畢竟有別。

我對《給未來者言》的心得包括：

個人的好處包含在眾人的好處裡；

律師的工作與理髮師的工作具有同等的價值，因為每個人都有權利工作以維持生計；
勞動的工作，例如農人或工匠，是有價值的生活。

第一項我原本就明白，第二項我模模糊糊有些概念，但第三項卻是我從未想過的。《給未來者言》把這一切解釋得非常清楚，讓我瞭解第二、三項原本就包括在第一項裡面。天色微明，我也想通了，決定要身體力行這幾項原則。

第十九章　鳳凰村

我把這事的來龍去脈都告訴了韋斯特，告訴他這書對我造成的影響，還提議把《印度輿論》的工作移到農場裡去做，在那兒每個人都要勞動，領取同樣的薪資，閒暇時間參與刊物的業務。韋斯特同意這項提議，說好每人每個月可領取三英鎊生活費，不論其膚色或國籍為何。

但是否十來名員工都同意搬到偏遠的農場去住，每月僅領取足夠開銷的薪水呢？這點大有疑問。因此我們也提議一時無法接受這項計畫的人可以照舊領工資，逐漸接受這個理想。

我跟員工談這項提議，馬丹及特先生不表同意，認為這是個愚蠢的計畫，會毀掉他投注一切心力的事業，工人們肯定會鬧罷工，最後只有停刊，印刷廠也得關門大吉。

我堂弟恰甘拉爾・甘地也在印刷廠裡做事，我在跟韋斯特商討此事時就告訴了他，那時他已成婚，也有小孩，但他從小的志願就是接受我磨練、在我底下做事。他完全信任我，因此他想也不想就同意了，從那時起便一直跟著我。技工哥達斯瓦密也同意這項提議。其他人並未加入，但答應無論印刷廠搬到哪，都會跟著我們一道做事。

我只花了兩天時間就把這些人、事安排好，然後馬上登廣告徵求購買德班附近靠火車站的土地。靠近鳳凰村的一塊土地在拋售，我和韋斯特一道去看，兩星期內便買下這二十英畝地，這片地有一個可愛的小噴泉以及幾株果樹，樹上結著橘子跟芒果。旁邊是約八十英畝的土地，種著更多果樹，還有一戶廢棄的農舍。我們連這些也一併買了下來，總共花了一千英鎊。

已故的羅斯坦濟總是支持我從事這類志業。他也喜歡這計畫，還送給我許多大倉庫的二手鐵條跟其他建築材料供我使用，於是我們便開始動工。幾個跟我在波耳戰爭中合作過的泥水工及木匠替我蓋妥了印刷廠，這棟建物足有七十五呎長、五十呎寬，不到一個月便建成了，興建期間韋斯特先生與另外一些人冒著生命的危險督工。那時這裡渺無人居，雜草叢生，蛇蟲亂竄，居住相當危險。剛開始大家都住帳篷。我們花不到一星期就把大部分物品都運到鳳凰村，那裡離德班約十四哩遠，離鳳凰火車站約二哩半。

《印度輿論》只耽誤了一期，我們請水銀印刷廠代印。

隨後我便致力於鼓吹我的親朋好友來鳳凰村工作；他們都是遠從印度到南非碰運氣，分布在各行各業。

大家來南非是為了賺更多錢，要勸動他們很難，不過還是有幾個人答應了。在此我只說馬干拉爾，因其他人都回去操持舊業了。馬干拉爾放棄了原有事業，從此跟我一塊工作；若論才幹與犧牲奉獻精神，他在我所有舊同事中也是佼佼者，道德情操極高。他本身又是無師自通的手工匠，在團體中地位獨特。

就這樣鳳凰村始於一九〇四年，開始之後困難挫折從沒中斷過，但是《印度輿論》仍舊持續出版。起頭的艱辛與其後的改革，還有過程中的盼望與失望，將在下一章提到。

第二十章 第一晚

要從鳳凰村發行第一期《印度輿論》殊不容易，若不是我事先採取兩項預防措施，第一期肯定會延誤甚至出版不了。我不大喜歡用機器印刷這主意，總認為手動方式會更切合這裡的農場氣氛，因農業也是雙手耕耘的產業。但手動似乎並不可行，於是我們裝了一台發動機。然而我同時跟韋斯特先生說要有預備，這樣即使發動機壞掉也有備用，於是他安排了一個手搖的輪子。原本用的紙張約是日報的大小，但我們覺得這種尺寸對於位處偏僻的鳳凰村不合適，因此將其裁小一號，如此一來，緊急時就能踩踏板印刷了。

開設初期，大家在出刊前幾天都必須熬夜，不論老小，大家都要幫忙折紙，往往工作到晚間十點甚至半夜才能收工。第一個晚上最是難忘，因為紙張都裝妥了，發動機就是不肯動。於是我們請一位工程師從德班來幫忙安裝，他跟韋斯特嘗試各種辦法，但是通通不管用，每個人都焦慮不已。韋斯特眼見找不出解決的辦法，只得來找我，雙眼泛淚地說：「發動機動不了，恐怕這一期不能準時出刊了。」

我安慰他說：「如果真是這樣，那也沒辦法。不要哭，想想還有什麼是我們可以做的。手動輪子呢？」他說：「我們哪裡還有人可以幫忙？每個人連手上的工作都做不完，那輪子搖動一次需要四個人，這邊的人都累了。」

那時房屋尚未蓋好，木匠都還住在這裡，睡在印刷廠地板上。我指著他們說：「不能請木匠幫忙嗎？我們還有一整晚的工作得做，這辦法值得試一試。」

「我不敢吵醒他們，他們都太累了。」

「唔，我來跟他們說說看吧。」

韋斯特說：「這樣我們就有希望可以完成。」

我把木匠們叫醒，請他們幫忙，他們馬上就答應了。他們說：「如果有要緊事時我們幫不上忙，那我們還有什麼用？你們去休息吧，我們來轉輪子。我們做慣了，一點都不難。」其他工人當然隨時準備幫忙。

韋斯特非常高興，我們動工時他還開始唱聖歌。我把木匠分成兩人一組，大家輪番上工，就這樣我們連續工作到早上七點，但是還沒做完。我跟韋斯特說該叫工程師起床了，請他再試一次發動機，如果這次成功的話，我們搞不好可以如期出刊。

韋斯特把他叫醒，他立刻進機房工作。他的手才剛剛碰到發動機，機器就開始運轉，整間印刷廠歡天喜地。我問：「怎麼可能？我們昨晚搞了一個晚上，它動也不動，為什麼今天早上機器就完全好了？」

不知是韋斯特還是工程師回答說：「這很難說，機器跟人一樣，有時也需要休息，就會發生這種情況。」

我卻覺得機器故障對這裡的人來說是一次試驗，而發動機及時恢復，是眾人齊心協力的結果。

周刊順利發派出去，每個人都很高興。由於堅持，這份刊物得以定期出版，也為鳳凰村帶來自立自強的風氣。有時我們甚至刻意不用發動機，單靠雙手工作。在我心裡，這些日子是鳳凰村道德情感最純潔的時候。

第二十一章　波拉克毅然加入

雖然我一手建立起鳳凰村，但我只蜻蜓點水似地去過幾次，這點是我一直引以為憾的。我原本想慢慢淡出律師業務，在鳳凰村定居下來，以手工勞動謀生，實現鳳凰村的理想，藉以找到服務的喜悅。但事情發展並非如此。我從過去經驗得知，人訂定的計畫往往會被神否定，但既然最終的目標是尋求真理，那麼其實無論人的計畫遭受何種挫折，真理並不會受到受阻，而且結果往往比原先預期的還好。鳳凰村意料不到的轉折當然沒有造成傷害，不過也無法斷言結果比我們預期的好。

為了使每個人都能靠雙手勞動來賺取生計，我們把印刷廠周邊的土地劃分成每三英畝一塊，我也分到了一塊。我們用二手鐵條建造房屋，這其實與我們的本意相違。我們本來想用泥土、稻草或磚塊建蓋，這樣就更像一般農民住的房子，但辦不到。蓋這樣的房子成本更貴，也要花更多時間，但大家都只想盡快安定下來。

周刊編輯仍由納扎先生出任。他沒有參加這個計畫，依然待在德班《印度輿論》的分部辦公室指揮業務。我們雖雇用了排字工人，我還是認為鳳凰村的每個工人都該學會排字。排字是印刷流程中最易學、卻也是最耗時費力的工作。最後每個人都學起來了，但我始終沒能學會。馬干拉爾學得最好。雖然他從未在印刷廠工作過，卻很快就精通排字工作，速度極快，同時也搞通了全部印刷業務，讓我喜出望外。但我覺得他未曾意識到自己是能力很強的人。

房屋還沒蓋成，大家也還沒安定下來，但我必須離開這個新居，前往約翰尼斯堡一趟。那裡的業務實在不能再放著不管了。

回到約翰尼斯堡後，我把這件重大計畫告訴了波拉克。當他得知借我的那本書發揮了如此強大的作用，顯得非常高興。他問：「讓我加入這個新計畫行不行？」我回答：「如果你想的話，當然可以。」他說：「如果你願意讓我加入，我隨時可以走。」

他義無反顧的決心讓我感動。他向《批評家》的上司提出辭呈，要求一個月後離職，接著便來到鳳凰村。他善於與人相處，很快就受到眾人喜愛，成為這個大家庭的一分子。他天性簡樸，因此並不覺得鳳凰村的生活方式奇怪或艱困，反而感到鴨子划水般自在。但我不能讓他長期留在那裡，因瑞奇先生決定回英國讀完法律，而我獨自一人沒辦法支撐整個律師事務所業務，所以我建議波拉克加入事務所，成為一名律師。我原先以為我們兩人最後可以退休，一塊在鳳凰村落腳，但這願望始終沒能實現。波拉克的個性是非常願意信賴人的，一旦信任一名朋友，他會盡可能配合朋友的想法，不多爭辯。他從鳳凰村回信給我，表示他雖然喜愛那裡的生活，日子也過得十分愉快，並希望能進一步開發該地，但是他願意離開那裡，到我的事務所服務，只要我認為這樣做可以讓理想更快實現。收到這封信讓我非常開心。於是波拉克來到約翰尼斯堡，與我訂定工作契約。

同時，有一個來自蘇格蘭的神智學者也加入了事務所，成為簽約職員。他名叫馬因太，我曾經指導他參加本地的法律考試。

就這樣，我心裡希望盡快實現鳳凰村的理想，沒想到卻投入與此相反的漩渦，而且越陷越深；若非神另有安排，我恐將深陷以簡單生活為名的羅網，不克自拔了。

數章後我會再回頭說明，我本身及我的理想是如何以令人意外的方式得救。

第二十二章　受到神的保護

我已放棄短期內能回印度的希望。先前我向妻子保證一年內會回去，但是一年很快就過去了，歸日遙遙無期，所以我決定接她跟孩子過來。

在前來南非的船上，排行老三的羅姆達斯跟船長玩耍時摔斷了手臂。船長悉心照料，叫船醫為他治療。船隻靠岸時，他一隻手吊著。醫生要我們一回到家就立刻找合格的醫師替他醫治傷口。那時我對土療法充滿信心，我甚至還說服了幾名相信我的客戶也接受土療法及水療法。

那麼我該怎麼醫治他呢？羅姆達斯才八歲，我問他願不願意讓我替他敷治傷口，他微笑著說願意。他這年紀還無法辨別什麼做法對他最好，但他清楚知道民俗療法跟正規醫療是不一樣的。他也知道我習慣在家治療，對我有足夠信心，願意把自己的健康交託給我。我有點害怕，顫抖解下他的繃帶，先清洗傷口，再敷上一層乾淨的土，然後重新包紮好。我天天替他換敷，大約治療了一個月，傷口就完全好了。我沒有用布條纏住，而傷口痊癒所花時間並未比船醫說的長。

包含這次的經驗在內，讓我對在家治療更具信心，而且我現在操作起來更得心應手了。我還把運用範圍擴大，以土療、水療、絕食等多種療法來治療傷口、發燒、消化不良、黃疸等病症，大多數的情況都有效。不過我現在已經失去在南非時的信心，因我從實驗結果中發現，這麼做有相當大的風險。

因此我在此提到這一類的實驗，並不是打算誇口有多麼成功。我不敢說自己做過的任何一次實驗都完全成功，因為就算是醫生也不敢說自己的實驗百分之百成功吧？我的目的是想說明從事實驗之人都應當從自己開始，才可以更快發現真理，而且神會保護真心誠意進行實驗的人。

與歐洲人密切來往的風險，跟這些治病療法的風險同樣嚴重，只不過性質不同。但是在與歐洲人發展友誼時，我從未想過這些風險。

我邀請波拉克來家裡住，我們開始像親兄弟那樣生活在一起。那時他已有未婚妻，但兩人拖了許久都未結婚。印象中，我記得他表示想在結婚前多存些錢。羅斯金的書，他讀得比我還熟，但是他的西方背景妨礙他落實羅斯金提倡的理念。於是我勸他：「像你們這樣心心相印，卻為了經濟因素而遲遲不結婚，實在沒有道理。如果沒錢是種阻礙，那麼窮人豈不就永遠不要結婚了？何況你現在和我住在一起，沒有家庭開銷的問題，所以我覺得你應該趕快結婚。」如同我在前面一章提到過，我跟波拉克說話從不需說第二遍，他明白我勸他的道理，便馬上與當時還在英國的未婚妻通信討論婚事。未來的波拉克太太開心地接受求婚，數月後便來到約翰尼斯堡。婚禮幾乎沒花費多少錢，禮服也沒訂做。這對新人結婚並不舉辦宗教儀式，因為波拉克太太和她的父母篤信基督教，而波拉克是猶太人。他們共同的宗教，是做人的倫理。

婚禮上倒是發生了一件有趣的事。德蘭士瓦的歐洲結婚登記處，向來不肯替黑人或有色人種辦理婚姻註冊，但是這對新人註冊時，邀請了我擔任伴郎。並不是波拉克找不到歐洲友人當伴郎，而是他執意要我擔任伴郎。於是我們三人前往登記處，登記處的工作人員有點困惑：會請我當伴郎的新郎、新娘真的是白人嗎？他表示有問題，得延後註冊。但是隔天是星期日，接下來又是新年假期。一個慎重擇定的婚禮日期竟然以如此荒謬的藉口遭到延遲，實在令人無法忍耐。我認識登記處的長官，便帶著這對新人去找他，他知道這件事的始末之後笑了出來，並且給我一張字條，要我拿給那裡的職員，結婚登記這才如期完成。

在這之前，與我們同住的歐洲人都是原先就認識的，但現在一個完全陌生的英國女子踏進了我們家。我已不記得是否與這對新婚夫婦有過齟齬，但就算波拉克太太跟我妻子曾發生過什麼不快，情況也不會比一般融洽的家庭差。我家基本上住著來自不同國家的人，各色人種、各類性格的人都可自由入住。思考此一問題時，就會發現不論是同文同種或者不同國家，其實只是我們想像出來的分別。不分膚色，大家都是一家人。

我想就在這一章把韋斯特的婚禮也一併慶祝了吧。此時我對節慾的想法尚未發展成熟，故十分熱衷鼓吹單身的朋友結婚。有次韋斯特回盧斯②看父母，我就勸他在家鄉結完婚再回來。鳳凰村是個大家庭，我們不怕婚姻，也不擔心結婚後必須擔負的結果。韋斯特果然帶著新婚太太回來，是一位年輕美麗的萊斯特③女孩。她家裡開製鞋工廠，自己也在工廠裡工作過。我說她美麗，是因為她道德上的美麗立即吸引了我。真正的美麗本來就與良善的心腸密不可分。韋斯特的丈母娘也跟著來了，這位老婦人現在仍然在世，她一貫的勤勞與開朗，讓我們自愧不如。

我一面勸這些歐洲朋友結婚，一面勸印度朋友把家眷都接來這裡。鳳凰村就這樣發展成一個小村落，大約五、六個家庭到這裡定居，生兒育女。

第二十三章　家務二三事

前面已提過，儘管家庭開銷負擔大，我們早在德班時便已開始厲行勤儉。不過在瞭解羅斯金的哲學後，

② Louth，位於愛爾蘭東側，北鄰北愛爾蘭。

③ Leicester，位於英格蘭。

我們對約翰尼斯堡的家庭開支更加嚴格把關。

我盡力維持一個律師的家庭能夠做到的儉樸，不過基本的幾樣家具總不可少，因此內在的改變多過外在的更動。我越來越喜歡靠自己的雙手做事，也開始訓練孩子們盡可能多勞動。

我們不再買外面的麵包，而是按照庫恩的方式，自己在家做全麥麵包。一般磨坊的麵粉似乎不管用，我們覺得用自己磨的麵粉比較符合簡單、健康、經濟等原則。於是我花了七英鎊買了一個手磨，一個人推手磨的鐵輪很吃力，但是兩個人一起推的話就很容易。波拉克跟我以及孩子們經常一起推。我的妻子有時也來幫忙，不過磨麵粉的時間往往是她下廚的時刻。波拉克太太來了以後也加入我們。磨麵粉對孩子們來說是很好的運動，我們沒有強迫他們做，不過他們想到時就會跑來幫忙，疲倦時可以自由離開。包括我稍後會介紹的這幾個孩子，從來沒有讓我失望。並不是說完全沒有人抗拒幫忙，不過大部分時候他們都很開心樂意，而且我印象中沒有哪個孩子不肯幫忙或以疲倦為藉口偷懶。

那時家裡請了傭人。他像家人一樣跟我們住在一起，孩子們也習慣幫他的忙。本市的清道夫負責清掃夜裡的排泄物，但我們打掃自己的廁所，從不叫傭人打掃。這對孩子們是很好的訓練，所以我的孩子沒有一個瞧不起清道夫的工作，而且自然培養出重視衛生的習慣。住在約翰尼斯堡的那段時間，家裡很少有人生病，偶爾有人身體不適，孩子們都自告奮勇擔任看護。我並不是對他們的書本教育漠不關心，只是如果必得做出選擇，我會毫不猶豫犧牲書本教育。關於這一點，我兒子頗有怨言。事實上，他們偶爾會表示這種不滿，我也承認這方面的確做得不夠好。我希望給他們書本上的教育，甚至想過由我自己來教他們，但是每次都有事情耽擱下來。因為我沒給他們請家庭教師，我平常要他們陪我走到事務所上班，下班時再陪我走回家，來回約五英哩。這樣我們都有足夠的運動量。步行時若沒有其他人在場，我會利用路上談天的機會給他們教育。

除了老大哈里拉爾一直待在印度，我每個小孩都是以這種方式在約翰尼斯堡帶大的。假使我當初能夠每天至少替他們上一小時的課，持續不輟，他們應該就能受到良好教育了。但我沒能讓他們好好識字，這對我們父子來說是一大遺憾。我大兒子常私下對我抱怨，甚至公開在報上表示對我不諒解，其他幾個兒子則覺得這是不得已的情況，慷慨寬恕了我的疏失。我不曾為此悲傷，只能說如果有遺憾的話，我對自己無法成為理想父親感到遺憾。但我堅信我犧牲他們的教育是由於真誠地（儘管可能是錯誤地）想為所有印度人服務。我也深信自己從未忽略建立品格教育，這是身為父母必須善盡的責任。儘管我十分努力，我相信若我兒子發現品格教育有所不足，並非是我照顧不周，而是反映出父母自身的缺點。

孩子不單遺傳到父母的外表，也繼承了父母的氣質。環境固然重要，但是孩子在人生旅途上第一個可運用的資產是來自祖先。我看過有些小孩成功克服了不良遺傳，那是因為他本身的靈魂十分純潔。

波拉克與我時常因為該不該讓孩子學英語而相持不下。我始終相信印度父母若讓孩子從小以英語思考、說話，等於背叛了自己的國家，也對不起孩子。這樣的父母剝奪了孩子本國的精神遺產，讓他們長大後無法為本國服務。因為抱持這樣的想法，我平常跟孩子都以古吉拉特語交談。波拉克對此不以為然，認為我這樣做對孩子的前途有百害無一利。他出於關愛，一再與我辯論，試圖說服我：孩子若能從小就學習世界通用的英語，以後在人生道路上便可輕易贏過他人。但是他無法扭轉我的想法。我現在已經不記得是我說服了他，抑或是他見我冥頑不靈而放棄了，畢竟是二十年前的事了。我的信念日益加深，儘管我兒子因書本教育不夠充分略顯吃虧，但是他們懂得母語，對他們本身及印度都有好處，至少不會像外國人那般對母國感到陌生。他們自然學會了兩種語言，以英文說話和寫作時毫不費力，因為他們每天與一大群英國朋友接觸，而且身處以英文為主要語言的國家。

第二十四章 祖魯人「叛亂」

原本我以為自己已經算是在約翰尼斯堡定居了，但我命中似乎注定要東奔西走。就在我準備鬆一口氣安穩度日時，發生了一件意想不到的事：報上說祖魯人在納塔爾發起叛亂行動。我並不討厭祖魯人，因為他們不曾傷害印度人。我對叛亂一詞心存懷疑，但那時我也相信大英帝國是為了全世界的福祉而存在，心中對大英帝國充滿忠誠，不相信帝國可能出錯。因此到底是不是叛亂，並不影響我的決定。納塔爾那時有一支自衛隊，正在招募新血，我從報上得知這支自衛隊已經準備去剿滅這場叛亂。

我把自己當成納塔爾公民，因此納塔爾的一切與我息息相關。我寫了一封信給省督，表示若有需要，我隨時都可以組織一支印度救護隊待命，他馬上回信接受這項提議。

我沒料到對方會這麼快回覆，幸好在寫信之前，我已做好相關安排，一旦對方接受提議，我就解散約翰尼斯堡這裡的家，讓波拉克去找一間較小的房子，然後把我妻子送到鳳凰村去。這事我稍早已徵得妻子的同意，事實上，我籌組這類行動從未受到她的阻撓。因此我一接到省督的信，就按慣例通知房東太太，一個月後退租，將部分物品送往鳳凰村，部分留給波拉克用。

接著我便到德班去招募隊員。其實不需太多人，隊裡只有二十四人，除了我之外，有四名古吉拉特人，其他人都曾在南非擔任契約工，但已約滿恢復自由，還有一名是自由的阿富汗人。

為讓我方便推動事務，醫務長按習慣暫時給了我一個士官長的職位，另外任命兩名中士及一名下士。我們還領了政府給的制服。我們這支救護隊積極服務了六個星期。我一到叛亂地區，馬上發現當地沒有什麼稱得上叛亂的行為，連一點反抗的跡象也無。至於這場騷動何以遭人誇大稱作叛亂，是因為有個祖魯的首領勸族人不要繳一種新增的稅，還用長茅殺了一個前往收稅的下士。不管怎樣，我心裡是同情祖魯人的，而且我一到總部，就很高興地得知我們的任務是照料受傷的祖魯人。醫務長歡迎我們到來，還說因為白人不願意照護祖魯人，他只能眼睜睜看受傷的祖魯人傷口潰爛，卻一點辦法也沒有。他認為我們是上天送給無辜的祖魯人的禮物，把繃帶、消毒藥水等等藥品都給我們，帶我們去臨時搭建的醫院。祖魯人見到我們非常高興，白人士兵只遠遠站在欄杆邊，試著勸我們別替這些人包紮傷口，我們不理他們，他們就惱羞成怒，用不堪入耳的話罵祖魯人。

慢慢地，我跟這些士兵變得熟稔，他們就不再多說什麼。其中有官階的包括斯巴克上校及衛理上校，他們在一八九六年時曾激烈反對我，這次見到我態度如常十分驚訝，還特別來謝謝我。他們把我介紹給馬更慈將軍。讀者不要以為他們是職業軍人，其實衛理上校是德班地區知名的律師，斯巴克上校在德班開了一間肉舖，而馬更慈將軍則是納塔爾有名的農場主人，他們都志願加入軍隊，也受過軍事訓練。

我們負責照護的祖魯人都不是在戰役中受傷的。其中有些人是因為被當成嫌疑犯入監，被將軍判以鞭笞之刑，受刑後傷口因未敷藥而潰爛、化膿。另外一些人則是祖魯良民，雖然戴有臂章做為身分的識別，但還是不小心被白人士兵開槍射傷。

除了照料祖魯人，我還得給白人士兵配藥。這對我來說不費吹灰之力，畢竟我曾在布斯博士的小醫院裡受過一年訓練。我也因為這份工作認識許多歐洲人。

編制上，我們是一支快速移動的部隊，哪裡發生危險便往哪裡去。這是一支騎兵部隊，一旦營帳移動，我們便得扛著擔架徒步前行，有時一天行軍四十哩。但不論我們去哪裡，我都心懷感謝，慶幸我們可以奉神之名做有意義的工作，抬著不幸遭誤傷的祖魯朋友的擔架到下一個營地，並且照護他們。

第二十五章　追尋內心的理想

祖魯人「叛亂」的確是非常新奇的經驗，刺激我思考之前未曾想過的事。先前的波耳戰爭不像這次祖魯人「叛亂」給我的震撼，我這次親眼見識到戰爭的恐怖，而且我覺得這根本不是戰爭，而是獵人頭。不只是我一人抱持這種看法，我與許多英國人談過，他們也有同感。每天早上都聽說士兵持來福槍朝無辜的祖魯人掃射，置身其間確實是一大磨難。但我勉強嚥下這杯苦酒，特別是我的救護隊只負責照料受傷的祖魯人。我看得出若不是我們，祖魯人肯定無人照料。這件工作讓我的良心略覺好過些。

不過除此之外，值得思考的事情還很多。這個地區人煙稀少，在遼闊的山陵丘谷間，寥寥散置著「未開化」的祖魯人所居住的村落。不論是否擔抬著傷患，每當行走於這肅寂的廣大孤獨中，我就會陷入長思。

我想到節慾及蘊含其間的種種意義，我的信念因而變得堅定。我也跟同事們討論過。那時我還不瞭解，如欲達成自我實現，節慾乃不可或缺的一環；但我已清楚知道，一心只想替人類服務的人不可不節慾。我想到未來我從事這類服務的機會還很多，假如我還繼續沉溺室家之樂、享受養兒育女之趣，一定無法勝任這一類的工作。

一言以蔽之，我無法既享受世俗的快樂，又追求靈性的滿足。舉例來說，如果我太太目前懷孕，我就不可能冒險組織救護隊。倘若不在家中遵守節慾，便無法為廣大群眾服務。唯有進行節慾，才能與公眾服務達成一致。

這樣想著，我就迫不急待想立誓。一想到這項誓言帶來的遠景，就讓我心感歡悅。我放任想像力馳騁，眼前似乎看到了未來推行公眾服務的無窮遠景。

我正處於體能與心力交瘁的時候，這時傳來弭亂工作已近尾聲的消息，大夥兒很快就能解散回家了。得到消息後一、兩天，我們的救護隊就解散了。不消幾日，我們都回到了家中。

不久我接到省督的一封信，信上特別感謝了救護隊的服務。

當我返回鳳凰村時，我熱切地與恰甘拉爾、馬干拉爾、韋斯特及其他人講節慾的觀念，他們都贊成，也認為立誓是有必要的，不過他們也提出實際執行的困難之處。有幾個人勇敢地付諸實行，而且就我所知，有幾位已經獲得成功。

我自己也立下了終身節慾的誓言。我必須承認自己當時並不完全瞭解此誓言的範圍有多大、影響有多遠。即使到了今天，我都還記得當時遭遇的困難。我在實現誓言的過程中一步步體認到其重要性。在我看來，不節慾的人生是枯槁無味、像動物一樣的人生。野獸天性不懂得節制，而人有能力節制，因此必須節制。之前我閱讀宗教書籍時，總覺得書中對節慾的讚美太隆重，但如今我一天比一天明白這些讚美恰如其分，而且是經驗之談。

我瞭解到實行節慾能帶來了不起的力量，但這絕非易事，而且不僅限於肉體方面。節慾從克制肉慾開始，但是不限於此。一旦到達節慾的完美境界，連一絲不純淨的念頭都不許有。真心節慾之人，連口腹之慾也得謹慎把關，因此達到完美境界需要付出許多努力。

對我而言，就連實行肉體上的節慾也是困難重重。今天我可以說自己在這方面已有一定的把握，但是思想上的節制還有待努力，這一點是最基本也是最重要的。並不是說我的意志或努力做得不夠，只是有時候會突如其來出現不恰當的想法，讓我措手不及。我深信這些不恰當的想法必定有鑰匙可以鎖住，只是每個人都得自行找到專屬的鑰匙。聖人賢哲留下典型供我們仰望，但是這些典型並非放諸四海皆通用。只有領受上天的恩慈方能達到完美並且免於犯錯，因此追求神恩的前人留下許多經文，例如「羅摩那摩」，都是古聖先賢苦思後的純善成果。若非對神明毫無保留的崇信，就不可能完全掌握自己的思想。每一本偉大的宗教書籍都有這般教誨，而我便是在追求節慾的過程中實現這項真理。

我會在以下幾章談到節慾過程的種種掙扎，本章就先提一下我是如何開始實行節慾的。起頭時因為滿腔熱血，做起來相當容易。頭一件事便是與妻子分床，並且避免與她獨處。

我雖從一九〇〇年便想節慾，到一九〇六年中才真正立下這嚴肅的誓言。

第二十六章 非暴力抵抗運動的誕生

這段時間在約翰尼斯堡發生的事情，似乎都在為我個人達成自我純淨或非暴力抵抗運動做準備。現在我知道我生命中所有的重要事件，都在我立下節慾誓言時達到高峰，而且無一不是非暴力運動的先聲。先有「非暴力抵抗」的原則，才發明了這個名稱。事實上，我一開始想到這個概念時，根本無法明確說出其涵意。還在古吉拉特時，我們是用「消極抵抗」（Passive resistance）這個英語詞彙來形容。但是有一次與歐洲友人聚會，我發現「消極抵抗」一詞對他們來說太過狹隘，而且普遍認為是弱者的武器，含有怨恨的意涵，最終可能導向暴力。因此我不得不大費周章解釋這項運動的本質乃發源於印度，印度人顯然必須創造一個新字來指稱這項運動。

但我怎麼也想不出一個新詞，最後我便在《印度輿論》上徵求讀者的意見，提出最佳名詞的讀者可獲得獎賞。最後勝出的是馬干拉爾創造的 Sadagraha（Sat：真理；Agraha：堅定）。但為求意思更加明晰，我稍微更動了這個詞彙，改成 Satyagraha，也就是今日為大家所知悉的「非暴力抵抗」古吉拉特語。

這場運動的歷史可說是我在南非生活的歷史，更可說是我在那片次大陸上體驗真理的歷史，這段歷史大部分是在耶羅弗答監獄中撰寫，出獄後又花了一點時間才完成。一開始先在《新生活報》（Navajivan）上發表，其後才印成書發行。瓦爾濟・德賽先生先翻成英文版，在《新思潮》（Current Thought）上發表，不過我目前正安排盡早出英譯本④，這樣就有更多讀者可以熟悉我在南非最重要的生命體驗。我建議尚未讀過我那本

④ 該書英譯本已由 S. Ganesan, Triplicane, Madras 出版。

《南非非暴力抵抗運動史》的讀者可以找來一讀。在此我不打算重述那本書的內容，以下幾章是未納入該書中的幾件事，以及我回到印度後體驗真理的幾則故事。但建議讀者先讀過《南非非暴力抵抗運動史》，才能更清楚掌握本書所述事件的發生順序。

第二十七章　繼續飲食的實驗

我一心只想盡快實行節慾，不論是在思想或言行上；我同樣也想把大部分時間貢獻給非暴力抵抗運動，希望藉由培養純淨的心思，讓自己貢獻更多心力。於是我進一步調整飲食，設下更多的限制。過去我實行飲食節制是為了追求衛生與健康，但這番嶄新的實驗完全是從宗教立場出發。

如今斷食與飲食控制在我生活中扮演了更重要的角色。食、色的慾望原本就密不可分，我自然也不例外。我在控制食慾及情慾的過程中遇過不少困難，直到現在我也不能說自己已完全控制這兩種慾望。我一直以來都認為自己是很能吃的人，假如我沒有努力達到今日的自制，我早就淪落到比野獸還不如的境地了。正因為我明白自己的缺點，並且盡力擺脫這些缺失，這些年來我才能夠保持良好的體能，並且做好該做的事。

瞭解自己的缺點之後，我又遇到志同道合的夥伴，於是我開始只吃水果，或者在艾卡達西日[5]、大黑天節[6]等節日裡斷食。

一開始我只吃水果，但從節食的觀點看來，我發現只吃水果跟只吃穀物的意義相同，而且在習慣這種飲食方式之後，水果與穀物仍可能造成放縱口慾的後果。瞭解了這一點，我便更加重視斷食，或者在某些節日一天只吃一餐。假如遇到需要懺悔的場合，我總是愉快地進行斷食。

我也發現：由於身體以這種方式變得枯竭，食物因此變得更美味、胃口也更好。斷食是節制的武器，卻也可以成為放縱的武器。後來我和其他人都曾有許多經驗可證明這項驚人的事實。我想鍛鍊自己的身體，使其變得強壯，但由於我的首要目標是節制並征服口腹之慾，我總是先選一樣食物、再選擇另外一樣，並且限制進食的份量，不過我還是跟以前一樣愛吃。當我不再吃某樣食物而改挑另外一樣來吃時，後者新奇的滋味讓我覺得加倍美味。

我有幾個朋友和我一起進行這些實驗，第一位要提到的是卡倫巴哈先生，但我在《南非非暴力抵抗運動史》中已經介紹過這位朋友，在此不擬重述。無論斷食或是採用別的飲食計畫，卡倫巴哈總是跟我一道進行。當非暴力抵抗運動如火如荼進行時，我借住在他家，兩人經常討論飲食上的改變，以及新式飲食為我們帶來的樂趣。那時我一點也不覺得不妥，只覺得這一類的談話很有趣。然而後來的經驗告訴我，人們不應該經常想著食物有多麼美味，因為人們進食不是為了滿足口腹之慾，而是為了活下去。一人的感官為身體效勞，藉

---

⑤ Ekadashi day，指滿月及新月後第十一天，奉獻者會在這天齋戒並從事更多奉獻服務。

⑥ Janmashtrami，毗濕奴第八化身的生日，通常在七月或八月。

由保持體力滋養我們的靈魂，此時食物才算是以大自然所期望的方式發揮功能。

為能達成此一與大自然和諧無違的境界，進行再多次實驗也無妨、付出再大的犧牲也值得。不幸的是，目前的潮流卻是往相反方向奔流。我們毫不愧疚地犧牲其他動物的生命，只為了妝點自己有限生命的軀體，或者企圖延長我們的壽命，即使只能延長片刻。這種行徑其實會毀掉我們的身體及靈魂。正如我們為了醫治痼疾，卻引起上百種新的疾病；為了享受感官愉悅，最終連享樂的能力也一併失去。這些就在我們的眼前飄逝，對於不肯張開眼睛看清一切的人，沒有比他們更盲目的了。

把目標和想法都交代清楚之後，我接下來要詳談飲食實驗了。

第二十八章　卡絲特貝的勇氣

我的妻子一生中得過三次重病，幾乎瀕臨死亡，每次我都在家裡替她治療直到康復。她第一場大病是在非暴力抵抗運動展開時期，那時她經常出血，一位醫生朋友建議她接受開刀治療，她幾經猶豫，最後還是同意了。因為她身體虛弱，開刀的醫生不敢施以麻醉，因此她遭受莫大的痛苦，所幸手術很成功。我的妻子以無比的勇敢承受了這一切，醫生及負責看護的醫生太太也對她照顧有加。這是在德班發生的事。後來我在約翰尼斯堡有事，醫生同意我暫別妻子前往處理，並要我不必擔心她。

然而就在幾天後，我卻接到一封信，信上表示卡絲特貝情況變得不樂觀，無法從床上坐起身來，甚至一度昏迷。這醫生知道未得我允許，他不能給我妻子喝酒或吃肉，所以他打電話問我，是否能讓她喝牛肉湯。我的答覆是我不同意，但假如她恢復意識，能夠表達意見，可以問她的意思，她想怎麼做都可以。這醫生說：「但是我不想就這件事徵詢病人的意見，你還是回來吧。假如你不讓我自由決定病人的飲食，尊夫人的性命恕我無法負責。」

當天我便搭火車前往德班，見到醫生時，他若無其事地告訴我：「我打電話給你時，已經給尊夫人喝牛肉湯了。」

我說：「醫生，這是欺瞞。」

但醫生堅定地回答：「醫生給病人開藥或規劃飲食，無所謂欺不欺瞞。我們醫生認為若能救活病人，就算欺騙病人或其家屬，也是美事一樁。」

我感到非常痛心，但強作鎮定。這位醫生是我的朋友，也是一個好人。我對他們夫妻只有感謝，不過我不準備容忍他所謂的醫療道德。

我說：「醫生，請告訴我現在你準備怎麼做。我絕不容許你給我太太吃肉，即使會因此死亡也一樣，除非是她自己說要吃肉。」

「你想如何主張你的哲學，我管不著，不過我告訴你，只要你太太在我這裡接受治療，我就有權決定給她吃什麼。如果你不喜歡，我只能說抱歉，請你把她帶走。我不能看她死在我這裡。」

「你的意思是要我馬上帶她走嗎?」

「我什麼時候要你馬上帶她走了?我只是要你給我絕對的自由。如果你能充分授權,我跟我太太會盡一切努力救治她,你完全不必擔心她的情況。但如果你連這麼簡單的道理都不明白,你就是在逼我叫你帶妻子離開這裡。」

我記得那時有個兒子跟在我身邊。他也同意我的想法,認為他媽媽不該喝牛肉湯。接著我跟卡絲特貝討論,但是她的身子太虛弱,完全沒辦法就這件事表示意見。我儘管相當難受,仍覺得有責任詢問她的意見。我告訴她我跟醫生之間的對話,她堅定地表示:「我絕對不喝牛肉湯。在這世間生而為人是非常難能可貴的事,我寧可死在你懷裡,也絕對不讓這種東西污染我的身體。」

我請她再考慮一下,告訴她不一定要聽我的意見。我跟她舉了一些印度教朋友的例子,他們有時候為了醫療效果,也會願意吃肉喝酒,而且不覺得良心不安。但是她態度堅決,說:「不,請立刻帶我離開。」

我雖然很高興,但是真要帶她離開,我內心並非毫無波瀾。我告訴醫生她離開的決心,醫生聽了之後憤怒大喊:「你未免太無情了!她現在這種情況,你還問她這種事,你真該覺得羞恥。我跟你說,你的妻子目前不適合離開,她沒辦法承受一點點顛簸。如果她在路上死了,我不會感到意外。如果你一定要這麼做的話,那就隨你便吧!如果你不肯讓她喝牛肉湯,我也不願冒險讓她在我這兒多待一天。」

於是我們決定立刻離開。天空下著毛毛雨,到車站又有點距離。我們得從德班搭火車到鳳凰村車站,再走兩哩半的路到村子裡。無疑這風險極大,但我對神有信心,便依照我的想法去做。我先遣人到村裡報信,請韋斯特帶一張吊床、一瓶熱牛奶、一瓶熱水到車站接我們,另外需有六個人隨行去抬擔架。我自己另雇了一輛人力車,在那般危險的情況下,把她放入車裡,然後前往趕搭下一班火車。

卡絲特貝不需要安慰和鼓勵，她反過來安慰我說：「我不會有事的，別擔心。」她瘦得皮包骨，已經一連幾天沒吃營養的食物。火車站的月台很大，但因為人力車不能進入，乘客必須走上一段距離，才能登上火車。我把她抱在懷裡，帶她坐上火車。到了鳳凰村，我們把她放上吊床，抬入村中。她在村裡接受水療，慢慢恢復元氣。

抵達鳳凰村兩、三天之後，一位宗教導師來訪。他聽說我們堅決拒絕醫生的意見，於是他出於同情，想對我們加以勸導。我記得那時我的二兒子曼尼拉爾、三兒子羅姆達斯都在場。這名導師先表示吃肉無害於教義，還引用了《摩奴法典》裡的權威話語。我不喜歡他在我妻子面前進行這類辯論，但是出於禮貌，我還是讓他把話說完。法典裡這幾句話我是讀過的，我不需要這些教義來堅定一己的信念。我也知道有一派認為這些經文完全是後人竄改所致，就算不是後人竄改，我的素食觀也與宗教教義無關，更何況卡絲特貝的信念堅定不移。經文對她來說太過艱深，但祖先流傳下來的教義也夠她用了。我的兒子們遵守父親的教誨不渝，他們不理會這名宗教導師的話。卡絲特貝打斷了他的話，說：「尊敬的導師，不管你打算說什麼，我都不會為了恢復健康而喝牛肉湯。請別再拿這件事來煩我了。如果你想與我先生或孩子討論此事，悉聽尊便，但是我已經拿定主意了。」

第二十九章　在家實行非暴力抵抗

我第一次進監牢是在一九〇八年。我發現犯人必須遵守的規定，與一位節慾者必須自動自發做到的自制完全一樣。有一項規定，是日落前吃完當天最後一餐，另一項規定，則是非洲或印度犯人不許喝茶或咖啡。犯人可以在食物烹煮之後加入鹽巴，但是不可只為了滿足口腹之慾而進食。我請監獄的醫官給我們咖哩粉，並且讓我們在烹煮食物時加入鹽巴，但他的回答是：「你們來這裡不是為了享受食物吧？從健康的觀點來看，咖哩粉並非必要，至於鹽巴應該在食物烹煮時或煮好之後才加，根本無關緊要。」

雖然歷經種種困難，最後還是修正了上述限制，但是這兩項規定都有益於培養自制力。外力施加的限制很少成功，但若是出於自願，肯定能產生有益的效果。因此我一出獄，便開始實行這兩項規定。只要情況允許，我便不喝茶，在日落前吃完當日最後一餐。現在我能輕輕鬆鬆遵守這兩項規定。

後來發生了一件事，迫使我不得不戒掉吃鹽的習慣，過去十年來我從來沒有破戒。我曾在一些討論素食的書籍裡讀到，鹽巴對於人們的飲食並非必要，相反地，無鹽飲食對人體更有益。根據這種說法，我推論實行節慾者如果在飲食中不加鹽巴會更健康。我還在書上讀到身體虛弱的人宜戒食豆類，但是我很愛吃。

卡絲特貝動過手術後，有段時間情況好轉了些，但現在又開始出血，這種病似乎十分頑強，水療法沒什麼用。她對我的療方並沒有多大信心，但是也不排斥。她又不肯接受外來的幫助，於是在我試遍所有方法後，我拜託她戒吃鹽巴和豆類。無論我如何求她、引用權威的話來支持我的論述，她就是不肯點頭。最後她還說：

如果換成是我，我也不會因為他人的勸告就放棄這些食物。我聽了雖不舒服，卻又覺得高興，高興的是我有機會對她展現我的愛意。我說：「妳錯了。如果是我生病，醫生要我戒吃任何食物，我都會毫不猶豫地照做。你看，我決定一年不吃鹽也不吃豆子，不管有沒有醫生的勸告，也不管妳願不願意加入。」

她著實大吃一驚，十分悔恨地說：「請你原諒我吧。我瞭解你，實在不該這樣激你。我答應你不再吃這些東西，看在老天份上，請你收回剛才立的誓吧。你這樣我會很難過的。」

「妳不吃這些東西，對妳肯定是有好處的。我相信妳戒掉這些東西之後，身體一定會好轉。至於我，我絕不能收回誠心立下的誓言，而且這對我肯定也有好處，因為任何節制都有益，無論背後動機是什麼。妳別管我，這對我是項考驗，也是對妳道義上的支持，幫助妳貫徹決心。」

於是她不再勸我，只是流著寬慰的眼淚，說：「你太倔強了，誰的話都不聽。」

我將這件事視為非暴力抵抗的一例，也是我人生最美好的回憶之一。

在這之後，她很快就復原了，究竟是因為不吃鹽及豆類，或是其他飲食上的改變，或是由於我嚴密注意她是否遵守生活中的種種規定，或是此事件為她帶來心理上的歡悅，我就不得而知了，我也不曉得上述原因各占多少比重。但無論如何，她很快就康復了，出血的症狀完全消失，而我行醫的名聲（雖然是個江湖術士）也就此傳開。

對我來說，此種自制飲食讓我的身體更健壯。一年很快就過去了，我一次也沒想過要吃鹽或豆子，而且我發現自己的感官更能順服意志。這個實驗強化了我的自制傾向，我也持續禁食鹽巴及豆類，直到多年後返回印度為止。一九一四年，我在倫敦時吃了這兩樣東西，那是唯一一次破例。但我為何在那個場合吃下這兩樣東西，稍後會再提到。

我勸服不少南非的同事別吃鹽巴及豆類，效果卓著。醫學上對這種飲食的看法兩極，但是從道德上來說，我堅信一切自制的行為都對靈魂有益。自制者與喜愛享樂的人，所吃食物當然不同，正如彼此的人生道路截然各異。一心節慾的人，倘若採行享樂人生的做法，等於是自斷生路。

第三十章　朝自制方向邁進

我在上一章提到，由於卡絲特貝的病，我的飲食也跟著調整。之後為了實行節慾，我在飲食上做了更多改變。

首先是不喝牛奶。一開始我是聽瑞強德拜說牛奶會刺激性慾，而談論素食的書也強調這一點，但那時我尚未立下節慾的誓言，因此無法下定決心不喝牛奶。更早之前我便深知牛奶對維持體力並非絕對必要，但是要戒除很不容易。之後為了自制，我明白戒喝牛奶有其必要性，又碰巧看到加爾各答那邊的資料，提及飼牧者施加在母牛及水牛身上的折磨，我看了之後想法大大轉變，也跟卡倫巴哈討論過。

讀過《南非非暴力抵抗運動史》的讀者一定知道卡倫巴哈先生，我在本書中也曾提及此人，但還是覺得有必要多介紹幾句。我們的相識完全是機緣巧合。他是克翰先生的朋友，克翰先生覺得他頗有清高脫俗的氣質，因此介紹我們認識。

剛認識他時，我對他愛好奢華糜費不勝驚異。但就在我們初次相會時，他問了許多宗教上值得深思的問題。我們隨意談到釋迦牟尼出家的事，彼此想法相似，因此很快便結為好友。他認為不管我在生活中做什麼樣的改變，他都要照做。

那時他還是單身，一個月的支出高達一千兩百盧比，還不包括房租。現在他生活儉樸，一個月只花一百二十盧比。在我原本的房子退租、首度出獄後，我們開始同住，日子過得相當刻苦。

這段期間我們討論到該不該喝牛奶。卡倫巴哈說：「既然我們經常提到牛奶的壞處，何妨乾脆別喝了？牛奶並不是非喝不可。」我對這提議感到訝異，也有些高興，於是欣然表示同意，於是我們兩人決定此生不再喝牛奶。那是一九一二年發生在托爾斯泰農場的事。

不過光是不喝牛奶，我仍無法感到滿足。不久之後，我決定只吃水果，而且僅限於最便宜的水果。我們的志向是過得像最窮苦的人一樣。

後來證明只吃水果也非常方便，還省掉烹煮的麻煩。生吃堅果、香蕉、棗子、檸檬或橄欖油，便是我們日常的飲食。

此處我必須給打算節慾者一個忠告：雖說我將飲食習慣與節慾緊密結合，心靈仍是最重要的關鍵。如果一個人心思不純淨，絕食也無法使其純淨，就算改變飲食也沒有用。如果內心只想著情愛，除非人能嚴密審視自我的內心，並且向神明輸誠、獲得神明的恩典，否則是無法潔淨的。不過，心靈與肉體畢竟關係緊密，耽溺物質享受的心思只會想著美食和華服，為了擺脫這種傾向，節制飲食甚至斷食便有其必要。渴望世俗享受的心靈無法控制感官，反而成為感官的奴隸，因此身體需要簡單的、不帶刺激性的食物，也需要定期斷食。

有人輕視節制飲食或斷食，也有人以為光靠節食及斷食便能達成目標，他們都錯了。我的經驗是，對於努力自制的人來說，節食和斷食真的很有幫助。事實上，如果沒有節食的協助，慾念是無法完全根除的。

第三十一章　斷食

就在我開始進行戒食牛奶和穀物、只吃水果的實驗時，我也將斷食當成訓練自制的一種手段。卡倫巴哈也加入這個實驗。過去我斷斷續續也曾斷食過，但都是為了健康的因素。但我是從一名朋友那裡知道，斷食是訓練自制力必須的手段。

我出生於一個信奉毗濕奴教的家庭，母親是一個堅守種種困難誓言的人，所以我在印度的時候便遵守艾卡達西日及其他斷食日的規定。我之所以這麼做，單純是為了效法我的母親，希望讓我父母高興而已。

那時我不瞭解也不相信斷食的效用，但是我發現卡倫巴哈在斷食之後確實大大獲益，況且我已立誓節慾，為求更有效地遵守誓言，我開始學習這位朋友，每逢艾卡達西日便斷食。印度教徒斷食時可以喝牛奶吃水果，但既然我平日便只吃水果而已，每逢斷食日我便完全不吃任何東西，只喝水。

此一實驗開始時恰逢印度教的諦聽月（印度教陰曆八月）與伊斯蘭教的齋月（伊斯蘭教陰曆第九個月），我們甘地家不止信奉毗濕奴教，也奉守濕婆教的誓約，不論毗濕奴廟宇或濕婆教的廟宇，我們都會前往參拜。我們家族中有些人會在諦聽月時實行「白天禁食」⑦，一整個月都是如此，我也決定這麼做。

上述的重要實驗是我們在托爾斯泰農場時進行的，農場上還住著幾個參加非暴力抵抗運動的家庭，當中也有年輕人與小孩。我們還辦了一所學校，其中有四、五位穆斯林，我還幫助他們遵守自己宗教的戒約與規定，經常觀察他們是否天天禱告。當然也有年輕的基督徒與帕西教徒，我把督促他們遵守各自的教規當成是自己的責任。

因此我在齋月時會勸導伊斯蘭教的年輕穆斯林遵循斷食規定，我自己當然是奉行諦聽月的白天禁食規定。但是我現在改勸印度教、帕西教與基督徒的年輕人與我一起斷食。我對他們說，能與他人一起參與自制行動是件好事，農場上許多人都接受這項提議，印度教與帕西教的年輕孩子並未完全參照穆斯林的做法，而且也不必要。年輕穆斯林必須等到日落方能吃一天中的第一頓飯，其他教徒不需要這麼做，因此可以為他們準備點心，讓他們享用。年輕穆斯林在第二天日出前吃最後一餐，這一點其他人也可不必作陪。除了穆斯林之外，其他人都可以喝水。

這些實驗的結果讓所有參加者都相信斷食的好處，於是農場中的人培養出同舟共濟的精神。

---

⑦ Pradosha，指日間不進食，日落後才開始進食。

托爾斯泰農場上的人都吃素，而我滿心感激地承認，大家願意吃素是對我的體諒。年輕穆斯林在齋月期間必然十分思念肉的滋味，但是誰也沒抱怨。他們吃素食吃得津津有味，年輕的印度教徒會做好吃的素食點心給大家吃，一切都符合農場的簡約風氣。

我有意在本章內稍微叉開話題，因這段愉快的回憶不適合在其他章節記述。我在這裡算是間接地描摹出自己的個性——我若認為什麼事情是有益的，就喜歡找同事們一起加入。他們當中大多數人都未曾斷食過，但由於諦聽月的禁食與伊斯蘭教的齋月日期相近，我很容易就能吸引他們一起斷食，當做訓練自制的手段。

自制風氣在農場上自然散播開來，如今農場上的每一個人都加入斷食，不管是小斷食或大斷食，我相信這是相當有益處的。我無法確定每個人的內心是否均受斷食影響，他們將來是否能運用自制來克服肉體的誘惑。但是以我自己來說，無論是肉體或道德上，斷食體驗都為我帶來莫大的好處，儘管我明白並非人人都能藉由斷食或其他戒規來獲取相同的好處。

斷食對克制性慾很有幫助，但唯有在「以自制為前提」的情況下才會有效。我有些朋友在斷食之後反而更添肉慾或食慾。換言之，除非一個人心裡一直想著自制，否則斷食是無用的。《薄伽梵歌》第二章有一段廣為傳誦的詩句，便說明了這個道理：

正在斷食的人斬絕對外物的眷戀，
令人心迷的外物就此消失不見；
只餘一點渴望，但一旦他
見著了至高無上的神祇，

就連渴望也會消逝不復現。

所以斷食和類似的戒律最終都只是達成自制的手段而已。光靠外在的手段還不夠，倘若未輔以心靈的斷食，最終必將淪為虛偽的形式，變成一場災難。

第三十二章　當上校長

我希望讀者知道，在這幾章裡，我所描述的都是《南非非暴力抵抗運動史》中未曾提過或間接論及的事，如果能明白這一點的話，便能輕易看出這幾章的關聯。

加入農場的人越來越多，我們覺得有必要為男孩及女孩提供教育，其中男孩有印度教徒、伊斯蘭教徒、帕西教徒及基督徒，而女孩只有印度教徒。依情況不可能請老師來教他們，我也覺得不必要，因為本地合格的印度老師本就不多，就算能夠找到，也沒有人願意為了微薄的薪水，跑到這個距離約翰尼斯堡二十一英哩遠的地方來教書。更何況我們沒有那麼多錢。此外，我不覺得有必要請外界的老師來教。我原本就對現行的教育制度不具信心，一心想憑著自己的經驗及實驗找出可行的教育制度。我深信在理想情況下，只有父母能給孩童真正的教育，因此來自外界的協助越少越好。此外，托爾斯泰農場是一個大家庭，我就是這個大家庭的家長，因此只要情況允許，我應該擔負起訓練教育下一代的責任。

當然，這個概念並非毫無瑕疵。農場裡的孩子並不是從小便跟著我，而是在不同環境中接受教養，每個人的宗教信仰也不相同。如果我真的擔負起大家長的責任，該怎麼做才能幫助每一個年輕的孩子呢？

我始終認為心靈教化與人格養成是最要緊的事，我也相信道德教育與孩童的年齡或從小的教養方式無關，可以一視同仁。於是我決定扮演父親的角色，一天二十四小時都跟他們住在一起。我認為人格養成是教育的基石，基礎若是穩固，孩子就可以靠一己之力或同儕的協助去學習其他事物。

我也明白語文教育的重要性，因此我在卡倫巴哈先生及德賽先生的協助下開立了幾個班。此外，我也不敢輕忽身體的鍛鍊，於是安排體力勞動，做為孩子生活的一部分。農場上沒有雇用傭人，從煮飯到清掃的每一項工作都得靠自己，照顧果樹及整頓園藝等工作也需要人手。卡倫巴哈喜愛園藝，過去曾經在政府的示範花園裡工作，累積了相關經驗。農場上的人無論老少，只要沒在廚房幫忙，都有義務協助園藝工作。孩子們做得最多，包括挖土、砍樹、搬運等，運動量相當大。孩子們都做得很高興，不需要其他的運動或遊戲。當然，他們有時也會裝病偷懶。我對他們這種小把戲不予計較，但是大部分的時候，我都相當嚴格。我敢說他們不喜歡這種嚴厲的管教，但是我不記得他們曾經為此反抗過。我會跟他們說理，向他們解釋不應該以遊戲的態度面對工作，但是效果往往不長久。過不了多久，他們又會扔下工作，跑去玩耍了。儘管有上述情況，我們大致上處得很好，而且他們也因此鍛鍊出強壯的體魄。農場上很少有人生病，當然，新鮮的空氣、乾淨的水源及固定的作息也有不小的貢獻。

關於職業訓練，我本來想教每個孩子學習一門有用的手藝，卡倫巴哈為此還跑到天主教熙篤會神樂院去學習製鞋。我向他學習之後，再把這門手藝傳授給有興趣的人。卡倫巴哈有一些木工經驗，農場上還有另外一人也會木工，於是我們開了一個小班，專門教授木工。至於烹飪，則是每個孩子都會的本事。

這一切對他們來說都很新奇。這些孩子從來沒想過，自己居然會來學習這些事物。一般來說，在南非的印度孩子只要學會閱讀、書寫、計算就可以了。

我們在托爾斯泰農場立了一項規矩：年輕孩子不需做老師們沒做的事。因此凡是我們叫他們去做的事，都會有老師從旁協助，陪著他們一起做。不管叫他們學什麼，大家都學得很開心。

以下幾章會接著討論書本教育及人格養成。

第三十三章　書本教育

上一章提到我們在托爾斯泰農場上提供的體能鍛鍊與職業訓練。儘管我對執行方式不太滿意，成效算是還不錯。

書本教育比較困難。我既缺乏所需資源跟必要的教材，更沒有時間教孩子們好好讀書。每日從事的體能勞動讓我在一天結束時感到筋疲力盡，往往在我最需要休息的時候又得去給孩子們上課，因此每次去上課時，我多半昏昏欲睡。早上的時間是用來從事農場工作或處理家務，所以學校課程不得不排在午餐過後，此外再也找不到適合上課的時間。

知識教育至多有三堂課，印度語、坦米爾語、古吉拉特語及烏爾都語都教，課堂上是依照孩子們所說的方言進行授課，同時也教英文，並且會教來自古吉拉特的孩子們一點梵文。此外，所有孩子都要上基礎歷史、地理與算術。

我負責教坦米爾語及烏爾都語，我會的一點點坦米爾語是在海上航行時及獄中自修得來的，所讀的內容不超過《自學坦米爾語》一書的範圍。至於烏爾都文也是在海上旅行時自學而成，但是一些基本語彙，例如日常慣用的波斯文與阿拉伯文，都是跟穆斯林朋友們學來的。至於梵文則是高中時學的。即便是古吉拉特語，我的程度也只停留在學校教的範圍而已。

這便是我所有的教學資源。我的文字修養委實不足，這一點我的同事們比我強得多。但是我對於自己國家語言的熱愛、對於身為教師的信心，當然還有學生們本身的程度不佳、對我又極為寬容，在在讓我的教學生涯十分順利。

這些坦米爾男孩都生於南非，只聽得懂一點點坦米爾語，根本看不懂文字。所以我得教他們認字及基本文法，這一點並不難。我的學生們都知道他們隨時可以超越我的程度，說得比我更好。每當有不會英語的坦米爾朋友來找我，他們就成為我的口譯。我教得非常愉快，因為我從來不在學生面前掩飾我的寡陋。無論何時，我都是以自己的真實面目示人，因此即便我的坦米爾文程度不佳，學生對我的敬愛未曾減少一絲一毫。

另一方面，教穆斯林孩子學烏爾都語比較容易，他們本就認識文字，我只需啟發他們在閱讀上的興趣，讓他們多學寫字就可以。

這些孩子們大多不識字也沒上過學，但我在教學過程中，發現自己沒什麼可以教給他們，最重要的是督促他們好好讀書、不要偷懶。正因我也以此為滿足，我的課堂上總是有不同年齡、不同學科的孩子們一起上課。

至於常聽人討論的教科書，我倒不覺得有其必要。就算是手頭上有的書，我也不會從頭教到尾，因為我不覺得有必要用書壓垮孩子。自始至終，我都認為孩子最好的教科書是他們的老師。老師們教過我的書本內容，我幾乎都記不得了，但是他們教我書本以外的事，我至今仍記得一清二楚。

孩子靠耳朵學習比依賴眼睛要來得輕鬆，而且事半功倍。我從未讓學生從頭到尾讀完一本書，但是我以自己的語言，把我從書上讀來的東西都教給他們。我敢說他們至今都還記憶猶新。要他們記得書上讀來的東西總是比較費力，但他們卻能輕輕鬆鬆複述我親口教的內容。對他們來說，閱讀是一份苦差事，但是聽我說故事卻充滿樂趣，因為我總會盡力把故事說得有趣，不使他們打瞌睡，並且從他們聽完後發問的問題，衡量他們理解的程度。

第三十四章 精神的鍛鍊

替孩子們進行精神鍛練，比體能或智力訓練要困難得多，這一方面我很少依賴宗教書籍。當然我相信每個學生都應該熟悉所信仰的宗教教義，也該認識一些基本經典。我盡可能滿足他們這方面的需要，但是我心裡認為這算是智力訓練的一部分。早在我開始教育托爾斯泰農場上的孩子們之前，我便瞭解精神鍛鍊不可與一般教育相提並論。精神鍛鍊是人格的養成，能幫助一個人更加瞭解神，同時達成自我實現。我也深信精神鍛鍊是年輕人教育必不可缺的一環，更何況任何教育如果不包括精神陶冶的話根本無用，甚至可能有害。

我知道世人有種迷信，以為要等到人生的第四個階段，亦即棄絕期（sannyasa），才可能達成自我實現，但是大家都知道，把自我實現的準備工作延到人生最後一個階段才進行的人，根本無法達到自我實現，而是宛如人到老年還得度過第二次可悲的童年，成為這個世界的負累。我清楚記得，一九一一至一九一二年間，我在農場教書時便有這種想法，只是當時並未明白表達出來。

精神鍛鍊究竟該如何進行呢？我叫小朋友背誦聖詩，也讀一些道德鍛鍊的書籍給他們聽。但光是做這些我還不滿意。在我跟他們有了更密切的接觸之後，我發現一個人的精神訓練不該透過書本，一如體力鍛鍊是藉由身體的訓練、智力訓練是藉由智力的激盪，精神鍛鍊也必須經由精神上的練習才能達成。給予孩子們精神鍛鍊，完全仰賴老師的生命與人格。老師必須時時刻刻留心自己的言行舉止，無論他是否與學生們在一起。

即使老師身在千里之外，也能以自己的生命影響學生的精神。如果我本身喜歡說謊話，教導學生講真話便是不負責任。性格怯懦的老師，永遠沒辦法教出英勇的學生，不善自制的老師，無法教會學生體察自制的價值。因此，我知道自己必須成為這群男孩、女孩終身的榜樣。就這樣，他們也變成了我的老師，讓我知道行事必須正直。就算只是為了他們，我也得這麼做。待在托爾斯泰農場的那段時間，我的自制力增強，生活紀律變得更好，一切都得歸功於這群「小獄卒」。

其中有一個孩子愛撒謊，經常與他人起爭執，又不服膺管教。有一次他又大吵大鬧，我氣極了。我從來不曾體罰學生，但是這次我真的非常火大，一開始我先試著對他講道理，但是他的態度蠻橫還強詞奪理，最後我拿起放在旁邊的長尺，打了他的手臂。我一邊發抖一邊打他，我敢說他也注意到了。對所有的學生來說，那是未曾有過的經驗。這個男孩哭著求我饒恕，他哭泣不是因為我打痛了他，因為如果他想回敬我，大可直接還手，畢竟他是個體格健壯的十七歲少年。他之所以哭泣，是因為瞭解我施加體罰的痛苦。那次之後，他再也沒有違抗過我，但是我自己對於那次的體罰仍耿耿於懷。那天他在我身上看到的，恐怕不是我的靈性，而是我粗暴的一面。

一直以來我都反對體罰，我記得只有一次，我對某個兒子施以體罰。直到今天，我仍不知道用戒尺責打到底是對還是錯。或許是不恰當的，畢竟背後的動機是憤怒與想要責罰的欲望。假如我只是表達內心的難過，倒還說得過去，但是該次懲罰的動機不只一端。

這次的事件啟發了我的思考，也讓我尋求較佳的方式來糾正學生，但是我不知道新的管教方式是否管用，因為受罰的孩子不久就忘得一乾二淨，之後的行為也沒有多大改善。但這起事件讓我更加瞭解一名老師對其學生的責任。

類似的不當行為後來也發生過多次，但是我不再施以體罰了。就這樣，在我努力給予這群男孩及女孩精神教育的同時，我自己也越加瞭解精神的力量。

第三十五章　麥穗中的稗子

在托爾斯泰農場上，卡倫巴哈先生跟我提到之前我未曾注意過的問題。如同我先前所說，農場上有些素行不良的男孩難以管教，有些終日無所事事。我的三個兒子天天與他們在一起，其他的孩子也一樣。卡倫巴哈對此很煩惱，但他最重視的是，我兒子不應該跟這種孩子在一起。

有一天他把話說白了：「我不贊成你讓自己的孩子和那群壞孩子在一起，他們會因為交到損友而墮落。」

我已經不記得當時我是否感到為難，但我記得自己是這麼回答他的：

「我怎麼能夠把自己的孩子跟這些游手好閒的人分開？我對每個孩子有相同的責任。這些孩子也是我請他們來到農場的，如果現在我拿點錢叫他們走，他們就會再回到約翰尼斯堡，走以前的老路。坦白說，這些孩子跟他們的監護人還認為他們到這裡來是賣我一份人情。你我都清楚，他們在這裡生活得忍受許多不便。我的責任很清楚，我必須把他們留在這裡，也就是說我的兒子們必須跟他們一起長大。你當然不希望我兒子覺得自己比其他人高明，因為把這種優越感放進他們的腦袋，就等於帶他們走上歧路。讓他們跟其他男孩一塊相處，是一門重要的功課，他們會從中學習並且分辨好壞。我們為什麼不肯相信，如果他們有什麼性格上的優點，也能反過來影響這些人呢？無論如何，我不能不讓這些孩子留在這裡。如果這樣做會有風險，那就冒險一試吧！」

卡倫巴哈搖頭。

我想結果並不算太壞，我的兒子們並未因為這項實驗變壞，相反地，我認為他們因此得益。假如過去他們曾有一些自大，也因為這段農場生活而變得謙卑。他們學會跟各種孩子相處，並且通過試驗、學習紀律。

用消毒過的棉花把孩子包覆起來，不見得能讓孩子抵抗外界的誘惑或污染。但是將不同背景的孩子們集合起來教育，對父母和老師來說確實是極為嚴厲的考驗，必須時時保持警覺。

第三十六章　斷食是懺悔的手段

我一天比一天明白，要以正確的方式教育這些孩子，是一件多麼不容易的事。假如真想成為他們的老師及監護人，就必須碰觸他們的心田、分享他們的喜悲、解決他們的難題，並將他們的熱情導向正軌。

當某些非暴力抵抗運動分子出獄時，托爾斯泰農場的人也走得差不多了，留下來的都是從鳳凰村來的。於是我叫他們搬回鳳凰村，我也因此面臨了一場嚴酷的折磨。

那段時期我必須往來約翰尼斯堡與鳳凰村之間。有一次，我人在約翰尼斯堡，收到消息說村裡有兩個人做了違背道德的錯事。即使是非暴力抵抗運動遇到挫敗，也不曾讓我如此驚駭，這個消息對我來說不啻是晴天霹靂。卡倫巴哈堅持陪我一起回去，他注意到我的情緒，不肯讓我一個人走，因為這個不幸的消息正是他告訴我的。

回程途中，我看清了自己的責任。我覺得孩子或被監護者犯了錯，老師或監護人至少該負起一部分的責任，因此我顯然對這次事件負有責任。我太太早就警告過我，但是我容易輕信他人的天性讓我疏於防範。我覺得，如果要讓犯錯的人瞭解我的痛心、明白他們犯的過錯有多重大，唯有我親身懺悔才有用。於是我決意斷食七日，同時立誓在接下來的四個半月裡，一天只進一餐。卡倫巴哈先生勸我打消這念頭，但是我不為所動，最後他只好贊同這項提議，還陪我一起斷食。他顯而易見的關懷與好意讓我無法拒絕。

我大大鬆了一口氣，這個決定讓我卸下心頭重擔，也平息了對犯錯者的憤怒，取而代之的是純粹的憐憫。抵達鳳凰村時，我的心情已趨平靜，接著進一步了解事件，探究我認為必須知道的相關真相。

我悔罪的行為讓大家痛苦不安，但是整體氣氛反而好轉。每個人因此明白犯下道德之罪是多麼可怕的事。我與這群孩子的情感聯繫也變得更強韌真誠。

我提及此事，並不是想表示只要學生犯了錯，老師就得斷食。我只是認為有些情況需要採行激烈的手段，但是要採行這種手段，前提是有清晰的眼光、妥適的精神。如果老師與學生之間沒有真感情，孩子犯錯並未震撼老師的心，或是學生對老師缺乏敬意，斷食都是不恰當的做法，甚至可能造成危害。雖說是否應當採行斷食來贖罪見仁見智，但老師對學生犯錯應當負責是毫無疑問的。

第一次悔罪對大家來說都不困難，我還是可以進行日常活動。讀者應該記得，在我決定斷食的這段期間，我已經採取全水果飲食，但是第二次斷食的後半段期間，我覺得十分難受。那時我尚未完全瞭解默唸「羅摩那摩」的神奇效用，因此我忍受痛苦的能力也不足。何況我還未能掌握斷食的技巧，例如不管多想吐或多難受，都應該飲用充足的水分。加上我第一次斷食時進行得太順利，讓我掉以輕心。我在第一次斷食期間，天天做庫恩式坐浴，但是第二次斷食，我只坐浴了兩、三天就放棄了，並且因為噁心而幾乎沒喝水，喉嚨像燒灼般難受，身體變得非常虛弱，最後那幾天我只能微弱地說話。儘管如此，我的工作並未中斷，還是以口述方式請人記錄。我定期叫人閱讀《羅摩衍那》及其他宗教經典給我聽，他們遇上急事來請示時，我也還有足夠的氣力討論並給予意見。

第三十七章　再度與戈克立碰面

許多關於南非的事件，我在此先跳過不提。

一九一四年非暴力抵抗運動接近尾聲時，我接到戈克立的指示，要我回印度去時取道倫敦，於是我和卡絲特貝及卡倫巴哈便於七月份時啟程前往英國。

非暴力抵抗運動期間，我開始搭三等車廂旅行，這次也不例外。但是此航線船隻的三等艙與印度船隻的三等艙或是印度火車的三等車廂大不相同。印度的船隻或火車不僅座位狹小，臥鋪更是骯髒污穢，但是這次我們去倫敦所搭乘的船隻，三等艙的臥鋪既舒適又乾淨，船運公司還為我們提供特別的設備，像是專用櫥櫃。船上的伙食長顧及我們只吃水果，還特別提供水果及堅果給我們。一般來說，三等艙的乘客很少分配到水果或堅果。這些便利的服務與措施，讓我們十八天的航程相當舒適愉快。

這趟旅程中還發生了幾件值得記述的事。卡倫巴哈先生喜愛望遠鏡，也買了一、兩副昂貴的望遠鏡，其中一副他隨身攜帶。我們天天討論那副望遠鏡，我努力說服他，持有望遠鏡違背了我們一心想企及的簡樸理想，希望他能瞭解。有一天，我們站在船艙的舷窗邊，又開始討論這件事。

我說：「與其讓這個東西變成我們天天爭吵的禍源，為什麼不直接把它扔進海裡，一了百了？」

「如果是禍源的話，那當然要扔掉。」他說。

我說：「我是認真的。」

他很快地回答：「我也是。」

於是我把那副望遠鏡扔進海裡。望遠鏡價值七英鎊，但重要的不是多少錢，而是卡倫巴哈對它太過迷戀。然而扔掉之後，他也不曾後悔過。

這不過是發生在我與卡倫巴哈之間的某件小事而已，我們一起經歷了許多事。我們每天都以這種方式學習新事物，因為我們兩人都努力想走上真理之道。為了邁步走向真理，我們自然得將憤怒、自私、仇恨一一拋棄，否則永遠不可能見到真理。一個人若是受到情感擺布，即使意圖純善、言語真誠，也無法找到真理。若想找到真理，就必須徹底擺脫愛憎歡苦等情感包袱。

這趟旅途啟程時，我才剛結束斷食不久，體力尚未完全恢復。我以前搭船時，總是習慣到甲板上走動，一來當做輕度運動，二來幫助消化與開胃。但這次我連在甲板上散步都沒辦法，小腿瘦痛不堪。抵達倫敦時，我發現狀況並未好轉，反而更加惡化。那時我認識了梅爾塔醫師，並將我斷食的始末及後續的不適都告訴了他。他說：「你如果不徹底休息幾天，雙腿恐怕會報廢。」

那時我才真正瞭解：經過長期斷食的人，一旦回歸正常飲食，不應該急著恢復體力，而必須節制胃口。比起斷食，重新飲食時更需加倍的謹慎與節制。

船抵馬德拉群島時，我們聽說世界大戰隨時會爆發。其後行經英吉利海峽時，我們收到消息說已經開戰了，因此船隻耽擱了一些時候。海峽深水處布滿水雷，船隻極難通行，因此整整花了兩天才抵達南開普敦。

世界大戰於八月四日正式宣告展開，我們則在兩天後抵達倫敦。

第三十八章 我也加入了大戰

我一到英國就聽說戈克立先生因健康問題前往巴黎，如今困在當地動彈不得，而倫敦與巴黎之間的通訊也已斷絕，因此不知他何時能返回倫敦。我不希望沒見到他就返回印度，但是沒人知道他回倫敦的確切時日。

在等待他的那段時間，我是否應該做些什麼？面對這場大戰，我該擔負什麼樣的責任？艾達加尼亞是非暴力抵抗運動的一員，曾與我一同入獄，他那時正在倫敦攻讀法律，準備考律師。他在非暴力運動中表現傑出，因此我們送他來英國考律師執照，費用由梅賀塔博士負擔，等他回到南非之後，便能取代我的位置。透過艾達加尼亞，我認識了梅爾塔醫師以及其他在英國求學的人，大家經常一起討論事情。大家商議之後，決定召開大不列顛及愛爾蘭的印度居民大會，我在大會上提出了一些意見。

我覺得住在英國的印度人應該為世界大戰做一點事。既然英國學生紛紛加入軍隊，印度人也不該落後。不少人反對這一點，於是開始了一場激辯。反對者認為印度人與英國人不可相提並論，我們是奴隸，他們是主人，主人有難時，有誰見過奴隸會挺身相助的？奴隸該做的，不就是趁主人有難時尋求自由嗎？這番議論我頗不以為然。我知道印度人與英國人地位有別，但我不認為印人已淪為奴隸。我覺得殖民地制度的錯誤，有一大部分是來自不肖的英國官員，而非制度本身；我們可以透過來愛扭轉這些錯誤。假如我們希望英國人幫助我們改變現況，就應該在他們有難時共度患難。雖說制度有缺陷，過去似乎還不像今日這樣不堪忍受。假如我今天因為對制度失去信心，拒絕與英國政府合作，我那些朋友對制度本身及英國官員也因此失去信心，那該怎麼辦？

持相反意見的朋友們，主張目前是勇敢提出印度人需求、改善印度人地位的大好時機。我則認為不該在英國人有需要時落井下石。戰爭進行期間，不必急著強調我們的需要，才是更適切、更具遠見的做法。我堅持己見，號召志願兵加入，得到大家踴躍的響應。志願軍的成員來自各個省分，而且有著各種不同的宗教信仰。

我寫了一封信給克盧勛爵，告訴他徵召志願軍之事，並表示如果說接受訓練是擔任救護工作的先決條件，我們隨時願意受訓，以便接下救護工作。

克盧勛爵隔了一些時間才回信，信中感謝我們願意在緊要關頭挺身替大英帝國服務。於是志願兵開始在素負盛名的肯特里醫生帶領下，接受為期只有短短六星期的初步急救訓練，但是所有的急救知識均已包括在內。

志願兵約八十人，六個星期後我們接受考核，結果只有一個人不及格。通過的人還得再接受英國政府的軍事訓練及其他訓練，由貝克上校負責帶領。

這段時期的倫敦值得一提。沒有人露出驚慌的模樣，大家都忙著出一份力。身強體壯的成年人接受訓練成為士兵，至於老弱婦孺也沒閒著，因為需要幫忙的事情很多，大家忙著裁製衣服、製作裹傷布等。

還有一個婦女演講會縫製了許多衣服給士兵。我剛認識的娜都女士便是其中一員，她全心投入這項工作，把剪裁完畢的一堆衣服放在我面前，要我縫製完畢後再還給她。我很樂意幫忙，於是在這段看護訓練期間，我請不少朋友協助，盡己所能幫忙縫製了大批衣物。

第三十九章　兩難

我和其他印度同胞一齊為戰爭效力的消息傳回南非之後，我接到兩通電報，其中一封來自波拉克先生，他質問我此一行為是否與非暴力的訴求背道而馳。

我早有預感會招致這類責難，因為我在《印度自治》（Hind Swarji）刊物中經常討論這個問題，之前在南非時每天討論的也是這個問題。每個人都認為戰爭違背道德，假若我不打算將敵人繩之以法，我更不該參加戰爭，特別是我對參加戰爭的各國以及發起戰爭的原因一無所知。朋友們當然都知道我參加過波耳戰爭，但他們都以為我的觀點從那時起已經改變。

事實上，當初促使我加入波耳戰爭的理由，也激發了我這次的行動。我很清楚加入戰爭違反了不使用暴力的原則，但是人對於自己身負的責任不見得總能一目了然，真理往往是在黑暗中摸索而得。

非暴力主義是一項意涵深廣的主張，然而我們每個人都是無助的凡人，不得不捲入殺生的烈火中。每一條生命都是依存著其他生命而活，這句話有很深的意義。有意識也好、無意識也罷，一個人活著時時刻刻都在殺生，生活本身的一飲一啄、四處走動，都避免不了殺生的事實，無論有多微小。也就是說，信奉「不殺生、不使用暴力」的人，如果一切行為均出於憐憫之心，盡可能連最微小的生命也避免傷害，而且竭力拯救一切眾生，一刻也不停歇地努力逃脫殺生的陷阱，就可說是忠於一己的信仰。但是即便如此，他也無法完全免於對外界生命的殺生，只能說他在勉力自制與同情萬物中獲得了靈性的成長。

此外，由於非暴力統合了一切生命，一個生靈的錯誤必然影響全體，因此人類不可能完全免於殺戮。只要生活在群體社會中，人就不得不捲入社會生存所必需的殺生行為中，難以自拔。若是兩國交戰，不殺生的信徒就有責任阻止戰事發生。但若是承擔不起這重責大任、無力抵抗戰爭，或是不夠資格阻止戰事爆發，也可以參與戰爭，盡心竭力地把自己、國家以及這個世界從戰火中解救出來。

我一直想透過大英帝國的力量，改善我自己及全印度人的地位。我在英國時受到艦隊的保護，也在其國家武力下獲得庇護，可說我是直接參與了潛在的暴力。因此，若我想維繫與大英帝國的關係，在其旗幟下生活，眼前只有三條路可以選：一是公開宣布反戰，並依照非暴力抵抗運動的原則，杯葛大英帝國的作為，直到其改變軍事政策為止；二是採取公民不服從方式，這個選擇有可能會導致被捕入獄；三是與大英帝國站在同一邊，加入戰爭，從中接受鍛鍊，並且學得能力，以抗禦戰爭的殘暴。我想我正缺乏這種鍛鍊與能力，所以除了參與戰事，沒有別的法子了。

從不殺生的角度來說，我認為士兵與非士兵沒有什麼不同。凡是志願替盜匪做事的人，不論是當搬運工、負責把風，或是擔任看護，其罪責與真正的土匪有何不同？同樣的，在戰事中照料傷兵的看護，同樣得承擔戰爭的罪過。

在我收到波拉克的電報前，我便反覆思索這個道理，因此一收到電報，我即刻與幾位朋友討論這件事。大家一致認為我應該主動提出加入戰爭。直到今天，我仍然覺得這項論理毫無瑕疵，我對自己加入戰爭的行為亦不懊悔。過去我認為應該與英國保持友好關係，這看法迄今未變。

我知道，即使在當時，我也無法說服所有的朋友接受我的立場。這個問題十分微妙，容納了各種不同的意見，因此我盡可能清楚地向相信非暴力的人陳述我的看法。我明白這些人認真地在其崗位上力行不殺生原則。追求真理的人，不該只考慮約定俗成的做法，而是要能夠接受糾正。一旦發現自己犯了錯，不論付出多少代價，都應該認錯並且竭力補過。

第四十章 小型的非暴力抵抗運動

儘管我把參加戰爭當成一種責任，但後來我非但不能直接參與戰事，反而在緊要關頭時被迫掀起一場小型的非暴力抵抗運動。

前面已經提過，我們的名單一經核准報備後，便有一名軍官被派來訓練我們。我們的共同認知是：這名指揮官在技術上是我們的長官，但是除此之外，例如內部紀律之類的問題則由我來負責。也就是說，指揮官若想處理隊裡的問題，必須先透過我。這名指揮官打從一開始就讓我們死了心。

艾達加尼亞十分精明，看出苗頭不對便警告我說：「你要小心這個人，他看起來想要把我們壓得死死的。我們不要接受他的命令，只把他當成技術指導就好。你看看他指派的那群年輕人，也都一副高高在上的樣子。」

那群年輕人都是牛津畢業生，指揮官派他們來當我們的小隊長。我不是沒注意到這位指揮官不可一世的模樣，但是我勸艾達加尼亞別太急躁，先放寬心。然而他並不是這麼容易說服的人。

他微笑著對我說：「你就是太容易相信人，這種人肯定會說一堆可笑的謊話來欺騙你，等到你最後看清他們的真面目，又會感到悲傷，然後叫我們進行非暴力抵抗，把大夥兒都拖下水。」

我回答說：「你既然已經決定與我共患難，那麼除了悲傷，你還指望什麼呢？一名非暴力抵抗者本來就是要受人欺騙的，那位指揮官想說什麼謊話都隨他去吧。我之前不是跟你說過無數次，騙子最終只能騙倒他自己嗎？」

艾達加尼亞大聲笑了出來：「好吧，那你就繼續受人欺騙吧。總有一天你會死於非暴力抵抗，後面還拖著像我這樣的倒楣鬼。」

他這段話讓我想起已故的霍布豪斯小姐曾寫給我一封信，信中談到「不合作」：「如果有一天，你為了真理而被送上斷頭台，我也不會感到驚訝，希望神能保守你，指引你走上正確的道路。」

我與艾達加尼亞的這段談話是在指揮官剛剛上任時，但是之後的短短幾天內，我們跟指揮官的關係就瀕臨破裂。那時我剛結束為期十四天的斷食，體力還沒恢復，但是為了參加訓練，往往得從住處走兩哩的路到指定地點去。我累到得了胸膜炎，精神不濟，而還得參加週末的露營。其他人都留下，唯獨我先回家了，因此引發第一次非暴力抵抗。

這名指揮官開始大展官威，一方面要我們明白在任何事務上，不論是否與軍事相關，他都是我們的領袖；另一方面，他不斷大擺官架子。艾達加尼亞氣急敗壞地來找我，他不能忍受這種高壓手段，對我說：「我們只聽你的命令。我們的救護隊明明還在受訓，但是各種莫名其妙的命令卻已經下達，那些派來教導我們的年輕人，和我們居然有那麼荒謬的差異。我們必須跟指揮官把話講清楚，否則沒有辦法再待下去。隊裡的年輕人和印度學生不想再忍受不合理的命令了。我們加入這場戰爭是為了保全自尊，如今卻要忍受沒有自尊的做法，這實在是太令人匪夷所思。」

於是我去找指揮官，把眾人的抱怨告訴了他。他以書面回覆，要我把這些抱怨都寫成文字，同時要我「轉告那些有意見的人，正當的申訴管道是透過目前已任命的小隊長，他們會透過指導員回覆處置意見。」

我的回覆是：我並非要求特別權力，在軍事意義上，我和其他小兵沒有兩樣，但我相信我既然身為這支志願救護隊的召集人，在非正式場合應可充當他們的代表。我也把眾人提出的申訴及請求——主要是不顧及部隊成員想法，任意指派小隊長這點——一一提陳，希望上頭能召回那些小隊長，讓救護隊自己選舉小隊長，再由指揮官同意後任命。

但指揮官不為所動，他表示小隊長由部隊自行選舉根本不合紀律，撤銷原先的任命更是與法紀相違。

於是我們內部開會，決定加以抵制。我明白告訴救護隊成員進行非暴力抵抗的嚴重後果，但是決議依然獲得壓倒性的多數投票通過，亦即除非撤銷對小隊長的任命，部隊成員能自行選舉小隊長，否則部隊成員將停止參加所有訓練及週末露營。

我寫了一封信給指揮官，告訴他那封拒絕我提議的回信讓大家非常失望。我向他保證自己並非熱衷權力之人，心裡想的只有服務人群。我還舉了先前波耳戰爭時我在南非印度救護隊的例子。那時蓋爾威上校跟救護隊之間從無齟齬，而上校要採取任何作為之前，也一定會先透過我瞭解部隊的意願。我在信中附上前一晚部隊通過的決議。

但這名指揮官依舊不買帳，他覺得我們召開會議、擬定決議都是嚴重違紀的行為。

到了這個時候，我只好寫信給負責英屬殖民地印度的國務大臣，把事實通通告訴他，信後也附上決議。他回信表示南非的情況不同，要我必須明白：依照規定，小隊長本就由指揮官任命。但他也向我保證，未來如需任命小隊長，會叫指揮官考慮我的推薦。

我們之後還往返過許多封信件，但是這件令人痛心的事就說到這裡。簡單來說，這次的經驗與我在印度日常生活中遭遇的情況並無二致。這名指揮官威脅利誘並施，巧妙地分裂了我們的部隊。有一些原本投票贊成決議的人，後來經不起指揮官的威逼或勸誘，也改變了先前的立場。

正在此時，奈特立醫院突然來了一大批傷兵，亟需我們救護隊的支援。於是被指揮官說服的成員都上奈特立醫院去幫忙，也有人拒絕前往。我不大高興，但仍與部隊裡的人保持聯繫。這段時間裡，副國務大臣羅伯茲先生經常與我聯絡，再三要我說服其他人也去服務傷兵。他建議剩下的人可組成另一支救護隊，到了醫院只須對當地的指揮官負責，這樣就無所謂自尊喪失的問題，政府方面也不會再有意見，同時醫院裡大批的傷兵也能得到救護。我的同伴與我都認為這提議不錯，於是我們說服了原本不肯去的人也去奈特立醫院協助。

只有我沒去，待在病床上策劃這個已經失去原意的行動。

第四十一章 戈特立的關懷

前面提過我在英國染上了胸膜炎，不久之後戈克立也回到倫敦。卡倫巴哈跟我經常去拜訪戈克立，我們大部分的時候會談論戰爭的種種，而且因為卡倫巴哈對德國的地理瞭若指掌，而且到過歐洲許多地區，因此可以指著地圖告訴我們哪些地區戰火正熾。

我罹患胸膜炎後，這種病也成為我們日常的話題之一。我仍舊維持飲食戒律，只吃堅果、已熟或未熟的香蕉、檸檬、番茄、葡萄及橄欖油。至於牛奶、穀類、豆類及其他食物則完全不碰。

梅爾塔醫師為我治療，力勸我恢復喝牛奶、吃穀物的習慣，但是我堅持不肯。這件事傳到戈克立耳裡，他不太在乎我吃水果素的理由，只要我遵循醫囑，食用醫生規定的餐飲。

不聽戈克立的話並不容易，他說的話誰都得聽從。於是我請求他給我二十四小時考慮這個問題。那天卡倫巴哈和我回到住處之後，便開始討論我的責任究竟為何。這場飲食實驗他也有份，他也喜歡這個實驗，但是我看得出來，如果我因為健康因素而改變飲食，他一定會同意。於是我只得聽從自己內在的聲音，做出最後的決定。

那天晚上我一直思考著這個問題。如果放棄此一實驗，就表示得放棄我在這方面所有的想法，但是到目前為止，我並未發現這些想法有何缺失。唯一的問題在於，面對戈克立關愛的壓力時，我應該妥協到什麼程度？為了所謂的健康考量，這項飲食實驗我又該修正多少？最後，我做出決定：這項實驗背後的動機，如果主要是出於宗教因素，我就應該貫徹到底；但如果動機不完全是宗教因素，我便聽從醫生的勸告。我不喝牛奶主要是基於宗教考量，我眼前彷彿能看見加爾各答的養牛人從母牛身上擠出最後一滴奶的可惡景象。我覺得人不應該喝牛奶，就如同不應該吃肉。於是我隔天早上起床時，便決意貫徹不喝牛奶的決心，因此也大大鬆了一口氣。我不敢面對戈克立，但是我相信他會尊重我的決定。

傍晚我與卡倫巴哈一起去自由俱樂部拜訪戈克立，戈克立劈頭便問我：「你決定聽醫生的勸告了嗎？」我溫和但堅定地回答：「我什麼都可以妥協，只有這一點請您千萬別勉強我。我絕對不喝牛奶，也不吃奶製品或肉類。假如不吃這些東西會死的話，我也甘之如飴。」

他問道：「這是你最後的決定嗎？」

「我恐怕不能做別的決定了。我知道這個決定讓您難受，但是求您原諒我。」

戈克立以關愛但不免痛苦的語調說：「我不贊成，我不覺得這跟宗教有什麼關係。但是我不再勉強你了。」說完這幾句話之後，他轉頭對梅爾塔醫師說：「請別再勉強他了。請在他能食用的範圍內開立藥方給他吧。」

醫師當然不贊成，但是也別無他法。他勸我喝豆湯，湯內加一點阿魏膠，這一點我同意了。我照喝了一、兩天，但是痛楚反而加劇了。因為覺得沒有用，所以我改回只吃水果及堅果。當然醫生還是繼續為我外敷治療，這點的確有效，但我在飲食上的限制，也造成醫師的困擾。

此時戈克立回家去了，因為他受不了倫敦十月份的濃霧。

第四十二章 治療胸膜炎

我的胸膜炎始終不見好轉，讓我有些煩惱。但是我知道這不是靠內用藥就能治癒的，必須輔以飲食的調養及外用藥的療效。

我去拜訪了一八九〇年曾見過面的素食權威艾林森博士，他能以調整飲食的方式替人治病。他為我做了徹底的檢查，我也向他解釋自己立誓不喝牛奶。他鼓勵我：「你不需要喝牛奶。其實我還希望你連續幾天別吃任何油脂。」他要我只吃黑麵包、甜菜、蘿蔔、洋蔥、塊莖類蔬菜之類的生菜，還有新鮮的水果，以柑橙為主。蔬菜不必煮，但若我無法嚼碎的話，就搗碎了再吃。

我一連照做了三天，但是生吃蔬菜實在不適合我，不僅身體吃不消，心情也忐忑不安。

艾林森博士還建議我房間的窗戶要整天開啟、用溫水洗澡、以油膏在患部按摩、每天到室外散步十五到三十分鐘。這些建議我都很喜歡。

我的房間窗戶是法式長型窗，一旦全數打開，雨就會飄進來。因此我把玻璃打破，讓新鮮空氣流通，如此一來窗戶可以只開一部分，雨水也不會淋濕室內。

這些做法改善了我的健康，但還是不能治好我的病。

西西莉亞・羅伯茲夫人有時會來探望我，我們因此成了朋友。她想勸我喝牛奶，但因為我堅執不肯，她便四處物色替代品。後來她聽朋友說可以改喝麥芽牛奶，那個朋友沒有仔細查看，就向她保證麥芽牛奶是化學製品，絕對不含牛奶，但具有牛奶的成分。我明白羅伯茲夫人尊重我在宗教方面的顧慮，因此也沒多想，直接用水沖了麥芽奶粉來喝。但是喝了一口之後，我就發現味道和牛奶一模一樣，於是我讀了瓶身上的標籤，才發現其配方與牛奶相同，因此只好放棄。

我把這件事告訴了羅伯茲夫人，請她別擔心，但是她馬上趕過來，並且向我表達歉意。她的朋友根本沒看標籤說明。我請她別著急，並且告訴她我覺得很抱歉，她費盡心思替我找來的食品，我卻無法飲用。我也同時向她保證，我不會因為誤喝牛奶而感到不安或歉疚。

我與羅伯茲夫人的往來，還有許多溫馨的回憶，但是不得不在此打住。在我備感失望和痛苦的時期，還有許多朋友也像她一樣給我無窮的安慰。有堅定信念的人，會在這些朋友身上看見神的慈悲，傷痛也因此減緩不少。

艾林森博士再度來探望我時放寬了標準，准許我食用花生醬和橄欖油，以便攝取油脂。如果我需要的話，也可以在蔬菜中加入米飯。這些改變當然令人高興，但仍不足以治癒我的病痛。我大部分的時間都得待在床上，隨時需要有人在旁邊看護。

梅爾塔醫師經常來診視我的狀況，並且提出一個一勞永逸的辦法，但前提是我願意配合。

就這樣拖了一段時間，有天羅伯茲先生來看我，力勸我回國。他說：「你現在這種情況也沒辦法前往奈特立，未來還有更嚴峻的情勢等著我們。我勸你先回印度去，只有回家，你才能完全康復。假如你病癒之後，此處的戰爭尚未結束，你在那裡也有機會可以幫忙。無論如何，你目前為止所做的貢獻已經相當可觀了。」

我接受了這項提議，開始打包準備回印度。

第四十三章 啟程回家

卡倫巴哈當初陪我到英國，其實是想一起回印度。我們一直同住，當然也想搭同一艘船回國。但當時德國人受到嚴密的監視，我們很擔心能不能為他弄到護照。我盡全力幫忙斡旋，羅伯茲先生也很想幫忙，為此還打了電報給總督，但哈定基勛爵直截了當地拒絕。他說：「印度政府恕難承擔這樣的風險。」我們都瞭解這個答覆有如千鈞之重。

跟卡倫巴哈分離讓我十分難過，但我看得出他比我更難受。若他那時能一起到印度，今天便能與我們過著簡樸快樂的耕織生活。如今他仍在南非，建築師的工作做得有聲有色。

我們原本想買三等艙船票，但是東方半島船務公司的三等艙票已經賣光，我們只好改搭二等艙。我們隨身帶著南非出產的乾果，因為船上不容易買到，不過船上供應新鮮的水果。梅爾塔醫生在我的肋骨部位綁上石膏，吩咐我等到了紅海再取下。我勉強忍受了兩天，但最後實在受不了，費了相當大的力氣取下來，才又重獲沐浴的自由。

堅果及水果是我的主要飲食，我發現自己的健康日益進步，當船駛抵蘇伊士運河時，我覺得自己好多了。雖然我仍覺得虛弱，但是已經完全脫離險境，也逐漸增加每日的運動量。我將身體好轉歸因於溫帶地區空氣乾淨之故。

不知是過去的經驗作祟抑或其他原因，這艘船上的英國籍與印度籍乘客，彼此之間保持一定的距離，這是我從未見過的，即便先前從南非出發時，也不曾看過這樣的情況。我與幾名英國人交談過，但僅限於正式的寒暄，而不像從南非出發的船上那種親切的談話。我想原因可能是雙方都有意無意地感受到英國人是統治者，而印度人是被統治者。

我真是巴不得快回到家，好擺脫這種氛圍。

船抵亞丁時，大家多少都有回到家的感覺。我之前在德班時認識丁索先生跟他太太，往來甚密，因此對亞丁人有相當的瞭解。

幾天後，我們抵達了孟買。在外流浪十年後，回到祖國真是喜悅無限。

戈克立在孟買替我辦了一場歡迎會，儘管他身體不佳，卻也親自到場。我懷著赤誠的熱望回到印度，希望能與他攜手合作，並且感受自由。但是命運另有安排。

第四十四章　當律師的一些瑣憶

開始敘述我在印度的生活之前，似乎有必要回顧幾段我之前刻意略過的南非經驗。

一些律師朋友要求我談談當律師的甘苦，但是我可資回憶的往事實在太多了，假如要一一細述，可能會占掉整本書的篇幅，超出本書範圍。然而在此分享一些實踐真理的事，或許不算不恰當。

我記得先前已經提過，我在從事律師業務時，絕不做違背真理之事，而且我大部分業務與公眾利益有關。我僅收取自己先代墊的費用，有時甚至還得自己掏腰包貼補。我認為提到這些已經足夠，但朋友們希望我再多談一些，他們似乎認為只要我多提幾件不背離真理的執業經驗，哪怕只是輕描淡寫，也能提升律師這行業的聲望。

當我還是學生時，就聽人說過律師是騙子。但我並未因此動搖，因為我本來就不想靠撒謊爬到高位或賺取大錢。

在南非時，這項原則曾經遭受多次考驗。我知道我的對手會請證人作證，因此要是我肯鼓勵客戶或相關證人說謊，我們就能勝訴，但是我從未屈服於這樣的誘惑。只有一次我在勝訴之後，才懷疑客戶可能欺騙了我。在我內心深處，我總是希望我打贏的官司都是正當的。至於在收取費用方面，我從未因為勝訴而改變收費標準。不論贏或輸，我的費用不曾因此調整。

接案時，我會告知每一位客戶：我不接欺詐的案子，也不指導證人做偽證。結果我建立起名聲，再也沒有欺詐案件找上門來了。甚至有些客戶會把清白無虞的案件交託給我，有誠信問題的案子另找他人。

有件案子是我一位最好的客戶交託我辦理的，那委實是一次嚴酷的考驗。那件案子涉及複雜的帳目，而且訴訟過程十分冗長。幾個法庭輪番審理，帳簿的部分則由法庭交給幾名會計師進行公斷。整件案子對我方客戶有利，但是負責公斷的會計師在計算帳目時不小心出了錯。儘管數目極微，但是他們把一筆帳目的借方誤列為貸方，影響甚鉅。對造律師便反對公斷的結果。當時我擔任助理律師，我方的資深律師得知這個小錯時，主張我們的客戶不必承認這項錯誤。他顯然認為，只要是違反客戶利益之事，律師都不應該承認，但是我認為我們應該承認錯誤。

資深律師反駁我的看法，說：「這樣的話，法庭可能會撤銷這件案子的結果，沒有一個正常的律師會開這種玩笑。無論如何，我絕對不冒這種風險。假如這件案子因此必須重新開庭，誰也不知道客戶還得再花多少錢，也不知道最後的結果會如何！」

我們討論此事時，客戶也在場。

我說：「我覺得客戶跟我們都應該冒一次險。誰敢保證不承認錯誤就能勝訴？倘若我們承認了，除了只會讓客戶不好過，還有什麼其他的壞處？」

資深律師問：「我們為什麼非得承認錯誤不可？」

我回答：「你怎能確定法庭或對造律師不會發現這個錯誤？」

「好吧，你願意接下這個案子嗎？我不願意依照你的主張來進行這場訴訟。」資深律師斬釘截鐵地說。

我謙卑地回答：「若你不願意繼續進行，那就由我接手，倘若客戶不反對的話。如果不是發現這個錯誤，我也不願插手。」

我說這番話的時候，雙眼緊盯著客戶。他看起來有些赧然。我一開始就參與這件案子，這客戶對我也全盤信任，因為他完全瞭解我的為人。客戶說：「這樣的話，那就承認這個案子的錯誤吧。這個案子就交給你了。如果我們注定會輸，也只好接受命運。神會保護正義的一方。」

我很高興，這是我料到的結果。資深律師又警告了我一次，憐憫我的固執，但仍向我祝賀。

下一章會提到在法庭上發生的經過。

第四十五章　不擇手段只求勝利？

我深信自己的意見正確無誤，但是我對自己能否能打贏這場官司沒有多大信心。我覺得要在最高法院針對這個棘手的案件進行辯論，實在非常冒險。當我站在法官面前時，我還因為害怕而發抖。

我提及帳目上的錯誤時，當中一名法官便說：「甘地先生，這不是狡詐的行為嗎？」

我一聽到這指控便怒火中燒。在沒有證據的情況下，就遭人指控狡詐，實在讓我無法容忍。

我對自己說：「一開始就碰到這種充滿偏見的法官，看來這件案子很難打贏。」但是我竭力自持，說：「您還沒聽我說完，就推斷我行為狡詐，我也相當驚訝。」

那位法官回答：「這不是指控，只是假設而已。」

「這種假設對我來說等於指控。我請求您先聽我說完，若真有證據再指控也不遲。」

「很抱歉我打斷了你。」法官回答道，「請繼續解釋差錯為何吧。」

我已蒐集足夠的資料支持我的說法，由於這位法官一開始就提出這個問題，讓我得以一開始就吸引法庭注意我的辯詞，因此大受鼓舞，馬上把握機會詳細說明。法官耐心聽我說完，我也得以說服法官，這次的差錯完全是疏忽所致。他們因此決定本案判決無須撤銷，畢竟本案到目前為止已耗費許多人力物力。

但對造律師似乎自信滿滿，覺得本案既有疏失便無須多做辯論。然而法官一直打斷他的話，因為法官們認為此錯誤乃無心之過，可以被糾正過來。對造律師一再攻擊本案缺失，不過之前心存疑慮的法官如今已經轉而站在我這邊了。

法官問：「假如甘地先生沒有承認錯誤，你們會怎麼做？」

對造回答：「這次指定的會計師很有能力，也很誠實，要再找一位比他出色的會計師大概是是不可能的事。」

「那麼法庭必須假設你們對本案已經非常瞭解。若你不能提出任何會計師都無法避免此疏失的理由，法庭也不願意因為這個可能發生的錯誤而強迫雙方重啟訴訟、耗費金錢。這個錯誤很容易更正，所以我們無須再開庭了。」

就這樣，對造律師的抗議遭到駁回，但是法庭最後是要求更正錯誤、判決本案勝訴，抑或直接命令仲裁者改正錯誤，我已經記不清楚了。

我很高興，客戶和資深律師也同樣開心。我的信念因此更加堅定：當律師而不犧牲真理，並非不可能之事。

但是請各位讀者記得：即使在執業時保持誠實，也無法挽救這一行的根本瑕疵。

第四十六章　客戶變成了夥伴

我在納塔爾與德蘭士瓦執業，其中最大的差別，是納塔爾的律師能行使雙重職務，亦即只要取得專門律師在法庭上辯護的資格，便能同時擔任辯護律師與事務律師。但是在德蘭士瓦就跟在孟買一樣，事務律師與辯護律師的權責是分開的，律師可以選擇要當法庭律師或是事務律師。因此，我在納塔爾擔任辯護律師，但是在德蘭士瓦，我便尋求機會成為事務律師，因為辯護律師無法直接與印度人接觸，而南非的白人事務律師不可能願意替我寫狀子。

但即使在德蘭士瓦，事務律師也能在地方法官面前進行訴訟。有次在約翰尼斯堡，我在法官面前進行辯論時，發現客戶欺騙了我。我看見我的客戶在證人席上崩潰，於是不再辯論，直接請求法官撤銷此案。對造律師感到十分驚異，但是法官很高興。事後我責備客戶把這件站不住腳的案子委託給我，他知道我從不肯接這種案子。面對我的質疑，他坦承了錯誤，而且即使我要求法官做出不利於他的判決，他也不會生氣。不管怎麼說，我的做法並未影響我的生意，反而讓我執業時更加順利。我也發現，我服膺真理的態度強化了我在同業的聲望，即使我是有色人種，我在某些案件中仍然贏得眾人的關愛。

我執業時還有一個習慣：有不懂之處便坦白告訴客戶或同事。只要我有不解之處，就請客戶去找其他律師，若客戶堅持要我替他辯護，我就請他准許我尋求資深律師的協助。坦誠的態度讓我贏得許多客戶的好感與信賴，而且額外諮詢資深律師的費用，他們也都願意支付。這份好感與信賴，對於我從事公眾服務大有裨益。

我在前面幾章已經提過，我在南非執業是為了公共服務，即便如此，贏得人們的信任仍然是不可或缺的條件。心胸開闊的印度人善於從事賺錢的行業，但是當我要求他們為爭取權益必須勇於承擔牢獄之災時，許多人也樂於接受。他們不是出於對志業的認同，而是對我的善意與信賴。

我在撰寫這一段時，許多愉快的回憶紛紛湧上心頭。數以百計的讀者變成了我的朋友及公眾服務的同伴，而且由於他們的加入，原本充滿艱難與危險的生活也變得甜蜜又愉快了。

第四十七章　拯救一名當事人

讀者現在對羅斯坦濟這名字應該不陌生了，他既是我的客戶又是同事，更確切地說，他先是我的同事，後來才變成客戶。他對我相當信任，就連家務事也會拿來與我商談，並且聽從我的意見。他生病時也會請我幫忙，儘管我們生活方式不同，他也願意讓我採用在家療法替他醫治。

有一次，他碰上了大麻煩。雖然他大部份的事都會告訴我，但是他長期以來卻極力隱瞞一件事。他是進口商，專門從孟買和加爾各答進口大批貨物，而且三不五時會透過走私管道進貨。他和海關官員的關係極好，沒有人懷疑過他。基於對他的信任，海關官員只憑他提供的貨單收稅，或許其中某些人是睜一隻眼閉一隻眼。

引用古吉拉特詩人愛克侯⑧鮮明有力的譬喻：「偷竊就像水銀般，一下子傾瀉滿地。」羅斯坦濟的案子也不例外。我這位好朋友匆匆跑來找我，滿臉淚水對我說：「兄弟，我騙了你，我犯的罪被揭發了，我走私被發現了！我完蛋了！我一定會坐牢，一切都完了！現在只有你能把我從絕境裡救出來。你知道，我什麼事情都會告訴你，但是我想這種生意上的技倆不必拿來煩你，所以從沒跟你說過我走私的事。現在完了！我真的好後悔！」

我安撫他說：「你能不能得救，全部掌握在神的手中。至於我，你也知道我的做法。我要救你，只有透過坦白一途。」

這名好心的帕西人自責不已，問：「難道我在你面前坦白認錯還不夠嗎？」

我溫和地回答他：「你是對政府犯了錯，不是對我。你向我認錯有什麼用？」

「當然我會照你說的話去做。但你要不要先去找一位我熟識的某某律師？他也是我的朋友。」

經過一番詢問，我們知道他走私已經很長一段時間，但這次被舉發的金額很小，於是我們去找他說的那名律師。那位律師看過相關文件之後表示：「案子審理時會有陪審團，而納塔爾的陪審團絕不輕縱印度人，但是我會盡力試試看。」

我與這名律師不熟，羅斯坦濟這時說：「很感謝你，但這次的案子我想請甘地先生幫忙，他很瞭解我。當然，有必要時會來請教你。」

我們就這樣把這位律師的問題丟到一旁，然後前往羅斯坦濟的店。

我先解釋過立場，然後對他說：「我不覺得這個案子要搞到上法院，關鍵在於海關要不要放你一馬。海關官員是聽檢察總長的意見行事。我打算去見海關官員與檢察總長，並建議你先去繳交他們訂定的罰款，他們才會比較高興。如果這樣還不能讓他們滿意，你大概就得準備坐牢了。但我認為這件事的重點不在於你是否坐牢，而是在於你犯了法。丟臉的事情你已經做了，現在應當把坐牢當成悔罪的方式。真正的懺悔，便是以後不再走私。」

我覺得羅斯坦濟無法完全接受我這種說法。他很勇敢，但是他當時的勇氣不夠，畢竟一世的名聲如今懸於一線。假如他費盡一生心血所建立的成就毀於一旦，他該何去何從？

「我已經告訴過你，我完全聽你的話。你想怎麼做就怎麼做吧。」

我使出渾身解數處理這件事，先去找海關官員，把整件事毫不保留地告訴他，並且保證把所有帳目都交給他過目。我還告訴他羅斯坦濟懊悔不已。

海關官員說：「我很喜歡這個老帕西人，也很遺憾他做出這種蠢事。你知道我的職責，我必須聽檢察總長的命令行事，所以我勸你盡力去說服檢察總長吧！」

我說：「如果你不堅持送他上法庭的話，我就先謝過了。」

得到海關官員的保證之後，我便與檢察總長通信，然後見了面。我很高興他欣賞我的坦誠，也相信我無所隱瞞。

我忘了是這件案子還是其他案件，我的堅持與坦率得到檢察總長如下的評語：「沒有人會拒絕你。」

⑧ Akho，本名 Akha Bhagat，中世紀的古吉拉特文學詩人。

於是羅斯坦濟這件案子就以折衷方式解決了。他得繳付的罰金，為承認犯行（走私）金額的兩倍，而且他還拿一張紙把這整件事寫下來，裱了框，掛在辦公室裡，做為同行與後代的警惕。

羅斯坦濟有些朋友警告我別太相信他的悔悟，表示他將來一定會再犯。我把大家的話告訴他，他回答我：

「如果我騙你，我就萬劫不復了！」

第五部

第一章　初次體驗

在我回到印度之前，鳳凰村那些人已經先到了。根據原訂計畫，我應該比他們早一步抵達，但是我在英國一心忙著戰爭的相關事務，打亂了時間排程。我發現自己不知還得留滯在英國多久，但是我知道必須先替鳳凰村的人找一個可以安頓的地方。我希望，如果情況允許，他們可以通通住在一起，並且過著與在鳳凰村時一樣的生活。我不知道印度是否有這類集體居住的地方，於是打電報叫他們去見安德魯先生，並且要他們照他的話去做。

於是他們先在崗日住下來，如今已故的斯羅丹納吉把他們當成自己的孩子看待。之後他們被安置在和平鄉學院，並且同樣獲得詩人泰戈爾與其同仁的厚愛。在這兩處安頓的經驗，對於我和他們一樣有益。

如同我經常對安德魯說的，泰戈爾、斯羅丹納吉與校長盧德拉先生，就是他三位一體的聖靈。他在南非時老是向我提到這三人，而我在南非的美好回憶中，自然少不了安德魯日以繼夜談論這三人的印象，一切歷歷如在我的耳邊與眼前。這次我拜託安德魯安頓鳳凰村的人，他自然去找盧德拉校長幫忙。校長雖沒有辦學院，卻把自己的家交給鳳凰村的人自由居住，讓他們不到一天就有回到家的感覺，不再想念鳳凰村。

我到了孟買之後，才得知鳳凰村的村人已經抵達和平鄉。我與戈克立會面後，便迫不急待去見他們。

戈克立在孟買替我辦了歡迎會，讓我有機會實現一場小小的非暴力抵抗運動。

這場歡迎會是在帕提特先生的居所辦的，我在會上不敢使用古吉拉特語說話。這宅邸金碧輝煌，而我習慣在工人群中生活，因此真覺得自己是個十足的鄉巴佬。我穿著卡提瓦德當地流行的大衣、戴著頭巾、下半身紮著長腰布，看起來比今日的我要文明些，但是帕提特先生居處的豪華還是讓我舉足無措。還好有密赫塔爵士的陪伴，讓我勉強鎮定下來。

其後又有一場古吉拉特人舉辦的歡迎會，他們堅持非辦不可，由如今已故的崔華第統籌辦理。這場歡迎會的內容，由出生在古吉拉特的真納先生①擔任主席還是主講人，我已經記不得了。真納先生以英文致詞，演說內容簡短又溫馨。如果我記得沒錯，其他的演講也是以英文進行。輪到我說話時，我先以古吉拉特語表示感謝，說明自己偏愛古吉拉特語及印度語，最後才謙卑地抗議，在古吉拉特人的集會上說英語一事。我是經過一番猶豫才這麼做的，以免別人誤以為我去國多年後，不瞭解本地的情況大發妄語，還認為我失禮。但似乎無人誤會我的本意，我甚至很高興地發現，大家都明白我何以抗議，也接受我的說法。

這場集會讓我更勇於在國人面前提出新的想法，不必擔心拒絕。

我在孟買待的時間不長，卻充滿這一類的新體驗。之後我便前往浦那，戈克立在那裡等我。

① Muhammad Ali Jinnah，印度國民大會黨創辦人之一，後來主張脫離印度另建巴基斯坦，被尊稱為巴基斯坦國父。

第二章　與戈克立在浦那

我剛抵達孟買時，戈克立便派人傳話說省督想見我，叫我前往浦那前先去拜會省督才不失禮，我因此前往拜會。省督在簡短寒暄後說：「請你答應我一件事。以後你若打算對政府採取什麼行動，希望你先來見我。」

我回答：「我可以輕易答應你，因為我是非暴力抵抗運動的成員，照例要瞭解交涉對方的觀點，在可能範圍內與他達成共識。我在南非時是嚴格遵守這項規定的，在這裡也要這麼做。」

威靈頓勛爵謝謝我，說：「你任何時候都可以來見我，你會知道我的政府絕不會故意做錯事。」

我回答說：「我也相信，是這信念讓我支持下去。」

之後我便前往浦那，這段期間內發生許多值得記敘的事，我無法一一提及，只能說我得到戈克立與印度公僕協會的人熱情款待，我還記得戈克立召集眾人歡迎我，我和大家坦率地談論各式各樣的問題。

戈克立渴切希望我能參加這個協會，我也有同樣想法，但會員們覺得我的理想與工作方式與他們大相逕庭，我不適合加入這個團體，而戈克立認為儘管我堅持自己的原則，我是願意且能夠容忍他人看法的。

他說：「但會員們不瞭解你是隨時準備妥協的，他們都是堅持原則、獨立思考的人。我希望這些人可以接受你，但如果他們不願意讓你加入，也請不要認為他們對你沒有敬愛之心，其實只是不願意冒任何風險，以免損傷對你的敬意而已。但不管你是否正式加入，我都把你當成會員。」

我也將想法告訴戈克立，無論我是否加入協會，我都希望成立一個學院，好安頓鳳凰村的人，他們就像是我的家人一樣，地點最好選在古吉拉特，因為我是古吉拉特人，唯有透過替在地人服務，才能真正為國家做事。戈克立喜歡這想法，還說：「你的確應該這麼做。無論你跟會員最後商談的結果為何，我都願意幫忙籌措學院的經費，我會把這學院看成是自己的心血。」

我聽見這番話欣喜不已，因為既免去了籌錢的責任，又知道我不必以一人之力創立學校，更何況面臨困難時還有人從旁助一臂之力，大大減輕了我心頭上的重擔。

於是我請如今已故的德夫醫師，交代他為我在協會內開立一個帳戶，以後學院需要的開支就從這裡支領。

現在我準備出發前往和平鄉了。臨行前夕，戈克立安排了一個小型聚會，只邀請幾名好朋友，還特地準備我愛吃的食物，例如水果及堅果等。這場聚會只距離他房間數步之遙，但是他的身體狀況連走過來參加聚會都有困難。他實在太厚愛我了，因此堅持到場，然而他來了之後，又因為昏倒而不得不被人抬走。昏倒對他來說不是新鮮事，他覺得快支持不了時，還叫我們不要因他中斷聚會。

這次的聚會可說是一次座談會，場地在協會招待所對面的空地。大家一面吃堅果、棗子跟季節水果，一面交心暢談。

不過戈克立的暈厥對我來說，卻不是一次尋常事件。

第三章　這是威脅嗎？

我離開浦那後，前往拉傑果德及博爾本德爾探望我二哥的遺孀及一些親戚。

我在南非推動非暴力抵抗運動時改變了衣著風格，盡量穿得像契約工人一樣；到了英國，只有在室內才那麼穿。在孟買上岸時，我穿著一身卡提瓦德的服裝，包括襯衫、及地的腰布、大衣，圍著白頭巾，全是以印度織布製成。但因為我是從孟買搭三等車廂，我想圍頭巾穿大衣會很不方便，於是脫下來，另外花了約八安那幣買了一頂喀什米爾帽。穿成這樣，任誰見了都會以為我是窮人。

那時正值瘟疫盛行，火車到了維蘭岡還是瓦德灣時，三等車廂的旅客得接受身體檢查，我有點輕微發燒。檢查員要我到了拉傑果德後，跟醫務長報告情況，也記下我的名字。

或許有人曾對外表示我會經過瓦德灣，因此到了那一站，有位名叫莫提拉爾的知名公共活動者來找我。他也是一位裁縫師。莫提拉爾告訴我維蘭岡海關的種種繁瑣規定，那些規定對火車乘客而言是一種折磨。我因為發燒不大想講話，只簡單問了一句，希望趕快結束這場對話：「你準備好要坐牢了嗎？」

我本來以為莫提拉爾是個輕率的年輕人，說話不經大腦，但其實不是。他顯然經過一番思考才說出這些話。他堅定地回答我：「只要你願意領導我們，我們不怕進監牢。我們是卡提瓦德人，應該有優先要求的權利。當然我們不是要你現在留下來，但請你答應我們於回程時務必在這裡停留幾天。你若看到我們的年輕人的精神及作為，一定會很高興，而且只要你號召，我們勢必群起響應。」

莫提拉爾引起了我的注意，而他的同志在旁讚美他：「我們這位朋友只是個裁縫，但他是非常專業的裁縫，每個月輕輕鬆鬆就能賺到十五盧比，那是他維持生活的必需花費，所以他一天只工作一小時，其他時間都投入在公眾活動了。他領導我們，我們才瞭解自己接受的教育有多麼不足。」

稍後我跟莫提拉爾開始密切接觸，發現旁人對他的讚美絕非過譽。他每個月都會抽出幾天時間，到新近成立的學院裡教小朋友裁縫，也為學院做一些縫紉工作。他天天都會向我提及維蘭岡帶給旅客的不便，顯然他已忍無可忍。後來他因為一場急病英年早逝，瓦德灣的公眾事業少了他而大受影響。

回頭說瘟疫的事。我回到拉傑果德第二天就向醫務長報到，那邊的人都認識我。醫生感到不好意思，覺得那名檢查員很可惡。其實這是不必要的，那名檢查員只是盡本分，畢竟他不認得我，而且就算認得我，也不應當有別的做法。醫務長不讓我再去找他，執意要派檢查員來看我。

疫病流行時期，出於衛生考量，檢查三等車廂的旅客有其必要。若有大人物選擇搭乘三等車廂，不論其地位多崇高，都應當自動服從一般貧苦階級必須接受的規定。官員們必須公正不阿才行。我的經驗是，官員們很少把三等車廂乘客當同胞看待，而是把他們看成羊群。對他們說話時態度輕蔑，不允許回嘴或爭論。三等車廂乘客必須像奴僕一樣聽從官員的話，後者則不分青紅皂白地折磨或為難他們，非得捉弄夠了才肯把票賣給他們，他們因此經常趕不上火車。這一切我都親眼所見。除非受過教育者或有錢人肯自願接受上述待遇，也搭三等車，拒絕享受這些人享受不到的待遇，而且不單願意承受這些辛苦、無禮與不公平，還願意為改革制度而努力，否則改革不可能成功。

我在卡提瓦德時，走到哪都聽見人們對維蘭岡海關的抱怨。於是我想起威靈頓勛爵的承諾，馬上決定去找他。我蒐集也閱讀了這方面的資料，確定抱怨背後確有充分的理由，開始寫信給孟買政府。我拜訪了勛爵的私人祕書，表示希望能與勛爵會面，他倒是表示同情，但卻把責任推到德里當地政府身上。這名祕書說：「假如海關歸我們管，我們早就把那重重封鎖的警戒線給撤了。你應該去找印度政府。」

於是我與印度政府通信，但除了收到回覆說「信已收到」之外，沒有任何反應。又過了一段時間，我有機會見到切爾姆斯福德勛爵，這件事才得到處理。我把事實告訴勛爵，他感到十分訝異，表示完全不知有這種情況。他耐心聽我說完，當下就打電話調閱當地海關的文件，還表示若有關單位無法提出合理的解釋或說明，就會撤掉封鎖線。數天後，我在報上讀到維蘭岡海關封鎖線已經撤掉。

我將這次事件視為非暴力抵抗運動在印度初試啼聲。先前我與孟買政府的祕書見面時，他當面表示不同意我在卡提瓦德當地一場演講中提到的非暴力主義的概念。

他問我：「這難道不是威脅嗎？你覺得一個強有力的政府會屈服於威脅嗎？」

我的回答是：「這絕不是威脅，而是在教育人民。我的責任是讓人們知道：生活中有任何不滿，都能透過合法的方式解決。一個國家若想自立，就該知道所有爭取自由的方式及手段，通常最後會訴諸暴力。但是非暴力抵抗卻是完全不涉及暴力的武器，我覺得我有責任向民眾說明其做法及限制。我從不懷疑英國政府是個有力的政府，但我也相信非暴力抵抗是達成自治的辦法。」

這位聰明的祕書點點頭說：「我們拭目以待。」

第四章 和平鄉

我離開拉傑果德，到和平鄉去。那裡的教師與學生熱烈地歡迎我，歡迎會完美呈現了簡樸、藝術與愛。我在這裡首度見到卡列可②。

我一開始不懂為何這裡的人稱他為「卡卡」，但我稍後聽說先前在英國結交的好友德希潘先生曾在巴洛達辦了一間學校，叫做甘德納斯學院。德希潘先生替任教的老師都取了暱稱，希望能創造出家庭的氣氛。就這樣，卡列可稱作「卡卡」（意思是叔叔），斐德克稱作「瑪瑪」（意思是舅舅），夏瑪則稱為「阿那」（意思是兄弟），其他人也各自有著不同的稱謂。「卡卡」的朋友安南德南、「瑪瑪」的朋友帕德華覃稍後都加入了這個大家庭。他們之後也一個個成為我的同事。而德希潘先生則被稱作「同志」（Saheb）。學院後來解散了，這個家也跟著散了，但是大家都還保留著暱稱以及心靈上的聯繫。

卡卡離開學院後，到其他學校吸取經驗；我到和平鄉時，他恰巧也在那裡。早先的同事夏斯特里也在那裡。兩人都教梵文。

鳳凰村眾人在和平鄉定居下來，都有各自的房間，由馬干拉爾帶領。他負責監督眾人是否嚴格遵守當初在鳳凰村的規矩。我看得出，他的慈愛、學識與毅力，讓他在和平鄉發散人格的芬芳，廣受愛戴。

② Kakasaheb Kalelkar，印度作家、教師、記者、改革家和政治家，後來成為甘地忠實的弟子。

安德魯及皮爾森也在那裡服務，至於孟加拉來的教師們，與我們建立起深厚情誼的有賈格道南、尼波耳、聖滔許、克胥德莫罕、納庚、夏洛巴及卡利等。

我照例很快就與大家打成一片，在老師及學生之中帶動關於自力更生的討論。我向老師們提出，若能不雇廚子、改成自己烹調食物，老師就能以學生身體與道德上的健康為主要考量，控管廚房的流程，也讓學生們學習自立。其中一、兩名教師搖頭不同意，也有一些極力贊成。學生們倒喜愛這個主意，即使可能只是因為他們天性喜愛新奇。於是我們展開實驗。我請泰戈爾表示意見，他說只要老師們同意，他就沒有意見。他對學生們說：「這項實驗中有開啟自治、獨立的鑰匙。」

皮爾森為了推展這項實驗，忙到不顧自己的健康。他投入全部心力，將大家分成幾個小組，有人負責切菜，有人去除稗子等。納庚與其他幾名老師則負責廚房內部及周圍的清潔衛生。看到大夥拿著鏟子奮力工作，我覺得很高興。

但若希望這一百二十五名男孩跟教師們像鴨子適應水性一般樂在體力勞動，未免期望過高。每天都有人在討論，但沒過多久便有人露出倦意，只有皮爾森不知疲倦。每回見到他，他總是一臉微笑在廚房忙裡忙外。大型廚房用具歸他清洗，常有幾個學生圍著他彈西塔琴③，好幫助他忘記疲勞。大家都忙得興高采烈，和平鄉很快就像個忙碌的蜂窩。

改變一旦發生，就會持續發展。鳳凰村來的人不但自己做飯，就連烹調的食物也是最簡單的。飯菜裡不放佐料，只把米、豆子、蔬菜甚至麵粉放進蒸籠裡一起蒸。因此和平鄉的孩子們也開始在孟加拉人的廚房裡進行類似的改革，由一、兩位老師及數名學生管理廚房。

這項實驗在進行一陣子之後不得不結束。我認為這項短暫的實驗毫無損失，老師們可以從實驗中獲得有用的經驗。

我本來想在和平鄉待一段時間，但是命運另有安排。我到那裡還不到一星期，就接到浦那傳來的電報，獲知戈克立過世的消息。整個和平鄉陷入悲傷的氣氛，每個人都來向我表達哀悼之意。大家在學校的廟宇舉行一場特別的集會，哀悼國家的損失，場面十分肅穆。當天我便帶著妻子及馬干拉爾前往浦那，其他人則留在和平鄉。

安德魯送我到博得灣。他問我：「你覺得在印度也可以進行非暴力抵抗嗎？如果可以，你覺得會是甚麼時候？」

我說：「這很難說。接下來的這一年我將什麼都不做，因為戈克立曾要我答應他，我必須在印度四處旅行，增廣見聞與經驗，並且在這段觀察期結束之前，不對任何公眾議題發表意見。即使一年之期到來，我也不會急著發表意見。因此，我認為在五年之內，印度不會有非暴力運動。」

我要順便提一下：戈克立每次看到我在《印度自治》上發表的評論就會忍不住發笑，並且對我說：「如果你在印度住上一年，保證你這些想法都會自動修正。」

③ Sitar，印度三弦琴，類似吉他。

第五章　三等車廂乘客的悲哀

我們到了博得灣，就遇上連三等車廂乘客連票都買不到的麻煩。站務人員對我們說：「三等車廂的票沒有這麼早開放預訂。」我想去找站務長，結果也是困難重重。最後終於遇上一個親切的人，領著我找到站務長。我告訴站務長我遭遇的問題，他卻給我同樣的答案。好不容易等到預訂票窗口開了，我馬上去買票。但是想買到票可不容易，力氣大的人才有權利買票，因為許多買票的人橫衝直撞、不顧他人，一直把我擠出隊伍。第一批去排隊的人潮裡，我是最後一個買到票的人。

火車到了，要擠上車又是一道難關。車裡的乘客與想擠上車的人一陣叫囂推擠，我們在月台上跑來跑去，不管哪裡都聽到同樣的說法：「這裡沒空位。」我去找車廂警衛，他說：「要是擠得上去，就快擠進去吧，不然就等下一班車。」

我恭敬地回答：「但我真的有急事。」他沒空理我。我心緒不寧，叫馬干拉爾隨便哪裡找個空位，我則帶著太太上二等車廂。車廂警衛看著我們上車，到了阿頌索車站，他過來找我補票錢。我對他說：「你有責任替我們找到位子。我們因為找不到，只好坐到這裡。如果你可以把我們安置在三等車廂，我們會很高興去那裡。」

他說：「你別跟我囉嗦，我沒法子替你找座位，你要不就補票、要不就下車。」

我無論如何得趕到浦那，所以不打算跟他吵。就這樣，我補了車票錢，但是我對這種不公義的事情深惡痛絕。

第二天早上，火車抵達莫卡爾沙萊。馬干拉爾在三等車廂找到一個座位，於是我便挪過去。我把這些事告訴了查票員，請他開給我一張證明，證明我在莫卡爾沙萊移到了三等車廂。他不願意。於是我以書面向鐵路當局陳情，要求補正，得到的回答約略如下：「照規定，沒有書面證明我們是不退費的，但這次可以對你網開一面。不過從博得灣到莫卡爾沙萊補票的金額不能退。」

這次以後我陸陸續續有搭三等車廂旅行的經驗，如果通通寫下來，恐怕可以寫上一本書。不過我只能順便在這幾章內略提一下。之後我因身體健康關係，不得不放棄搭乘三等車，這是我一直引以為憾的。

毫無疑問，三等車廂乘客的不便與痛苦是因鐵路當局採取高壓手段所致，但他們本身的粗野、骯髒、自私、毫不考慮其他乘客的方便，同樣難辭其咎。可悲的是他們通常不懂得自己的行為有多糟糕或自私，覺得自己做任何事都是極其自然的。這一切可以追溯至我們受過教育的人對他們漠不關心的態度。

我們抵達卡利安時已是筋疲力盡，馬干拉爾跟我從車站水管中引了些水洗身。我正準備替我妻子也弄些水來洗澡時，印度公僕協會的考爾先生認出了我。他也準備去浦那。他表示要帶我妻子去二等車廂的洗澡間，我猶豫著該不該接受這好意。我知道我太太沒有權利用二等車廂的洗澡間，但我最後也只好同意這麼做了，雖然說不太得體。我知道尊崇真理的人不該這麼做，何況我太太也不是那麼想用二等車廂的澡間，這只是因為一名丈夫對妻子的偏愛勝過他尊敬真理的心。《奧義書》說：真理的臉躲在妄想的黃金面紗後面。

第六章　嘗試入會的努力

抵達浦那後，我們在葬禮儀式結束之後，就開始討論印度公僕協會的前途，以及我是否該加入協會。對我來說，是否加入是一個微妙的問題，必須小心處理。戈克立在世時，我無須堅持入會，只須照他的意願行事即可，我也喜歡這麼做。初回國投身於印度的公眾事業，我需要堅定的舵手帶領，戈克立便扮演了這樣的角色，我在其庇護下感到安全。如今他走了，我一切都得靠自己，因此我認為自己必得入會，我想戈克立知道了也會高興的。我沒有半點猶豫，開始遊說協會讓我入會。

剛好那時大部分協會會員都來到了浦那。我試著懇請他們准我加入，努力打消他們對我的疑慮。但我看出他們的意見是分歧的。一派的人希望我加入，另一派堅決反對。我知道即使是反對派的人對我也同樣關愛，但或許他們對協會的愛更大，至少絕不低於對我的感情。大家針對我入會的事開始討論，完全針對原則辯論，並不傷及和氣。反對我加入的一派認為他們與我在諸多事情上意見南轅北轍，因此覺得我一旦加入協會，就會損害協會設立的原始宗旨，這自然不是他們能接受的。

討論進行了好幾輪，最後我們散會，決定延後表決的日期。

我回家後心情甚為激動。如果多數人投票贊成我入會，加入是否就是正確的決定？這與我對戈克立的忠誠是否一致？我清楚地發現，協會內部對於我成為會員一事意見分歧嚴重，目前為止最好的做法應該是撤回申請，不要讓反對派為難。我所要考慮的只是自己對戈克立及協會的忠心而已。突然間我靈光一閃，立刻寫信給夏斯特里先生，請他不必再召開會議。那些反對我入會的人，十分感激我這項提議，把他們從尷尬的處境解救出來，也讓我與他們的情誼更密切。我撤銷了申請，卻反而真正成為協會的一員。

如今經驗告訴我，我不要成為正式會員是恰當的做法，而持反對意見的人也確有說得通的理由。之後的經驗顯示，我們在許多原則問題上看法大相逕庭。然而知道彼此的不同，卻不曾讓我們變得疏遠或產生齟齬。自始至終，我們都像兄弟一樣，我仍經常去協會的浦那分社朝聖。

我確實並未成為印度公僕協會的正式會員，但是我在精神上是他們的一份子。精神上的聯繫比現實的關係更為珍貴。沒有精神聯繫，就算徒有名義上的關係，也不過是沒有靈魂的軀殼。

第七章 大壺節④

我接著到仰光去拜訪梅賀塔博士，途中在加爾各答停留，擔任如今已故的巴肅先生的座上嘉賓。孟加拉

④ Kumbha Mela，是印度教每十二年舉行一次的宗教活動，每次在印度四個城市中擇一舉行。另外，每六年會在安拉阿巴德和赫爾德瓦爾舉行半禮，每三年舉行一次小禮。是世上最大的宗教集會活動，屬於印度教徒的朝聖之旅。

人的好客可說達到極致，當時我還嚴格奉行只吃水果的飲食，於是巴肅先生把全加爾各答的水果和堅果都拿來款待我；女主人甚至整晚不睡，替我剝去堅果的殼。端上來的新鮮水果也以印度方式弄好，還準備了數不盡的美味點心給同行的人，包括我兒子羅姆達斯。我自然極為感謝他們的熱情款待，可是一想到他們全家為了招待我們幾個人忙個沒完，心裡就十分難受，但是我也想不出辦法避免這令人尷尬的關注。

我搭船到仰光，買的是沒有艙位的船票。假如說我在巴肅先生家得到過多的關心，那麼我在這船上所接受的待遇可說是簡慢到了極點，連基本的舒適都談不上。浴室髒到難以忍受的程度、廁所惡臭撲鼻，但是沒有人管；要想上廁所必須跨過或跳過滿地的屎尿。

這實在超過一般人所能忍受的範圍，我去找大副解決，但是沒有用。如果說這污穢惡臭的畫面還缺少什麼，那麼乘客漫不經心的習慣便將一切補足了：每個人坐著任意吐痰，隨地亂丟吃剩的食物、菸蒂、檳榔等，亂哄哄的一片，每個人都盡可能占據最多的空間，行李亂堆，比人還更占地方。這種可怖的情況，我們忍受了兩天。

船一抵達仰光，我便寫信給輪船公司的負責人，把上述的事實都告訴他。由於這封信，也多虧梅賀塔博士從旁協助，回程時我們也是購買沒有艙位的船票，但情況稍有改善。

在仰光時，我只吃水果的習慣依舊為主人帶來麻煩，但是梅賀塔博士的家就像是我自己的家一樣，我可以主張吃哪些食物。我那時尚未替每日的飲食設下限制，味蕾與眼睛不免受到誘惑，最後總是多吃，用餐時間也不固定。我雖希望能在日落前用最後一餐，往往卻得等到八、九點才吃晚餐。

一九一五年又輪到舉辦大壺節，此節慶每隔十二年在哈德瓦舉行。我並不想參加大壺節，卻很想到學校裡去見孟學朗吉⑤。戈克立的協會已經派出一大群志工協助大壺節的種種事項，由康茲陸負責帶領，如今已故的德夫醫師負責醫務。他們請我派鳳凰村的人前往協助，我便讓馬干拉爾早我一步去幫忙，我從仰光回來後便加入他們。

從加爾各答到哈德瓦的旅程特別折磨人，有時車廂裡沒有燈光，經過沙哈蘭普之後，我們被趕到乘載貨物或牲畜的車廂。更令人不舒服的是，因為沒有車頂，頭上的大太陽與腳下的熱鐵皮，幾乎把大家都烤焦了。即使是這般又熱又渴的旅程，正統的印度教徒還是不肯喝水，因為他們認為水源來自穆斯林地區，非得等到進入印度人地區，他們才肯喝水。但是當這些印度教徒生病時，醫生要他們喝酒或牛肉湯，或者穆斯林和基督教徒藥劑師拿水給他們，他們就沒有意見，也不會猶豫不決。

我們住在和平鄉時就已經明白，我們住在印度，就要有當清道夫的本事。到哈德瓦的志工都在廟裡搭帳篷，德夫醫師在地上挖了一些茅坑，做為大家便溺的地方。他原本花錢雇人清理這些茅坑，但是我認為鳳凰村的人可以幫忙，不需另外雇人。我們用土來清理並掩蓋排泄物，德夫醫生很高興接受我們的協助。這雖然是我提出的建議，但實際執行者是馬干拉爾。我大部分的時間都在帳篷裡為人祈福，並且與絡繹不絕的香客討論宗教問題，忙到沒有一點時間，甚至我到河邊沐浴或用餐時，尋求我的祝福的人也都一路跟著我。我到了哈德瓦才明白，我在南非那些微不足道的服務，在全印度造成多大的影響。

這種地位一點也不值得羨慕。我覺得自己深陷於魔鬼與深海間：在無人認識我的地方，我得忍受國內數以百萬計的人所承受的痛苦，例如搭乘火車的折磨；但當我被尋求祝福之人團團包圍時，我又得忍受被人瘋

⑤ Mahatma Munshiram ji，即 Swami Shraddhanand，印度教育家及傳教士。

狂崇拜的痛苦。到底哪一種情況比較令人難受呢？我常常想不通。但至少我知道，這些崇拜者的盲目之愛，經常惹我生氣，甚至感到心酸。然而當我旅行時，儘管旅途辛勞，卻使我相當振奮，很少令我動怒。

我那時身體還很健朗，可以四處走動，而且幸運的是，認識我的人還沒那麼多，走到街上不致引起過度騷動。在街道上閒逛時，我注意到那些香客們心不在焉、虛假懶散的態度，遠遠超過他們表現的虔誠。還有一群群聖僧，彷彿生來就是為了享受好東西。

我在那裡看見了一頭有五隻腳的母牛，讓我大為驚訝。但是有人告訴我真相，我才知道受騙了。那頭母牛是惡人貪念下的犧牲品，第五隻腳根本是從一頭小牛身上活生生砍下，然後移植到母牛肩胛上的。惡人以這種雙料殘忍行為來騙取無知群眾的金錢，只有印度教徒才會被五腳母牛吸引，也只有印度教徒才會對這種奇異的母牛布施。

大壺節到了。這對我來說確實是值得紀念的一天。我原本就不是懷著朝聖之心來到哈德瓦，因為我從未想過到聖地一遊有助虔誠。據說共有一百七十餘萬人參加這次的大壺節，這些人不見得全都是偽善者或觀光客，我相信應該有許多人是為了增進功德或淨化心靈才參加這場節慶，但是這種信仰對靈魂能有多大提升，實在很難說。

因此當晚我陷入長考。這些虔誠的人被一群偽善的人包圍，卻仍能無愧於造物之神，保持純潔。假如說，去哈德瓦本身是一種罪，我必須公開抗議，並且在大壺節當天就離開。但如果到哈德瓦參加大壺節本身是無罪的，我便應該自我約制，好為當地盛行的罪愆贖罪，並且淨化自身。對我來說，這是很自然的。我的生命基礎在於守紀律的決心，我也想到自己對加爾各答及仰光的主人家帶來多少非必要的麻煩，他們是如此盛情款待。因此，我決定要限制自己每日所吃的食物，在日落前吃完最後一餐。我深信，如果我不為自己訂下規則，未來招待我的主人還得忍受諸多不便，變成他們為我服務，而非我服務大家。就這樣，我立誓自此在印度時，二十四小時內不得吃超過五種食物，天黑後亦不進食。我把可能遇到的困難通通想過，不希望有任何漏洞。我還演練了一遍：生病時會遇到何種情況？藥物算不算是食物之一？可否飲食特殊的食物？最後我決定無論發生何種情況，都不應該有特例。

立下這些誓言已經是十三年前的事了。這些年來我雖然歷經種種嚴酷的考驗，但是這些誓言也變成了我的保護罩。立誓讓我延長了數年壽命，並因此減少生病。

第八章　拉克希曼橋

我到學校會見了身材魁偉的聖人孟學朗吉先生，立即感到如釋重負。初抵學校，我便感受到學校寧靜的氛圍與哈德瓦的鬧嚷實有天淵之別。

這位聖者對我備極關愛。一般來說，實行節慾之人都能注意到他人需要。在這裡，我也透過引薦，認識了羅姆戴夫吉。初見面時，我便看出這個人具有非凡的力量。儘管我們在一些事情上的看法不同，卻很快就成為朋友。

羅姆戴夫吉和我以及其他教授，討論了學校是否需要納入工業技能訓練。到了告別的時候，大家都顯得依依不捨。

之前我聽過許多人讚賞拉克希曼橋⑥，不少朋友都勸我離開之前得去看看這座橋。我打算步行前往瞻仰，於是分成兩階段進行。

我在赫里希克斯時，許多托缽僧人來拜訪我，我與其中一位特別親近。由於鳳凰村的人也在那裡，這名宗教導師因此問了不少問題。

我們不只一次討論宗教的問題，他知道我很關心宗教事務。我從恆河沐浴回來時，光著頭、裸著身，他見到我不像一般印度教徒蓄著一綹頭髮，脖子上也沒戴聖環，心裡覺得很難過。他說：「你明明是個虔誠的印度教徒，卻不戴聖環也不蓄髮，看你這樣我很難受。那是印度教徒最重要的兩項特色，每個教徒都應該遵循。」

但我卸下這兩項特色，背後是有故事的。我十歲左右時，看到婆羅門階級的孩童們把鑰匙串在聖環上，心裡欣羨不已，希望自己也能這麼做。卡提瓦德地區的吠舍階層⑦一般是不戴聖環的。但是不久後便有一項運動，提倡前三階層的人都要戴上聖環，因此甘地家族中有幾人也戴上了。有一位教小孩吟唱梵歌的婆羅門給了我們每人一個聖環，我雖然沒有鑰匙，但也拿了一個來玩。後來聖環的絲線斷了，我忘了自己是否感到難過，但我記得自己並沒有再要一個。

我長大成人後，無論是在南非或印度，都會遇上好心的人要給我聖環，但都被我拒絕。我的理由是：假如賤民階層不能佩戴，其他階級的人又有何權利戴上？況且我認為這是多此一舉的習俗，我找不到適當的理由佩掛。我並非反對聖環，只是找不到佩戴的理由。

身為毗濕奴派教徒，我的脖子上向來戴著項圈，而長輩們認為腦後必須蓄髮。但是在我啟程前往英國前，我剪掉了那綹頭髮，以免到國外拿下帽子時，會遭到英國人譏笑，把我看成野蠻人。至少我當時是這麼想的。這種膽怯的想法一直持續到我在南非的時期，我叫我堂弟恰甘拉爾也剃掉頭髮，以免妨礙他進行公眾服務，儘管這麼做讓他相當痛苦。

我將這一切告訴了這位宗教導師，並說：「我不戴聖環，是因為我不覺得有必要。許多印度教徒也沒有戴，這並不損他們身為印度教徒的精神。更何況，聖環應當是重生的精神象徵，戴聖環的人應該追求更純潔、更高尚的生活，但是我懷疑目前在印度的印度教徒，是否具有戴聖環的資格。我認為只有在印度教廢除賤民階層、取消各種的尊卑貴賤、去除教內盛行的邪惡與欺罔時，印度教徒才有戴上聖環的權利。因為如此，我心裡是反對戴聖環的。不過，你提到的腦後蓄髮，我認為值得考慮。我以前是蓄髮的，但後來因為莫須有的羞恥感而剃掉了。我覺得我應該再重新蓄髮。我會與我的同伴討論這個問題。」

這名宗教導師依然無法領會我不戴聖環的立場，因為我不戴的理由，正是他認為非戴不可的原因。但是直到今天，我的立場依舊沒變。我認為，世界上有不同的宗教，每一種宗教可能都需要特別的象徵。但如果這種象徵淪於盲目崇拜的道具，或是某宗教優於其他宗教的工具，就應當斷然捨棄。如今在我看來，印度教的聖環並不足以提升這個宗教，因此我不予考慮戴上。

⑥ Lakshman Jhula，一座橫跨恆河的吊橋，距離赫里希克斯不遠。

⑦ 印度的種姓制度共分四個階層，依序分別為婆羅門、剎帝利、吠舍、首陀羅。吠舍是第三階層。

至於我腦後的頭髮是因為膽怯才剃掉的，我與朋友們商議之後，決定重新留起來。

再回頭說拉克希曼橋吧。我非常喜愛赫里希克斯及拉克希曼橋周邊的景色，對於祖先在天然美景方面的強大感應力，並且對天然美景賦予宗教意義，我致上深深的敬意。

然而，看到人們對待自然美景的方式，卻讓我深感不安。無論在赫里希克斯或哈德瓦，人們都隨意玷污恆河的美麗河岸與道路，甚至在恆河聖潔的河水裡任意排泄！明明只須走幾步路就能找到排泄的地點，這些人卻恣意在河岸邊及河水中任意大小便，讓我看了心痛不已。

在我眼裡，拉克希曼橋不過只是恆河上的一座鐵橋。據說原本是美麗的繩橋，但有一位大善人馬爾瓦蒂突發奇想，把原本的繩橋拆了，重資建造一座鐵橋，再將橋上的鑰匙交給政府保管。我沒見過繩橋，因此不便發表意見，但是鐵橋架在這個美麗的地方，實在大煞風景。再說，這座橋是香客必經之地，但鑰匙卻交給了政府保管，連當時對政府忠心耿耿的我，也覺得做得太過分。

過了橋，便是一間提供來自各地善男信女住宿的廟宇。但是這間廟宇除了破爛的框架之外，什麼也沒有，而且當時似乎沒有人住。住在廟旁主建物裡的人，則給人一種不好的觀感。

這趟哈德瓦之行讓我獲益良多。我從這些經驗中學到，自己應該住在哪裡、做些什麼。

第九章　興建學校

為了參加大壺節，我第二次來到哈德瓦。

非暴力抵抗學校成立於一九一五年五月二十五日。斯羅丹納吉希望我能留在哈德瓦，但加爾各答的朋友要我留在衛德亞納桑罕一地，也有人力勸我選擇住在拉傑果德。有一天我經過艾哈邁達巴德，許多朋友則勸我在那裡定居，還自告奮勇替我籌措興建學校的費用，還要替我們找一處住宅居住。

我屬意艾哈邁達巴德，因我本身是古吉拉特人，自然希望能以古吉拉特語為國家提供最好的服務。再加上艾哈邁達巴德在古時候是手紡業中心，如要恢復這種鄉村工業，選擇此處似乎最合適不過。當然，也因為這裡是古吉拉特的首善之區，我們希望可以募集到更多有錢人的資金。

我跟艾哈邁達巴德的朋友們經常討論賤民問題。我坦白地告訴他們：我將會首開先例，錄取出身賤民階層的學生，只要他具備資格。

「你要去哪裡找符合資格的賤民階級？」一名毗濕奴教朋友認為我不可能找到。

最後，我決定在艾哈邁達巴德興建學校。

至於住處，有一位在本地擔任律師的德賽先生替我解決了問題。他主動表示要把洋房租給我們，我們也同意了。

辦學校，第一個有待解決的問題就是學校的名稱。我跟朋友們商議，有人建議取名為「服務之所」，也有人建議以「勤儉之家」為校名。我比較喜歡「服務之所」，但覺得這個名字未能強調服務的方式。至於「勤儉之家」似乎有點太自負，雖說勤儉對我們而言意義重大，但我們不宜自詡為勤儉之人。我們的信條是奉獻給真理，我們的目標是追尋真理、堅持真理。我打算把在南非試驗過的方式拿到印度來實行，看看可以達到什麼程度。最後我們決定將學校定名為「非暴力抵抗學校」，以同時傳達我們的目標及服務方式。

治理學校，就必須制定校規及校訓。於是我們擬了草案，廣邀朋友發表意見。在收到的許多建議中，我還記得芭那吉提出的見解。他認為應該把「謙卑」納為校訓，因為年輕的一代缺乏謙卑，甚為可悲。雖然我也注意到這一點，卻又擔心一旦謙卑變成誓言，就不復謙卑的本意了。謙卑真正的涵意是抹煞自己，而自我抹煞是自我救贖的手段。假如自我救贖不能立為校訓，便應訂定其他校訓以求實現。假如一心尋求自救的人或奴僕缺乏謙卑或無私的精神，根本談不上自我救贖或服務。缺乏謙卑的服務，只是一種以自我為中心的自私行為。

此時我們的成員包括十三名坦米爾人，其中五位坦米爾青年是隨我從南非而來，其他諸人則來自印度不同的地區。我們總共約有二十五人，男女皆有。

以上便是學校創辦的緣起。大家在共用的廚房裡用餐，努力像一家人一樣地生活。

第十章　討論是否該納賤民為學生

學校成立後不到幾個月，我們就面臨了始料未及的考驗。我收到塔卡爾⑧的一封信，內容大意是：「有一個謙卑誠實的賤民家庭想加入你們學校，你願意接受嗎？」

我感到為難。我做夢也沒想到，這麼快就有人推薦不可接觸的賤民來我們學校，而且還是名聲甚響的塔卡爾引薦來的。我把信拿給同事們看，大家都很高興。

於是我回信給塔卡爾，表示我們願意接受這個家庭加入，前提是他們得遵守校規。

這一家人包括度達拜、他的妻子黛娜本、女兒拉胥米，及一個剛在學走路的小嬰兒。度達拜原本在孟買當老師，他們都答應遵守校規，於是我們便讓他們入學。

一直以來幫助學校的朋友們卻對這家人入學頗有微詞。第一個面臨的難關是使用水井。水井的使用權有一部分操控在業主手中。就連負責打水的人，也反對這一家人入住，認為我們水桶裡灑出的水會玷污他，因此不停詛咒我們，還騷擾度達拜。我告訴大家不要理會這些謾罵，井水也照常使用。當他發現我們對他的咒詛置之不理時，便因為羞愧而也不再吵鬧。

然而，所有的金錢資助都斷絕了。當初問我賤民階級入學後能否遵守校規的朋友，根本沒想過會有這些

⑧ Amritlal Thakkar，古吉拉特當地知名的社會運動家。

事發生。

經濟資助斷了之後，又有流言傳出，表示社會要對我們進行杯葛。我們準備面對這一切，我還告訴同事們，就算杯葛真的發生，甚至被斷水斷電，我們也絕對不離開艾哈邁達巴德，頂多搬往賤民居住的地區，盡可能靠我們的雙手勞動謀生。

事情就這樣發展下去，直到有一天，馬干拉爾告訴我：「錢快用完了，下個月沒辦法維持下去了。」我平靜地回答：「那我們就搬到賤民所住的地區去吧。」

這不是我第一次遇上這樣的試煉。每次這種情況發生時，神總會在最後一刻讓我得到幫助。幾天後，有個孩子來找我，說有一輛汽車停在門外，車裡坐了一名希斯，表示想要見我。於是我出去見了他。那位希斯說：「我想幫助這所學校，你願意接受我的幫助嗎？」

我回答：「當然願意。我現在已經無計可施了。」

「那我明天這個時間再來拜訪，到時候你在嗎？」

我說：「我在。」於是他便離開了。

隔天，約定的時間一到，這輛車又出現了，並且不停鳴喇叭。孩子們跑進來報告，這名希斯並不打算進來。於是我出去見他，他給了我一萬三千盧比的現鈔，然後就驅車離去。

我從未指望會有這筆捐款，而且他幫忙的方式多麼特別啊！那位紳士從未來過我們學校，我也不記得以前見過他。他既未造訪，亦無詢問，只是給了我們需要的幫助，然後便翩然離去！這是一次相當奇異的經驗。由於有了這筆錢，我們暫時不必搬到賤民地區居住，而且未來一年都不必為錢發愁。

來自校外的風波不斷，校內也同樣不太平靜。雖說之前在南非便常有賤民階層的朋友到我家一道用餐或居住，我太太與其他婦女還是不太喜歡學校收容不可接觸階層的朋友。我看見也聽見了她們對黛娜本的冷淡態度，如果她們堅稱那不是厭惡。金錢方面的困難不曾讓我煩惱，但是自己人相處不融洽，卻讓我無法忍受。黛娜本是個平凡的女子，但度達拜雖然只接受過一點教育，卻是一位很有見識之人。我欣賞他忍耐的功夫。雖然有時他也不免發火，但是他展現的堅忍讓我十分驚訝。我請他不要計較日常小事，他不但答應了，還勸太太也別計較。

我們接受這一家人，對學校而言，等於上了寶貴的一課。我們從一開始就向世界宣布：我們學校反對賤民階級的存在，所以如此一來，願意幫助學校的人，在心理上就有了準備，學校往後的推動工作也容易多了。贊助學校日常開銷的人，多半是正統的印度教徒，這或許也顯示出不可接觸制度已將面臨崩盤。類似的證明還有很多，但是良善的印度教徒願意捐錢幫助一間「一般人與不可接觸者一道用餐」的學校，是非常有意義的。

我很難過許多其他相關事實不得不暫先略過，包括我們如何處理其他次要問題、如何克服始料未及的各種困難，以及其他與體驗真理有關的經驗等等。以下數章也有相同的遺憾。我必須省略重要細節，因為這裡提及的許多事件，主要人物都還健在，倘若未得到他們本人同意，就擅自提到他們的名字，是很不恰當的。但是若要取得每個人的同意，三不五時邀請他們審閱相關情節是否需要修正，我也很難辦到。更何況，這種做法亦超出這部自傳的範圍。因此本書後面的章節，儘管對於追尋真理的人來說應該頗具價值，但是部分細節卻不得不刪減。無論如何，我希望能夠（同時也是神的意願）寫到「不合作運動」發生的時間為止。

第十一章　廢除契約移民工人制度

我們現在先擱下學校的事—儘管一開始就內外風波不斷—去瞧瞧另外一件引起我注意的事。所謂的「契約工人」，是指那些從印度移民到國外從事勞役工作的人，他們每次必須簽訂至多五年的契約。一九一四年簽訂的史莫茲—甘地協議，廢除了納塔爾向契約工人課徵的三英鎊稅金，但是印度移民勞工的普遍困境，仍然有待改善。

一九一六年，馬拉維亞吉在帝國立法議會中率先提出一項廢止契約制度的議案。哈定基勛爵宣布，他以英王陛下的政府所賦予之權力，承諾這項制度將在適當的時候廢止。但是我認為印度絕對不能滿足這麼含混的承諾，印度人應當集結起來，要求立刻廢除該制度才對。印度因為疏於防範，多年來默默忍受這種制度，我深信大家團結起來、要求改革的時機已經到來。我與幾位社運領袖見面，在報紙上發表文章，看得出社會輿論已經偏向立即廢除。這不正是運用非暴力抵抗的最佳題材嗎？我相信確實如此，但是我不知道應該如何著手。

這時總督也公開說明「終將廢止」的意思是指「等引進其他替代方案之後，在適當的時程內廢除」。所以在一九一七年二月，馬拉維亞吉要求提出立即廢除此制度的議案，卻遭到切爾姆斯福德勛爵拒絕。我想，該是我前往全國各地喚起印度人意識的時候了。

我認為，在進行鼓吹之前，應當先拜會總督。於是我要求會面，很快就獲得同意。總督的私人祕書是馬菲先生，也就是現在的約翰・馬菲爵士，我開始與他密切往返，後來也與切爾姆斯福德勛爵進行一場愉快的談話，雖然未能得到確切的保證，但是勛爵承諾會予以協助。

這趟旅行從孟買開始。此時帕提特先生打算以大英帝國公民協會的名義召開會議。協會的執行委員會先召開內部會議，商討會議上提出的決議案，出席者包括瑞德博士、撒滿達司律師（如今是爵士）、那塔羅金律師，以及帕提特先生，討論的重點圍繞在時限，要求政府在此期限內必須廢除。會議中總共提出三項建議：一是「越快越好」、一是「限定於七月三十一日前」、一是「立即廢除」。我主張提出確切的日期，這樣若政府不在期限內同意請求，我們才能決定下一步該怎麼做。撒滿達司則主張立即廢止，他說立即表示更短的時間，會早於七月三十一日，我認為這些人不會懂得立即的意思。假如我們希望他們做事，必須給他們比較明確的說法。每個人詮釋「立即」的方法都不一樣，政府的認定可能與一般人的不同。但若指明七月三十一日，就不會有誤解了，若是到了那一天仍毫無作為，我們就能採取進一步行動。瑞德博士認為這種論點站得住腳，最後撒滿達司先生也同意了。我們提出的決議是，應在七月三十一日前宣布廢止契約工人制度，此一決議在大英帝國公民協會召開的會議上通過，其後也在印度各地舉行的會議上陸續通過。

帕提特夫人費盡心力組織了一個婦女代表團，打算向總督請願。這群來自孟買的婦女中，我還記得塔塔夫人及如今已故的貝根夫人。這個代表團不負使命，總督的回應讓人振奮。

我去了喀拉蚩、加爾各答等等地方，到處都有不錯的集會成果，大家都展現了熱情。我在發起這項運動時，並未預期有這種結果。

那段時期我經常獨自旅行，獲得不少愉快的經驗。不論我到哪裡，都有刑事偵查部門的人跟著我。但是我光明正大，他們不來騷擾我，我也不給他們添麻煩。幸運的是，當時我尚未被冠以聖者的封號，儘管每到有人認得我的地方，見到我就大聲呼喊這個名號。

有一次，那些特務人員一連在幾個車站騷擾我，既要查我的車票又要抄下車票號碼，我自然樂意回答任何問題。同車乘客把我當成是聖僧或化緣的人，當他們發現這些人一直騷擾我時，都覺得相當生氣，紛紛用難聽的話罵那些特務：「你們為什麼無緣無故騷擾這位可憐的和尚？」又回頭對我說：「不要讓這些壞東西查票！」

我溫和地對他們說：「給他們看車票一點也不麻煩，他們只是在做分內的工作。」但人們並不滿意，對我投以更多的同情，強烈反對他們如此對待無辜之人。

不過這些特務不算什麼，真正的痛苦在於搭乘三等車廂旅行，我記得從拉合爾到德里的那段旅程最可怕。那次我從喀拉蚩出發，打算到加爾各答去，中途在拉合爾換車。火車上人滿為患，找不到位子坐，擠進車廂的人都是靠蠻力。假若車門關上，他們就從窗戶潛入車廂。我必須在確定的日期抵達加爾各答，參加一場會議，一旦錯過這班火車就趕不上。本來我覺得上車無望，因為沒人肯讓一讓，但這時車站上有位挑夫看到我的困境，便跑來跟我說：「只要付我十二個安那幣，我就幫你找個位子。」我說：「好，你若能替我找到座位，我就付你十二個安那幣。」這個年輕人便一個一個車廂去求懇乘客，但沒人理會。眼看火車就快開了，有些乘客說：「這裡沒位子了，不過你可以推他進車廂，他得站著。」這挑夫問我：「怎樣？」我馬上同意，於是他奮力把我從窗戶推進車廂裡，我就這樣上了車，這挑夫也賺到十二安那。

那晚真是一大折磨。其他乘客多少能夠坐下，我卻站了兩個鐘頭，手拉著上鋪的拉環。這段時間不斷有同車乘客煩我：「你為什麼不坐下來？」我試著對他們講道理，表示我是沒地方可坐，但是他們不想看到我站著，雖然他們自己全身躺在上層臥鋪，占據了所有空間。他們不斷煩我，我也一次又一次溫和地回答，最後他們的態度才軟化。有人問我叫什麼名字，我告訴了他們，他們覺得難為情，向我道歉，並且騰出地方給我坐。耐心獲得了回報，但是我累得要命，覺得頭在旋轉。神在我最需要的時候，出手幫助了我。

就這樣，我到了德里，然後抵達加爾各答。加爾各答會議的主席是凱森巴刺王公，負責招待我。如同我先前在喀拉蚩所見到的，這裡也充滿無限熱情，還有幾名英國人參加了這場集會。

七月三十一日還沒到，政府便宣布廢除印度契約移民工人制度。早在一八九四年時，我便草擬過一份請願書，抗議契約工人制度的不公，當時我就希望這種「半奴役制」—杭特爵士經常這麼稱呼該制度—有朝一日會結束。

一八九四年發動的這場運動，得到許多人的幫助，但是我不得不說，即將開花結果的非暴力抵抗精神，加快了這天來到的腳步。

若想知道更多有關這場運動及參與人士的細節，可閱讀我寫的《南非非暴力抵抗運動史》。

第十二章　槐藍⑨的污名

據傳三巴朗曾是賈納卡王⑩的國土。現在那裡到處是芒果林，但是在一九一七年以前，那兒主要栽種槐藍。當地法律規定，三巴朗地區的佃戶，耕種土地的二十分之三「卡撒」（等於一英畝）必須用來為地主栽種槐藍。此制度叫做槐藍栽種分配制。

我得承認那時我還不知道這個名稱、不曉得三巴朗位於何處，也沒聽過槐藍種植。我看過小包裝的槐藍，但做夢也沒想到這種作物是三巴朗數以千計的農民歷經辛苦栽植而成。

蘇克拉是其中一位飽受壓迫的佃農，他心裡充滿熱情，想為幾千名和他一樣受苦的佃農洗刷槐藍的污名。

一九一六年我到拉克瑙參加國大黨大會時，蘇克拉見到我，便抓住機會對我說：「我們的律師會把我們受的苦通通告訴你的。」還催促我親自去三巴朗看看。他所謂的律師指的就是普拉薩德先生，後來成為我在三巴朗十分敬重的同事，也是比哈爾邦公共事務的靈魂。普拉薩德先到我的帳篷裡來看我，身穿印度傳統的長夾克跟長褲，那次並未讓我留下深刻印象。我本以為他是剝削純樸佃農的本國律師，聽他描述三巴朗的事情之後，我便像平常那樣回答他：「我在親眼見到當地情況之前，恐怕無法表示意見。你可以在國民大會上提出決議案，但現在先別與我討論。」蘇克拉當時希望得到國大黨的協助，於是普拉薩德提出決議案，表達對三巴朗地區佃農的同情，並且獲得與會人員全數通過。

蘇克拉很高興，但並不能使他滿足。他想叫我親自去三巴朗走一遭，看看當地農戶悲慘的情形。我告訴他我會把三巴朗納入原先規劃好的行程，在那兒待上一、兩天。他說：「一天就夠了。你會親眼看到這一切。」

我從拉克瑙到康浦耳去，蘇克拉與我同行。他再三勸我：「三巴朗離這很近，請撥一天出來。」我回答說：「請原諒我這一次，但我答應你以後一定會去。」進一步做出此行的承諾。

我回到學校，又見到了蘇克拉，他真是無處不在。他說：「請現在就確定前往的日期吧。」我說：「好吧，我某月某日會到加爾各答，到那裡去找我，再帶我去三巴朗。」我不知道自己要去的是什麼地方、也不知道要做什麼、看什麼。

我還沒抵達普本先生位於加爾各答的家，蘇克拉便已經在那裡等我。就這樣，這位無知、質樸但態度堅決的農民打動了我。

一九一七年初，我們前往三巴朗，看起來就像兩個鄉巴佬似。我甚至不知道該搭什麼火車。蘇克拉帶著我，早上抵達巴特那。

這是我第一次到巴特那，我也想不起有哪個朋友或熟人可以提供住宿。我本以為儘管蘇克拉是個樸實的農人，在巴特那總該有些影響力，但是這一路上我對他多了一些認識，抵達巴特那時，我對他已經不抱任何期待。他以無比單純的眼光去看待所有的事，他以為那些本國律師都是幫他的，其實不然。可憐的蘇克拉簡直像他們的傭人。這群農戶與他們的律師之間，存在的鴻溝有如波濤滾滾的恆河。

蘇克拉帶我到拉金德拉⑪先生家，但是拉金德拉外出，我忘了他去哪裡。屋裡的傭人不肯招呼我們。雖

⑨ Indigo，槐藍，是蝶形花科下的屬，為草本、亞灌木或灌木植物，分布於熱帶和溫帶地區。
⑩ King Janaka，印度教中具有哲人之德的國王。
⑪ Rajendra Babu，印度共和國第一任總統。

然我隨身帶著食物，但是想吃棗子，於是叫蘇克拉去市集上買。

比哈爾邦對於不可接觸的賤民階級十分忌諱，由於僕人不知道我屬於哪個階層，因此不讓我使用井裡的水，以免水桶濺出的水滴污染他們。蘇克拉帶我去上室內的廁所，一名傭人看見後馬上領我去使用室外的廁所。這些事並不讓我驚訝或惱怒，因為我早就見怪不怪了。傭人們做的是分內的事，他們以為主人拉金德拉會希望他們這麼做。

這些有趣的經驗讓我更加敬重蘇克拉的為人，也讓我更加瞭解他。但我看得出蘇克拉無法帶領我做什麼事，我得把主導的韁繩握在手裡。

第十三章　溫和的比哈爾人

哈克⑫是我在倫敦的舊識，當時他在那裡攻讀法律，準備考律師。一九一五年時，我在孟買國會再度遇到他時，他已經是穆斯林聯盟的主席。我們重溫友誼，他當時邀請我日後到巴特那時，務必到他家去住。我想起這份邀約，便給他送了張條子，表示我會去拜訪。他立刻坐著車來，要我接受他的招待。我謝謝他，請他告訴我該如何搭首班火車前往目的地，因為對一名完全不認識當地的陌生人來說，火車指南可說毫無用處。他與蘇克拉談了一會兒，建議我先到穆札法爾布林，當天下午有一班火車可以到我想去的地方。他親自送我上火車。

克里波拉尼校長⑬當時在穆札法爾布林。以前我去海德拉巴時便聽人提過他。喬伊宣博士告訴我他為人肯犧牲、生活簡樸，還資助過喬伊宣博士創辦的學校。克里波拉尼校長本來在穆札法爾布林公立學院教書，我初抵那裡時，他剛剛辭去教職。我打了一封電報給他，於是他帶一群學生來車站等我，儘管火車午夜才抵達。他沒有自己的房子，與邁克尼教授住在一起，因此實際上是邁克尼在招待我。當時，一名公立大學教授肯收留我這樣的人，是很不尋常的事。

克里波拉尼告訴我比哈爾的情況不妙，尤其是特哈特一帶更糟，讓我明白自己的工作有多麼難推動。克里波拉尼已經與比哈爾人建立起密切的關係，並且告知他們我這次來訪的目的。

一大早就有幾位本地律師來拜訪我，我記得當中有藍拉夫密，我對他懇切的態度很有好感。

他說：「如果你住在邁克尼教授這裡，就不可能完成此行的任務。你得來跟我們一起住。蓋耶先生是這裡很有名的律師，我代表他邀請你過來住。我承認我們都畏懼政府，但不管怎樣，我們都會盡力幫忙。蘇克拉告訴你的事大半是真的。可惜我們的領導人拉金德拉跟普拉薩德今天沒來，不過我已經打電報給他們兩位了，我想他們不久之後就會回來。你所需要的資訊，只要問他們就對了，他們肯定能幫上忙。請搬到蓋耶先

⑫ Maulana Mazharul Haq，印度詩人與作家。
⑬ Jivatram Bhagwandas Kripalani，印度政治家與環保主義者。

生家去住吧。」

我無法拒絕他的好意，儘管我有點擔心不該打擾他。但是他要我放心，所以我便搬過去與他同住，他的家人也對我非常熱情。

過了不久，普拉薩德就從達爾班格回來了，拉金德拉也自普里歸來。普拉薩德似乎已不是我當初在拉克瑙見過的那個人，這次見面他讓我留下深刻的印象：謙卑、簡樸、善良、充滿信念，充滿了比哈爾人的特色，讓我很高興。我也又喜又驚地發現其他本國律師都對他十分敬重。

我很快就與這群朋友結下終生不渝的友誼。普拉薩德把有關這案子的事實全告訴了我。他長期以來受理貧苦佃農的案件，當時也正在處理兩件佃農的官司。每回他打贏這一類的官司，就寬慰自己總算又替窮人做了些好事。他並非不收費，因為他知道若不向客戶收費，自己就沒有收入維持家庭開支，也就無法幫助貧苦的人。但是他們收取的費用令我吃驚，比哈爾與孟加拉的收費標準相差甚距，令我咋舌。

他們告訴我：「我們付了一萬盧比給某某，只為徵詢他的意見。」每個案件的收費都至少四位數起跳。

朋友們聽我婉轉的評論後，都明白了我的意思。

我說：「研究過這些案子之後，我的建議是，我們不要再上法庭了。這種案子上法庭根本沒甚麼好處，農人害怕得心力交瘁，法院對他們來說根本幫不上忙。真正的幫助，應該是讓他們免於恐懼。只要一天不把槐藍栽種分配制趕出比哈爾，大家就一天不能心安。我本來以為在這邊待兩天就夠了，現在看來可能要花兩年的時間。如果有必要的話，我願意用兩年的時間把這件事做好。我知道應該怎麼做，只是需要你們的協助。」

普拉薩德的頭腦格外冷靜，他平靜地說：「我們願意盡全力幫忙，但請告訴我們你需要甚麼樣的協助。」

那天我們坐著談論直到夜深。

我說：「我不太需要你們的法律知識，但需要有人支援文書及翻譯工作。還有，大家可能會面臨牢獄之災。儘管我希望你們願意冒這個險，但還是要看你們能不能接受。光是叫你們無限期放棄律師工作，擔任我的文書職員，就已經不算小事了。這裡的北印度話我聽不太懂，烏爾都文或凱提文的書面資料我也不懂，希望你們能替我翻譯。我付不出薪水，你們若做這些事，必須是出於愛與服務。」

普拉薩德馬上明白我的意思，於是輪流問我和他同伴的意見，確認我這一番話的真正涵義，包括期間多長、需要多少人手、各位律師是否可輪流服務等。然後他詢問這幾位律師能做出多大的犧牲。

最後他們給了我保證，「我們幾位律師願意聽從你的吩咐，其中幾個人可以長時間為你服務。至於坐牢，這是我們以前從沒想過的事，但我們會試著去消化並接受這樣的可能性。」

第十四章　面對「不使用暴力」

我打算先詢問三巴朗農民的情況，並瞭解他們對槐藍栽種的埋怨，因此我必須跟幾千名農夫見面。在展開詢問之前，我認為有必要先聽聽槐藍園地主的說法，並與這地區相關單位的首長會面，所以我與他們約好了時間。

園農協會的祕書坦白對我說，因為我是局外人，地主和佃農之間發生什麼事都與我無關，但如果我要代表哪一方發言，可以透過書面形式提出。我禮貌地回答他：我不覺得自己是局外人，如果佃農希望我出面，我當然有權詢問並瞭解他們的情況。

至於我所拜訪的地方首長則放話恫嚇我，要我立刻離開特哈特。

我把這一切告訴了同事，告訴他們政府可能會阻止我繼續調查，而且我可能會比預期更早入獄。假如我真的遭到逮捕，最好能在墨堤哈里或貝堤亞，因此我最好盡快趕往這兩個地方。

三巴朗是特哈特的一區，墨堤哈里則是此區的首府。蘇克拉住的地方則在貝堤亞附近，那一帶的佃農是這區最貧困的。蘇克拉要我去看看他們，我確實很想趕快前往。

於是我那天就跟同事們出發前往墨堤哈里。哥拉克讓我們住在他家，那裏已成為招待商隊的旅舍，但是容納不下我們所有人。就在同一天，我們還聽說距離墨堤哈里約五英哩的地方，有位佃農遭受了不堪的待遇。於是我們當下決定，第二天一早由達朗尼德荷陪我去見見該名佃農。於是我們騎著大象去了。順帶一提，在三巴朗騎大象，就像在古吉拉特坐牛車一樣平常。我們還走不到一半的路，就有位警察局派來的信差趕上我們，說警察局長向我問好。我知道他的意思，於是請達朗尼德荷先到目的地去，我則坐上這位信差雇來的馬車。接著，他給了我一張立刻離開三巴朗的通知，並且載我回去。他要求我承認收到這張通知，於是我寫了一張紙條，大意是：在我完成調查之前，絕不打算離開本地。然後我便接到傳票，叫我第二天去受審，因為我違反了命令，不肯離開三巴朗。

那晚我徹夜未睡，一面不斷地寫信，一面給普拉薩德必要的指示。

我收到離境通知及受審傳票之事，像野火一般傳開來了。有人告訴我，那天在墨堤哈里的場面前所未見。哥拉克的旅社及法院門前都擠滿了人。幸運的是，我前一晚便已完成所有工作，所以能應付這麼多人。我的同伴幫了我很多忙，並且負責維持秩序，因為不論我走到哪裡，人群就跟到哪裡。

稅務官、裁判官和警察局長等官員和我之間有著某種友情。依法我可以拒絕接受通知，但是我如數接受。我這樣的回應是正確的，因為他們就知道我不是針對他們，只是針對命令的內容進行文明的抵抗。這樣一來，他們才會坦然，不再為難我，反而願意幫助我和同事維持秩序。不過，這種情況也等於是宣告他們的威信已然動搖，人們不再恐懼刑罰，轉而臣服於新朋友所展現之愛的力量。

讀者應當記得，三巴朗沒有人認識我，當地的農民都是純樸無知之人。三巴朗位於恆河極北端、喜瑪拉雅山山腳下，鄰近尼泊爾，跟印度其他地方隔絕。這裡的人幾乎都不知道有印度國大黨，就算知道的人也不願入黨，甚至連提都不想提。現在印度國大黨的成員來到這片土地，儘管不是以國大黨名義，卻具有實質的意義。

我與同事們商議之後，決定不以國大黨的名義行事。我們想做好工作而非彰顯名聲，我們要的是實際的成果而不是形式的表象。因為國大黨是政府官員及地主所痛惡的，這些人認為國大黨只不過是律師假以行險僥倖、規避法律的代名詞，國大黨代表著炸彈、無政府狀態的罪惡、外交與虛偽。我們必須消除他們這種想法，因此決定不提國大黨的名稱，也不讓這群農民知道有這麼一個組織。我們認為，只要能讓他們瞭解並遵循國大黨的精神就已經足夠，是否知道組織的名稱並不重要。

因此，我們並未在抵達之前先派國大黨的特使替我們做準備。蘇克拉缺乏號召數千名農人的能力，在這些農民中尚未展開任何政治工作。這些農民根本不知道三巴朗外面的世界是什麼樣子，但是他們接待我的態度，就如同接待多年的好友。如果說我見到這些農民如同見到了神明、非暴力與真理，絕非誇飾之詞。

我仔細思考人們為何給我「聖雄」的封號，我想除了因為我對他們的愛之外別無他由，然而這只是我展現「不使用暴力」堅定信仰的方式罷了。

那天在三巴朗發生的事讓我永生難以忘懷，不論對農民或對我來說，都是值得紀念的一天。

依照法律，我應當受審，但是嚴格來說，真正受到審判的是政府。警察局長原本佈下天羅地網要緝拿我，結果卻網住了政府，讓政府動彈不得。

第十五章　控告撤銷了

審判開始了。代表政府的律師、裁判官跟其他官員都不知道怎麼做才好。政府方面的律師催促裁判官將案子延後，但是我請求裁判官不要延期，因為我想針對不遵命令離開三巴朗一事認罪，並且宣讀一篇簡短聲明稿：

「如蒙庭上允准，我想發表一篇簡短聲明，說明我為何認真採取這項看來似乎違反刑法第一百四十四條規定的行為。就我個人的淺見，我認為這只是地方政府與我的意見不同罷了。我來到此地，是為了人道目的及國家服務，因為有人再三邀請我來這裡幫助農民，說農夫受到種植槐藍的地主不公的對待。我必得先研究過問題才能幫助他們，因此我請求政府與地主助我一臂之力，協助我研究這個問題。我沒有其他的動機，也不認為我來這裡會擾亂公眾的平靜或造成生命的傷害。我可以告訴大家，我在這方面擁有豐富的經驗，但顯然政府另有想法。我能瞭解他們的為難之處，也承認他們是根據獲得的情報才採取行動。身為一介守法的公民，我的第一直覺是遵守命令。但如果我這麼做，便會覺得愧對那些農民，畢竟我是為他們而來的。我想我現在必須留下來與他們同在，才算是為他們服務。因此，我絕不能自動退出。一旦這兩種責任發生衝突，我只好讓政府承擔起驅趕我離開他們的責任。在印度境內，我知道像我這種具有公眾身分的人，必須隨時謹言慎行，以身作則。我深信在我們目前所處的複雜體制下，一名自重之人，在面對我目前所處的情況下，必須做完已經決定要做好的事，這是唯一安全又不失榮譽的做法，我必須坦然接受不服從命令的處分，而且不加抗議。

我冒險提出此一聲明，並非想求得減刑，只是想表示我之所以不遵守命令，並非因為我不尊重法庭權威，而是因為我服從生命更高層的法律，那就是良知。」

現在找不到延遲開庭的理由了，但裁判官與政府代表律師都很驚訝，裁判官延遲了判決。同時，我將這份聲明稿電告總督，並且通知在巴特那和馬拉維亞吉等地的諸位友人。

我原本準備去法庭聆聽判決，但是裁判官寄來一張書面通知，說副省督下令撤銷我的案子。稅務官也寫信給我，表示我可以自由進行調查，而取如果需要協助，政府願意幫忙。我們都沒料到這件事會如此迅速解決，結果令人滿意。

我去拜訪稅務官海卡克先生。他看起來人很好，願意維持正義。他告訴我，無論我需要什麼資料都可以找他，而且任何時候想見他都行。

就這樣，印度頭一次上了「公民不服從」的課。人們熱烈討論這件事，報紙也加以報導，我的調查也意外獲得免費的宣傳。

我進行這項調查，需要政府保持中立，但不需要報社記者或社論加以支持。事實上，三巴朗的情勢十分微妙而複雜，過度激化的批評或加油添醋的報導，可能都會破壞我想達成的目的。於是我寫信給地方上幾家主要報社的編輯，請他們不要再派記者來採訪，若有需要發表於報章的訊息，我會主動提供給他們。

我知道地主們對於政府默許我住在三巴朗的態度很不高興，我也知道儘管官員們不方便公開明說，也都不喜歡我留在這裡。因此，內容不實或容易誤導的報導等於火上澆油，他們不會把怒氣發洩在我身上，而會發洩在可憐又害怕的農民身上，這樣反而會嚴重妨礙我的行動。

儘管我已經努力預防，槐藍園的地主們還是對我發動惡毒的攻訐，在報紙上刊載許多有關我和同事的不實報導。但是我謹慎且堅持真相的做法，讓他們最後不得不歇手。

這些地主也無所不用其極地攻訐普拉薩德，但是攻訐的話語越惡毒，人們對普拉薩德就越加崇仰。

由於情勢太過敏感，我覺得不是邀請各省領導人來此集會的好時機。馬拉維亞吉向我保證，無論何時，只要有用得著他的地方，向他說一聲就行了。但是我沒有麻煩他，也避開了特定的政治立場。我有時會寄一些報導給地方領袖或報社，但不是要求他們刊登，而只是提供其參考而已。我這時頓悟到一個道理：如果某項活動的起因與政治無關，但是最終的結果具有政治意味，那麼過程中一旦涉及政治，便會對這活動造成傷害。若能維持在非政治的範圍，則對此一運動是有益的。三巴朗事件正好證明這個事實：凡提供人民無私的服務，最後都會對這個國家的政治有益。

第十六章　做事的方法

如要完整說明在三巴朗進行的調查，就必得敘述當地農民的歷史，這恐怕不是寥寥數章可以辦到的。三巴朗的調查是一項針對真理與非暴力的大膽實驗，我此處便將值得記敘的部分依時間先後記錄下來。讀者若想更瞭解這部分的情況，可以參考拉金德拉以北印度語寫成相關著作，聽說英文版也即將推出⑭。

言歸正傳。調查無法在哥拉克的旅舍裡進行，除非要把其他可憐的房客趕出去。而墨堤哈里的人由於害怕，也不敢把房子租給我們。普拉薩德還是想辦法替我們租到一間寬敞的房子，於是我們就搬了進去。

⑭ 英文版是由 S. Ganesan, Triplicane, Madras 出版。

沒有資金無法做事，但當時還沒有募款的先例。普拉薩德和他的朋友多半是本國律師，要不就是自己拿錢出來，要不就在適宜的場合找朋友募捐。但如果普拉薩德和他的朋友都還拿得出錢，又怎麼能叫別人出錢呢？這是爭論的重點。我決定不接受三巴朗佃農捐助任何物資或金錢，因為這樣很容易被人誤解。我也決定不向全國發動募捐，以免沾染政治色彩，或是演變成全國性的問題。孟買的朋友們湊了一萬五千盧比，我也婉拒了。我決定要靠普拉薩德的協助，盡量向住在三巴朗外圍的富裕比哈爾人募款。如果金額還不夠，就向住在仰光的梅賀塔博士開口。梅賀塔博士一聽便同意了，允諾到時候無論需要多少錢，都可以找他想辦法。於是我們不再需要煩惱錢的問題了。其實我們需要的不多，因為我們已經決定盡力撙節，以符合三巴朗普遍窮苦的現狀。最後事實也證明我們確實不需要大筆金額，印象中我們只花了不到三千盧比，不僅如此，我記得募來的錢最後還剩下幾百盧比。

剛開始一起生活時，我常拿同伴們的生活方式開玩笑。每位律師都有一名傭人和一名廚子，而且擁有各自的廚房，經常在接近午夜才吃晚餐。雖說開銷由各人負擔，他們不定時的生活作息卻讓我憂心。既然我們已經變成好友，彼此之間就不該有誤解，所以他們便接受我善意的玩笑。最後我們同意不再雇用傭人，大家共用一個廚房，而且吃飯要定時。由於有人吃素、有人吃葷，兩個廚房又太浪費錢，最後我們決定只開一個素食廚房。此外，盡量吃得簡單也是公約之一。

上述安排省下了可觀的開支、時間與精力，而時間與精力正是我們迫切需要的。農戶一波一波湧進來申訴，而且往往帶著同伴一起來，把屋裡和花園的空間擠得水洩不通。我和同事們試過許多方法想讓我免受朝拜，但都無濟於事，最後我不得不在特定時間與這些人見面。我們訓練五到七名義工，將農人的抱怨記錄下來，但是即便如此，每天傍晚還是有人排不到見面。並非所有人的申訴都講到重點，其中許多怨言是重複的，但如果不讓這些農民把話說完，他們是不會滿意的，我能理解他們的感受。

負責記錄的人必須遵守記錄的規則，每位農民都必須經過嚴格的交叉詢問，未通過詢問者不得申訴。這樣做必須花費更多時間，但是也因為如此，大部分的陳詞都是確實可靠的。

我們的義工記錄農人抱怨時，會有刑事偵緝部的官員在場。本來可以不讓他在場，但是我們一開始就決定不去介意刑事偵緝部的官員，並且以禮相待，提供所有能給他的資料。這樣做對我們沒有半點壞處，相反地，由於所有陳詞都是在該位官員面前記錄下來的，讓農民的膽子變大了。一方面，農民不再過度懼怕官員，另一方面，看見官員就在面前，農民說話也因此有所節制，不致過於誇張。由於刑事偵緝部的官員負責糾舉陳述不實的農民，因此農民看見到他們，說話自然特別小心。

我不願惹惱地主，想以比較溫和的方式贏得他們的信任，於是寫信給其中幾個遭受嚴厲指控的地主，表示想與他們見面。我也與園農協會的人碰面，把農人轉述的苦處告訴他們，順便聽聽他們的意見。協會裡有些人厭惡我，有些人根本不把農人的遭遇當一回事，但也有些人待我以禮。

第十七章 同伴們

我再也找不到比普拉薩德與拉金德拉更棒的搭檔了。他們兩人全心全意付出，若沒有他們的協助，這裡的工作恐怕難以推展。他們的學生，或者說同伴，包括山普、阿努格拉、達瑞尼及藍拉夫密等本國律師，也與我們待在一起。此外，芬達亞及賈納可達利也時常抽空來幫忙。他們都是比哈爾人，負責記錄農人的說詞。

克里波拉尼教授也加入了我們。他的祖籍是信德，但是卻比本地人更像比哈爾人。我所見過能充分融入當地文化的人並不多，他便是其中一位，見過他的人莫不以為他是本地人。他負責替我把關，目前他首要的工作便是讓我免於遭受朝聖者的煩擾。他有時會以特有的幽默、有時則以溫和的恫嚇，阻擋朝聖之人。到了夜晚，他又變身為老師，將他研究歷史的心得與觀察一一灌輸給同伴們，也讓原本畏縮不前的參與者更有勇氣。

哈克的名字長期以來皆列於協力名單上，只要我們有需要，隨時可以請他來幫忙。他每個月會來訪一、兩次，以便瞭解情況。他以前的生活奢華浮誇，與今日的簡單樸實形成強烈對比。他的舉止與態度，讓我們感受到他與我們同一陣線，儘管在外人眼中，他以往時尚的風格給人截然不同的印象。

隨著我越來越瞭解比哈爾，我認為如果想在這裡打下志業的永久根基，就必須推動適當的鄉村教育。農民的無知，已經到了可悲的地步，有些人讓小孩終日遊蕩，有些人叫孩子到槐藍園裡工作，從早做到晚也只能賺到幾個銅板。當時一名男性勞工的薪資不超過十個安那幣，女人最多可掙六安那，童工最多是三個安那幣。一天若能賺到四安那，就算非常幸運。

我與諸位同伴商量之後，決定在六個村莊中開設小學，並與村民們談好條件，教師的食宿由他們負責，其他費用由我們籌措。村民都沒有錢，但是供應食物不成問題，他們先前也表示願意提供穀物和其他食品原料。

但是，要去哪裡找老師呢？我們很難在當地找到願意接受微薄津貼甚至不支薪的老師，我也認為不該把孩子交給普普通通的老師，一名教師的道德素養比學問好壞更要緊。

於是我公開招募自願擔任老師的人，並且很快就得到回應。德希潘律師派了索曼及龐得立克來幫忙，此外還有從孟買來的哥克萊太太與來自浦那的安娜蒂白太太。我派人去和平鄉學院裡找來喬達拉爾、蘇倫特拉納特和我兒子德夫達斯。此時德賽先生與派瑞克先生也帶著太太加入我們的行列。我也叫人找卡絲特貝前來幫忙。這是一支陣容堅強的隊伍，哥克萊太太與安娜蒂白太太都受過不錯的教育，但是德賽太太與派瑞克太太都只懂得基本的古吉拉特文，卡絲特貝連古吉拉特文都不懂。這群太太們要如何以北印度語教小朋友呢？

我告訴她們，我期望她們教小朋友學習注重整潔、恭敬有禮，因為這比學習文法或閱讀寫字更加重要。我進一步向她們解釋，以文字而言，古吉拉特語、北印度語及馬拉提語之間的差別不如她們想像的大，至少低年級程度的基本字母與算數並不難。於是低年級的孩童交給太太們指導，成果非常出色，她們也因此對工作更有興趣且更具信心。哥克萊太太在教學方面深具天賦，她負責的學校因此成為典範。我們也透過這群太太，在某種程度上更加瞭解鄉村婦女。

我並不以興辦小學為滿足。村莊的人不注重衛生，巷弄間都是穢物，水井旁積滿泥巴，到處都是惡臭，院子裡也髒亂不堪。老年人尤其需要衛生教育，幾乎人人都有各種皮膚病。於是我們決定盡可能加強衛生工作，將衛生觀念推展到他們生活中各個層面。

我們需要醫生，因此請印度公僕協會把德夫醫師（現已故）借給我們。我們本來就是極好的朋友，他馬上答應來此服務半年，負責指揮所有的老師，不分男女。

我明確地告訴每一位老師：如果佃農對地主有任何怨誹之詞，全都不許過問，也不可介入政治。如果有人想申訴，可直接交給我處理，任何人都不許踰越界限。每位朋友都遵守這些指示，我記得沒人犯規。

第十八章　深入農村

我們盡量把每所學校交給一男一女去管理，他們得控管醫藥用品、負責衛生工作。婦女相關的工作，則多半交由女性負責。

控管醫藥用品很簡單，因為這些義務老師手上只有蓖麻油、奎寧跟硫軟膏。學生若舌上生苔或便秘，就給他們蓖麻油；若有發燒現象，就先給蓖麻油再給奎寧；至於燙傷或搔癢，則先協助其洗淨患處，再敷以硫軟膏。學生不許把藥帶回家。如有併發症狀，就請德夫醫生診治。德夫醫生每星期固定到各村的衛生中心探視。

許多人都接受過這款簡單的醫藥治療。村子裡的病症本來就不多，問題也不繁雜，不需要專業醫療協助，這樣的安排正符合當地人的需求。

不過，衛生宣導工作卻困難重重。這裡的人根本不願配合，連田裡的人也不肯在耕種後清理乾淨。德夫先生不是容易灰心的人，他與義務老師同心齊力，把其中一個村莊打掃得乾乾淨淨，包括清掃道路和庭院、清洗水井、填平水窪。他還和顏悅色地勸村民自動擔任義工。有些村子的居民因此感到慚愧，紛紛接下工作，某些村莊的人甚至熱心到主動鋪路，好讓我的汽車通行無阻。除了這些愉快的回憶之外，當然我們也遇過反應冷淡的村民，因此產生了摩擦。我記得有些人直接告訴我他們並不喜歡打掃。

或許可以順道再提一下我在許多集會上發現的現象。比提哈瓦是個小村莊，我們在那裡建了一所小學。有天我走到附近某個更小的村落，發現那裡有些女性的衣物非常骯髒，我要我太太去問她們何以不洗衣服，於是其中一名婦女拉著我太太去看她居住的小屋，並且對我太太說：「妳瞧，這裡沒有箱子或櫃子可以放其他的衣服。我身上這件紗麗是我僅有的衣服，我該如何換洗？請妳轉告聖雄再給我一件紗麗，那麼我就答應你們天天洗澡、換穿乾淨的衣服。」

這並不是特例，許多印度村落都可看到這幅景象。全印度有許許多多村舍，住在裡頭的人沒有家具、不換衣服、身上僅圍著一條遮住重要部位的破布。

還有一種經歷我也想談一談。三巴朗最不缺的就是竹子跟草。我們在比提哈瓦建立的學校就是用這些材料蓋的。某天晚上，有人─或許是附近地主的手下──放火燒了這所學校。我們心想：不能再用竹子或稻草蓋學校了。這學校是由索曼與我妻子卡絲特貝負責的，於是索曼決定用磚塊來蓋學校。由於他的勤奮深具感染力，大家跟隨著他一起興建，磚房很快就完成了。現在已經不必擔心被人放火燒毀。

就這樣，主動幫忙的村民協助我們興建學校、整頓衛生、管理藥品，因此獲得其他村民的信賴與尊敬，也對大家產生很好的影響。

但我必須遺憾地承認，原本我希望這種具建設性的工作能打下永久的基礎，結果沒能實現。志願幫忙的人都只待了一小段時間就離開了，比哈爾找不到願意持續幫忙的人。我在三巴朗的任務一旦完成，外頭世界持續醞釀的工作就召喚著我離開。話雖如此，這幾個月在三巴朗的工作並未白費，直到今日仍能隨處發現其深刻的影響。

第十九章　好的省督會做的事

前述的社會服務如火如荼進行時，我替農民記錄冤情的工作亦未耽擱。幾千筆陳述一一記錄，當然不可能沒有影響力。越來越多農民前來陳情，使得地主們大為光火，因而使出各種手段阻止我詢問。

有一天，我收到比哈爾當地政府的來信，內容大意是：「你的調查工作拖得夠長了，現在還不打算結束並且離開比哈爾嗎？」這封信的措辭客氣，但是用意呼之欲出。

我回信表示調查勢必延長，除非我看到這裡的農民獲得解救，否則我無意離開。我並指出：只要政府承認農夫抱怨的疾苦，願意努力改善，或者承認農民提案的正當性，展開官方調查，便可隨時終止我的調查。

副省督蓋特爵士要我去見他，表示他們樂意成立調查委員會，還邀請我擔任委員。我確認了其他委員的名單，並且與我的同事們商議之後，便同意加入委員會，但條件是我能在調查期間與我的同事們討論。此外，政府必須明白，即使我成為委員會的一員，仍然是站在農民這一邊，擁護他們的權利，為了求得滿意的調查結果，我仍可提供建議給農民，並且指導他們的行動方針。

蓋特爵士認為我提出的條件合理且公正，於是宣布調查開始。如今已故的史萊爵士被任命為主席。

委員會的調查結果對農民有利，認為地主應當將之前榨取的不合法所得歸還給農民，並且廢止槐藍栽種分配制。

委員會提出了全體意見一致的報告，並依照委員會所提的建議通過土地改革法案，關於這個部分，蓋特爵士功不可沒。若不是他態度堅定，運用謀略推動這個案子，報告書不可能讓大家都點頭，土地改革法也勢必無法通過。但儘管委員會已提出報告，地主們依舊竭力抗爭、頑強反對。蓋特爵士自始至終立場堅定，終於讓委員會的建議順利通過。

存在將近一個世紀的槐藍栽種分配，總算就此廢除。隨著這項制度的廢止，地主的王國也跟著告終。向來飽受欺壓的農民，如今總算可以揚眉吐氣。原本以為槐藍污名永遠無法消除的迷信，也隨著不攻自破。

我渴望能在當地繼續積極建設、興建更多學校、深入更多農村，畢竟基礎都已經打好了。然而如同先前的許多計畫，這個目標並不為神所允許。命運另有安排，驅使我前往別處工作。

第二十章　與勞工接觸

三巴朗的委員會事務尚未完全結束時，我就接到派立克及潘達雅的信，信上說凱達農作歉收，農民繳不出稅賦，要我前往當地指導。但是在整件事查清楚之前，我不願也無法給予他們建議，而且我沒有勇氣這麼做。

此時，安娜蘇雅夫人寫信給我，說明艾哈邁達巴德目前的勞工狀況。由於工資過低，工人們吵著要增加工資，已經好一段時間了。如果可以，我確實想去帶領他們。但是隔著這麼遠的距離，即便是這種小事，我也缺乏成功的自信。於是我抓緊機會，親自去了一趟艾哈邁達巴德，希望能夠盡速擺平這些情況，然後再趕回三巴朗監督已經展開的農村建設工作。

然而事情的進展不如盼望中的那般順利，我無法及時趕回三巴朗，結果學校一所接一所關門，我與同伴們的夢想全都破滅了。

農村建設除了衛生與教育之外，還有牛隻的保育工作。我四處旅行時便已發現，保護牛隻與宣傳北印度語是馬瓦爾人極為關心的事。我在貝堤亞時，一名馬瓦爾朋友招待我去住他家，當地馬瓦爾人牧牛的做法引起我的興趣，讓我萌生保育牛隻的想法，這個想法迄今一直沒有改變。我認為牛隻的保育包括飼養繁殖、品種改良、以人道方式對待牛隻、建立模範牧場等等。馬瓦爾的友人答應全力配合，但是我在三巴朗的工作一天不完成，我就無法投入這項計畫。

貝堤亞的牧場還在那裡，但仍未成為模範牧場，三巴朗的耕牛依舊日以繼夜地勞動，所謂的印度教徒還在虐待可憐的牲口，讓自己的宗教蒙羞。

對我來說，這項工作至今無法實現，是我心中一大憾事。我到三巴朗去，聽見馬瓦爾或比哈爾的友人溫和地埋怨這件事，讓我想到所有的計畫都被迫放棄了，只能深深嘆氣。

教育工作仍然以不同的形式在各地進行，但是牛隻保育工作的基礎不夠牢固，因此未能朝預定的方向邁進。

凱達的農夫問題尚未解決，我便已經接手處理艾哈邁達巴德紡織廠工人的紛爭了。

情況很棘手，紡織廠工人的問題不好辦。安娜蘇雅跟她哥哥薩拉巴伊⑮的立場敵對，因為薩拉巴伊是紡織廠老闆那一方的領導人。我與他們兄妹兩人的關係都不錯，要與他們正面衝突相當為難。我和他們商量，請他們將這個問題提交仲裁，但是他們雙方都不認同仲裁的原則。

我只好勸工人繼續罷工。在勸這群工人罷工之前，我已經與他們及其領袖密切接觸，並且向他們解釋，若想透過罷工得到勝利，有四大要件必須遵守：一、不使用暴力；二、不騷擾老闆；三、不依賴他人恩惠；四、不論罷工進行多久都不動搖；罷工期間以其他誠實正直的勞動方式謀生。

工人領袖瞭解並接受上述條件，工人們則在大會上宣誓，除非紡織廠老闆接受他們的條件，或是同意將紛爭提交仲裁，否則他們絕不復工。

這次罷工讓我更深入認識帕德爾及班克先生，至於安娜蘇雅則早已是熟識的朋友。

⑮ Sjt. Ambalal Sarabhai，艾哈邁達巴德的工業家，薩拉巴伊集團創始人。

我們天天在薩柏默諦河畔的樹下與工人們開會，參與會議的工人總是超過千人。我也時常提醒他們不可忘記發過的誓，並且牢記維持和平與自我尊重的責任。他們每天舉著「絕不食言」的旗幟，在街道上進行和平遊行。

這次罷工持續了二十一天之久。罷工進行期間，我與紡織廠老闆商議過幾次，懇求他們對勞工公平一些，但是他們卻總是回答：「我們也有自己的誓言要遵守。我們和工人的關係就像父母和子女，外人不適合插手，也沒有仲裁的空間。」

第二十一章　和平鄉學院二三事

在我進一步敘述這場勞資糾紛之前，我想有必要先瞭解一下學院的情況。儘管我人在三巴朗，心裡卻一直掛記著學院，有時我會匆匆回去看一下情況。

那時學院蓋在靠近艾哈邁達巴德的科赤伯村，有次村裡突然爆發瘟疫，顯然會對學校裡的孩童造成危險。無論我們在築起的圍牆內多麼細心維持校內整潔，村中環境太不衛生，我們無法完全不受影響。我們既無法要求村裡的人遵守衛生規定，也不能為這村莊做點什麼。

我們的理想是讓學院與村子及城鎮保持安全的距離，但是為了便於照顧管理，又不能距離得太遙遠。我們並且決定，有朝一日要用自己的土地興建學院。

我覺得這次的瘟疫是強而有力的警鐘，讓我們盡快離開科赤伯。艾哈邁達巴德有個本地商人希羅昌德，一直關注學院的事務，許多事情多虧有他以無私的精神幫助我們。他在本地人脈很廣，主動提出要替我們買一塊合適的土地。我和他從南到北找遍了科赤伯，向他建議最好找距離科赤伯北邊三、四英哩的土地，他看中了現在的地點，正好距離薩柏默諦中央監獄不遠，這點對我很有吸引力。對一名非暴力運動份子來說，坐牢是正常的命運。我喜歡這個地點，我同時也知道選來興建監獄的地點，環境通常都算乾淨。

約莫八天的工夫，這塊土地便成交了，但是既無樓房也沒有樹，優點只有位於河堤旁，而且環境清幽。

我們決定先住帳篷，只蓋鐵皮小屋當廚房，再興建永久居住的樓房。

學院就這樣慢慢成長，現在已超過四十個人，包括大人、小孩、男女，都在一個廚房裡用餐。這次搬遷是我的主意，但實際執行照舊留給馬干拉爾負責。

但在我們有永久房屋可以居住之前，我們的日常生活困難重重。雨季快到了，日常用品得從離此四英哩遠的城鎮弄來。這片土地廢棄已久，到處有蛇竄動，帶著幼小孩童住在這種環境，實在相當危險。我們規定不准殺蛇，但是我承認每個人都無法擺脫對這種爬蟲類的恐懼，直到今天仍然相當害怕。

我們在鳳凰村、托爾斯泰農場或薩柏默諦都規定不准殺害有毒的爬蟲類動物。這三處原本都是荒地，但是我們當中從來沒有人因為被蛇咬傷而送命。從我信仰的眼中，我看見慈悲的神明伸出撫慰的手賜福予我們。請不要再說神不偏心這種話，或說祂沒時間管人類生活的芝麻綠豆瑣事。我找不到明確的說法來解釋此事，但是類似的經驗對我來說是常理。人類的語言永遠無法完美說明神的作為，我深深明白神的意旨是難以描述、不可捉摸的。如果凡人真要描述神的作為，也只能以無聲的語言來表達。如果二十五年不殺生而仍能免於受到傷害是一種迷信，那麼我寧可擁抱此種迷信。

在艾哈邁達巴德的紡織廠工人罷工期間，學院的織布室正在打地基。當時學院裡的主要活動是織布，紡紗那時還做不到。

第二十二章　絕食

最初兩個星期，紡織廠工人展現絕佳的勇氣及自制力，每天都參加集會。每次開會我都會提醒他們遵守誓言，他們也高聲呼喊，向我保證他們寧死也絕不食言。

後來他們開始顯出懈怠的跡象。人一旦身體虛弱便容易發怒，他們對老闆的態度越來越惡劣，但罷工精神卻變弱，我擔心會有暴動。每日集會參加的人越來越少，來參加的工人們臉上寫滿了沮喪、絕望。最後有人告訴我，罷工工人開始動搖了。我十分憂心，開始思索自己在這種情況下的責任為何。我在南非發動過大規模罷工，但這裡的情況不一樣，這些工人是聽從我的建議發過誓的，他們天天在我面前重申誓言，因此只要想到他們可能毀棄諾言，便讓我覺得難以承受。這種感情究竟是出於自尊、抑或我對這群勞工的愛、還是我對真理的敬意？誰知道呢？

有天早上，我與工人們集會，正感到毫無頭緒、不知所從時，突然靈機一動，從我口中不加思索地說出：「除非罷工工人團結起來，繼續罷工直到事情獲得解決，或者直到他們通通離開紡織廠，否則我絕不進食。」

工人們如遭雷擊般錯愕，安娜蘇雅更流下淚來。工人們喊著：「該絕食的是我們，不是你啊。若你真的絕食的話，就太可怕了。請原諒我們一時的懈怠，我們會守住諾言直到最後。」

我說：「你們沒有必要絕食。只要你們可以說到做到，就很夠了。你們都知道資金不夠，我們也不想繼續依賴大眾的接濟。所以你們都該去找工作，維持基本的生活開銷，這樣你們就能夠不為錢煩惱，不管罷工還要持續多久。至於我，只有在罷工問題解決後，才會恢復進食。」

同時維拉白⑯也想辦法替這些工人在市政府裡謀職，但看來希望不大。馬干拉爾提到學院的紡織室正在興建，需要人力，不如就雇一些工人來幹這活，大家知道後都很高興。由安娜蘇雅帶頭，頭上頂著籃子開始動工，沒多久便看到一群群工人到河床上採集砂土，把裝滿砂土的籃筐頂在頭上，場面真是壯觀。工人們開始覺得自己全身充滿活力，要付工資給他們反倒變得困難了。

當然我絕食並非沒有嚴重缺點。前面已經提過，我與紡織廠的老闆們關係非常親近，我絕食勢必會影響他們的決定。身為非暴力抵抗者，我知道自己不應該以絕食方式對抗他們，只應該讓罷工對他們產生影響。

---

⑯ Vallabhbhai Patel，印度政治家和社會運動家，印度國大黨領袖，也是印度獨立後第一任副總理和內政部長。

因此我的絕食不是為了老闆，而是為了這些工人。我既身為他們的代表，自然有一份責任。我只能向紡織廠老闆講道理，採取絕食等於是對他們施壓。儘管我明白這一點，也看出他們確實飽受壓力，但是我也沒有別的辦法。絕食是我的責任，這一點我看得很清楚。

我試著開解老闆說：「你們完全沒有讓步的必要。」但他們聽了這句話，態度相當冷淡。有的人甚至開口嘲諷，說當然他們有權這麼做。

這群態度堅決的老闆，背後的領袖是安伯拉爾。他堅毅的決心、一望即知的真誠令我折服。能與他對抗是一件樂事。我看到以他為首的老闆們因我絕食而產生莫大的壓力，覺得十分不忍。他的妻子莎拉戴維像個親姊妹一般對待我，我不忍看見她因我的絕食行為而痛苦。

絕食的第一天，安娜蘇雅和幾位朋友、工人陪我一道絕食。但是我費了一番工夫，總算說服他們放棄。

這件事的結果，是各方建立起善意的氣氛，紡織廠老闆似乎受到感動，他們開始尋找解決的方法，經常到安娜蘇雅的住處去商討。祖魯瓦先生介入，最後被委任為仲裁人，於是我絕食不過三天，這場罷工就停止了。紡織廠老闆到處發放糖果給工人，做為慶祝事件的結束，於是在罷工二十一天後，事情得到圓滿的解決。

慶祝集會上，老闆們和稅務局長都到場。局長對罷工工人說：「你們以後都要依甘地先生說的話去做。」但這次事件之後，我又與這位紳士交過一次手，時移事易，他的行事作風也大不相同，竟警告凱達的農民不准聽我的話！

本章結束前，我不得不再提一個既可笑又可憐的小插曲。這事跟發放糖果有關。紡織廠老闆訂了大量糖果準備發給工人們，但工人有數千名，如何發放確是個問題。最後決定選在罷工期間工人們立誓的那棵樹下發放，因為其他地方比不上這裡空曠，不便大家集合。

我想這批工人既已嚴格遵守規定整整二十一天，依序領取糖果想必沒有問題，應該不至於你爭我搶才對。但那天的試驗結果證明，所有分發糖果的方法均告失敗。糖果才剛開始分送，幾行隊伍通通亂成一團，帶頭的幾個試圖維持秩序，終告失敗。由於實在太過混亂，大家你推我擠，最後有些糖果掉在地下被人踐踏，不得不停止這場發放。我們花了一番力氣，把剩下的糖果搬到安伯拉爾的別墅，隔天在別墅前的空地順利發放完這批糖果。

這次事件滑稽的一面顯而易見，但其可悲的一面值得一提。之後我們調查後發現，艾哈邁達巴德的乞丐聽說要在那棵立誓的大樹下發糖果，於是大批蜂擁而至，他們瘋狂地搶奪才讓場面失控。

我們國家隨處可見令人痛心的貧窮與飢餓，每年有越來越多人淪為乞丐，為求生存已經顧不得廉恥與自尊了。而我們的慈善家隨意施捨，卻不瞭解應該給他們工作、讓他們用勞力換飯吃。

第二十三章　凱達的非暴力抵抗

我連喘息的時間也沒有，才剛處理完紡織廠工人的罷工事件，就得馬上投入凱達的非暴力抵抗運動。

由於廣大的田地歉收，凱達出現類似飢荒的情況，當地農夫考慮暫時停繳一年的稅賦。

在我給當地農民具體建議之前，塔卡爾便已經先行調查情況，並且向相關上級單位報告。潘達雅及派立克兩人也加入，並且借助帕德爾和現今已故的帕若克之力，在孟買立法院中鼓動，許多代表團因此等著與省督會面。

那時我擔任古吉拉特代表會主席，代表會向政府呈遞請願書及電報，還得忍受稅務局長的侮辱及威脅。當時官員的態度就跟現在沒有兩樣，荒謬又不得體，令人難以置信。

農民的要求像白晝一般清楚、也不過分，只求政府能夠接受。依照土地稅法的規定，假如某年農作收成少於四分之一，農民可要求免繳稅賦。根據官廳的說法，今年農作達四分之一以上，但農民表示根本不到這個數量。政府沒耐心聽這些話，認為這群農夫要求仲裁簡直大逆不道。最後，所有的請願、祈求都告失敗，我與同事們商議過後，便力勸農民進行非暴力抵抗。

除了來自凱達、志願加入的農夫外，加入這次抗爭、與我並肩作戰的還有帕德爾、班克、安娜蘇雅、亞尼克、德賽先生等人。帕德爾律師還因加入這次抗爭，不得不中斷原本經營得有聲有色的律師事業，而且之後由於種種現實因素，無法復業。

總部設在安納薩斯朗，這是我們所能找到最大的地方，足以容納所有人。

以下是非暴力抵抗運動成員簽署的誓言：

幾個村子今年的收成均未達四分之一，因此向政府要求暫緩收取田賦，等來年再繳，但是政府不肯同意。因此我們（名字簽署如下）在此鄭重宣布，我們不繳今年整年或剩餘的稅賦。如果政府因此採取任何自以為合宜的法律行動，我們願意承受後果。即使農地因此充公，我們也絕對不願意主動繳稅，以免喪失我們的立場，或是自尊受到損害。但假如政府願意寬限我們這一區的賦稅，我們願意繳納應繳的全部或剩餘的稅。有些人繳得出稅，但是決定暫先不繳，理由是：倘若他們先繳稅，窮苦農民可能會因為恐慌而變賣傢俬，或向情況較好的人借錢，從而造成更多苦痛。在這種情形下，我們認得為了貧苦農民著想，繳得出稅的人也應暫不繳稅。

我不能用太多篇幅來敘述這次衝突，所以有些愉快的回憶不得不在此略過。想更瞭解這場重要衝突的讀者，請閱讀派立克先生所著的《凱達非暴力運動》。

第二十四章 洋蔥賊

三巴朗地處邊陲，新聞媒體報導又不准報導抗議槐藍分配制的運動，因此並未吸引多少外來訪客。但是這次在凱達發生的衝突，報紙天天都在報導，情況大不相同。

古吉拉特人對這次的抗爭深感興趣，這對他們來說是一次新奇的體驗，因此大家都踴躍捐錢，希望這次抗爭能獲得勝利。但他們似乎不太明白，非暴力抵抗運動成功與否並非與錢攸關，甚至可說錢只是枝微末節。儘管我不斷勸說，孟買的商人依舊不斷捐獻，我們收到超過實際需要的錢，在抗爭結束後還有錢剩下。

志願加入非暴力抵抗運動的人必須學會簡樸，這是人生新的一課。我不認為他們完全奉行，但是他們在相當程度上都改變了生活方式。

對廣大農民來說，這次的抗爭超過他們的認知，所以我們到各個村莊去解釋非暴力抵抗的原則。最重要的是要讓農民擺脫恐懼，讓他們瞭解官員不是人民的主人，而是僕人，因為官員拿的俸祿來自人民繳納的稅金。但是要讓他們明白，身為公民的責任是文明與無畏的結合，似乎難如登天。他們一旦擺脫對官員的畏懼，就很難不回敬官僚之前給的侮辱。倘若他們訴諸不文明的手段，便破壞了非暴力抵抗的精神，有如牛奶摻入砒霜。之後我才明白，他們目前學到的文明不如我想的，而且經驗也讓我知道：文明是非暴力抵抗最困難的部分。這裡的文明並不是指表現於外的輕聲細語，而是發自內心的溫柔，對敵人懷抱善意。從事非暴力抵抗的人，一言一行都必須展現此等襟懷。

一開始人們便展現極大的勇氣，但政府似乎暫時不想採取強烈的行動。當這些人顯出毫不動搖的意志時，政府便開始鎮壓行動了。稅務官把農人的牲畜賣掉、把他們家中所有的動產通通拿走、懲罰的公告四處張貼，部分地區連農作物也遭沒收。種種作為讓農民緊張，有些人趕緊繳稅、也有人把自己家中值錢的物品放在官員行經的路上，好讓官員拿去抵稅。但也有部分農民決心抗爭到底。

這一切進行時，有位替派立克先生工作的佃農，繳付了他該繳的稅，消息傳開後立即引發軒然大波。派立克馬上做出補救措施，將這塊田捐出來做為慈善用途，挽救了自己的聲譽，也樹立了好榜樣。

為使那些嚇壞的農人意志更堅定，我勸大家服從潘達雅的領導，把錯遭徵稅的洋蔥田裡的洋蔥，通通收割起來。我認為這個舉動或許稱不上「公民不服從」，而且就算它是，政府連尚未收割的農作物也徵稅，就算於法有據也是極不道德的行為，簡直等同劫掠人民的財產，因此我建議農民必須先收割這批洋蔥。這是一次大好機會，讓他們學到加入「公民不服從」，罰鍰或坐牢都是不得不面對的後果。對潘達雅來說，這正好符合他的心意。他不希望這次運動自始至終貫徹非暴力抵抗原則，如果沒有人受牢獄之災，這次運動就彷彿雷聲大雨點小。於是他自願收割那片田地所有的洋蔥，另外還有七、八個朋友幫他的忙。

政府不可能坐視不管這種行為，於是潘達雅和他的同伴們被捕，人們的情緒益發高漲。如果大家連坐牢都不怕，壓迫只會更激發反抗的意志。聆訊當天，大批群眾包圍了法院。最後潘達雅和他的同伴們被判短期監禁。我認為這項判決是錯誤的，因為收割洋蔥的行為不能以竊盜入罪。不過我們並未上訴，因為我們的做法是少跟法院打交道。

一行隊伍護送這幾名犯人入獄，而潘達雅從此獲得人們充滿敬意的稱號：「洋蔥賊」。到現在都還有人這樣叫他。

凱達非暴力抵抗的結果，我留到下一章再談。

第二十五章　凱達非暴力抵抗結束了

這項運動最後的結束方式出人意表。顯然大家都累了，眼看不肯屈服的一群可能走向毀滅，我也一直思考應該如何結束、如何找出優雅又符合非暴力宗旨的方式終止這場抗爭。突然，我出乎意料地想出一個方法：納底艾德的收稅官叫人傳話，如果手頭較寬裕的農民能夠繳稅，拿不出錢來的可以晚一些再繳稅。我要求他給我一張文書證明，後來也拿到了。但因為各區收稅官只能決定自己那一區的事務，因此我請全區的稅務官給我一張全區有效的文書，對方回覆說有關緩繳的命令已經頒布了，這點我並不清楚，但如果是事實，那麼我們先前簽署的誓言已經實現。後人將會記得，這項誓言的目標確實與政府的命令一致，所以我們便表示對該項命令相當滿意。

但是我對於結果並不高興，因為無法展現非暴力抵抗運動的恩典。稅務官照章頒布命令，但顯然不是透過溝通協調達成的。貧苦的農民可以緩繳稅金，但幾乎沒有人從中獲益。人們本來可以決定誰是窮人，但是他們卻無法行使這項權利，看見這種情況讓我很難過。也正因如此，儘管大家都在慶祝緩徵稅收一事，當成是非暴力抵抗的勝利，我卻高興不起來，因為這根本不是真正的勝利。

唯有參與運動的成員都變得更強壯、更有精神，這場非暴力抵抗運動才稱得上有價值。

但這次抗爭不能說完全沒有間接成果，而且這項成果我們今天正在採收。凱達非暴力抵抗運動讓古吉拉特的農民覺醒，這是他們第一次接受政治教育的震撼。

貝贊特博士輝煌的自治運動確實打動了農民，但是凱達運動促使受過教育的公眾運動人士開始與農民接觸，深入他們的生活，也對農人的困苦感同身受。這些人開始知道應該做什麼事，也比較願意犧牲。維拉白在這場運動中發現了自我的價值，這可不是一件小事。去年的水災賑災活動以及今年巴多利的非暴力抵抗運動，均可證明我們確實已經獲得某種程度的成果。古吉拉特的公眾運動開始蓬勃發展，帕提達的農民也開始深刻意識自己擁有的力量。大眾學到了終身受用的教訓，明白唯有透過受苦與犧牲的能力，才能救贖自己。凱達運動讓非暴力抵抗的思維在古吉拉特發展生根。

雖說我不覺得這次非暴力抵抗的結果有什麼值得開心的，但是凱達的農民個個歡天喜地，因為他們知道自己的成就是靠努力得來的，同時也發現真正能改善民生疾苦的方法。這一點認知足以讓他們高興起來。然而凱達農民畢竟未能完全瞭解非暴力抵抗的內在意義，他們也為此付出代價。稍後幾章會提到這一點。

第二十六章　團結的熱情

凱達運動開始時，歐戰仍在進行，且已到了危急之秋，因此總督邀請各領域的領袖去德里參加戰爭會議，也敦促我去參加。前面已提過我與總督切爾姆斯福德勛爵關係向來不錯。

於是我去德里開會，但我其實對這次的會議是有些意見的，包括未邀請阿里兄弟參加。當時他們均在牢裡。他們聲名遠播，但我只見過他們一兩次而已。眾人莫不讚許他們的貢獻與勇氣。那時我與哈金尚未熟稔，但早已聽過盧德拉與安德魯斯對他的盛讚。奎列希與克華嘉，我是在加爾各答的穆斯林聯盟遇到他們。我同時還認識了安薩瑞與羅赫門。我想多多結識為人正直的穆斯林，並期盼能認識當中最善良、最愛國的一群，來瞭解穆斯林的心靈。所以不論他們要帶我上哪裡去，我都毫不猶豫跟他們走，希望能跟他們密切接觸。

早在南非時，我便已體會到印度教徒與穆斯林之間並不存在真正的友誼，因此我從不放過任何掃除障礙、促進團結的機會。我秉性不愛以討好或有損自尊的方式取悅他人，但我在南非的見聞讓我瞭解到，在印度教徒—穆斯林團結一事上，我的非暴力原則會受到最嚴酷考驗，而這個問題也將是我非暴力實驗最廣闊的天地。我現在依然如此相信，每一刻我都感到神在試驗我。

從南非回來時，我內心抱著這樣的信念，因此很珍惜與阿里兄弟的接觸，可惜還未能進一步來往，他們便遭監禁。只要獄卒答應，穆罕默德・阿里便會從牢裡寫長長的信給我。我也向獄方申請去探監，但沒有結果。

阿里兄弟被捕下獄後，穆斯林朋友開始邀請我參加穆斯林聯盟在加爾各答的集會，還要求我在大會上說話，於是我告訴他們，營救阿里兄弟出來是穆斯林的責任。沒過多久，這些朋友帶我去阿里格爾的穆斯林學院，我請年輕學生們考慮當苦行僧，替祖國服務。

接著我開始與政府通信，討論放阿里兄弟出來的可能性，為此我開始研究他們在基拉法特運動⑰上的見解與作為，也與穆斯林朋友們討論。我覺得若我真要成為穆斯林的朋友，就必須盡一切努力確保阿里兄弟遭釋放，同時還給基拉法特運動一個公平的說法。我不願討論這個問題絕對的是非善惡，只要他們提出的要求無損於道德即可。況且每一宗教的信仰不同，對信徒來說，其信念都是至高無上的；倘若只能有一種信念，世上就只存在一種宗教而已。隨著時間過去，我發現穆斯林在基拉法特運動上提出的要求，不僅不違背倫理原則，連英國首相也深為首肯。所以我認為我應當盡力協助首相實踐諾言。首相的諾言講得十分清楚，因此我審視穆斯林要求是否合於道德，只是為了讓自己良心過得去。

朋友及批評者紛紛批評我在基拉法特運動上的立場，但我無視於這些批評，覺得沒必要修正態度，我也不後悔與穆斯林朋友合作。未來若有類似的情況，我還是會採取一樣的態度。

因此我一到德里，就打算跟總督提出這問題，當時基拉法特尚未發展成後來的態勢。

但我抵達德里時，我參加會議一事又碰到了困難。安德魯斯質疑我參加此一會議是否合乎道德，告訴我英國報紙針對英國與義大利的秘密協定正自爭論不休。若英國真的跟歐洲強國訂立秘密協定，我怎能參加這場會議？我對秘密協定毫不知情，但安德魯斯的質疑十分有理，於是我寫信給切爾姆斯福德勛爵，向他解釋我的顧慮。他要我前去與他面談，我依約前往，和他及其祕書馬菲談論許久，最後我決定參加會議，因為總督是這麼說的：「你可能不相信，身為總督，我知道英國內閣所做的每一件事。我也不敢打包票——沒人敢打包票——英國政府從不犯錯。但若你承認大英帝國基本上是個好國家，若你相信印度與英國的關係確對印度有利，難道你不認為每個印度公民都有責任在大英帝國有難時盡一份心力？我看到報上所說的秘密協定，但我保證除了報上說的，我什麼也不知情，你也知道報紙經常無中生有。難道你能僅憑報紙的說法，就拒絕

⑰ Khilafat movement，由英屬印度的穆斯林所推行之政治抗議運動。

在這危急關頭幫助英國嗎？戰爭結束後，你想怎麼質疑或挑戰我們都不要緊，但現在不是時候。」

這論點早已有之，但從他口中說出仍有新意，是因為其提出的時機與態度。所以我同意開會。至於穆斯林的要求，我打算再寫一封信給總督。

第二十七章 募兵運動

就這樣我參加了會議，總督希望我支持募兵的決議，我則要求以北印度語及印地語發言，總督同意了，但希望我同時也用英語表達。我沒什麼特別的意見，只說：「我責無旁貸，全心擁護這項決議。」

不少人向我道賀，他們表示就大家印象所及，這是破天荒在這樣的會議上以印地語發言。這樣的恭賀，以及我是總督會議上首位以印地語發言之人的事實，深深傷了我的民族自尊，我感到無地自容。本國的語言，在本國召開的、與本國事務有關的會議上竟然被視為禁忌！像我這樣的人，難得在會議上以印地語說了幾句話，竟然是值得恭喜的事！這件事提醒了我們的地位有多麼低落。

我在會議上說的那句話，對我來說意義重大，因此我不可能忘懷這場會議或是我所支持的決議。我得趁著待在德里的這段時間做一件事—寫信給總督。這件事並不容易，因為我覺得有責任同時照顧政府與人民的利益，必須清楚說明我何以來參加這場會議，以及民眾對政府的期望。

我在信中表達了內心的遺憾，尤其像提列克及阿里兄弟這樣的領袖未能參加本次會議，同時說明人民對一點基本的政治要求，以及穆斯林對這場戰爭造成的局勢所提出之要求。我還要求將這封信公諸於世，總督高興地同意了。

這封信得送到西姆拉去，因為總督一開完會就會到那裡去。這封信意義重大，若用郵寄可能會耽擱，我想節省時間，但又不想將它隨便交給信差，希望能找可靠的人親送至總督宅邸。盧德拉與安德魯斯向我推薦一位劍橋傳教會的愛爾蘭牧師，聽說他為人很好。這位牧師同意代跑這一趟，但表示必須先讓他讀過信的內容，確定內容沒有問題才行。我同意了，因為這封信本來就不是私密信函。他讀過之後表示非常滿意，願意接下這項任務。我給了他二等車廂的車票，但他拒絕了，說他向來習慣搭普通車廂，於是換了普通車廂，儘管這是一趟夜車，他的簡樸直率深深打動了我。於是這封信如我原先所希望的，交託在心思單純的人手裡，最後也達到了預期的效果。我覺得很放心，心中的障礙都掃除了。

我還有一件事要做，就是募兵。但我只能先從凱達開始，畢竟第一批招募的兵只能先找舊同事幫忙。於是我一抵達納底艾德，就與維拉白這一群人開會，有些人不大願意參加，願意加入的人又擔心這事不能成功。我招募的這群人，所屬階級與政府之間原本就互相缺乏好感，他們都受過政府官員的氣，記憶猶新。

儘管如此，他們還是願意加入。但是這項工作才剛開始，我便見到無情的真相，這對於我的樂觀，不啻是一大打擊。先前租稅運動進行時，不少人紛紛提供免費貨車給我們使用，有時想找一位義工，就會有兩個人自動來幫忙。反觀現在，就算我們願意付錢租車，也沒人願意出租，更別提義工了。但我們不受影響，決定放棄貨車，改成步行。如此一來，一天得走上二十哩路。此外，既然我們連貨車都租不到，更別奢望人們願意提供飲食給我們，而且開口向人要食物也不妥當。於是我們決定每位義工必須隨身攜帶乾糧。幸虧當時是夏天，無須攜帶舖蓋。

我們每到一處就集會，每次集會都能吸引人們來參加，但是一提到募兵，願意加入的人少得可憐。人們不停問我類似的問題：「你不是主張非暴力嗎？怎麼能要求我們拿起兵器呢？」「政府對我們印度人做過什麼好事，憑什麼要我們與他們合作？」

不過，我們持續的耕耘開始見到成效。報名的人越來越多，我們希望募到第一批士兵之後，加入招募的人可以源源不絕。我已經開始與當地官員商量士兵住宿的問題。

各區官員都仿照德里的模式開會，有一場會議是在古吉拉特舉行，並且邀請我與我的同事參加。我們前往參加，卻發現我沒有發言權，會議中卑躬屈膝的氣氛，讓我心裡很不舒服。我最後勉強得到發言的機會，但沒有一句話是官員們聽了感到高興的，反倒盡是讓他們不快活的話。

先前我發送傳單，請大家踴躍響應募兵，當中提到的一項理由可能會讓官員覺得不高興：「英國在印度做的種種錯事中，歷史自會判定，取消我國軍力的法令，是最嚴重的一件錯事。假如我們希望扭轉這項錯誤的法令，假如我們希望學會使用槍砲，現在就是大好的機會。如果印度的中堅分子都願意在英國政府遭難時主動幫忙，彼此的猜忌便會消失，不准持有槍械的禁令也會撤除。」官員表示雖然我們的觀點不同，他仍舊感謝我出席了會議，而我也不得不盡量委婉解釋自己的立場。

以下是前面提過的寫給總督的信：

如您所深知，原本我經過慎重考慮後，已於四月二十六日寫信向您報告不擬參加本次會議的原因；惟承蒙您接見後，我說服自己參加會議，倘不為其他理由，也出於對您的莫大敬意。其中一項原因是，我認為提列克、貝贊特女士及阿里兄弟，均為領導公眾輿論的領袖人物，卻未獲邀參加本次會議。我仍然認為未邀請他們是一大嚴重錯誤，因此我誠摯建議邀請他們出席即將召開的省會議，並聘請他們為顧問以茲彌補。恕我大膽直言，政府若只視他們為異議人士，而不肯正視他們代表著大眾的意見，損失必將難以估計。同時我也要在此高興地表示，委員會議上每個人都能自由發表意見。就我本身來說，我刻意不在委員會或正式會議上發表太多意見，目的就是透過支持決議以達成會議之目的，而我確實毫無保留地這麼做。我希望政府能盡快接受我的提議（隨信另函覆上），將言語及早化為行動。

我瞭解在這危急關頭，我們必須（也已決定）毫無埋怨、毫無保留地給予帝國全力支持，因我們希望在不久的將來，我們能成為帝國在海外真正的夥伴。在此我想指出一個簡單的真理：我們積極響應是因我們期待目標能盡早實現，亦即我們履行責任也應相對擁有權利，印度人民有權相信您在演說中提到的近期改革，均將體現於國大黨計畫的基本原則中；我深信正是此一信念，讓眾多會員願意全心全力與英國政府合作。

假如我能使本國同胞重新選擇，我會請他們收回一切國大黨的決議，在戰爭期間不再提印度自治或責任政府之類的主張。我會盡力動員全印度人民，讓所有印度健兒勇於為帝國犧牲。我相信一旦印度這麼做，就會成為大英帝國傾心相待的盟友，種族歧視也將成為歷史。事實上，受教育的印度階層決定採取較為消極的策略，關於這一點，似乎不能說受教育的階層對印度大眾毫無影響。我從南非回來後，便與印度農民密切接觸，在此我想告訴您：廣大的農民階層均渴望自治。我參加了上一期的國大黨會議，包括我在內的黨員決議通過一項國會法規：在一定期限內建立起印度的完全責任政府。我承認這是一次大膽的行動，但我知道印度人若不能盡早見到印度自治的願景實現，是絕不會滿意的；我也知道許多印度人為達到此一目的，不管付出多大代價也在所不惜，他們當然清楚，為了實現此一願景，他們必須為大英帝國犧牲。因此我們沒有別的辦法，只能專心致意將自己全副精神交託給大英帝國，努力將大英帝國從危難中拯救出來。若我們不能體認此一事實，無異於舉國自殺。我們必須知道，為大英帝國付出的努力，能使印度自治得以實現。

有一點我非常清楚，那就是我們願意提供所有可能的人力來保衛大英帝國，但不包括經濟支援。我與農民密切往來後發現，印度獻給大英帝國財庫的金錢，早已遠遠超出其能力範圍。我深信這一點我說出了全國同胞的心聲。

這次會議對我及許多人來說，可謂是明確的一步，是為了共同的大業奉獻一己性命。只是我們的立場特殊，目前還不算是大英帝國的夥伴，我們只希望透過貢獻謀求一個更好的未來。假如我不如實陳述我們的希望，便是對大英帝國和自己的同胞不誠實。我並非為了實現願望而討價還價，但是您應當懂得，失望等於希望的幻滅。

還有一件事不得不提：您曾要我們放棄內部分歧的意見，但若此一呼籲是要我們容忍暴政與官員的虐待，我恐怕無力回應。我必將盡一切力量反抗有組織的暴政。同時您也應當呼籲官員們別再對任何人施虐，並且拋下過去錯誤的做法，從今起尊重民意，遇事必定徵詢民意。我在三巴朗帶領農民對抗行之有年的暴政，也在凱達進行非暴力運動，讓民眾瞭解只要願意為真理受苦，擁有最後權力的應是人民，而非政府。職是之故，人民不再感到痛苦，而是對自己說，政府應當是個替人民設想的政府，能夠容忍有秩序的、尊重政府的、針對不正義而發的公民不服從運動。因此三巴朗運動及凱達運動便是我對這場戰爭最直接的貢獻。要我暫停上述的運動，等於要我暫停自己的生命。假使我能推廣靈魂的力量，亦即愛的力量，取代殘忍的作為，那麼我知道我能夠給你一個新的印度，一個足以違抗整個作惡的世界的國家。所以我將年復一年地鍛鍊自己，向世人展現永恆的承擔，做給願意接受的人看。假如我從事另外的運動，也只是為了呈現此一法則無與倫比的優越。

最後我希望您能代向英王的內閣大臣轉達，就伊斯蘭邦地位給予我們保證。相信您也知道每個穆斯林都對此事相當關切。身為印度教徒，我無法認同他們的志業，但是他們的悲傷就是我們的悲傷。大英帝國若想常保安全，便應考量伊斯蘭邦的權利及穆斯林的宗教情感，以及您公正、及時的處置印度自治的問題。我寫這封信，是因為我愛英國，並且希望能激發每位印度人對英國人的忠誠。

第二十八章　死神來敲門

募兵幾乎使我累垮。那段期間我多半吃花生醬及檸檬，我知道吃太多花生醬對健康有害，但我還是多吃了，結果因此一再腹瀉。我不以為意，那天傍晚還到學院去。每隔一段時間，我總要去看看。我認為餓一頓應該會讓狀況好轉，於是我隔天早餐沒吃，果然覺得精神好了些。不過我知道若想完全康復，我就得繼續斷食，而且就算要進食，也只能喝果汁。

那天有個慶典，儘管我已先告知妻子我不吃午餐，她還是勸我進食，我也就聽了她的話。因為我立誓不喝牛奶或任何奶製品，她特別為我準備了甜麥粥，上面淋了一些油，還有一碗豆湯。這些都是我向來愛吃的，於是通通吃了，因為既可討好妻子，也能滿足自己的食慾。殊不知魔鬼正在等待機會，我把午餐吃得一點都不剩，正好讓死神有可乘之機。吃完不到一個小時，我就開始嚴重腹瀉。

當天傍晚，我得回到納底艾德。我十分艱難地走到距離僅一英哩外的薩柏默諦車站。維拉白在艾哈邁達巴德與我會合，他看出我不舒服，但我不讓他知道這痛有多麼不堪忍受。

十點左右，我們回到納底艾德。我們位於安納薩斯朗的總部距離車站只有半英哩遠，但是對我來說就像十英哩那麼長。我勉強走回總部，但是肚子絞痛得更厲害，我無法再走到一段距離以外的廁所，便請人在隔壁房內放個簡易的便器。做這種要求讓我覺得相當羞愧，但是也沒辦法。富爾昌律師立刻拿了一個便器給我，所有朋友也都十分關切，但是我的痛楚並未因此絲毫減少。我不肯接受治療也不願吃藥，堅持忍受所有的痛苦，當成對自己愚昧的處罰。我的堅持讓他們束手無策，只能圍在我身旁一臉擔憂。接下來的二十四小時，我大概拉了三、四十次。我又開始斷食，這回連果汁都不喝了，事實上也完全沒有胃口。我一直認為自己的身子是鐵打的，但現在我發現自己軟如一灘爛泥，沒有半分氣力。克努格醫師來看我，求我吃藥，但是我拒絕了。他又提議替我打一針，我也不願意。當時我對打針一無所知，拒絕得實在可笑。我以為針筒裡的液體是動物的血清，後來才知道是某種植物的汁液，但是為時已晚。我的腹瀉一直沒停過，讓我整個人虛弱無力。我還因此發了高燒，開始胡言亂語，讓朋友們更加緊張，陸續請了更多醫生來看我。但是面對一個不肯聽醫生話的病人，他們又能怎麼辦？

安伯拉爾和他太太一起到納底艾德來看我。與我的同事們商議之後，他們小心翼翼地將我移到他的別墅去休養。我想沒有人能像我這般幸運，在病中獲得如此多關愛與照護，但我還是一直微微發燒，身體也一日比一日虛弱。我開始覺得這病或許永遠好不了，可能會要了我的命也說不定。朋友們川流不息地到安伯拉爾的別墅來看我，讓我更覺煩躁，催他送我到學院裡去休養。最後他拗不過我，只好答應。

我在學院的床上輾轉受苦時，維拉白帶來了德國戰敗的消息。官員傳話表示已無募兵需求，這確實是個大好消息，讓我寬心不少。

這段期間我嘗試用水療法緩解，確有療效，但身體一直健壯不起來。許多具有醫學專業的人紛紛給我建議，但我就是無法接受。兩、三名醫師勸我既然不能喝牛奶，不如喝肉湯，還引用《吠陀經》上的權威話語，也有人建議吃蛋，但是我的回答始終都是一個「不」字。

我的飲食規則並非建立在宗教經典的權威上，而是交織著我的個人生活經驗，不需依靠外界的權威。我不想背離原則生活。我對妻子、子女和朋友都嚴格要求類似的原則，自己怎能說放棄就放棄？

這次生病是我生平臥病時間最長的一次，因此給了我一個絕佳機會，讓我審視並試驗自己服膺的原則。有天晚上我陷入絕望，覺得自己已經來到死神門前。我派人傳話給安娜蘇雅，她馬上趕來學院。維拉白也帶克努格醫師來為我診治，克努格醫師搭著我的脈搏說：「你的脈搏很有力，我覺得現在已經沒有危險了。我看你只是神經衰弱，是極度虛弱造成的。」但我還是半信半疑，一整晚都未闔眼。

翌日早晨我還是活著的，死神並未到來。但我還是擺脫不了可能死去的感覺，於是只要我清醒的時候，便請學院裡的人訟讀《薄伽梵歌》給我聽。當時我已經無法閱讀，連說話都沒有力氣。即使稍微聊上幾句，我的腦袋都會有緊張感，讓我覺得了無生趣。我從未像這樣只為了生存而活著，生命變得無望，什麼事也做不了，只能任由朋友和同事服侍我，眼睜睜看著自己的身體衰弱下去，覺得痛苦又無助。

正當我躺著等死時，有一天德爾瓦卡醫師帶了一個怪人來見我。他是馬哈拉什特拉人，沒有什麼名氣，但是我一見到他就知道，他跟我一樣是個愛嘗試的怪人。他拿了偏方過來，要在我身上試試。他曾經在格蘭特醫學院讀書，課程快修完了，只是沒有拿到學位。之後我聽說他是梵協會的一員。這位喀爾克律師有自己獨特的看法，秉性也很固執，信誓旦旦說冰療法甚為有用，打算在我身上試試看。我們給他取了「冰醫生」的封號。他深信自己發現了一些道理，是一般合格醫師所不知的。但我無法相信他的做法，不論是對他或對我來說，實在是非常可惜的事。我不是完全不相信他，我只信一部分，但覺得他太急著下結論。

但不論他的發現是否有價值，我都願意讓他在我身上試驗，外敷的試驗我無所謂。他的方法是在我全身上下敷冰塊，儘管我不能完全肯定他的做法是否具有療效，但至少在我心中燃起了希望，讓我重拾活力。心裡的反應很快就影響了身體，讓我開始有食慾，而且能夠散步五到十分鐘。於是他又建議我改變飲食，對我說：「我向你保證，只要吃生雞蛋，你的體力就會增強。雞蛋跟牛奶一樣是無害的，與肉類不同。你知道有些蛋是不預備孵小雞的，市面上有賣這種蛋。」但我連不孵雞的蛋也不打算吃。不過我的身體確實日漸好轉，也再度開始關注公眾活動。

第二十九章　羅拉特法案與一件進退兩難的事

醫生及朋友們都勸我搬到馬特朗去休養，於是我便搬了過去。但是那裡的水質極硬，讓我很不舒服。由於我先前不斷下痢，肛門變得十分脆弱，而且因為有傷口，每回大解時總是痛苦異常。現在只要一想到吃，我就心生恐懼。在馬特朗住不到一星期之後，我便飛也似地逃離那裡。班克自告奮勇看護我的身體，力勸我去看德拉爾醫師，於是我們請他來看病，他當機立斷的能力讓我相當折服。

他說：「除非你肯喝牛奶，否則我也無能為力。若你還肯注射鐵劑與砷劑，我可擔保你的身體會變得更好。」

我說：「我願意讓你注射，但是喝牛奶可就不行，我發過誓不喝牛奶。」

醫生問：「你到底發了什麼誓？」

我把緣由告訴他，因為我看過擠牛奶的過程，所以非常排斥飲用牛奶，於是立誓不喝。更何況我一向認為牛奶不是給人類喝的，因此我完全戒絕牛奶。我與醫師交談時，卡絲特貝一直站在床邊聽著。她插嘴問：「如果改喝羊奶，你應該就不會反對了吧？」

醫師立刻抓緊機會說：「如果你肯喝羊奶，我覺得也可以。」

我只好屈服。我想繼續非暴力抵抗運動，這念頭讓我的求生意志變得強烈，因此我答應只依照字面遵守誓約，誓言的真正精神也顧不得了。我立誓時心裡想著不該喝母牛的奶，此誓言自然應普及其他一切動物，何況我認為奶類不是人類自然的食物，飲用就是不對的。但無論如何，我還是同意了喝羊奶。想活下去的意志戰勝了秉持真理的精神，於是真理的信徒只好為了非暴力運動犧牲神聖的理想。即使到現在，這件事仍不時在我心裡縈繞，讓我感到悔恨。我經常在思考是否不要再喝羊奶，但是為人民服務的欲望緊緊攫著我，是我最難以言宣的誘惑。

飲食實驗對我來說極為重要，因它是我追尋非暴力目標的一部分。飲食上的種種實驗帶給我舒暢喜悅，但是喝羊奶之所以令我煩惱，並不是從不殺生的觀點來看，而是從真理的觀點來看，喝了羊奶無異破了誓約。我認為比起不殺生、不使用暴力的理想，我對真理的理想瞭解得更為透徹。我從經驗得知，一旦放棄真理，我將永遠無法解決非暴力的謎團。實現真理的理想在於遵守誓言時不僅能做到字面上的要求，還必須符合其精神。以這件事來說，我違背了誓言的精神，僅僅服從字面的要求，這令我痛苦不堪。我雖然明白這一點，卻看不清我眼前的道路。換一種說法，也許是我沒有勇氣走向眼前的道路。這兩者指的是同一件事，因為心存懷疑就表示缺乏信念，至少是信念不夠堅定。於是我日夜祈禱：「神啊！賜給我信仰吧！」

在我開始喝羊奶之後，德拉爾醫師替我動了肛門清瘡的手術，手術十分成功。術後靜養那段時間，我又充滿繼續活下去的欲望，特別是神已為我安排好該做的事。

我正準備開始休養，就在報上看到羅拉特委員會的報告，那時才剛剛出版。班克與索巴尼來找我，勸我盡快對此事採取行動。一個月之後，我前往艾哈邁達巴德，把心裡的憂慮全都告訴了維拉白，他幾乎天天來探望我。我對他說：「我們必須行動才行。」他反問我：「但是情況如此，我們可以做些什麼呢？」我回答他：「就算只能找到幾個人簽署，而且法案因為我們的反對而通過，我們還是應該立刻進行非暴力抵抗運動。要不是我現在只能躺著休息，就算只有我一個人，我也要抗爭到底，等待其他人加入。但是依我現在的情況，我覺得自己根本沒有能力辦到。」」

這次商議的結果，是先把與我保有聯繫的人找來，進行一場小型會議。照我看來，羅拉特委員會報告上的證據無法支持提出的建議，任何有自尊的人都無法接受他們的說法。

最後我們在學院裡召開了這場會議，參加者不到十位。就我印象所及，除了維拉白之外，只有娜都、霍奈曼、如今已故的索巴尼、班克及安娜蘇雅等等。非暴力抵抗宣言在會上起草，在場的所有人都簽了名。那段時間我並未擔任任何刊物的編輯，但我有時會透過報紙發表見解，這次也不例外。班克非常熱心參與這次的活動，我頭一次發現他有很強的組織能力，而且做事有始有終。

若要目前各個組織採行非暴力抵抗這項新式武器，恐怕還不可行，因此我們決定另外設立「非暴力抵抗大會」。由於大會的主要會員均來自孟買，因此總部也設在那裡。我們吸引許多人在宣言上簽名，並且發行公報，到處舉行集會。如火如荼的態勢，就如同當年的凱達運動。

我擔任非暴力抵抗大會主席，但是不久後我就發現，我與大會中其他知識份子很難達成共識。我對於使用古吉拉特語的堅持，以及其他某些做事方法，都讓他們感到憂慮又困窘。不過我還是要給他們應有的肯定，大多數都十分寬容，遷就我獨特的作風。

但我一開始就知道這個大會恐無法維持太久，因為我看得出某些人並不喜歡我所強調的真理及非暴力主張。無論如何，活動初期的聲勢相當浩大，而且發展迅速。

第三十章　好一場壯觀場面！

就這樣，對抗羅拉特委員會的運動正如火如荼展開時，另一方面政府的決心也益發堅定，於是頒布了羅拉特法案。我生平只參加過一次印度立法院的會議，就是討論這項法案。夏思特吉發表了一場慷慨激昂的演說，對政府提出嚴正警告。我看到總督聽得目瞪口呆，雙眼直盯著激動陳詞的夏思特吉。那一刻我覺得總督必定深受感動，因為夏思特吉所說的一切都真實無訛、充滿感情。

但正如我先前所說，只有對方真正睡著時，你才能夠喚醒他；若對方只是假裝睡著，你怎麼叫也不會有效果。這正是目前政府的寫照，政府已經下定決心，只想趕快立法，結束這場鬧劇；夏思特吉嚴正的警告，只不過是說給耳聾的政府聽。

在那種情況下，我的呼籲不過是曠野中的吶喊，沒有一點作用。我懇摯拜託總督，並寫了一封公開信給他，甚至私下寄信，清楚表示政府所做的一切讓我別無選擇，只能訴諸非暴力抵抗。但我的努力都只是徒勞。

當時法案尚未正式立法，我的身體也仍然虛弱，但我一接到來自馬德拉斯的邀請，立刻決定冒著長途旅行的風險前往。那時我無法提高音量在會議上發表意見，到今天我還是無法在會議上站著發表意見。只要稍微站立幾分鐘，我就會全身發抖，脈搏狂跳。

我一向喜愛印度南部，由於我在南非工作的經驗，我覺得自己對坦米爾人及泰盧固人似乎有某種特殊的權利，而南部善良的人們也從未令我失望。這封邀請函是由如今已故的艾洋格⑱發出，但是我在前往馬德拉斯的途中才知道，背後的策劃人是拉賈戈帕拉查理⑲。無論如何這是我們第一次認識彼此。

拉賈戈帕拉查理那時在艾洋格及其他朋友力勸下，來到馬德拉斯執業當律師，正準備積極投入公眾活動。我們到了馬德拉斯後就與他同住。我住了幾天之後，才發現他是真正的邀請人。由於我們所住的洋房是艾洋格的，所以我一直以為是他邀請我們來的，好在德賽先生把真相告訴了我。他很快就與拉賈戈帕拉查理變成好友。由於拉賈戈帕拉查理天性害羞，一直沒有出面。有天德賽提醒我：「這個人大有可為，你應該栽培他。」

我照做了。我們天天討論抗爭計畫，但除了召開公眾集會，我想不到其他活動。我發現自己想不到該如何採取「公民不服從」方式，抵制這項可能即將通過的法案。唯有政府給我們抵制的機會，我們才能夠不服從。假如這項法案遲遲不通過，我們能夠對其他法律採取「公民不服從」嗎？如果答案是肯定的，那麼又該在哪劃下界線？我們大部分時間都在討論這些問題。

艾洋格召集了一個小型會議，討論這件事。參加的人當中，格瓦切里律師表現出色，建議我寫一本有關非暴力抵抗的手冊，詳盡介紹其原則及實施細節。我覺得這份工作超過我能力範圍，也坦白告訴了他。

我們的會議尚未結束，卻傳來羅拉特法案已經通過的消息。消息傳來那一晚，我思索著這個問題，迷迷糊糊地入睡。第二天天色微亮時，我比平常時間早起，意識介於睡眠與清醒之間的朦朧狀態，陡然間腦中靈光一閃，彷彿做夢一樣。那天一早，我便把整件事告訴拉賈戈帕拉查理。

「昨晚我在夢裡想到，我們應該號召全國聯合罷市。非暴力抵抗運動是幫助人自我潔淨的過程，而我們

---

⑱ Kasturi Ranga Iyengar，印度律師、獨立運動家及記者。

⑲ Rajagopalachari，印度律師、作家、政治家、印度教降神師。他是印度獨立後唯一的印度人總督，後任馬達拉斯首席部長。

打的是一場聖戰，所以這場運動以自我潔淨的行為開始，是相當合理的。我們應該呼籲印度各行各業當天休業一天，只能絕食、禱告。由於穆斯林禁食不能超過一天，所以這場絕食時間是二十四小時。目前各省分是否都願意響應我們的呼籲還很難說，但我有把握孟買、馬德拉斯、比哈爾邦以及信德，都會願意加入。我想，即使只有這幾個地方願意配合罷市，我們也該覺得滿意。」

拉賈戈帕拉查理馬上贊成這項提議，其他朋友稍後得知時，也都表示贊同。於是我草擬了一則簡短的聲明。原本罷市時間是訂在一九一九年三月三十日，後來改成四月六日，給民眾一點時間準備。由於這項工作得馬上開始，沒辦法再往後延了。

但誰能料到獲得的回應竟如此驚人，當天整個印度從南到北、從城鎮到鄉村，百工通通停業，真是了不起的場面！

第三十一章　值得紀念的一週（一）

我在印度南部短暫旅行過後，來到孟買。我想應該是四月四日抵達孟買的，因為班克打電報來，要我參加四月六日的慶典。

與此同時，德里已於三月三十日罷市一天，因為斯羅丹納吉與哈金所說的話，在當地就等同法律。我們發電報通知罷市日期延後，豈料電報到得太晚了。德里從未有過這樣的罷市，印度人也好、穆斯林也罷，大家團結一致，不分彼此。德里的清真寺邀請斯羅丹納吉去發表演說，他去了。這一切已經超過政府當局所能夠容忍的限度。罷工的遊行隊伍朝火車站前進時，警察過來干預，還對著民眾開槍，死傷數人。鎮壓統治就此展開，斯羅丹納吉因此火速召我去德里，我回電報表示將於四月六日孟買慶典結束後就立即出發。

拉哈爾與安姆薩的情況跟德里差不多，薩太派爾與克期盧要我趕快到安姆薩去跟他們會合，那時我跟他們倆都還不熟，但是我告訴他們，等我去了德里後會到安姆薩去。

四月六日那天早晨，孟買人一窩蜂到喬帕第海邊去沐浴，然後集結成遊行隊伍，一行人浩浩蕩蕩朝著薩庫德瓦出發。隊伍裡有婦女也有兒童，穆斯林更不在少數。到了薩庫德瓦，一些穆斯林朋友帶著一部分人到附近的清真寺去，並且力邀奈都夫人⑳與我演講。傑洛姜尼建議我們當場宣誓，以促成印度教徒與穆斯林的團結，並且拒用外國貨，但是我立即反對。我的理由是：立誓約不應當急就章，我們應該對人們的作為感到滿足。我說，一旦立誓就必須奉行不渝、不得毀諾，因此若真要抵制外國產品，就必須先瞭解可能導致的後果。至於印度教徒與穆斯林的團結，雙方擔負的責任也應先釐清。最後我建議那些主張立誓的人，於次日早晨再集合一次。

---

⑳ Mrs Naidu，指 Sarojini Naidu，印度獨立運動活動家和詩人，亦被稱為印度的南丁格爾。她是第一位成為印度國大黨主席和北方邦州長的女性。

孟買的罷市活動相當順利，「公民不服從」運動也動員得差不多。我們還討論過兩者之間的關聯。最後決定「公民不服從」運動必須從民眾確實難以服從的法律著手。當時的鹽稅引起人民不滿，之前還因為鹽稅而舉行過抗爭，因此我建議大家在自家用海水製鹽，不必理會鹽法怎麼說。我另一個建議是出售官方取締的禁書。那時我的兩本著作──《印度自治》與古吉拉特文版本《給未來者言》──業已遭禁，正好可以派上用場。公開印刷、銷售這些書似乎是最簡單的方式來展現「公民不服從」。因此我們印了很多本，準備在當晚絕食結束、召開大會後出售。

四月六號晚上，一群志願服務人員拿著這些禁書在人群中販賣。戴維夫人跟我坐車上街，看到這些書很快就賣完了。賣書所得的錢用來支持公民不服從運動。每本各賣四安那幣，但我記得大家都拿出更高的價錢購買，許多人把口袋裡的錢通通拿出來，只見五盧比、十盧比的鈔票紛紛出現，甚至有人拿出面額五十盧比的大鈔，只買一本！我們盡職地向大家說明，購買禁書可能被逮捕入獄，但是沒有人害怕。

後來我們才知道，政府怕麻煩，對外宣稱他們所禁的書並未售出，而我們賣出的書不能算是禁書。政府認為這些重印的書算是禁書的新版，因此買賣不算違法。大家聽到這說法都很失望。

翌日早上，我們開會討論是否立誓抵制外國產品與印度教徒、穆斯林團結的事。傑洛姜尼總算明白並非所有閃閃發亮的都是金子。參加的人不多，讓我留下深刻印象的是幾個女性，因為那天到場的男人很少。我帶來寫好的誓約，宣誓前先對所有人詳細解釋誓約的意義。到場的人這麼少，我既不感到驚訝也不難過，因為我早已注意到大眾的態度有明顯差異：大家都喜歡鼓動人心的工作，不喜歡默默努力、有建設性工作。這種情況直到今天依然沒變。

不過我想另闢一章討論這問題，所以還是繼續說這故事吧。四月七日晚間，我啟程到德里及安姆薩，八日抵達馬都拉時，聽到我可能被捕的流言。再前往下一站時，吉德萬尼來接我，告訴我當局打算逮捕我是千真萬確的事，還說如果我需要幫助，他可以挺身而出。我向他道謝，並說有需要一定請他幫忙。

火車尚未抵達帕瓦爾車站，我就收到一份文件，內容大意是禁止我進入旁遮普，因為我的存在會造成當地人民不安。警察要求我下車，但我拒絕了。我說：「我去旁遮普，是因為有人邀請我，況且我去那裡是為了安定人心，不是要去擾亂秩序的。所以很抱歉，我沒辦法服從命令。」

最後火車抵達帕瓦爾，拉那德跟我在一起。我要他直接去德里，轉告斯羅丹納吉這裡的事，叫他們稍安勿躁；我叫他向大家說明，何以我寧肯受處罰也不肯服從命令，以及若我們能平靜看待我受罰一事，勝利最後是屬於我們的。

於是我在帕瓦爾車站被帶下火車，交由警察看管。沒多久，一班火車從德里駛來，他們押著我上了三等車廂，由警察陪同。火車抵達馬都拉時，我被帶到警察駐點站，但沒人能告訴我，他們打算拿我怎麼辦，或打算把我帶往何處。第二天凌晨四點，他們叫醒我，把我帶上一列運貨火車前往孟買。中午時分到達馬托布爾，我又被帶下車。有一位名為鮑倫的警官搭郵車過來，負責押送我。我跟他一起坐進頭等車廂，地位一躍為紳士型犯人，不再是一名普通犯人了。然後這警官開始滔滔說起奧德沃爵士，說他並不是跟我過不去，只是擔心我一到旁遮普，就會引起騷動。最後他請我自動回孟買，不要進入旁遮普境內。我表示無法服從這項命令，也不準備回去。這名警官眼看沒有別的辦法，說他不得不對我執行法律。我問他：「那你打算拿我怎麼辦？」他說他也不知道，需等候下一道命令。他說：「現在我要帶你回孟買。」

我們抵達蘇拉特後，他把我交給另一名警官。這警官帶著我回到孟買，對我說：「你現在自由了。」然後又說：「你最好在海線附近下車，我會叫火車暫停一會兒。你要是在柯拉貝下，可能會引來一大群人圍觀。」

我說我很樂意聽他的話，他也很高興。於是我在海線下車，碰巧那時一位朋友的馬車經過，他要我上車，載我前往賈吉旺家。這位朋友還告訴我，我遭逮捕的消息引起人們義憤，大家都激動到瘋狂的地步。最後他說：「帕敦尼隨時可能發生暴動，法官跟警察都已經趕到那裡了。」

我還沒能抵達目的地，索巴尼跟安娜蘇雅已經在那裡了，要我盡快坐車趕到帕敦尼去。他們說：「群眾已經開始不耐煩了，而且都很激動。我們安撫不了他們，只有你去才有辦法。」

於是我上了車。快到帕敦尼時，我看到一大群人聚集，他們一見到我欣喜若狂，馬上排成一列隊伍，唱起國歌及《真主最偉大》，歌聲響徹雲霄。隨後我們就看到騎在馬背上的警察，朝著我們扔磚塊。我呼籲大家鎮定，但我們顯然無法抵抗一波又一波的磚頭攻擊。當遊行隊伍走到拉赫曼街，準備往克勞福德市場前進時，突然看到前面有一排騎在馬背上的警察，打算攔阻我們往堡壘的方向前進。大批群眾擠在一起，幾乎突破了警方的警戒線。在那種情況下，我說什麼都不會有人聽見。帶隊警官下令驅散群眾，一大批騎馬的警察揮舞著長矛朝人群衝來，我以為自己可能會受傷，但其實多慮了。長矛只是擦過車輛，騎馬的警察快速奔過，衝散了群眾的隊伍，大家亂成一團。有些人被踩、也有些人在推擠中受傷。人潮實在太多，根本無法讓馬匹通過，也沒有任何出口可以驅散人群。因此這群警察只是在人群中橫衝直撞，硬生生擠出一條路。我沒法想像他們知不知道自己在做什麼，那真是一副極其可怕的畫面，馬背上的警察與亂哄哄的群眾全都擠在一起。

就這樣，群眾被驅散了，遊行因此中斷，只有汽車可以通行。車子經過警察局門口時，我請司機暫停，我下車去找局長抱怨警察當天的作為。

第三十二章　值得紀念的一週（二）

我走向警察局長辦公室，通往辦公室的樓梯兩側站了許多全副武裝的士兵，一副隨時要執行軍事任務的樣子。走在廊上，我可以感受到緊張的空氣。有人領我進入辦公室時，我看見鮑倫先生跟局長葛瑞費斯坐在一起。

我向局長描述今天的情況，他只是簡單回答：「我不希望隊伍走到堡壘，否則後果不堪設想。而且我也是因為群眾不肯聽從勸告，才不得不命令警察從隊伍當中通過。」

我說：「但你應該知道這樣做的後果，馬匹會踩到人，我認為派騎馬的警力去鎮壓根本毫無必要。」

葛瑞費斯局長說：「這不是由你來判斷，警方比你更清楚你對民眾造成的影響。如果我們一開始不採取激烈的手段，情勢會搞到不可收拾。我告訴你，你最後控制不了民眾，他們很快會變得不想服從法律，也不瞭解公民有維繫和平的責任。我對你的用心沒有懷疑，只是人民無法理解。他們只受本能驅使。」

我回答：「我無法同意這一點。愛好和平是人的天性，而非凶暴。」

我們爭辯起來，最後葛瑞費斯說：「這樣假設好了，如果有一天，你發現民眾不理會你鼓吹的理想，你會怎麼做？」

「如果真有這種情況，我會停止『公民不服從』運動。」

「這是什麼意思？你先前對鮑倫先生說，你獲得一釋放就要趕往旁遮普。」

「沒錯，我想搭下一班車前往，但是今天來不及了。」

「如果你能有點耐性，你會發現我說的話沒錯。你知道艾哈邁達巴德跟安姆薩的情況嗎？到處都是激動得幾近瘋狂的群眾。我還沒掌握所有事實，因為有些地方電報打不進去。我只能告訴你，你就是這一切動亂的根源。」

「我向你保證，如果我發現真的有你所說的情況，我一定馬上負起責任。但如果我發現艾哈邁達巴德有動亂，我會非常驚訝且痛心。至於安姆薩，我無法回答，因為我沒去過那裡，那兒的人也不認識我。旁遮普的部分，我可以明確地說，要不是當地政府阻止我入境，我本來可以幫忙維持那裡的和平的。但他們硬要阻止，反而激怒了民眾。」

就這樣我們激辯不休，畢竟我們本來就不可能有共識。我告訴他，我們打算在喬帕第召開一次集會，對民眾發表演說，要求他們保持和平。說完我就向局長道別。這場集會在喬帕第沙灘舉行，我詳細說明非暴力的責任與非暴力抵抗運動的限制，並且告訴大家：「非暴力抵抗是捍衛真理的武器。非暴力抵抗運動矢志擁護非暴力，除非大家都能在思想、語言及行為上遵守這種精神，否則我就不推動群眾非暴力抵抗運動。」

安娜蘇雅也收到消息，得知艾哈邁達巴德產生暴動，甚至有人散播謠言說她已經遭到逮捕。紡織廠工人一聽說她被捕，群情激憤下發動罷工，並展開暴力行動，一名軍官因而遭到殺害。

我前往艾哈邁達巴德，抵達後聽說有民眾打算破壞納底艾德火車站的鐵軌，而且有一位政府官員在維蘭岡慘遭謀殺，所以艾哈邁達巴德正處於戒嚴狀態。這裡的每個人驚慌無比，他們不光得為暴力行動付出代價，還得加上利息。

一名警察在車站等我，準備護送我去見當地的警察局長普拉特先生。他非常生氣，我則溫和地與他溝通，表示我對暴動感到十分遺憾。我也向他表達戒嚴是不必要的，保證自己一定竭力配合恢復和平。我要求在薩柏默諦學院舉行一次集會，他覺得這個主意不錯，於是就在四月十三日舉行集會，戒嚴也在集會當天或翌日就取消了。我在集會上向群眾解釋他們先前的行為是錯誤的，並且宣布我將為此斷食三天，也請他們斷食一天。我還要求曾經犯下暴行的人坦承錯誤。

我明白自己的責任，這群工人與我長時間相處，我為了他們而盡心服務，並且對他們懷抱期望，但他們竟然參與暴動，這讓我覺得宛如自己犯了錯。

在我建議群眾認錯的同時，我也向政府建議赦免他們的罪，但是兩方都不肯接受。

如今已故的羅曼爵士與另外幾個人來找我，請我暫停非暴力抵抗運動。其實這個請求是不必要的，因為我本來就已經下定決心，群眾只要一天不學會和平，這項運動就一天不開始。他們因此很高興地離開了。

但也有人不贊同我這個決定。這些人覺得，假如我期待各處都是和平的狀態，認為和平是推動非暴力運動的前提，那麼群眾的非暴力運動永遠不可能實現。但是我不得不遺憾地表示，我不同意這個論點。假如與我一同努力的同伴無法貫徹非暴力行為，也不願承受痛苦，那麼非暴力運動也永遠不可能實現。我堅信想帶領民眾從事非暴力運動的人，應該要能監督群眾實現非暴力的作為，這也是我們所期望的。直到今天，我還是抱持同樣的看法。

第三十三章 誤判情勢，鑄下喜馬拉雅山一般的大錯

上述集會結束後，我一刻也沒休息，立刻前往納底艾德。在這裡我首度使用「鑄下喜馬拉雅山一般的大錯」這個說法，並且馬上廣為流傳。當我還在艾哈邁達巴德時，就隱約覺得自己犯了錯，但當我來到納底艾德，看到那裡的實際情形，又聽說凱達有許多人被捕，我才真正領悟到自己犯下的錯有多嚴重。局勢還不成熟，我就在凱達及其他地方推動「公民不服從」運動，實在操之過急。於是我又召開一次集會，公開認錯，因此招受不少嘲笑。但是我不後悔自己這麼做。因為我始終相信，唯有以放大鏡檢視自己的錯誤，並且以相反方式看待他人的錯誤，才能公正地評斷兩者。我進一步認為，想成為奉行非暴力抵抗的人必須本著良心，戰戰兢兢遵守上述原則。

現在來看看什麼是喜馬拉雅山一般的大錯。在具備實行「公民不服從」的能力之前，必需先做到尊重並服從國家的法律。大部分時候，我們之所以守法，只害怕違法必須繳交罰款，尤其當某項法律與道德原則無關時更是如此。舉例來說，一個誠實正直的人不會偷竊，無論法律是否禁止偷竊，他的行為都不會改變。但若法律規定夜間騎自行車必須開車頭燈，他就算不遵守也不會覺得良心不安，甚至不見得能愉快接受旁人叫他騎車小心的勸告。即便如此，他還是會遵守這項規定，因為他不想面對司法上的麻煩。我們對非暴力抵抗者的要求不僅止於此，他必須自願且自發地遵守規定，並且經過思考判斷後出於意志加以遵守。他必須認為守法是神聖的職責。唯有小心翼翼地守法，他才能公正判斷良法與不公義法律的差別。能做到這一點，他才

有權利在特定環境下針對某些法律進行「公民不服從」。我的錯誤在於沒能看出這一點。我號召這些人加入「公民不服從」運動，卻沒想到他們尚無資格加入，這對我來說是滔天大錯，如喜馬拉雅山一般高的錯誤。我一進入凱達境內，過去帶領他們進行非暴力抵抗的回憶歷歷在目，自己當時怎麼會沒看出這麼明顯的錯誤。我終於領悟到：一個民族若想進行「公民不服從」運動，必須先能瞭解其意涵。如此一來，若想重新帶領大家投入「公民不服從」，就必須先訓練一批心地純良、完全明白何謂非暴力抵抗的志工。由他們向民眾解釋原則，並且日夜督促，不讓民眾犯錯。

我想著這些事，一路來到了孟買。從當地的非暴力大會裡找出一批人加以訓練，展開教育民眾的工作，反覆闡釋非暴力抵抗的意義及重要性。我們主要靠著印發手冊來教育大眾。

儘管工作持續進行，我看得出人們對於和平方式的非暴力抵抗並不感興趣。參加志願隊的人也不多，就算是參與的人，也不見得定期接受有系統的訓練。日子一天天過去，志願參加者越來越少。我因此瞭解「公民不服從」訓練的進展恐怕不如我原先預期的那麼快。

第三十四章 《新生活報》與《新印度》

就這樣，一方面非暴力活動緩慢但穩健地持續進行，另一方面政府非法鎮壓的政策也如火如荼展開，尤其以旁遮普一地最為激烈。公眾運動的領袖們紛紛被捕，政府也宣布了戒嚴法。換句話說，該地陷入無法無天的狀態，甚至成立了特別法庭。特別法庭與為正義而設立的一般法庭不同，相反的，特別法庭是遂行獨裁者個人意志的工具。沒有確實的證據，也可以在特別法庭任意判刑。換言之，就是政府公然違背正義的原則。安姆薩的居民飽受欺凌，不分男女都只能苟且偷生。在我看來，扎連瓦拉花園屠殺㉑的悲劇也不如安姆薩居民平日受到的待遇令人生氣，儘管這場悲劇吸引了印度人及全世界的關注。

大家力勸我無論如何得盡快趕到旁遮普，於是我寫信也打了電報給總督，想徵求他同意，但未獲回應。假如我沒得到同意便擅自進入旁遮普，肯定無法獲得入境許可。換句話說，我只違背規定。這麼一來，我實在進退兩難。目前情勢是，如果我不顧命令，強行進入旁遮普，那麼我的行為就不能稱為「公民不服從」，因為「公民不服從」應當是在和平的情況展開。眼下旁遮普無法無天的鎮壓行動，只是讓當地居民憎恨的情緒更加高漲。對我來說，在這種情勢下實行「公民不服從」，就算真能辦到，也無異火上澆油。所以我最後還是不理會朋友的建議，決定不去旁遮普。然而這無疑要我吞下一錠苦藥。旁遮普每天都傳來各種不公不義的迫害事件，我卻只能咬牙切齒，什麼都幫不上忙。

此時，讓《孟買紀事報》成為一股巨大勢力的霍尼曼先生卻被政府當局驅逐出境。政府這種行為委實低級污穢，直到現在，我似乎都還能聞到那種惡臭。就我所知，霍尼曼先生從不希望以不合法的方式表達抗議，他也反對我不經非暴力抵抗運動委員會的同意就違抗旁遮普政府之命令。他對我暫緩推動「公民不服從」動一事表示贊成，甚至在我公開宣布此決定之前，就已經先寫信給我勸我暫緩，儘管因為孟買與艾哈邁達巴德的距離遙遠，我是在宣布之後才收到他的來信。他突然遭到驅離，讓我驚訝又痛苦。

但因如此，《孟買紀事報》的董事們要求我負起綜理報務之責。社裡已經有貝爾威先生在，我能做的實在不多。不過我的個性就是這樣，若真的接下責任，就非盡心盡力去做。

此時政府下令《孟買紀事報》停刊，如同替我解了圍。

紀事報的董事如索巴尼、班克先生，也都是《新印度》的幕後人物。他們說，既然《孟買紀事報》遭勒令停刊，不如把《新印度》的編輯大權交給我。且為彌補《孟買紀事報》停刊的缺口，《新印度》應當從每周出刊一次改成兩次。我也是這樣想。那時我急著想讓大眾更加瞭解非暴力抵抗的意義，希望能透過闡釋非暴力抵抗，順便對旁遮普的形勢做出公正的評價。因為在我所寫的文章背後，隱含著非暴力抵抗的意涵，政府也明白這一點。於是我接受了他們的付託。

只是要如何使用英語來幫助大眾瞭解非暴力的意涵呢？我主要負責古吉拉特地區。亞尼克律師與索巴尼、班克先生均熟識，他當時正主持每月出刊一次的《新生活報》，背後的金主正是這群朋友。他們都希望把這份月報也交給我負責，亞尼克律師亦同意繼續幫忙。這份月刊就這樣改成了周刊。

㉑ Jalianwala Bagh tragedy，一九一九年發生於安姆薩公園的悲劇事件。集會群眾遭到英軍槍擊，近四百人死亡，一千餘人受傷。

同時《孟買紀事報》又可以復刊了。《新印度》也改回原來的周刊形式。若要分隔兩地印行這兩份報紙，不單對我造成不便，也會增加開銷。既然《新生活報》已移到艾哈邁達巴德發行，我便建議也將《新印度》的報務移到該地，以方便管理。

這樣做還有其他原因。我過去辦理《印度輿論》時發現報紙一定得有自己的印刷廠才做得起來。更何況若根據當時印度的印刷法規定，如果我想針對時事暢所欲言，印刷廠也多半不敢承印。因此自己擁有印刷廠是當務之急，而且唯有艾哈邁達巴德才有這條件，因此《新印度》非遷移不可。

我努力辦報，試圖幫助識字的大眾明白非暴力抵抗的道理。這兩份報紙發行都很廣，最高時期曾經每種報紙發行四萬份。但之後的《新生活報》發行量快速飆高，《新印度》的成長便趨緩。在我被當局監禁之後，這兩份報紙的發行量都下滑，目前發行不到八千份。

打從一開始，我就不肯讓這兩份報紙刊登廣告，我也不認為這樣做會有什麼實質損失。我反而認為正因不登廣告，這兩份報紙才能維持獨立性。

有意思的是，這兩份報紙讓我保持內心的平靜。既然短時間內無法進行「公民不服從」運動，辦報讓我得以暢快發表意見，與民眾真心溝通。我想，這兩份報紙不僅在考驗重重的關頭可讓民眾有瞭解時事的管道，也稍稍減輕了戒嚴法下的暴虐統治。

第三十五章　在旁遮普

奧德沃爵士認為在旁遮普發生的事情都該由我負責，而一群激憤的旁遮普青年也認為我應為戒嚴法負起責任。他們的說法是：要不是我先暫停公民不服從，扎連瓦拉花園屠殺案也不會發生。甚至有些人放話表示，假如我敢去旁遮普，他們就要暗殺我。

但我覺得我的立場沒錯，任何一個具有理解力的人都不應誤解才對。

我急著趕到旁遮普去。我從沒去過那裡，急著想看一看那邊的情況。邀請我去旁遮普的薩太派爾、克期盧與喬德哈里等人，當時均已被捕入獄，但我覺得政府也有所忌憚，不可能關他們太久。我在孟買時，有許多旁遮普人來拜訪我，我也總會對他們說一、兩句鼓舞的話語，讓他們因此高興起來。那段期間，我的自信心感染了許多人。

但我打算去旁遮普的計畫，卻一延再延。我每次對總督提起要去旁遮普的事，他都說：「再等一等。」計畫就這樣延宕下來。

這時，調查花園慘案的「杭特委員會」宣布要調查旁遮普政府在戒嚴法掩護下的種種惡行，C.F. 安德魯斯到了當地，來信跟我形容當地令人揪心的種種慘狀，讓我覺得假戒嚴之名遂行的暴行比報紙上的報導更惡劣。他力促我趕快前往當地與他並肩作戰。此時馬拉維亞吉也拍電報來，叫我快到旁遮普。於是我再一次打電報給總督，詢問我能不能去旁遮普。他回覆了一個確切日期，要我在那個日期之後再出發。我現在記不清了，不過應該是十月十七日。

我一到拉哈爾，眼前的景象讓我永生難忘。火車站從站頭到站尾都是憤怒的群眾，所有人都從四面八方的屋裡跑出來，有如看到多年不見的至親家人，個個喜出望外。我先暫住在目前已逝的喬德哈里家中，但是接待我的沉重責任卻落在戴維夫人肩上。說沉重毫不誇張，因為即使在當時，每天來看我的人總是川流不息。

由於旁遮普的公眾運動領袖均已入獄，他們的位置由馬拉維亞吉、默提拉吉和目前已故的斯羅丹納吉暫代，我想這是合理的。馬拉維亞吉與斯羅丹納吉與我都是舊識，但是我和默提拉吉卻是第一次密切接觸。我馬上與這些人以其他逃過牢獄之災的當地領袖打成一片，覺得自己是他們當中的一分子。

我們一致決定不把手中的證據交給杭特委員會。如今這件事已經過去，當時我們已將這麼做的原因公諸世人，因此沒有必要在此重複。但是隔了這麼久之後再回頭看，我仍然覺得我們對這個委員會的杯葛是正確且恰當的。

杯葛之後，我們覺得照道理必須成立非官方的調查委員會，代表國大黨進行平行的調查。納盧、如今已故的達斯、泰伯吉律師、哲雅客律師與我被任命為調查委員，主席則由馬拉維亞吉擔任。我們分頭到全國各地調查事件的原委。委員會的統籌工作由我負責，我必須前往許多地方進行實際調查，因此待在旁遮普的這段期間，是我近距離觀察當地村莊及接觸在地人的珍貴機會。

我在調查過程中認識了許多旁遮普婦女，而且大家一見如故。不論我走到哪裡，總有一群婦女跟著旁邊，讓我看她們手上的棉紗。我也因此瞭解旁遮普是可以成為專門生產棉布的地區。

我越深入調查政府對人民所做的暴行，就越瞭解政府暴虐的一面與官員喜怒無常的獨裁作風。這一切都出乎我意料之外，而且令我倍覺痛心。當時最令我感到驚訝的（直到現今我仍然驚訝不已），是旁遮普有大批年輕人在世界大戰期間為英國政府效力，但如今卻得忍受這些暴行。

替委員會草擬報告書的工作也由我負責。如果你想瞭解旁遮普人民受到什麼非人待遇，請參閱這份報告書。我只想說，報告書裡提到的事件絕無誇張，每一句話都有證據支持。此外，委員會並未將手中握有的證據全數發表，倘若某事的真實性有一絲值得商榷的地方，我們就不納入報告書。這份報告的宗旨就是揭露真相──除了真相之外沒有別的──讓世人知道。看過的讀者自然會瞭解英國政府的惡行有多重大。英國政府為了鞏固統治權，任何野蠻及殘暴的壞事都做得出來。就我所知，政府也從未反駁報告裡任何一句話。

第三十六章　基拉法特反對保護牛隻？

現在我們必須先暫時擱下旁遮普的殘酷事件。

國大黨對旁遮普事件的調查才剛開始，我便收到邀請函，要我參加印度教徒與穆斯林在德里舉行的聯合會議，商討基拉法特的問題。我聽說參加人士還包括阿里與如今已故的哈金，斯羅丹納吉也會參加，而且還是會議的副主席。若我沒記錯的話，本次會議是要討論基拉法特內部紛爭帶來的新局勢，以及印度人與穆斯林究竟該不該參加和平慶祝活動。邀請函上還說，會上要討論的不僅是基拉法特問題，還包括保護牛隻的問題，因此是一舉解決牛隻問題的大好機會。我回信表示願意參加，但也指出這兩件事不應該混為一談，或當成買賣交易來看，而應該依各自情況分別解決，以做出最適當的判斷。

我抱著這樣的想法赴會，會議出席狀況十分踴躍，但比不上後來動輒數萬人參加的場面。我跟目前已故的斯羅丹納吉與哈金討論上述問題，他們瞭解我的論點，斯羅丹納吉要我在會議中提出。於是我在會議上力陳，倘若基拉法特問題如我所信，確有其正當性與合理性，政府確實犯下不公不義的大錯，印度人自然應當站在穆斯林這邊，要求政府提出補償，並且導正這項錯誤。但此時印度人提出牛隻問題來討論，或企圖拿此事跟穆斯林討價還價，就是不恰當的做法。同樣地，若穆斯林拿停止屠殺牛隻作為收買印度人的條件，也同樣不恰當。若穆斯林是因尊重印度教徒的宗教感情，珍惜雙方同屬一片土地的緣分，願意主動停止屠宰牛隻，那麼他們的做法便非常值得稱許。我主張採取此一獨立的態度是他們的責任，也會讓他們的行為顯得更有尊嚴。但若穆斯林真的認為停止宰牛是身為鄰人的責任，那麼無論印度教徒肯不肯在基拉法特運動上支持他們，都應當這麼做。因此我說：「因為這個緣故，這兩個問題應當分別討論。這場會議應該只討論基拉法特目前的處境。」在場人士大多同意這個說法，所以保護牛隻的問題就先擱下不討論。

儘管我提出了這項論點，阿布達先生還是表示：「無論印度教徒這次幫不幫穆斯林，身為同胞都該尊重對方這方面的情緒，應該放棄宰牛。」後來有一段時間，他們似乎不再殺牛了。

又有人建議把旁遮普問題也一併在這會議上提出討論，我也提出反對意見。我說，旁遮普問題是地方單獨的問題，不應影響我們參不參加和平慶祝活動的決定。畢竟基拉法特問題與和平條款直接相關，假如我們將兩者混為一談，就是嚴重的是非不分。大家很快接受了這個論點。

莫哈尼也來參加這場會議，我之前就認識他了，但這次我才發現他充滿鬥士精神。我們從一開始就意見不同，有幾件事我們到現在還是各持己見。

這場會議通過了多項決議，其中一項是號召印度教徒與穆斯林宣誓抵制外國貨。但這時我們尚未想到本國自製棉布可以派上用場。莫哈尼不肯接受這提議，他認為若基拉法特運動未獲應有的正義，我們就得對大英帝國進行報復，因此他提出另外一道提議，必要時只杯葛英國貨。但我認為這樣做違反原則又不切實際，因此提出反對，我的論點現已為人所熟知了。我還在會議上提出非暴力的概念，我注意到與會眾人對我發表的言論均深有所感。莫哈尼先我而發言，他說完後獲得如雷的掌聲，我原本擔心自己接下來講的話會像是曠野中微弱的呼喊，無人理睬。但我認為若不在會議上誠懇提出意見，就等於怠忽職責，因此還是鼓起勇氣發言。令我喜出望外的是，我一開始說話，在場者均全神貫注地傾聽，連坐在講台上的多位演講人也支持我，紛紛站起來發表看法，支持我的論點。提倡抵制英國貨的領袖們發現，若強行推動抵制，非但收不到效果，反而會讓對方視為笑柄。事實上，在場的每個人身上都穿戴著英國製商品，無人例外。在場人士因此體認，如果就連支持抵制之人都無法做到完全不用英國貨，倘若這項決議真的通過了，結果肯定是有害無益。

莫哈尼說：「光抵制外國布還不夠，因為沒人知道我們還要多久時間才能生產出類似布料並滿足全國需要。我們想做的，是讓英國馬上感受到我們的感受。如果不能抵制外國布，我也沒意見，但是請告訴我有沒有更快、更有效的辦法。」一聽他發表意見時，我也覺得除了抵制外國布料之外，必須採取新的行動。那時若要馬上抵制外國布，在我看來並不可能，因我們尚未確認自己是否有能力生產足夠的棉布供全國之需。之後我才發現這一點。另一方面，我當時就已經瞭解，光動員紡織廠抵制外國布絕對不夠。莫哈尼演講時，我不斷地思考這個問題，等他講完後，我仍委決不下。

我不熟悉北印度語及烏爾都語，因此說起話來加倍困難。這是我第一次面對大多數來自北部的穆斯林，並且發表嚴肅的論點。過去我曾在加爾各答的穆斯林聯盟集會上以烏爾都語發表演說，但那只是短短幾分鐘的演說，而且是以情感訴求為主。這次的情況完全不同，我面對的群眾抱著批判的態度，假如不發表立場敵對的言論，我必須向他們解釋清楚自己的論點。我拋開自己的羞怯，告訴自己我不需要以毫無瑕疵的烏爾都語演說，只要能以自己勉強掌握的、不通順的北印度語傳達意見就夠了。就這一點來說，我辦到了。這場會議證明了北印度語與烏爾都語相混，可以當成印度的國語。假如我以英語演說，就不會像這樣打動現場聽眾，莫哈尼也不會覺得有必要提出反駁，而且就算他提出反駁，我也無法提出有效的辯論。

我想解釋新的想法，卻苦於找不到適當的北印度語或烏爾都語來形容，因此停頓了一會兒。最後我想到「不合作」這個字眼，這是我在這場會議中第一次使用這個字眼。我聽莫哈尼演說時，想到他一再提到對抗政府，卻在許多方面配合政府的作為。然而訴諸武力既非我們所樂見，而且也不可能。因此我想：若想對抗政府，唯有停止與政府合作。就這樣，我想到了「不合作」這個字。那時我尚未對這個字發展出清晰的且多重的概念，因此決定先不要說太多。我只說：「穆斯林已經通過一項非常重要的決議，如果和平條款對穆斯林不利（願上主保佑不要發生這種事），他們就要停止與政府的一切合作。所以，撤回與政府的合作，是人民與生俱來的權利。假如政府在基拉法特這種大事上背叛人民，我們也沒有義務顧及政府的顏面或榮譽，或是繼續為其服務，而只能以『不合作』方式進行對抗。也就是說，一旦政府背叛我們，我們有權利採取『不合作』行為。」

直到幾個月後，這個字才開始流行，最後人人皆知。那個時候，這個字還被埋沒在會議紀錄裡。一個月後，我參加了在安姆薩舉行的國大黨會議，支持合作決議，並且衷心期望政府背叛人民的一天永遠不會到來。

第三十七章 國大黨大會在安姆薩舉行

旁遮普政府在戒嚴法掩護下拘捕了數百名旁遮普人，卻無法長期監禁他們，畢竟當初逮捕的證據非常薄弱，臨時組織的法庭又是有名無實。這種不公不義的做法引起廣大的抗議，想要繼續監禁不可能，因此大多數遭逮捕之人都在國大黨開會前被釋放。大會進行期間，包括哈基參拉爾等人在內的多位領袖均已釋放，阿里兄弟出獄後直接來到大會會場，人民的歡欣難以形容。尼赫魯是這次大會的主席，他放棄了收入豐厚的律師事務，把旁遮普當成事業的根據地，為本地人民付出的貢獻厥偉。如今已故的斯羅丹納吉則擔任接待委員會主席。

我每次參加國大黨年會，均只提議採用北印度語，因此我的演說都是以北印度語發表，演說內容多半是有關海外印度人的情況。我原本沒想到今年年會與往年有何不同，但就像之前發生過許多次的情況，有時候責任會突然落在我的肩上。

當時英國國王才剛公布新的改革方案，在我看來實在令人不滿，其他人也有同樣的看法。但是我那時認為，儘管改革計畫有瑕疵，還是可以被接受。我從國王公告的內容及語氣，察覺出辛哈勛爵參與其中的線索，因此感到一絲希望。但是有經驗的改革老將羅卡曼亞與達斯哈班度卻大不以為然。馬拉維亞吉則抱持中立立場。

馬拉維亞吉安排我與他同房。先前在印度大學創建典禮上，我便曾一窺他簡樸的生活，但這次跟他住在一起，我才真正注意到他生活上的每一個細節，讓我既訝異又欣喜。他房間的陳設像是歡迎所有窮人光臨的免費旅棧，你很難從這一頭走到另一頭，因為往往擠滿了人。任何人在任何時候去探望他，他都來者不拒，想聊多久都可以。我輕便的小床慎重地擺在房裡某個角落。

但我這一章並不打算鉅細靡遺地介紹馬拉維亞吉的生活方式，現在就言歸正傳。

我天天都能與馬拉維亞吉討論事情，他向來如同一位親切的兄長，總是不厭其煩地為我解釋不同派系的觀點。這時我發現自己已經無法不參與改革方案的討論了。之前國大黨針對旁遮普案的錯誤提出了報告，我也參與其中，因此覺得有必要繼續討論本案後續事宜，這表示我必須跟政府打交道。另外還有基拉法特運動一事尚未解決。當時我一心以為印度事務大臣蒙太古先生不會背棄印度，又看到阿里兄弟與其他民間政治領袖被釋放，覺得皆是吉兆，因此認為擬訂接受改革方案的決議是正確的。達斯哈班度則持相反意見，他認為改革方案完全不恰當，無法令人滿意，因此極力反對。如今已故的羅卡曼亞在這件事上較為中立，但傾向支持達斯哈班度。

想到自己跟這兩位經驗老到、廣受尊崇的領袖意見分歧，讓我覺得痛苦異常。但另一方面，我不得不傾聽自己的良知，良知的聲音如此清晰。我曾試圖逃離國大黨大會，也向馬拉維亞吉與墨提羅吉提出建議，接下來的會議我會先行迴避，這樣對大家都好，我也不必公開與廣受敬重的領袖們表達不同意見。

但他們倆都不贊成我退出。不知怎麼地我想退出的消息傳到哈基參拉爾的耳裡，他來對我說：「你不能這樣做，這樣會傷害旁遮普人的心。」我也跟羅卡曼亞、達斯哈班度與真納先生討論這事，但想不出其他辦法。最後我直接跟馬拉維亞吉說明我有多為難：「我覺得找不到折衷的辦法。假如我提出動議，到時一定會分成兩派，大家必須投票表示贊成或反對，沒有其他解決的法子。每次開會都是以舉手方式進行表決，這樣就很難分出誰是正式代表、誰是列席旁聽。這次出席的人數又這麼多，我們根本沒辦法計算。所以現在情況是，即使我真想採取投票表決方式也辦不到，這麼做也沒意義。」但哈基參拉爾願意替我想辦法解決此事。他說：「我們當天投票時，不准旁聽者進入。至於計算票數，這個呢由我負責。但你不准離開大會。」

聽他這麼說我只好投降，於是擬好了決議內容，慄慄不安地打算在大會上提出。馬拉維亞吉與真納先生都表示支持。但是我注意到，儘管我們的意見不合並未影響彼此的感情，演說時也都基於理智的推論，但是群眾無法忍受此一歧異，並且為此感到痛心。他們想要一致。

台上演說進行著，想弭平分歧的努力也進行著，在場多位領袖毫不保留地交換字條，馬拉維亞吉傾盡全力想彌補這樣的缺口。就在這個時候，傑拉達斯把修正案遞給我，以他親和的態度要求我別讓代表們陷入分歧。他的修正案十分吸引我。馬拉維亞吉目光掃視全場，想知道是否有通過的希望。我對他說：看來傑拉達斯的修正案兩派都會同意接受，然後我們把這案子交給羅卡曼亞。羅卡曼亞看過之後，說：「如果達斯哈班度同意的話，我就沒意見。」達斯哈班度態度終於軟化，眼光轉向巴平律師，彷彿在尋求支持。馬拉維亞吉興奮又期待，他一把搶過這份修正案，在達斯哈班度點頭說好之前就大喊：「各位弟兄們，你們應該會很開心，因為我們達成共識啦！」接下來的情景筆墨難以形容，只能說掌聲幾乎要把屋頂掀翻，聽眾原本陰鬱的表情也發出喜悅的光輝。

修正案的內容就不需在此贅述了。本章的目的只想表達這個決議是以我這幾章所強調的實驗態度達成的。

這次的妥協又加重了我的責任。

第三十八章　正式加入國大黨

這次參加國大黨於安姆薩舉行的會議，算是我首次正式參與國大黨政治。之前我每年出席國大黨召集的會議，只是為了表明我與其立場一致，那時我從不覺得有什麼工作特別需要我去做，我也不打算多付出。

這次安姆薩的經驗顯示我對一些事情確實在行，也能對國大黨有所貢獻。我看出羅卡曼亞、達斯哈班度、默提拉吉及其他領袖對我在旁遮普進行的調查工作相當滿意。他們開始邀請我參加平日的聚會。我後來發現，有些在審議委員會上提出的決議是在這裡討論出來的，只有深獲這群領袖信賴、倚重之人，才能夠參加這些集會。不過，三不五時也有些好管閒事的人跑來參加。

有兩件事引起我的興趣，因為我知道自己有能力做好。一件是為扎連瓦拉花園屠殺事件建造紀念館。國大黨人熱烈支持這項決議，但必須募到五十萬盧比，我被任命為信託人之一。馬拉維亞吉最擅於為公益目的募款，素有「乞丐王」美名。我知道自己在這方面差堪與他並肩。我在南非時就發現自己這方面的能力。當然我不像馬拉維亞吉有那種通天本領，能向印度富豪權貴募到大筆金額，不過我相信為了興造扎連瓦拉花園屠殺紀念館，向王侯諸公募到錢應該不成問題。如我預期，募款任務落在我的肩上。孟買人慷慨捐了不少錢，現在在銀行裡還有一筆為數不小的紀念館信託基金。不過，印度必須面對的問題是：蓋什麼樣的紀念館，才能讓印度教徒、穆斯林或錫克教眾高興。印度人屬於同一血脈，本應相親相愛，卻因宗教信仰分成三大派，彼此互不相讓。這筆紀念館基金究竟該如何運用，到現在還摸不出頭緒。

我另外一項可供國大黨運用的專長是起草文件。國大黨領袖業已發現我具有表達意見的能力，這是長時間的磨練而成。當時國大黨的黨章是戈克立遺留下來的，他擬定的數則規章是本黨運作的基礎。當年戈克立親口告訴過我制訂規章的有趣過程，但如今大家都覺得國大黨的業務日益龐雜，這些規則已經不再適用，因此每年都有人提出修改規章的建議。這時國大黨在大會休會期間，並無單位可以處理臨時發生的事務，此外，根據現行規章應有三名祕書，但事實上真正做事的祕書只有一位，還是兼任性質。光靠他一個人如何能張羅國大黨的行政事務、規劃未來、獨力執行國大黨擬定的任務？所以這一年來，每個人都覺得這個問題非解決不可。黨組織變得太龐大，討論公眾事務時變得困難，各省派來開會的代表人數沒有上限，因此許多人覺得當務之急是改善目前混亂的情況。我接下修訂黨章的工作，但條件是深孚眾望的羅卡曼亞與達斯哈班度也能加入章程修訂委員會。他們顯然分身乏術，抽不出時間與我一齊制定章程。於是我退而求其次，請求他們指派兩名信得過的人，與我一起組成三人修訂小組。羅卡曼亞與達斯哈班度都同意了，分別指派喀爾克律師與艾比山先生。但是這個小組一次也沒有聚會過，我們勉強靠通信方式商討，最後提出一致同意的版本。我對這份修訂章程感到相當自豪，也認為這份章程足以顯示我們具備了自治能力。這份工作可說是我與國大黨政治淵源的開端。

第三十九章 開始自製棉布

一九〇八年我在《印度自治》一書中提到：對日漸貧困的印度來說，紡織就是萬靈丹。但當時我連紡車也沒看過。在那本書中，我提出了一項論點：「任何能夠幫助印度擺脫貧困的事物，都算是建立起一種自治。」到了一九一五年，我從南非返回印度，但還是未曾看過紡車。非暴力抵抗學校在薩柏默諦成立時，我們引進了幾架手搖紡織機，但馬上就遭遇了困難。我們這幾個人學的不是文科就是商科，沒有一個人懂手工藝。在開始用織布機前，還得先找織布專家來教我們。最後我們從巴倫布爾找來一名手工藝家，但他是並沒有傾囊相授。多虧馬干拉爾的決心與對於機器的天分，大家很快就搞懂了其中的訣竅，指導校內的人織布。

我們設定的目標是：身上穿的布料都必須是自己親手織成的。因此我們不用工廠裡織出的細布，學校裡每個人都只穿以印度紗線織成的布匹，大家學到了受用的經驗。我們親身體察了紡織工的生活狀況，包括：每人產量、採購紗線時可能碰到的問題、他們如何受人欺騙以致債台高築的情況。我們一時無法生產所需的全部布匹，解決方法就是向紡織工購買。但是印度紡織廠的布匹很難買到，不論向布商或紡織工購買都一樣。紡織工提供的細緻布匹，都是用外國紗線織成的，因為我們自己的紡織廠織不出這麼細緻的紗。即使到了今天，印度紡織廠生產的細緻布料也相當有限，根本紡不出上好的布。最後我們費盡唇舌，才說服一些紡織工替我們紡織本國紗，條件是我們學校必須買下他們紡出的布。就這樣，我們穿的衣服都是拿他們的布所做，我們也在朋友之間竭力宣傳，形同義務替印度紡織廠代言。我們因此與紡織廠有了密切的接觸，瞭解他們經營的狀況跟困難。我們發現紡織廠越來越傾向與本地紡紗工人合作，或許合作並非紡織廠本意，但無論如何是避免不了的。我們迫切想靠自己紡紗，但除非我們能夠獨力紡紗，否則就得一直依賴紡織廠。若不能改變這種依賴狀況，我們如何能替國家服務？

此外還有其他的問題。我們在當地找不到紡紗機或紡車，只弄得到幾個捲輪與線軸，但是我們不知道該如何拿這些東西當紡車用。有一天，賈維里說他找到一名可示範紡紗的婦女，於是我們派了學校裡最擅長學習新事物的人去向她學，但最後還是徒勞而返，什麼也沒學到。

日子一天天過去，我也越發焦急。每次看見可能懂得紡紗的人到學校，我都詢問他們會不會這項技藝。但是紡紗這項手藝本來就只有女人才會，而且日漸失傳，恐怕也沒人知道我們要找的人在什麼地方。

直到一九一七年，幾位古吉拉特朋友找我去主持教育會議，我才因此認識了一名了不起的婦人。她名叫瑪札孟妲，喪偶，但具備極強的企業精神。嚴格說來，她的教育程度並不高，但是其勇氣與常識遠遠超過一般受過教育的婦女。她已擺脫賤民的詛咒，自然與當初壓迫她的階級人士一起工作。她有獨立謀生的能力，物質要求也很低。由於過去吃了不少苦，她的身體鍛鍊得很強壯，到哪裡都不需要別人保護，甚至還會騎馬。之後我赴高德拉參加會議，並且對她有了進一步的瞭解。我向她抱怨紡車的事，她答應會認真替我尋找紡車，才減輕了我的負擔。

第四十章　終於找到了！

瑪札孟妲在古吉拉特四處尋找，終於在巴洛達省的維加普找到了紡車。當地的人家中都有紡車，只是早已不用，擱置著形同廢材。當地婦女對瑪札孟妲表示願意重拾紡紗工作，只要有人固定供給棉條，並且購買她們所紡的紗。瑪札孟妲把這個好消息告訴我。然而我們又發現棉條不容易取得，我把這事告訴如今已故的索巴尼，他馬上叫人去織布廠拿足夠數量的棉條來，於是我把這棉送去給瑪札孟妲，婦女們開始動工，速度之快叫我們一時之間不知如何處裡這麼多紗。

索巴尼慷慨大方，但我總不好一直拿別人的好處。我接受他的好意一段時間後，開始覺得不自在。更何況我本來就覺得不應該用紡織廠的原料。如果可以拿他們的棉條，那麼為什麼不能用他們的紗？這樣我們自己紡紗的意義也就不存在了。難道古人有紡織廠的棉條可用？他們如何生產自己需要的棉條？我反覆思索，叫瑪札孟妲去找會做棉條的梳棉匠。她悄悄地接下這任務，跟一名梳棉匠談好替我們梳棉。他要求每個月至少三十五盧比，那時不論什麼價錢我都會接受。就這樣，瑪札孟妲訓練了好幾名年輕人，從梳理好的棉做出棉條。我也向孟買要求提供更多棉花，德賽律師一口答應。瑪札孟妲做得有聲有色，出乎大家意料。她還找來織布匠，把在維加普紡好的紗織成布匹，於是維加普棉布的名號就此傳開。

正當一切在維加普蓬勃發展時，紡車也在學校裡迅速取得一席之地。馬干拉爾本就具有機械天分，他努力改良紡車的結構，於是學校裡開始自行製造紡車。我們生產的第一批棉布每碼賣十七安那幣，我也努力向友人推銷這些質料很粗的布，但他們都願意以這個價錢購買。

我在孟買時生了一場病，不過還有餘力可以出門去找紡車。後來我遇到兩名紡工，他們表示紡兩磅棉紗要一盧比，相當於四分之三英鎊。那時我對棉布的價格不大瞭解，總覺得若能買到手紡紗，怎樣也不算貴。後來我們在維加普買紡紗來織布時，我才發現我付的價錢高得離譜，才知道自己上當了。我去找這兩名紡工交涉，但他們不願意降價，我只好停止跟他們合作。不過他們還是有功勞，教會好幾名婦女織布，我屋子裡的紡車開始響起愉悅的聲音，我的病情也因紡車聲快速好轉。這是事實，一點也不誇張。我得承認這多半是心理效用，不過這正好證明了心理因素對人的身體有巨大影響。我也著手學紡紗，不過紡得不多。

在孟買時，手製棉條不夠的老問題又出現了。一名梳棉匠天天從賈吉旺律師門前經過，我派人去找他來，得知他專門替棉被梳理棉花。他同意替我們梳棉，但要價毫不讓步，我也照付了。我把紡好的紗跟毗濕奴派的朋友交換花環，做為祭典之用。施夫濟律師也在孟買開設紡紗班。從上述種種看來，我們花了不少錢在紡紗上，但幸好有一群愛國愛鄉的朋友對自製棉布有信心，幫忙支付這次實驗的費用。依我的淺見，錢花得一點不冤枉，至少買到寶貴的經驗，也讓我們知道紡車的可能性。

那時還沒能用自製棉布做自己的衣裳，我開始感到不耐，而我身穿的腰布還是紡織廠的成品，因為學校跟維加普生產的粗布只有三十吋寬。我要求瑪札孟妲限期改善，提醒她若她無法在一個月內做出四十五吋寬的棉腰布，那我只有圍上學校生產的粗短腰布了。這個最後通牒使她大為震驚，但她向我證明她有能力辦到，不到一個月，她給了我兩幅四十五吋寬的棉腰布，算是拯救了我，不必履行尷尬的諾言。

就在這時，拉克密達斯律師帶了拉姆吉律師與一對織布匠夫婦來學校，教大家紡織棉腰布。這對織匠夫婦盡心盡力想把每個人都教會，令人動容。古吉拉特不少人慕名而來，大家一起學織手紡棉紗。看著不識字但態度沉靜的織匠妻子甘嘉本坐在織布機前工作，著實令人感動。她一坐下工作便全神貫注，什麼事都無法讓她把眼光從織布機上移開。

第四十一章　啟迪心智的對話

從發動自製棉布運動開始，當時也稱為抵制外國貨運動，紡織廠老闆的批評聲浪始終不曾斷過。如今已過世的索巴尼就是事業有成的織布廠老闆，他不但把自己的知識與經驗傳授給我，也幫忙轉達其他紡織廠老闆的意見。有次他對其中某位老闆的說法刮目相看，非要我見見這個人，我答應了，於是他安排我們兩人會面。

「你知道之前就有過抵制外國貨的浪潮嗎？」那位老闆先開口。

「我知道。」

「那你也知道在分治㉒的時候，我們紡織廠老闆們曾利用抵制外國貨的機會，抬高布匹的價格，還有一些其他更糟糕的事。」

「是，我聽說過，我覺得很難過。」

「我知道你為什麼難過，不過我覺得實在毫無根據。我們是在做生意，不是搞慈善事業。做生意就要有利潤，要讓股東們都滿意。東西的價格依需求而定，誰能限制供需法則？鬧事的孟加拉人該知道，他們這樣做會刺激國產布的需求，結果就是價格上漲。」

我打斷他，說：「孟加拉人和我一樣都是生性誠實的人。他們絕對想像不到，紡織廠老闆會在危急時候背叛自己的國家，做出這麼自私又不愛國的舉動，甚至惡劣到拿外國貨充當國產布賣給顧客。」

他說：「我就是知道你相信人的本性，才會麻煩你來找我，我要警告你別跟頭腦簡單的孟加拉人犯同樣的錯。」

這個老闆招招手，叫站在一旁的職員拿工廠裡目前製造的樣本給我看。他指著樣本對我說：「看看這個，這是我們廠裡最近生產的花色，賣得很好。我們拿廢布來生產，成本自然很低。這種布連最北的喜馬拉雅山山村都有人要買，我們在全國各地都有代理商，就連你們的代理商無法達到的地方，我們也有據點。所以你應該可以看得出來，我們不需要更多代理商。你也應該知道，印度目前生產的布料遠遠不敷全國國人的需求，所以抵制英國貨最後會變成生產的問題。一旦我們能夠有效提升產量、改善產品品質，自然就不需要再進口外國布料了。所以我勸你不要再繼續現在的運動，應該把重心放在建立新的紡織廠。我們需要的不是叫大家來買我們的布，而是增加我們的產量。」

㉒ Partition，一九一一年時，英國政府擬依宗教信仰將印度分化治理，後遭反對暫時擱置此計畫。

「如果我已經開始做這件事，你會祝福我成功嗎？」

他有點困惑，大聲地說：「你說什麼？不過，或許你已經開始計畫興建織布廠了，那當然是值得慶賀的。」

我對他說：「我指的不是這個，我是鼓勵大家使用紡車。」

他益發不解，問道：「什麼意思？」於是我告訴他自己如何花時間四處找舊紡車。我最後說：「我與你的意見一致，我確實不該做你們織布廠的代理商，那樣對國家的壞處多過好處。織布廠未來很長一段時間內都不愁沒主顧，所以我應該做的是把手紡布的生產工作組織起來，再找管道來販售。我現在應該要專心生產棉布。我立誓要抵制外國貨，就是因為透過抵制外國商品，我們才能夠幫助印度婦女就業。我想讓這群婦女紡紗，讓所有的印度人都穿上她們親手紡織成的棉布。我不確定這項運動能獲得多大成就，畢竟現在只是開頭，不過我充滿信心，至少絕對是有利無害的。相反地，至少這活動可以增加產量，就算只增加一點點，也是實實在在的收穫。你現在應該可以瞭解，我所從事的活動不會有你剛才提到的壞處吧。」

他回答我：「如果你認為照你所說的組織起來，就能夠增加產量，那我就沒有反對的立場。至於手紡車在這個機器時代是否能成功，那是另外一個問題，不過我個人十分希望你成功。」

第四十二章 風起雲湧

自製棉布運動的敘述就到此為止，如同我其他攤在公眾前的活動一樣，其後的發展不是本書章節所能涵納的，我也不打算在此詳加敘述，否則恐怕得另外出版一本書來談。這幾章的目的只是想表達我在體驗真理時自然發生的事件。

現在再回來談談「不合作運動」。當阿里兄弟推動的基拉法特運動運勢正旺時，我也與巴瑞吉其他的穆斯林智者共同討論穆斯林可以如何參與非暴力運動。最後他們同意伊斯蘭教絕不反對教徒遵循非暴力政策，而且他們一旦宣誓遵守，必定奉行不渝。最後「不合作運動」的動議就在基拉法特會議上提出，並且在歷經漫長的討論之後通過。我還清楚記得，某次在阿拉哈巴德進行的委員會，大家徹夜未眠就是為了討論這件事。如今已逝的哈金，當初對非暴力的「不合作運動」是否可行也心存懷疑，但一旦他相信此事可為，便傾注全力幫忙，因此這項運動他居功厥偉。

不久後，我便在古吉拉特舉辦的政治會議上提出不合作動議。反對者一開始表示，省級會議不宜在國大黨會議前通過決議，但我對此提出反駁，認為這種限制只限於後退的運動，倘若真想進步，次級組織只要具備膽識和信念，就有能力也有責任這麼做。我主張只要肯承擔風險，類似這種提高上級組織聲望的事，實在無須先請上級同意。會議中針對這項提議所進行的討論，辯論過程十分激昂，但也充滿了甜美的理性氛圍。表決時，這項決議以壓倒性的多數通過。我想這次的勝利主要歸功於維拉白與泰步吉的影響力。泰步吉是大會主席，他對「不合作運動」傾向完全支持。

國民大會黨全印度委員會決定於一九二〇年在加爾各答召開特別會議，並且討論這個問題。盛大的籌備活動就此展開，拉吉帕德・雷被推派為主席。孟買派出專車迎接國大黨黨員與基拉法特成員到加爾各答開會，各省代表與訪客也紛紛前往加爾各答。

阿里請我準備「不合作運動」的決議案，於是我在乘坐火車時準備了一份草案。但是直到此時，我仍避免在草案中使用「非暴力」這個詞彙，儘管談話時我時常提到它。針對這個運動，我的用詞仍在持續成形。我發現純穆斯林聽眾不易瞭解梵文的「非暴力」，因此我請教阿札德是否有其他替代詞彙，他建議用 ba-aman，至於不合作一詞則以 tark-i-mavalat 表示。

當我忙著尋找北印度語、古吉拉特文、烏爾都語中適合說明「不合作」概念的詞彙時，又有人邀請我替國大黨會議草擬不合作決議案。其實原始草案中沒有「非暴力」一詞，我也沒有特別注意，就直接交給阿里閱讀，當時他正在這一帶旅行。當晚我發現這個錯誤，隔日一早我便馬上傳了訊息給拉那德，告訴他要補上這個詞才能送印。不過我記得最後刊印的版本還是沒能加上。那天傍晚適逢審議委員會開會，我趕忙在印出的草案上做出必要的修正。我發現如果不先準備好草案，事情可能會窒礙難行。

我遇上的困境不僅於此。我不知道哪一位委員會支持這項議案，哪一位會反對。拉賴吉對此事的態度我也不得而知，我只看到一大群富有經驗的鬥士齊集加爾各答，包括貝贊特博士、馬拉維亞吉、格瓦切里、默提拉吉與達斯哈班度等人全都蒞會。

原本我在議案裡提出不合作概念，只是想替旁遮普暴行與基拉法特運動伸張正義，但格瓦切里甚不以為然。他說：「假如要提出不合作概念，為何要特別提到某些事件？缺乏自治就是印度如此受苦的最大原因，而不合作運動的目標就是為了匡正這個錯。」默提拉吉也建議要把「自治」加入議案，我馬上同意，並把要求自治納入議案中。在一番嚴肅、激烈、鉅細靡遺的討論之後，這項議案通過了。

默提拉吉是第一個加入這個運動的人，我還記得與他討論這項議案時充實愉快的感受。他建議修正議案裡的某些詞彙，我照做了。他還主動說服達斯哈班度也加入。其實達斯哈班度本來就贊同這個運動的精神，只是不相信人民有推動的能力。直到國大黨召開那格普爾大會時，達斯哈班度與拉賴吉才開始全力支持這個運動。

我在這次特別大會上，深刻感受羅卡曼亞的逝世是多麼大的損失。直到今日，我仍堅信要是羅卡曼亞當時在世，必定會給予我極大的幫助。就算他當時反對這項運動，我也能從中汲取教訓，因而得到教益。我們確實經常意見相左，但是從未因而交惡。他總讓我相信我們之間的連結極其深厚。我在寫下這幾行字的時候，眼前浮現著他臨終前的情景。那是一個午夜，一位同事派德華登打電話來告知我羅卡曼亞的死訊。我接到電話時，身旁正圍繞著一群朋友。我不禁失聲大喊：「我的精神堡壘倒了！」不合作運動當時正如火如荼進展，我迫切需要他的鼓勵與啟發。我經常揣測他對運動的最後一個階段會有什麼看法，不過當然都只是不具意義的猜測。可以肯定的是，他離開我們之後留下了巨大的虛空，沉甸甸地壓在加爾各答大會每個人的心上。在祖國危急存亡之際，大家格外需要他充滿睿智的高見。

第四十三章　那格普爾大會

在加爾各答特別大會通過的決議，必須在那格普爾年會上再次確認，才算真正生效。這次的那格普爾年會，由於國大黨並未限制參加人數，結果來自各省的代表與旁聽的群眾，人數共有一萬四千名之多，與加爾各答大會不相上下。拉賴吉極力主張修改杯葛學校的條文，我同意了。達斯哈班度等人也提出其他的修正案，然後全體通過了「不合作運動」的決議。

國民大會黨黨章的修改決議，也準備在這次的年會提出。三人小組委員會的草案業已在加爾各答特別大會上提出，那時已徹底討論，此次年會將進行最後表決。本次年會的主席是格瓦切里。審議委員會只針對重要的部分加以修改，然後就通過了這項決議。我記得我的草案規定全國代表人數是一千五百人，審議委員會改為六千人。我認為增加人數是因判斷不周所致，這些年的經驗更讓我相信這個想法沒錯。許多人以為代表人數多，對表決可能比較有利，或是較能捍衛民主原則。這種觀念根本只是妄想。認真選出一千五百名正直誠懇、心胸寬闊、以人民為優先的代表，絕對優於隨便選出六千個良莠不齊的人當代表，也更能保衛民主原則。如果想要維護民主制度，民眾必須具備獨立、自重、團結等觀念，並且堅持選出正直誠懇之人做為人民代表。相反地，假如審議委員會只關心代表人數多寡，那麼六千名代表也不夠。因此，最後決定六千名代表算是折衷方案。

國民大會黨的宗旨，是本次年會熱烈討論的主題。依照我擬定的黨章，本黨宗旨是：盡可能在大英帝國統治下保持自治，必要時脫離英國統治亦無不可。但是黨內以馬拉維亞吉和真納為首的一派人馬，認為宗旨應限定為只在大英帝國統治下保持自治。這派人馬的意見只得到少數贊同票。此外，在我擬定的黨章中，印度應採和平及合法的手段達成自治，這一點也有人反對，認為不應限制採取何種手段。不過，經歷一番坦率又富有教育意義的商討之後，最終仍維持原議。我認為假使黨章的訂定是經過眾人坦白、理性、熱情的討論，本身就足以成為大眾教育的樣本，而且擬定黨章的過程也讓大家學到自治。不過現在談論這個似乎有點離題了。

這次年會也通過了印度教徒與穆斯林合作、廢除「不可碰觸者」階級、自製棉布等決議。自此國大黨的印度教徒黨員就揹負起剷除賤民階級的詛咒，而國大黨也因為推廣自製棉布運動，與印度貧苦大眾建立起深厚的聯繫。至於基拉法特的「不合作運動」，則是國大黨促進印度教徒與穆斯林合作的一次嘗試，深具實質意義。

告別

現在該替這本書做個總結了。

我的人生此刻已與公眾活動密不可分，沒有什麼公眾不知道的事了。況且自一九二一年起，我開始與國大黨諸位領袖往來頻繁，我的人生已經無法離開他們而獨立存在。儘管斯羅丹納吉、達斯哈班度、哈金與拉賴吉早已離開我們，值得慶幸的是，國大黨還有許多資深領袖與我們並肩作戰。時至今日，國大黨在歷經各項重大變革之後，依然持續變化著；過去七年內我人生中的重大體驗，全都離不開國大黨。倘若我打算繼續闡述自己的人生，將免不了提及國大黨黨內各領袖，但是現階段我無意這麼做。最後，我截至目前所進行的真理試驗，一切都談不上是定論，但我認為應該讓這本書到此結束了，因此我的筆就此停住。

要與各位讀者暫時分別，我心裡很難過。我為自己的人生實驗訂定了高標準，雖然我不知道自己是否如實敘述了一切，但我已盡心盡力。對於描摹真理，我向來不肯懈怠，並採行切實的態度記敘所有事件。在寫下這些事件的同時，我心裡有一種難以形容的寧靜，因為我一直希望幫助信念不堅的人相信真理、支持「非暴力」。

我的經驗告訴我：真理是世間唯一的神。本書的每一章、每一頁，都是為了向讀者證明「實現真理的唯一途徑，就是透過非暴力的作為」。如果這本書未能給予讀者這項啟示，我只能說自己的努力全都白費了。倘若果真如此，我希望讀者能夠明白：問題在於溝通工具，而非文字背後的偉大原則。畢竟，無論我追求非暴力的信念有多麼懇摯，追求過程中總有不夠盡善盡美之處。本書是我對真理的卑微注目，尚不足以傳遞真理難以形容的光彩，那光彩比我們每日所見的太陽更耀眼百萬倍。雖說我見到的只是這耀眼光彩中最微弱的一環，我依然可以充滿自信地說：我的人生體驗告訴我，如果想見到真理的全貌，唯有完全落實「非暴力」才可行。

為了與遍行全宇宙的真理相見，人們必須去愛最卑微的生物，就如同愛自己一般。有志於此的人，對人生任何一個面向都不能置身事外，這就是我在追求真理的道路上投身政治的原因。我可以謙卑但充滿信心地說：那些侈言宗教與政治無關之人，根本不明白宗教的真諦。

要為芸芸眾生設身處地設想，就必須先自我滌淨。沒有自淨的功夫，非暴力的原則便流於空談；一個人的心思不純淨，就無法認識神。自淨是指生活各種面向的純潔，由於自我滌淨深具感染力，滌淨自身必定也能同時滌淨周遭的環境。

通往自我滌淨的路途充滿荊棘且陡峭難行。想達到完美的純淨，必須在思想、言談與行動上保持澹定，完全不受情感的束縛，超脫於愛、恨、嗔、癡等種種逆流。我明白自己雖然已努力不懈，但尚未能達到上述三方面的純潔。也正因如此，世間的讚譽不僅無法打動我，反而令我感到難受。對我來說，克制微妙的情感比發動武力占領世界更加艱難。回到印度之後，我便經常感覺自己潛伏心底的情感蠢蠢欲動，為此我深感羞愧，但是並不氣餒。我的人生體驗給予我莫大的喜悅，但我知道前方還有一大段崎嶇的道路要走，必須先把自己歸零。一個人若不能出於自己的意志把自己放在最後，就無法獲得真正的解脫。「非暴力」正是最極致的謙卑。

在與各位讀者告別的此刻，我想邀請讀者隨我一同向真理之神祈禱，祈求神明在我們心靈、言語及行為上，賜下「非暴力」的恩澤。

英文版譯者序

《我對真理的實驗：甘地自傳》第一版是以上下冊形式出版，一九二七年出版上冊，下冊於兩年後出版。原著是以古吉拉特語寫成，定價僅一盧比，共出五版，售出五萬冊。但英文版僅以圖書館版形式出售，要價甚昂，一般印度讀者買不起，因此早有發行普及本的需求。目前英譯本合併為一冊。英譯本最早是在《新印度》上連載，值得一提的是，蒙甘地親自修訂。現今英譯經過細心校訂；從語言角度考量，此英譯本另經一名素有聲譽的英文學者校正，他是我們的好友，但在校訂前，特別囑託不要公布他的名字。我同意了。當然這使我對他更加感激。第四部第二十九章至四十三章是由同事兼朋友派洛拉爾翻譯，其時為一九二八年至一九二九年，當時我正在巴多利，參加布姆菲爾德委員會土地改革調查，分不開身。

英文版譯者簡介：

馬哈德夫・德賽（Mahadev Desai，一八九二年一月一日～一九四二年八月十五日），印度獨立運動家和作家，甘地的私人秘書。本序寫於一九四〇年。

國家圖書館出版品預行編目資料
我對眞理的實驗：甘地自傳/甘地(M.K. Gandhi)作；王敏雯譯. -- 二版. -- 臺北市：遠流出版事業股份有限公司, 2024.05
面； 公分
譯自：The story of my experiments with truth : an autobiography
ISBN 978-626-361-646-2(平裝)

1.CST: 甘地(Gandhi, Mahatma, 1869-1948) 2.CST: 傳記

783.718 113004243

我對真理的實驗：甘地自傳

Gandhi: An Autobiography - The Story of My Experiments With Truth

作　　者 甘地（M. K. Gandhi）
譯　　者 王敏雯
責任編輯 陳希林
行銷企畫 陳羽杉
封面設計 陳文德
內文構成 6宅貓

發 行 人 王榮文
出版發行 遠流出版事業股份有限公司
地址 104005 臺北市中山區中山北路 1 段 11 號 13 樓
電話 02-2571-0297
傳真 02-2571-0197
郵撥 0189456-1
著作權顧問 蕭雄淋律師

2024 年 6 月 1 日 二版一刷
原價新台幣 399 元（如有缺頁或破損，請寄回更換）

ISBN 978-626-361-646-2
YLib 遠流博識網 http://www.ylib.com E-mail: ylib@ylib.com